Karl Eugen von Ujfalvy

Aus dem westlichen Himalaja

Karl Eugen von Ujfalvy

Aus dem westlichen Himalaja

ISBN/EAN: 9783337385361

Printed in Europe, USA, Canada, Australia, Japan

Cover: Foto ©Andreas Hilbeck / pixelio.de

More available books at **www.hansebooks.com**

AUS DEM WESTLICHEN HIMALAJA.

ERLEBNISSE UND FORSCHUNGEN

KARL EUGEN VON UJFALVY.

Mit 181 Abbildungen nach Zeichnungen von G. Schmidt
und 3 Karten

LEIPZIG:
F. A. BROCKHAUS.

1884

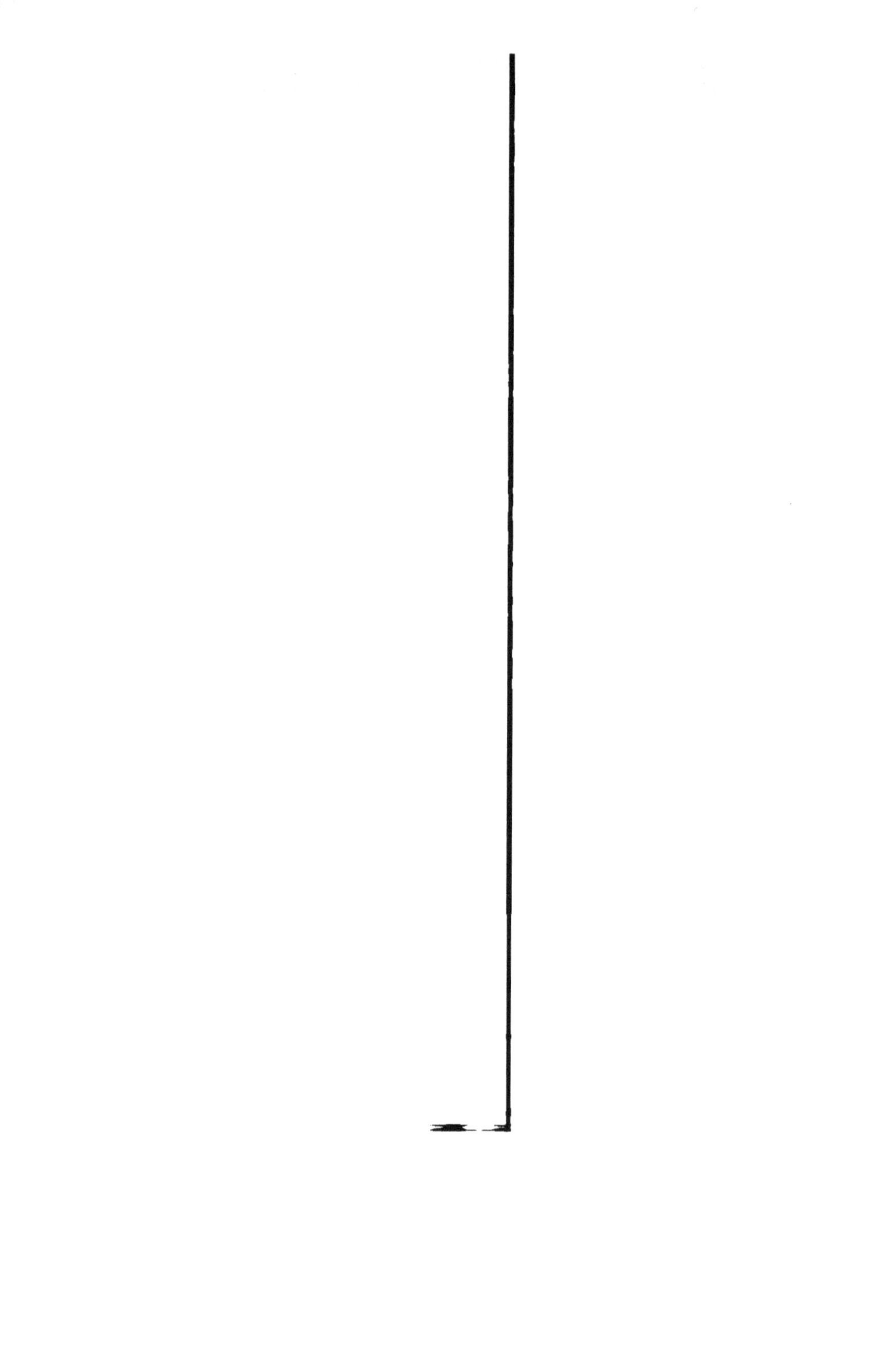

MEINEM HOCHVEREHRTEN FREUNDE

THEODOR RITTER V. SALEMFELS

K. K. MAJOR A. D.

IN AUFRICHTIGER ERGEBENHEIT

GEWIDMET

VOM VERFASSER

VORWORT.

Nachdem ich zweimal und zu verschiedenen Jahreszeiten die öden Steppen Sibiriens und die kahlen Thäler Centralasiens durchwandert und anthropologische, ethnographische und archäologische Beobachtungen angestellt, wurde in mir der leichtbegreifliche Wunsch rege, meine Forschungen über das Pamirplateau hinaus, bis in die Hochthäler des Oxus, Indus und Hydaspes auszudehnen, um die dort wohnenden Arier, mit ihren nördlichen Brüdern, den Thalbewohnern des Serafschan und des obern Jaxartes, zu vergleichen. Freilich ist es mir nicht gelungen, bis nach den Quellgebieten des Oxus zu dringen, doch habe ich Kaschmir und Kleintibet gründlich erforscht, über 350 anthropologische Messungen an Lebenden vorgenommen, eine Anzahl von Kaschmirschädeln heimgebracht, Sitten und Gebräuche, vergangene und noch bestehende Cultur und Industrie, eingehend studirt. Ja, die südlichen Abhänge des Karakorumgebirges habe ich erklommen und bin bis zum Fusse des schnee- und eisbedeckten Mustaghpasses vorgedrungen, welchen der kühne portugiesische Jesuit d'Espinha als letzter Europäer im Jahre 1760 überschritten hatte. Auf diese Art ist es mir gelungen, ein wahrheitstreues Bild der mannichfachen Schichtungen centralasiatischer Rassen und Völker zu entwerfen.[1]

[1] Ich habe in dieser Richtung schon eine Anzahl von Abhandlungen in der „Deutschen Rundschau für Geographie und Statistik“ des Prof. Dr. Umlauft veröffentlicht, die ich theilweise in diesem Werk wieder benutzt habe.

Heute, nach meiner vollendeten dritten und vielleicht nicht letzten Asienreise, gestehe ich es freimüthig ein, dass auch mir ein anderer leitender Gedanke vorgeschwebt, der mich, wie es bei solcher Gelegenheit oft zu geschehen pflegt, von der Theorie zur Praxis, d. h. aus meiner Studirstube getrieben, um im Herzen Asiens die Wahrheit meiner a priori aufgestellten Lehre von den Völkerwanderungen zu erproben. Und ich will meiner Schuld vollkommen geständig sein, ich hoffte noch, auf den Spuren von Jerney, Csoma de Körös, Reguly und von Hermann Vámbéry wandelnd, über die Urheimat der Magyaren etwas Näheres zu erforschen.[1] Als ich durch die Gefilde Sibiriens fuhr, dachte ich unwillkürlich an die Karte Herberstein's, auf der zwischen dem Ob und dem Irtisch die bedeutungsvollen Worte zu lesen sind: „Haec est Juharia (Jugria, Juhra), ex qua olim Hungari Pannoniam occuparunt, Attilaque duce multas Europae provincias debellarunt. Aiunt, Juharos in hunc diem eodem, cum Hungaris idiomate uti, quod an verum sit, nescio.“[2] Doch sobald ich aus dem Wagen stieg und die in den dortigen Steppen nomadisirenden Kirgisen, recte Kasaken, einer nähern Untersuchung unterzog, so erkannte ich in diesen Steppensöhnen die echten Nachkommen jener Völkerschaften, von denen uns Planus Carpinus und Rubruquis eine so treffende Schilderung hinterlassen. Die aus Hochasien kommenden Magyaren mögen demnach zeitweilig zwischen dem Irtisch und Ob gewesen sein, bevor sie als Dentümagyaren die waldigen Höhen des Ural erklommen und sich dort in einem Lande von Wäldern, Flüssen und Seen der Jagd und dem Fisch-

[1] Seit Jahren beschäftige ich mich mit finnisch-ugrischen Sprachstudien, dank der Aufmunterung, die ich bei den competentesten Gelehrten gefunden. Paul Hunfalvy, Josef Budenz, Ahlqvist, Koskinen und O. Donner haben sich stets warm für meine diesbezüglichen Arbeiten interessirt.

[2] Rerum Moscoviticarum commentarii. Basel 1551.

fang mit Leidenschaft ergeben. Schon damals mögen sie von den finnischen Ostjaken, den mongolischen Wogulen und den tatarischen Baschkiren leicht zu unterscheiden gewesen sein, was ihr Aussehen und ihre ritterliche Eroberungs- und Wanderlust betrifft. Freilich mahnt der heute moralisch träge und stumpfe Baschkire typisch oft an den Magyaren. Im Herzen Asiens, in Ferghana[1] und in Kaschgarien, hoffte ich nähere Spuren der Ahnen meines Volkes zu finden. Doch rasch war ich zu der Ueberzeugung gelangt, dass, was meinen grossen Landsleuten Csoma und Vámbéry nicht gelungen, mir ebenfalls nicht gelingen sollte und konnte.

Doch was ich auf dem Felde der Erforschung der Urheimat der Magyaren nicht errungen, hoffte ich auf andern Gebieten wettzumachen, und heute kann ich die gegründete Behauptung aufstellen, dass es mir geglückt, von den Galtschas im allgemeinen (den alt-arischen Bergstämmen des Serafschanthals) und den Jagnauben im besondern (eine unbedeutende, im Aussterben begriffene Sippe der Pamir-Iranier) als erster eine erschöpfende Schilderung geliefert zu haben. Neben Chanikoff, der uns eine vortreffliche Beschreibung der Tadschiken entworfen, haben Meyendorf und

[1] Merkwürdigerweise sagte mir Chudajar, Ex-Chan von Khokand, dem ich im Jahre 1877 in Orenburg einen Besuch abstattete, bevor er der russischen Gefangenschaft entfloh: „Es freut mich einen Ungarn zu sehen. Das Volk der Magyaren ist mir wohlbekannt und mit meinen ehemaligen Unterthanen verschwistert und meine Ahnen haben über dasselbe geherrscht, als es zu Baber's Zeiten in Ferghana gewesen!" Obgleich dieser Ausspruch natürlich gar keinen wissenschaftlichen Werth für mich haben konnte, so war ich doch von demselben überrascht und er trug nicht wenig dazu bei, meine Reise in Ferghana, im ehemaligen Chanat von Khokand, zu einer höchst interessanten zu gestalten. Auch der Sohn Chudajar's, Nasr-ed-Din, den wir einige Jahre später in Taschkend (1880) persönlich kennen zu lernen Gelegenheit hatten, bestätigte uns den überraschenden Ausspruch seines Vaters, was wenigstens beweist, dass eine so lautende Tradition im Herrscherhause von Khokand erhalten ist.

Nasaroff einige oberflächliche Andeutungen über die Galtschas oder Bergtadschiken gegeben; später ist der hochverdiente russische Reisende Fedtschenko bis ins obere Serafschanthal und bis zu den Jagnauben gedrungen, doch seine kostbaren anthropologischen Aufzeichnungen liegen heute noch, nach 14 Jahren, unter den Aktenstössen des hochgelehrten, aber zur Durchsicht fremder Forschungen wenig geneigten moskauer Professors Bogdanoff. Auch der im russischen Turkestan berühmte und daselbst hochgeschätzte, aber sonderbarerweise bisjetzt in Europa wenig bekannte Linguist Ludwig von Kuhn, welcher die Expedition Fedtschenko's ins obere Serafschanthal mitgemacht, schrieb seinerzeit Berichte an die Petersburger Akademie der Wissenschaften, deren Kenntnisnahme ich der Gefälligkeit des unvergesslichen Akademikers Schiefner verdanke.

Einzelne Sprachproben von der Mundart der Jagnauben, die ich im Jahre 1877 während meines Aufenthalts im obern Serafschanthal gesammelt und auf die hin, trotz ihrer Dürftigkeit, mein Freund Professor Tomaschek in Graz diese Mundart sofort zu Shaw's Pamirdialekten zählte, was später von Friedrich Müller in Wien und Girard de Rialle in Paris bestätigt wurde, ergänzte ich bei meiner zweiten Reise durch einen längern persönlichen Verkehr mit einem Jagnauben, was mich in den Stand setzte, eine kleine Grammatik dieser merkwürdigen Sprache zu entwerfen. Im Jahre 1878 erschien in der turkestanischen Zeitung ein Artikel: „Die Galtschas oder Bergtadschiken" betitelt, und im Sommer des Jahres 1880 sammelte der russische Offizier Achmiatieff die Materialien zu einer grössern Arbeit, welche er unter dem Titel „Kohistan" veröffentlichte.[1] Geleitet von der

[1] Der Chefredacteur der turkestanischen Zeitung Oberst Maieff gab mir im Jahre 1880 eine Copie dieser Abhandlung und heute noch

bewährten russisch-turkestanischen Genauigkeit, behauptete er sofort, als erster über diese Sprache berichtet zu haben. Leider ist seine Arbeit, ausser den lautlichen Aufzeichnungen, absolut werthlos, denn sie enthält nicht nur gar keine ethnographischen Aufschlüsse, sondern überdies die überraschende Behauptung, die jagnaubische Mundart wäre mit gar keiner andern bekannten Sprache vergleichbar. Hätten die turkestanischen Weisen Herrn Akimbetieff auf die gelehrten Arbeiten des leider zu früh verschiedenen englischen Gelehrten Shaw aufmerksam gemacht, so hätten sie ihm diese monströse Aeusserung erspart.

Die Jagnauben besitzen keine Aufzeichnungen über die Abstammung und die Religion ihrer Voreltern, und ihre Sprache, heute schon mit zahlreichen tadschikischen Wörtern vermischt, dürfte demnächst ihrer mächtigen Nachbarin weichen. Dieses kleine Völkchen hat weder Bücher, noch Legenden, noch Lieder; die Gebräuche, welche an den Glauben Zoroaster's mahnen, sind bei ihnen nicht häufiger und nicht lebhafter, als bei den übrigen Galtschastämmen, doch die Spur einer Tradition hat sich bei ihnen lebhaft erhalten, und diese verdient die höchste Beachtung: sie behaupten nämlich, sie wären aus Kaschmir eingewandert. Da Biddulph, der von den Jagnauben nichts wusste und nichts wissen konnte, in seinem ausgezeichneten ethnographischen Werke: „The Tribes of the Hindoo-Koosh", die Behauptung aufstellt, die Hindukusch-Indier, Brüder der Pamir-Iranier, wären von Norden nach Süden gewandert, d. h. von den Quellgebieten des Oxus nach den Thälern südlich des Hindukusch, so erscheint die Tradition der Jagnauben als der merkwürdige Fingerzeig einer gegentheiligen Hypothese, die, auf anthropologischer Grundlage ruhend, schnell an Wahrscheinlichkeit gewinnen würde.

besitze ich den russischen Text dieser eigens für mich gemachten Abschrift.

Jedenfalls fasste ich, infolge dieser hochinteressanten Andeutung, den Entschluss, über die bewohnten Länder des Pamir-Plateaus nach Dardistan und Kaschmir zu dringen. Leider musste ich infolge der Hindernisse, welche mir die russischen Behörden in Turkestan in den Weg legten, davon abstehen, mein geplantes Unternehmen in dieser Richtung hin durchzuführen[1].

Ende December 1880 verliess ich Taschkend und gelangte Ende Januar nach einer fabelhaften, am Unwahrscheinliche grenzenden Reise nach Orenburg. Der regelmässige Postverkehr hatte infolge der bodenlosen Misswirthschaft, die seit Jahren schon in Turkestan herrscht, fast gänzlich aufgehört. Durch beinahe 10 Tage mussten wir bei 29° C. Kälte 9—10 Stunden täglich, am Aralsee entlang, mit Kamelen im Schritt fahren; wenn wir während dieser Zeit, wo wir in den verlassenen Stationen weder Nahrung, noch Feuer, noch Wasser fanden, nicht umgekommen sind (ich selbst erlag am 12. Januar 1881 beinahe einem Schlaganfall), so ist dies wahrlich nicht der liebenswürdigen Fürsorge der turkestanischen Behörden zu danken. So wie der Herrscher der Gläubigen seinen Opfer ehemals die seidene Schnur zu schicken gewohnt war, ebenso zwang mich weiland General Kauffmann mit byzantinischer Berechnung, mit meiner Frau in einer furchtbaren Jahreszeit und unter erschwerenden Umständen eine Reise zu unternehmen, die, wenn nicht unsern sichern Untergang, so doch ein anderes

[1] Ich war eben bis [illegible], ein [illegible] des [illegible] Darwasch, und infolge dessen [illegible], gegen den alle Mittel gut. Sagte mir doch beim Anthropologischen Congresse in Moskau ein russischer Oberst, dem ich bemerkte, dass ich nur Günstiges über russische Zustände geschrieben: „Gestehen Sie es nur ein, Sie glauben das Gute, das Sie gesagt haben, selbst nicht". Der Mann war sich wohl bewusst, dass ich hinter die famosen Potemkin'schen Coulissen geblickt hatte.

Unglück zur Folge haben konnte. Doch, wir haben es glücklich überstanden, und . . . . . . Friede seiner Asche!

Im April 1881 schiffte ich mich nach Ostindien ein und war Ende Mai in Simla angelangt, wo ich, dank der Beihülfe meines berühmten Landsmanns Dr. Leitner, zahlreiche anthropologische Messungen an Vertretern von Dardus, Baltis, Jeschkuns u. s. w. vornehmen konnte, die, behufs Arbeit an den Strassenbauten, nach dem grossen englischen Sanitarium gekommen waren. Trotzdem ich ohne jedwede officielle Empfehlung nach Indien gelangt war, was in den russischen Provinzen Asiens eine Forschungsreise absolut unmöglich machen würde, fand ich bei den englischen Behörden überall zuvorkommende Unterstützung, und ohne die verworrenen politischen Verhältnisse in der kaschmirischen Provinz Gilgit und den daran grenzenden Länderstrecken wäre es mir wahrscheinlich möglich gewesen, über Jasin nach Wachan zu dringen. Leider musste ich auf ausdrücklichen Wunsch der englischen Behörden und des Maharadscha von Kaschmir von diesem letztern Unternehmen abstehen. Hingegen war es mir vergönnt, das Land der Kulu, Tschamba, das Land der Pahari, Kaschmir und einen Theil von Dardistan und Klein-Tibet gründlich zu durchforschen, bei welcher Gelegenheit ich mich, ausser anthropologischen, ethnographischen und archäologischen Studien, auch mit der grossartigen orientalischen Metallindustrie, mit ihrer Vergangenheit, mit ihrem Werthe für die Geschichte der orientalischen Kunst und ihren vielfachen Einflüssen auf benachbarte Länder eingehend befassen konnte. In Kaschmir stand ich auf jenem alt-arischen classischen Boden, dem Triumphfelde grossartiger griechisch-baktrischer und mongolischer Bauten, wo sich, was die Verarbeitung der Metalle anbelangt, persisch-arabische, indische und chinesische Kunst die Hand gereicht, um eine eigenthümliche nationale Kunstrichtung zu schaffen, die trotz der entlehnten Formen und Technik durch gewisse Modificirungen dieser Formen und Vervollkommnung der Technik, wahre Meisterwerke erzeugt hat, denen das Gepräge der Originalität aufgedrückt ist.[1]

Ich beabsichtige, in nachfolgenden Blättern meine Reiseeindrücke dem Leser zu unterbreiten; ich gedenke dieselbe bestimmte Tendenz zu verfolgen, wie in den in „Unsere Zeit" veröffentlichten „Reiseskizzen aus dem westlichen Himalaja und dem Karakorumgebirge". Mein Buch soll weder eine synthetische wissenschaftliche Abhandlung, noch ein sensationeller Reiseroman sein, sondern nur die anspruchslose Darstellung von Geschehenem und Erlebtem, dem ich wissenschaftliche und kunsthistorische Motive eingewebt, ohne dabei zu vergessen, dass es sich an alle Jene richtet, die sich für Forschungsreisen interessiren, und denen ein unschädlicher Humor nicht unangenehm ist.

Von den zahlreichen Gegenständen, die ich von meinen drei Reisen nach Asien heimgebracht, und welche theilweise im Ethnographischen Museum von Paris sich befinden, habe ich eine grosse Zahl abbilden lassen, um meinen Beschreibungen als sichtbare Belege zu dienen. Dabei hatte ich besonders eine möglichst grosse Abwechslung und Vielseitigkeit im Auge. Den verschiedenen fachwissenschaftlichen Abhandlungen, welche ich meinem Buche eingeflochten, habe ich fünf entsprechende Karten beigegeben, von denen eine nur eine verbesserte Modification eines bereits in der „Deutschen Rundschau für Geographie und Statistik" erschienenen Entwurfs ist.

[1] Es ist mir gelungen, 300 solcher antiker Metallgegenstände aus Kaschmir, Klein-Tibet und Indien heimzubringen, von denen 50 (durchaus keine Auswahl) das Museum für Kunst und Industrie in Nürnberg um den Preis von 5000 Mark erstanden. Somit würden die 300 Gegenstände einen Werth von circa 30000 Mark repräsentiren. Diese Ziffer spricht bereits genug für den ethnographischen und artistischen Werth dieser Sammlung!

Ich bin in meiner Darstellung immer mit voller Aufrichtigkeit zu Werke gegangen und habe stets die ungeschminkte Wahrheit gesagt. Mein Buch mag in dieser Beziehung den sogenannten officiellen Gelehrten misfallen: um so besser — es ist dies eine wahre Genugthuung für mich, da ich nichts anderes angestrebt. Diejenigen, die sich in unserm schönen Vaterlande Frankreich für meine Reisen und Forschungen stets lebhaft interessirt, werden auch ferner zu mir stehen und meine Leistungen zu schätzen wissen. Andere, die entweder die glühende Erde Afrikas bereits oder die amerikanischen Urwälder durchstreift, wissen, was eine Reise nach Centralasien, Sibirien, dem westlichen Himalaja und dem Karakorumgebirge zu bedeuten hat, besonders für eine Frau, und meine Frau hat mich auf allen diesen beschwerlichen Reisen keinen Augenblick verlassen. Doch leider gibt es unter den verschiedenen Spielarten des Menschengeschlechts eine höchst gefährliche, das ist die der sogenannten Stubenreisenden (*voyageurs en chambre*). Nachdem ein solcher Herr sich in seiner Stube mit geographischem Wissen vollgepfropft, weiss er sich geschickt irgendeiner gelehrten Gesellschaft zu bemächtigen, beherrscht dieselbe mit autokratischer Willkür, ohne jegliche lästige Controle, acceptirt von den verschiedenen Forschungsreisenden, deren aufgehenden Stern er begrüsst, die kostbarsten Geschenke als einen pflichtschuldigen Tribut, weiss aber hierauf mit Gewandtheit die Spreu vom Weizen zu scheiden, d. h. er unterstützt die, die ihm gehuldigt oder die er anderwärts unterstützt weiss, und entledigt sich der andern wie ausgepresster Citronenschalen und trachtet auf diese Art den Eintritt in irgendeine Akademie der Wissenschaften zu erzwingen, in der Hoffnung, seine weltbekannte Leere unter dem Mantel einer einschläfernden Phraseologie vieler Seiten langer, natürlich höchst parteiischer Jahresberichte zu verbergen.

Dies nur ein drastisches, aus dem Leben gegriffenes Beispiel jenes Amphibiums, deren wir in den meisten wissenschaftlichen Centralpunkten mehrere besitzen. Wehe dem Forschungsreisenden, der ihnen zum Opfer fällt!

Doch dies nur die unerquickliche Seite von dem Dasein eines Forschungsreisenden. Glücklicherweise findet er einen genügenden Ersatz im Bewusstsein erfüllter Pflicht, in der Aufmunterung, die ihm von seiten wohlwollender Menschen antheil wird, und besonders in der unvergesslichen Erinnerung des Geschauten und des Erlebten.

Ich kann daher meine Vorrede nur mit den Worten schliessen, die ich meinem letzten Aufsatze in „Unsere Zeit“ beigefügt: „Je mehr man in aller Herren Länder herumgekommen, je mehr man gehört und gesehen, desto mehr lernt man heimatliche Institutionen und heimatliche Cultur schätzen. Das beständige Vergleichen bildet den Geist des Menschen und macht ihn für Echtes und Wahres empfänglich. Wie mancher Kirchthurmpatriot würde, wenn er hier und da auf Reisen ginge, ein Menschenfreund und Menschenkenner, statt ein engherziger, beschränkter Egoist zu bleiben, der am allerliebsten sein Heim mit einer chinesischen Mauer umschlösse! Reisen bildet das Herz und den Geist.“

Paris, im November 1882.

DER VERFASSER

INHALT.

Seite

Vorwort VII

ERSTES KAPITEL.

TRIEST. BOMBAY. SIMLA.

Abfahrt aus Triest. — Historische Erörterungen über die Seekrankheit. — Port-Said. — Aden. — Ankunft in Bombay. — Watson's Esplanade-Hôtel. — Taschkend mit den ostindischen Städten verglichen. — Reminiscenzen aus Turkestan. — Die Parsis oder Feueranbeter, ihr physischer Typus. — Eine Parsi-Hochzeit. — Die „Thürme des Schweigens". — Die sogenannten Portugiesen. — Die Mahratten. — Eine indische Zeichenschule. — Metallwaarenfabrikation in Bombay. — Von Bombay nach Simla. — Allahabad und Benares. — Postverhältnisse in Turkestan und Ostindien. — Ein [illegible] russischer General. — Empfang in Simla. — Russische und englische Gastfreundschaft. — Simla. — Dr. Leitner. — Anthropologische Messungen. — Auf nach dem Kululande! . 1

ZWEITES KAPITEL.

LAND UND VOLK VON KULU. SULTANPUR.

Die Natur im westlichen Himalaja. — Ein Dak-Bungalow. — Schwierigkeiten mit den Trägern. — Eine Tigerin mit ihren Jungen. — [illegible]. — Kumarsin. — Die Thalsohle des Sutledsch. — Das Kululand. — Die Vielmännerei. — Historisch-ethnographische Rund-

[illegible]. — Ein eigenthümliches Ansinnen. — Arische Kastenunterschiede und europäische Hofetikette. — Schläuche aus Thierfellen zum Ueberwetzen der Gewässer. — Schmuckgegenstände. — Der englische Beamte in Indien und der russische Tschinowník in Turkestan. — Anthropologische Messungen an Kala-Lakuli. — Die Sittsamkeit der Mädchen im Orient überhaupt und im Kulalande insbesondere. — General Ferrier und Marco Polo. — Unfehlbares Mittel um einen Sohn zu bekommen. — Saltanpur. — Brahmanismus und Buddhismus . . . [illegible]

DRITTES KAPITEL.

[illegible], DHARMSALA UND KANGRA.

Die Waldvegetation im westlichen Himalaja. — Der Babupass. — Baidschnat und sein alter Tempel. — [illegible] und englische Theeplantagen. — Die Erzeugung des Kangra-Valley-Thees. — Die Cholera. — Ein liebenswürdiger Districtschef. — Kangra. — Jagd auf Alterthümer. — Buddhistische Amulette. — Indische Gemälde. — Ein altes Schloss der Radschputen. — Nurpur. — Die grosse Handelsstrasse nach Ostturkestan. — Chinesische Reisende über Ostturkestan. — Indiand-pattern. — Unser Reisegefährte wird zum Feinde [illegible]gemacht. — En route! — Die Mangofrucht und ihr eigenthümlicher Beigeschmack. — Eine harmlose Pantherjagd. — Der Bungalow in [illegible] und seine lästigen Bewohner. — Erinnerungen an Ferguson. — Die Kera-kuri-Spinne und die Cobra-Capella. — Die Inder zähmen Brillenschlangen. — Der Schlangenzauberer. — Abermals die lästigen Bekannten . . . 57

VIERTES KAPITEL.

DAS FÜRSTENTHUM TSCHAMBA UND SEINE HAUPTSTADT.

Die Zinnen der Lochstadt. — „Le roi s'amuse." — Die englische Superintendenz. — Siam-Singh und Ludwig XIV. — [illegible]. — [illegible], [illegible]. — [illegible]. — Der junge Radschah auf der Jagd. — Der Radschah im Tempel. — Der Radschah und sein junges Weib. — Der Radschah auf den Zinnen seines Palastes. — Ein Durbar im vorigen Jahrhundert. — Der kluge [illegible]. — Musikdosen. — Die Frauengemächer. — Ein fürstliches Geschenk. — Die indische Kunstindustrie. — Ein Fest in Tschamba. — Die indischen Edelsteine. — Abschied von Tschamba. — Ein Ex-Souverän. — Ober-Tschamba. — Die Vorläufer des tropischen Regens. — Tempelruinen. — Sehr eigenthümliche Tellermuster . . . [illegible]

FÜNFTES KAPITEL.

VOM [illegible] ZUM [illegible]

Der Pirdripass. — Die Gesandten des Maharadscha. — Schwieriger Uebergang. — Die landschaftliche Stadt Badrawahr. — Geschichte eines Tehsildar. — Reiseabenteuer. — Der zweitgrösste Wasserfall der Welt. — Das Land der Pahari. — Die königliche Strasse von Jambu nach Srinagar. — Kaschmir und [illegible]. — Lalla-Rookh von Thomas Moore. — Der Banihalpass. — Ein altes Sprichwort. — Ein Märchenland und seine [illegible] Bewohner. — Geschichtlicher Rückblick. — Verinagh. — Die romantische Seite von Kaschmir. — Islamabad. — Der Tempel von Martand. — Die Ruinen von Avantipur. — Architektonische Anordnungen. — Ankunft in Srinagar. 111

SECHSTES KAPITEL.

SRINAGAR.

Beschreibung der Stadt. — Die Moschee von Schah Hamadan. — Der Takht-i-Suleiman. — Der Tempel von Pandrethan. — Die emaillirten Ziegel als Bekleidung der Gebäude. — Verschiedene Meinungen über Çrî-nagara. — Eine Audienz beim Maharadscha. — Ein [illegible] Fürst. — Austausch von Complimenten. — Der Maharadscha interessirt sich für Anthropologie. — Der britische Resident Mr. Henvey. — Die britische Oberhoheit in Kaschmir. — Anthropologische Messungen. — Die Kaschmiris, ihr physischer Typus, ihre [illegible]. — Ein [illegible] über die Pandits. — Die Bewohner des [illegible] Theiles mit den Nachbarvölkern verglichen. — [illegible] und Industrie. — Die grossartigen [illegible] in Srinagar. — [illegible] und [illegible] der Bewohner. 127

SIEBENTES KAPITEL.

VON SRINAGAR NACH [illegible]

Von Srinagar bis zum See Manisbal. — Ein besonders heiliger Fakir. — Der Wularsee. — Bandipur. — Der Tragbal-Pass. — Fliegende Fische. — Das Jägerdorf Gurez. — Die Dardenweiber und ihre Schmuckgegenstände. — Eine wissenschaftliche Abhandlung oder vielmehr Abschweifung. — Die englischen Reisenden im Hindukusch. — Major Biddulph. — Ein Ausspruch Dr. Brown's. — Meine anthropologischen Messungen. — Die russischen Reisenden auf dem Pamir. — Professor Tomaschek und seine verdienstvollen Studien. — Fedschenko und seine Forschungen. — Ursprung des Namens Galtscha. — [illegible]. — Biddulph's Eintheilung der Arier. — Das obere Oxusthal, die Urheimat der arischen Rasse. — Versuch, ein anthropologisches Bild neben dem linguistischen von Mittelasien zu entrollen. — Iranier und Indier. — Der Procentsatz der Blonden. — Die Sprachen der Jagnauben und ihre Bedeutung. — Die übrigen Völker der iranischen Gruppe. — Schädelbetrachtungen. — Weiterer Aufenthalt in Gurez. — Die Militärmacht des kaschmirischen Forts. — Aufstieg zum Deosai-Plateau. — Herodot's goldgrabende Ameisen. — Die Bergkrankheit. — Der Anblick des Karakorum-Gebirges. — Ankunft im Industhale. . . . 164

ACHTES KAPITEL.

BALTISTAN UND SEINE BEWOHNER.

Ankunft in Iskardu. — Die baltistanische Kunst. — Eine uralte Wasserpfeife. — Eingehende Betrachtung von der Verbreitung der Metallindustrie in Mittelasien, Indien und Persien. — Die verwendeten Metalle und ihre Mischungen. — Die Metallwaaren von Turkestan. — Jarkand und seine Bedeutung für die Kunst. — Klein- und Gross-Tibet. — Kaschmir und der besondere Kunstsinn seiner Bewohner. — Persien. — Die indische Kupferindustrie. — Die Dogra-Truppen Gulab-Singh's. — Baltistan und seine Verwaltung. — Ein hochverdienter Gouverneur. — Das Polo-Spiel. — Besondere Begabung und Vorliebe der Balti für dieses Spiel. — Abermals die uralte Wasserpfeife und ihr Besitzer Schah Abbas. — Jagd auf die Wasserpfeife. — Der Munschi Gao-Patra, ein vorzüglicher Diplomat. — Ein Tasi aus Gilgit. — Erfolgreiche Jagd auf ein Tasiweibchen. — Ein ausgezeichneter Koch. — Komisches qui pro quo anlässlich einer Balti-Schulbuch. — Die friedlichen und arbeitsamen Balti. — Wir beschliessen bis zum Mustagh-Pass vorzudringen . . . 183

NEUNTES KAPITEL.

DAS SCHIGARTHAL UND DAS KARAKORUMGEBIRGE.

Unternehmungen [illegible]. — Die [illegible] und seine [illegible]. — [illegible]. — [illegible]. — [illegible]. — Fakire und Schachspiele. — [illegible] einer ethnographischen Karte von Centralasien. — Englische und deutsche Quellen. — Die Arier als älteste Bewohner Mittelasiens. — Ihre Sitten und Gebräuche. — Pamir-Iranier und Hindukusch-Indier. — Die Turko-Tataren. — Die eigentlichen Mongolen. — Askole. — Alpenglühen im Karakorumgebirge. — Die höchsten Gletscher der Welt. — Ein unvergesslicher Anblick. — Der Mustaghpass. — Eine bezeichnende Antwort. — Rückkehr nach Iskardu . . . 215

ZEHNTES KAPITEL.

DAS OBERE INDUSTHAL UND DRÁS.

Ein Nautsch oder Tanzvergnügen. — Ein eigenthümliches Ammo[illegible]. — Das Indus[illegible] — Der Flecken Kepterbum. — [illegible] — Fruchtbarkeit des Landes. — Anthropologisches über die Balti. — Englische Forscher über die Balti. — Balti und Brokhpas. — Der Islam in Baltistan. — Anthropologischer Vergleich zwischen Balti, Darden und Ladakis. — Genauere Präcisirung dieser Unterschiede. — Dr. Leitner's Ansicht über den Ursprung der Balti. — Ursprung des Namens „[illegible]". — [illegible] von Baltistan. — Geschichtliches über Baltistan, nach Biddulph's Werk. — Die schönsten Punkte im obern Industhal. — Kharmang. — Dumbula oder Hängebrücken. — Ein Abstecher nach Khargil. — Etwas über die Ladakis. — Die Festung Drás. — Der Sodschilapass und das Sindthal 23[illegible]

ELFTES KAPITEL.

AUSFLUG NACH SRINAGAR. ABSCHIED VON KASCHMIR.

Ankunft in Srinagar. — Ruinen. — Religion der Bewohner von Kaschmir. — [illegible] — Die religiösen Gebräuche der Tadschiken von Samarkand. — [illegible] — Die Bewohner von Badakschan. — Sir Douglas Forsyth. — Biddulph in Warkan. — Der Islam in Dardistan. — Das Talmud[illegible]. — Richardson. — Gebräuche der alten Magier. — Der Buddhismus in Baltistan, Gilgit und Tankstal. — Der chinesische Pilger Fa-Hian. — Dangaribo oder Kuirolh. — Leichenverbrennung. — [illegible] von Biddulph. — Die [illegible] — [illegible] und Balti. — [illegible] der Mohammedaner. — Oberst Henry Yule und seine Ansichten über Marco Polo. — Die Nationalität von Baltistan. — [illegible] Sprache und Thal von Gilgit. — Wir ziehen nach Gupkar. — Die [illegible] in Kaschmir. — Die [illegible] in der Umgebung von Srinagar. — Eine Abendunterhaltung beim Maharadscha. — Abreise von Srinagar. — Der Heilige von [illegible]. — Ein wunderthätiger Stein. — Baramulla. — Der Tempel von Bonjar und die Moschee bei Uri. — Ankunft in Muzafferabad 261

ZWÖLFTES KAPITEL.

VON MUZAFFERABAD IN DAS NAIMSUKTHAL. SITTEN UND GEBRÄUCHE DER VÖLKER DARDISTANS.

Volksmusik in Muzafferabad. — Der Nanga Parbat oder Diarmer. Wir erreichen das Naimsukthal. — Die Tschilas. — Unexplored country. — Ursprung der Siahposch. — Gebräuche im obern Industhal

— Die Fakir-Mustikin-Kaste. — Die Kleidung dieser verschiedenen Volksstämme. — Die Begrüssungsweise der Schin und Kraz. — Gebräuche bei Verheirathungen. — Eheliche Untreue und ihre Folgen. — Hunza. — Nagar. — Sarikol. — Wachan. — Tschitral. — Tarwall. — Eheliche Gebräuche in Baltistan. — Gilgit. — Die Entbindung der Frauen. — Gesetze bei Vererbung von Grund und Boden. — Brauch der Pflegeverwandtschaft. — Die Unsauberkeit der Schins. — Ihre Schätze. — Lang aufbewahrte Butter. — Genuss des Weins. — [illegible] und [illegible]. — Biddulph und die Bedeutung seiner Forschungen . . . [illegible]

DREIZEHNTES KAPITEL.

[illegible] UND IHRE [illegible]. — RÜCKKEHR NACH EUROPA.

Wissenschaftliche Abschweifungen. — Die Anthropologie mit ihren Schwesterwissenschaften verglichen. — Wichtigkeit der physischen Momente. — Die Resultate eines einseitigen Vergleichs. — Etwas über die physikalische Beschaffenheit von Kafiristan. — Unterabtheilungen der Siahposch. — Die Stellung der Frauen bei den Kafirs. — Sitten und Religion der Siahposch. — Die Gebräuche beim Opfern von lebenden Thieren. — Ihre Vorliebe für den Tanz. — Vorkommen der Polygamie in Kafiristan. — Von Mussafferabad nach Marri. — Ein eigenthümliches Ausfuhrverbot. — Die sogenannten Murghi in Kaschmir und Indien. — Rawal-Pindi. — Lahore und seine Sehenswürdigkeiten. — Die grosse Moschee von Delhi. — Ein zierlicher Hindutempel. — Abermals die Cholera. — Der Tadsch-Mahal in Agra. — Mumtaz-Mahal und Schah-Dschehan. — Der französische Consul [illegible] und seine reizende Residenz in Malabar Hill. — [illegible]. — Von Bombay nach Triest. — Der österreichische Lloyd. — Ein Sturm im Adriatischen Meere. — Die Gestade von Triest und „le plancher des vaches“. — Philosophische Schlussbetrachtungen . . . [illegible]

BEILAGEN.

1. Anthropologische Messungen von Ladakh.
2. „ „ „ [illegible].
3 u. 4 „ „ „ Balti.

ABBILDUNGEN IM TEXT.

Fig. — Seite

1. Ein Männerhalsband aus Silber mit farbigem Schmelz — 31
2. Eine Stirnbinde aus massivem Silber mit farbigem Schmelz — [illegible]
3. Ein Nasenring aus Gold — 31
4. Armspangen aus massivem Silber (Kulu) — 41
5. Fussspangen aus massivem Silber (Kulu) — 41
6. Ein Ohrring aus Silber — 41
7. Armspangen aus massivem Silber (Kulu) — 41
8. Ohrschmuck aus Silber mit farbigem Schmelz — 43
9. Ring mit Anhängseln aus Silber mit farbigem Schmelz — 43
10. Haarschmuck aus massivem Silber (Kulu) — 43
11. Ohrschmuck aus emaillirtem Silber (Kulu) — 45
12. Silberner Kopfputz einer Lahulifrau — 54
13. Männerarmband aus Nephrit mit Edelsteinen eingelegt (Sultanpur) — 59
14. Ganga-Sagar aus getriebenem und gehämmertem Kupfer (Sultanpur, Kulu) — 63
15—17. Drei in den Tempelruinen von Baidschnath aufgefundene Sculpturen — 64
18. Eine antike Lampe und drei alte Wasserpfeifen aus ciselirter Bronze (Kangra) — 67
19. Indisches Tintenzeug aus ciselirter und emaillirter Bronze (Kangra) — 69
20. Antiker Talisman aus emaillirtem Silber mit [illegible] (Kangra) — [illegible]
21. [illegible] aus Bidri (Kangra) — 70
22. [illegible] — 70
23. Becken aus Bidri (Kangra) — 70
24 u. 25. Motive der Ornamentik zu Fig. 21 und 23 — 71
26. Ornament zu Fig. 23 — 71
27. Lota aus Bidri (Kangra) — 71
28. Motive der Ornamentik zu Fig. 27 — 71
29. [illegible], Radschah von Kangra (nach einer von einem Hindu entworfenen Skizze) — 72
30. Theekanne aus [illegible] ([illegible]) — 75
31. Ein alter indischer Dolch aus Tschamba — 87
32. Der Gott Ganesha — 95
33. Ganga-Sagar aus gehämmerter Bronze, Geschenk des Fürsten von Tschamba — 99
34. Emaillirte Goldplatte aus Tschamba — 99

Fig. Seite
35. Solaire 104
36. Zelot aus Syenit (Ober-Tschamba) 105
37. Der Gott Ganescha aus Syenit (Ober-Tschamba) 106
38. Silberne Anhängsel aus Ober-Tschamba (Langera) . 108
39. Ein Talisman aus getriebenem Silber (Langera) . . 108
40 u. 41. Zwei Talismane aus getriebenem Silber (Langera) 109
42. Kaschmirische Flinte mit Aufsatz aus Badrawahr . 116
43. Kaschmirischer Tschaparasi-Säbel aus Badrawahr . . 116
44. Kaschmirische Luntenflinte aus Badrawahr 116
45. Kaschmirisches Gurtbett, Tscharpai 117
46. Silberner Talisman (Kaiwui) 119
47. Silberne Ilalsequange aus dem Lande der Pahari 119
48. Doppelkanne aus Cedernholz aus dem Lande der Pahari . . 119
49. Silberner Fussring mit Tüchlem eingelegt (Kalsul) . . 119
50. Silberner Ring (Kalsul) 120
51. Silberner niellirter Talisman (Kalsul), ... 120
52. Gewöhnliches kaschmirisches Spinnrad 121
53. Grosser Webstuhl zur Anfertigung von Kaschmirshawls . . 121
54. Façade eines kaschmirischen Hauses (Islamabad) . . 123
55. Steinfries aus Granit, von einer kaschmirischen Ruine . . 128
56. Kaschmirische Bronzelampe aus gehämmertem Eisen , . . 134
57. Kaschmirisches Boot (das Dach ist meist aus Binsengeflecht) 135
58. Halsband aus Gold, Edelsteinen und Perlen . . 138
59. Halsband aus Gold, Edelsteinen und Perlen. 138
60. Stirnschmuck aus Gold, Edelsteinen und Perlen 139
61. Ohrgehänge aus emaillirtem Gold, Edelsteinen und Perlen . 139
62. Haarschmuck aus Gold, Edelsteinen und Perlen . 140
63. Armband aus massivem Silber 140
64. Fragment eines mit farbigem Schmelz überzogenen Ziegels. 142
65. Becher aus emaillirtem Silber 149
66. Becher aus niellirtem Silber 149
67. Eine Schachtel aus Papiermaché und Proben von Spitzblättchen 150
68. [illegible] (Wasserflasche) aus [illegible] 150
69. [illegible] 150
70. [illegible] von der alten [illegible] bei Uri 160
71. Bogen aus geschnitztem Cedernholz von der alten [illegible] bei Uri 160
72. Zwei Theekannen, ein Samovar, ein Kesselchen und ein Spucknäpfchen, aus rothem, niellirtem und ciselirtem Kupfer (Srinagar) und eine Wasserkanne aus Bronze (Islamabad) 163
73. Ein kaschmirisches Staatsboot . . . 165

Fig. Seite

74. Männerarmband aus niellirtem Silber ([illegible]) 167
75. Antiker Ring aus Bronze . . 167
76. Antikes Armband aus Silber . . 167
77. Flasche aus niellirtem Silber zur Aufbewahrung der Schminke 167
78. Halsschmuck aus Mosaikwerk (Gurez) . 171
79. Armband aus Mosaikwerk (Gurez) . . . 171
80. Ohrgehänge aus massivem Silber (Gurez) . 171
81 u. 82. Typen von Ladakis, Vorder- und Seitenansicht 179
83 u. 84. Typen von Dardus, Vorder- und Seitenansicht . . 183
85 u. 86. Typen von Baltis, Vorder- und Seitenansicht . . . 185
87. Rebab aus Kaschmir 187
88. Dutar aus Kaschmir 187
89. Geige mit Bogen aus Kaschmir . . . 189
90. Antike Schnalle aus Bronze (Srinagar) 194
91. Frauenkopfputz mit Verzierungen aus Silber (Iskardo) 194
92. Antike Ohrgehänge aus Silber mit Türkisen eingelegt (Iskardo) 195
93. Antike Wasserpfeife aus Baltistan (14. Jahrhundert) . 195
94. Halsband aus gravirten Karneolsteinen (Iskardo) . 196
95 u. 96. Fensterbögen aus Cedernholz, an einer Moschee im Industhale (Baltistan) . . . . [illegible]
97. Bronze-Schnalle, Nadel und Löffel, aus Ladak . . 201
98 u. 99. Götzen aus Nephrit (Ladak) 201
100. Kinderhalsband aus Silber mit Türkisen eingelegt . [illegible]
101. Theekanne aus durchbrochener Bronze aus Jarkand . . [illegible]
102. Indische Gottheit (Mahadewi) . . . . . . [illegible]

SEPARATBILDER.

I. Der Nabob Seif Ali Chan, Commandant der Festung von Kangra . . . . [illegible]
II. Ramah und Sita auf einer Schaukel 71
III. Der Radschah auf der Jagd . . . [illegible]
IV. Der Radschah im Tempel 90
V. Der Radschah und seine Gemahlin 91
VI. Der Radschah auf den Zinnen seines Palastes 92
VII. Der Radschah und sein Hof . . . . [illegible]
VIII. Antike Schüsseln aus Srinagar und Theekannen aus Jarkand 190
IX. Antike Kannen 190
X. Antike Kupfergegenstände aus Kaschmir 200
XI. Antike Kupfergegenstände aus Innerasien . . [illegible]

Seite
XII. Motive der Ornamentik . . . . [illegible]
XIII. Motive der Ornamentik . . . . [illegible]
XIV. Werkzeuge zur Bearbeitung der Metalle aus Kaschmir . 205
XV. Geräthe aus Sahigar 210
XVI. Gold- und Silberarbeiten aus Baltistan 218
XVII. Ackergeräthschaften . . . . [illegible]
XVIII. Felsenzeichnungen aus Baltistan 245
XIX. Felsenzeichnungen aus Baltistan 248
XX. Verschiedene Gegenstände aus Kaschmir . . 275

KARTEN.

I. Ethnographische Karte von [illegible].
II. Geographische Verbreitung des Islamismus und des Buddhismus in Centralasien.
III. Ethnographische Karte von Baltistan.
IV. Verbreitung der Polyandrie in Indien und Tibet.
V. Ethnographische und politische Karte von Kafiristan, Tschitral, Dardistan und dem Indischen Kohistan.

ERSTES KAPITEL.

TRIEST. BOMBAY. SIMLA.

Abfahrt aus Triest. — Historische Erinnerungen über die Seekrankheit. — Port-Said. — Aden. — Ankunft in Bombay. — Watson's Esplanade-Hotel. — Taschkend mit den ostindischen Städten verglichen. — Reminiscenzen aus Turkestan. — Die Parsis oder Feueranbeter, ihr physischer Typus. — Eine Parsi-Hochzeit. — Die „Türme des Schweigens". — Die sogenannten Portugiesen. — Die Mahratten. — Eine indische Zeichenschule. — Metallwarenfabrikation in Bombay. — Von Bombay nach Simla. — Allahabad und Benares. — Postverhältnisse in Turkestan und Ostindien. — Ein bemerkenswerter russischer General. — Empfang in Simla. — Russische und englische Gastfreundschaft. — Simla. — Dr. [illegible]. — Anthropologische Messungen. — Auf nach dem Kaschmirthale!

Am 21. April sollte der Lloyddampfer „[illegible]" die Anker lichten, um Passagiere und Waaren nach Aegypten, Indien und China zu bringen. Wir beeilten uns demnach unsere Reisevorbereitungen zu vollenden, und am 18. April morgens, 48 Stunden vor der bestimmten Abfahrt, trafen wir in Triest ein. Wenn der Eisenbahnzug die vegetationslosen Höhen des Karst verlässt und am Meeresufer entlang, an lachenden Weinbergen und hübschen Ortschaften vorüber, dahinbraust, so erblickt man zuerst ein weisses, elegantes Bauwerk an seinem Fusse, welches, in Morgennebel gehüllt, ganz übernatürliche, phantastische Umrisse annimmt. Es ist dies das herrliche Schloss Miramar, dessen stilvolle Formen sich vom blauen Hintergrunde des Meeres abheben. Unwillkürlich erinnert man sich des unglücklichen Fürsten, eines der kunstsinnigsten und begabtesten aus seinem erhabenen Hause, der diesen reizenden Aufenthalt am Ufer der Adria gegen die dornenvolle Kaiserkrone Montezuma's vertauschte. Hat je ein Fürst unverschuldetes Unglück heldenmüthig gesühnt, so ist es gewiss dieser.

Das Dampfross keucht und pustet noch einige Augenblicke, und die Hauptstadt Istriens, das deutsche Emporium am Mittelländischen Meere, entrollt sich vor unsern Blicken. Triest ist sehr schön und sehr günstig gelegen, und man begreift, dass bei zunehmender Versandung des Hafens von Venedig seine commerzielle und strategische Bedeutung von Jahr zu Jahr zugenommen. Wir stiegen im Hôtel de la Ville ab, wo man uns ein Zimmer im fünften Stockwerke anwies. Die bevorstehende Ankunft des österreichischen Kronprinzen, der, von seiner Orientreise heimkehrend, am 20. in Triest eintreffen sollte, hatte eine grosse Zahl Neugierige aus aller Herren Länder nach der österreichischen Hafenstadt gelockt, und infolge dessen waren alle Gasthöfe seit acht Tagen schon im vollen Sinne des Wortes überfüllt. Am Tage unserer Ankunft lösten wir sofort bei der Lloydgesellschaft unsere Karten und besichtigten hierauf die Sehenswürdigkeiten der Stadt. Diese letztern sind hinlänglich bekannt, was ebenfalls bekannt, aber nie genügend wiederholt werden kann, ist die stets zunehmende Bedeutung des Oesterreichisch-ungarischen Lloyd für den Passagier- und Frachtverkehr zwischen Europa und der Levante und die vorzügliche Einrichtung der Lloyddampfer, sowie auch die anerkannte Liebenswürdigkeit aller Beamten dieser Gesellschaft. Es wäre nur zu wünschen, alle Lloydofficiere sprächen deutsch; die Unkenntniss dieser Sprache ist bei den Officieren eines österreichischen Handelsschiffes doch wirklich unerklärlich.

Am 20. morgens kündigte uns der Kanonendonner die Ankunft des Kronprinzen an, und trotz aller Hetzereien der irredentistischen Journale wurde der junge Fürst ganz ausnehmend herzlich empfangen.

Um 4 Uhr nachmittags bestiegen wir den „Pollux" und fuhren bei Wind und Regen aus dem triester Hafen. Kabine, Kost, Bedienung, alles auf dem Lloyddampfer war vorzüglich, doch hatte ich leider nur wenig Gelegenheit, mich von alldem persönlich zu überzeugen, denn ich war fast ohne Unterlass seekrank. Unser liebenswürdiger Schiffsarzt, ein Kärntner von Geburt, gab mir zwar keine Heilmittel, denn gegen dieses lästige Uebel gibt es überhaupt keine, aber er lieh mir allerhand Abhandlungen über die Seekrankheit, ihr Entstehen und ihre Folgen, aus denen ich entnahm, dass die Karthager zu Hanno's Zeiten, als sie das westliche Afrika umschifften, und die Römer unter Scipio, als sie nach Sicilien und Karthago hinüberruderten, schon dieses böse Uebel gekannt, ja, es scheint sogar wahrscheinlich, dass, als der grosse Africanus bei seiner Landung in Afrika ausglitt und dabei mit seltener Geistesgegenwart ausrief: „Boden von Afrika, ich halte dich fest!" dieses ganz a tempo gekommene Ereignis den Folgen der Seekrankheit zuzuschreiben ist. Wenn mich diese ausführliche Lektüre nicht heilte, so trug sie wenigstens dazu bei, mich mit dem Vorbild meiner grossen Vorgänger zu trösten, und in einigen Tagen, nachdem wir das weisse Brindisi aus der Ferne geschaut, an den ionischen Inseln vorbeigefahren und die zackigen Berge der Heimat des Minotaurus erblickt, erschien plötzlich der Leuchtthurm von Port-Said am Horizont, und bei hochgehender See legten wir am Eingange des Suezkanals vor Anker.

Am 25. stiegen wir ans Land und besichtigten Port-Said, eine der merkwürdigsten europäischen Schöpfungen auf afrikanischem Boden: Privathäuser, Gasthöfe, Kaffeehäuser, Kaufläden, Squares, alles schien pilzgleich erst gestern aus dem Sande geschossen, um morgen schon wieder, vom

Sande verweht, auf immer zu verschwinden. Als der Genius des grossen französischen Ingenieurs das bedeutendste internationale Werk dieses Jahrhunderts geschaffen, brauchte man eben einen Punkt am Eingange des Kanals, um Waarenlager, Spielhöhlen und Matrosenkneipen zu errichten, und trotz des Wüstensandes und der Brandung des Meeres wurde plötzlich Port-Said wie auf einen Zauberschlag aus der Erde. Die dünnen Häuser und Häuschen, mit ihren ungeheuern Aushängeschildern, die insgesammt ein starker Windstoss wegzuwehen vermöchte, das grosse holländische Bauwerk, das seit Eröffnung des Kanals unbenutzt wie das Gerippe eines vorsündflutlichen Thieres sich von der umgebenden Leere und Flachheit melancholisch abhebt — der Square Lesseps mit seinen hektischen Eucalyptus- und Palmenstauden, die mehr Besenstielen mit Feldzeichen, als einer südländischen Flora gleichen, und im Hintergrunde das schmutzige arabische Dorf mit seinen womöglich noch schmutzigeren Bewohnern, die in ihrem unsaubern Gewimmel die kühnen Theorien Darwin's glänzend bestätigen — alles dies macht den Eindruck der grössten Contraste. Doch der schrille Ton der Schiffsglocke reisst uns aus den Träumereien und mahnt uns lebhaft daran, dass wir erst in Afrika sind und noch durch das Rothe Meer und den Indischen Ocean müssen, um nach Bombay zu gelangen.

In nicht ganz 24 Stunden erreichten wir Suez; die zahlreichen Stationen längs des Kanals, mit ihren rothen Signalkörben und ihren kühnen Versuchen einer dürftigen Vegetation, das [illegible] Ismailia mit seinen Villen und Eucalyptusanpflanzungen erschienen uns wie Schattenspiele an der Wand, und freudig begrüssten wir den niedlichen Hafen von Suez, wo eine Anzahl buntbeflaggter Schiffe die eben angekommene Jacht des Khedive mit Salutschüssen zu empfangen im Begriff waren. Die Entfernung der Stadt erlaubte uns nicht ans Ufer zu gehen, aber es gelang mir, dem im Hafen anwesenden Herrn von Lesseps eine unserer Visitenkarten mit Worten herzlicher Begrüssung zu übermitteln; da er sich oft und lebhaft für meine Reisen interessirt hatte, so war ich überzeugt, dass ihm, dem leutseligsten aller grossen Männer, dieser bescheidene Gruss unsererseits nicht ungelegen kommen würde.

Am folgenden Tage dampften wir bei herrlichem Wetter ins Rothe Meer hinein. In der Ferne zeigte man uns die Mosesquellen, die kahlen Umrisse des ehrwürdigen Sinai, die Südspitze der gleichnamigen Halbinsel und gleichfalls am nebeligen Horizont die flache, sandige Küste Aegyptens. In den nächsten Tagen bekamen wir nur wenig Interessantes zu Gesicht. Die abessinischen Berge sind kahl und felsig, und die Nähe der Küste von Arabien ahnt man mehr als man ihrer wirklich ansichtig wird. Freilich erblicken wir mit unsern geistigen Augen das unsaubere Choleranest Dschidda und hinter demselben das ehrwürdige Mekka mit dem Grabe des Propheten; doch für das mit dem geistigen Auge Gesehene interessirt sich unser Leser mit Recht um so weniger, als er sich ähnliche Genüsse verschaffen kann, ohne deshalb mit uns nach Kaschmir und Tibet reisen zu müssen. Nach drei Tagen sind wir in der Nähe von Mokka, welches uns unwillkürlich an das köstliche Getränk mahnt, das diesem arabischen Küstenorte seinen Namen entlehnt, und wenige Stunden später fahren wir an der Insel Perim vorbei in den Meerbusen von Aden.

Tags darauf erreichten wir Aden. Selten wol besitzt eine Stadt eine malerischere Lage; bei gänzlicher Abwesenheit irgendwelcher Vegetation erscheint Aden wie in Felsen gehauen, und man sollte glauben, dass diese Ansammlung von nacktem Gestein, das weithin das Meer beherrscht, einen öden, traurigen Eindruck hervorbringen müsste, doch dem ist nicht so. Die Felsen von Aden erheben sich majestätisch aus dem Schoose des Meeres, ihre Zacken und

Spitzen bilden die elegantesten Umrisse, die sich scharf vom ewig blauen Himmel abheben, und das vielfarbige Gestein, aus dem sie gebildet, erglänzt unter den Strahlen der tropischen Sonne und bietet dem Beschauer harmonische Perspectiven. Erst wenn man ans Land steigt, gewahrt man, dass Aden gar keine Vegetation besitzt; die Stadt ist einer der heissesten Punkte der Welt, und doch leben dort zahlreiche europäische Familien, die viel miteinander verkehren und sich sehr gut unterhalten sollen; ja, es wurde mir erzählt, dass die jungen Herren und Damen von Aden sogar sehr tanzsüchtig sind. Wie das bei einer beständigen Bruthitze möglich ist, übersteigt mein Begriffsvermögen. Während unseres kurzen Aufenthalts in Aden erstand ich ein sehr schönes Somalischild aus Rhinocerushaut und eine Anzahl von interessanten Photographien. Die Somalis sind, so behaupten unsere Gelehrten wenigstens, semitischen Stammes. In der That sind es grosse, schlanke, wohlgebaute Gestalten, deren scharf ausgeprägte Gesichtszüge mit den Bullenbeissergesichtern der gewöhnlichen Neger nichts gemein haben. Ja, die Frauen sind sogar wohlgebildet und trotz ihrer Hässlichkeit gar nicht übel; merkwürdigerweise färben sich diese dunkeln Söhne Sem's ihr Haupthaar gelb und roth, was bei der vliesartigen Dichte und Entwickelung desselben ganz drollige Perrückenstücke abgibt.

Bald waren wir wieder auf hoher See, um ununterbrochen zehn Tage bis Bombay zu schiffen. Einige Möven, die sich hie und da auf unser Takelwerk setzten, mahnten an die Nähe der Insel Sokotora. Doch bald sind auch diese geflügelten Gäste verschwunden, und der Indische Ocean dehnt sich unendlich vor unseren Blicken aus; seine Oberfläche ist von öliger Glätte, und wären nicht einige lange, unterirdische Strömungen, die, von Afrikas Küsten kommend, unser Schiff in ein unangenehmes Geschaukel versetzen, so würde man geneigt sein zu glauben, dass man auf einem Teich fährt. Hier und da erinnert uns übrigens die unschädliche Gegenwart eines Haifisches, der mit [illegible] Beharrlichkeit unserem Schiffe nachschwimmt, dass wir auf einem Weltmeere fahren und von Bewohnern umgeben sind, die nichts sehnlicher wünschen, als einer von uns fiele ins Wasser; glücklicherweise mussten die uns folgenden Haie ohne dieser Genugthuung theilhaftig geworden zu sein abziehen.

Am 11. Tag seit unserer Abfahrt von Aden erblickten wir endlich die Küste von Malabar mit dem Gebirgszuge der westlichen Ghats; in wenigen Stunden kamen Thürme, Gebäude und Palmenbäume in Sicht, und wir fuhren in den prachtvollen Hafen des sehnlichst erwarteten Bombay. Um 4 Uhr nachmittags mietheten wir ein kleines Segelschiff und steuerten dem Landungsplatze zu, wo uns höfliche Zollbeamte so schnell als möglich auszusteigen erlaubten. Es war dies der 14. Mai, wir waren am Apollo-Bunder, dem fashionabelsten Punkte der Stadt Bombay angelangt, wo wir einen grossen Andrang von Spaziergängern, Reitern und Equipagen gewahr wurden. Bleiche Europäerinnen, sich [illegible] Engländer und [illegible] vor sich hinlächelnde, halb chocoladenfarbene Eingeborene bilden, in ihren mannigfaltigen Trachten, gar seltsame Gruppen, an die sich das Auge des Reisenden erst gewöhnen muss. Ein vollkommen geschlossener Wagen, der mehr einer wandelnden Todtentruhe als einem Gefährt von Lebenden gleicht, bringt uns in wenigen Augenblicken nach Watson's Esplanade-Hotel, dem umfangreichsten Gasthofe Indiens. Eine Anzahl Aufwärter, deren Hautfarbe zwischen licht-kaffeebraun und dunkel-chocoladeschwarz spielt, nehmen unsere Effecten in Beschlag, und es wird uns im zweiten Stock ein grosses, luftiges Zimmer mit daranstossendem Badecabinet und Aussicht nach dem Meere angewiesen, für das wir täglich sammt Kost 10 Rupien oder etwa 20 Mark zu bezahlen haben. Der grosse luftige Gasthof, ganz aus Eisen zusammengesetzt, was fast jede Feuersgefahr ausschliesst, mit seinen unzähligen Gängen und Stiegen und seiner vierfachen Krone von Erkern, sieht mehr einem grossen Vogelhause als einer menschlichen Behausung ähnlich. Die Bedienung lässt für den Ankömmling sehr zu wünschen übrig; denn alle Fremden haben die Gewohnheit, ihre Diener mitzuführen, sodass die Hotelbediensteten den dienerlosen Ankömmling fast gar nicht oder doch möglichst wenig und schlecht bedienen. Uebrigens sind Diener in Indien ein ebenso unerlässliches als wenig störendes [illegible]; man braucht sich weder um ihre Kost, noch um ihre Unterkunft zu kümmern, sie essen überall und nirgends und halten sich gewöhnlich Tag und Nacht vor dem Zimmer ihrer Herrschaft liegend oder hockend in stetem Nichtsthun auf. Kostspielig sind sie auch nicht, doch muss man deren verhältnissmässig viele haben. Doch davon später.

Die Communicationsmittel in Bombay sind zahlreich und bequem. Die Eisenbahn hält an fünf Stellen in der Stadt; die Tramway erlaubt, von Colaba, dem äussersten südlichen Stadttheil, bis ins Centrum der Native-town und bis zum Victoria-Garden rasch und billig zu gelangen; die Droschken sind schnell zur Hand und nicht übertrieben theuer. Es gibt vierräderige und zweiräderige Wagen und sogar Karren, welche letztere von Ochsen gezogen werden, und natürlich als [illegible] Beförderungsmittel [illegible] werden auch gewöhnlich nur von Natives benutzt. Bombay ist zwar nicht der Hauptort des englischen Ostindien, aber jedenfalls die bedeutendste Stadt desselben, mit allen Bequemlichkeiten der Civilisation ausgestattet. Es besitzt gerade, breite, wohlgepflasterte Strassen mit Trottoirs, die von grossen, schattigen Bäumen eingefasst sind, wohlgepflegte Anlagen, monumentale Brunnen, zahlreiche Gaslaternen und grossartige Kaufläden; die von tropischen Gewächsen umgebenen Markthallen sind schöner und luftiger als die von Paris. Wir sprechen hier nicht nur von dem englischen Stadttheil, sondern auch von der Native-town.

Welch einen Unterschied zeigen alle indischen Städte gegenüber Taschkend, der Hauptstadt des russischen Turkestan! Während in Taschkend im Winter ein solcher Schmutz herrscht, dass man darin fast versinkt, und im Sommer unleidlicher Staub die Circulation hemmt, ist dort alles wohlunterhalten und sorgsam gepflegt. Man begegnet eben auf der einen Seite der heillosesten russischen Misswirthschaft, während auf der andern britischer Ordnungssinn und strenge Controle herrschen. Freilich muss man in Turkestan alles auf die höchste Leitung zurückführen, die seit Jahren schon mehr als zu wünschen übrigliess; es hätte eines energischeren Mannes bedurft, um dem Unwesen der russischen Tschinowniks zu steuern.

Unter General Kauffmann machte uns einst in Taschkend ein aus den Ostseeprovinzen gebürtiger russischer Officier folgende drastische Bemerkung: „Es werden zwei Gattungen von Thieren geboren, die einen mit Sporen an den Fersen, die andern mit einem Sattel auf dem Rücken; der General Kauffmann gehört zur zweiten Kategorie, denn immer reitet und leitet ihn irgendjemand." Wer übrigens über jene russischen Tschinowniks aus Turkestan etwas Näheres erfahren will, dem will ich folgende originelle selbsterlebte Geschichte erzählen. Ich war einmal in Taschkend bei einem hohen russischen Offizier zu Tische geladen; zu meiner Rechten sass ein ehrwürdiger Graubart, der es trotz seiner fürstlichen Abstammung nicht weiter als bis zum Staatsrathe gebracht hatte (in Turkestan ist jeder, der sich halbwegs respectirt, Oberst oder Staatsrath), zu meiner Linken ein fast noch jugendlicher blonder Tschinownik, der in der Kanzlei des Generalgouverneurs einen unbedeutenden Posten bekleidete. Dieser junge Mann sprach geläufig deutsch, englisch und französisch und ich fragte meinen Nachbar, den Fürsten, wie es käme, dass man bei solchen Sprachkenntnissen gezwungen sein könne, eine so unbedeutende Stellung in Turkestan einzunehmen. „Dies will ich Ihnen erklären", erwiderte mir bereitwilligst der Fürst, „dieser junge Mann war früher Kanzler bei der russischen Botschaft in Konstantinopel, dort verschwand er eines Tages, hatte aber in seiner Zerstreutheit die Kasse mitgenommen. Als man seiner wieder habhaft wurde, wollte man nicht die Dienste eines so begabten Menschen missen, und schickte ihn als Tschinownik nach Turkestan." Einige Augenblicke später fragte ich den Exdiplomaten, wie es käme, dass der fast siebzigjährige Fürst erst Staatsrath wäre, besonders bei seiner ziemlich nahen Verwandtschaft mit einem erhabenen Hause. „Das will ich Ihnen gern auseinandersetzen", antwortete dieser, „derselbe ist eben doppelt verehelicht, und da es bei uns keine Galeeren gibt, so schickt man die politischen Sträflinge in die Bergwerke nach Sibirien und die gemeinen Verbrecher hier und da nach Turkestan, wenn es ihre hohen Connexionen erheischen." Eine nette Gesellschaft, dachte ich mir, bedeutend vorgeschrittener in ihren humanitären Ansichten als wir anderen Mittel- oder Westeuropäer; — doch [illegible] wir Turkestan mit seinen gesellschaftlichen Annehmlichkeiten [illegible] [illegible] über [illegible] Ostindien zurück.

Unter den Eingeborenen von Bombay nehmen die Parsis unstreitig die erste Stelle ein. Sie sind die Nachkommen der feueranbetenden Perser, die vor Jahrhunderten bei der Mohammedanisirung ihres Vaterlandes geflohen und an den Westküsten Indiens eine Freistätte gefunden hatten. Sie erschienen zumal in der Halbinsel Gudscherat, wo sie bei den dort herrschenden freisinnigen Fürsten Aufnahme und Schutz fanden. Bald wurden sie durch ihren ausserordentlichen Handelsgeist und durch die Ehrlichkeit, die sie bei commerciellen Transactionen an den Tag legten, weithin bekannt, doch die hervorragende geachtete Stellung, die sie heute in ganz Ostindien einnehmen, wurde ihnen erst infolge der britischen Eroberung antheil. Die Engländer fanden in ihnen treue und kluge Verbündete, deren ostentative Freundschaft und Anhänglichkeit ihnen um so willkommener war, als sie bei ihrer geringen Zahl in dem ungeheuer bevölkerten Ostindien nur durch genaue Befolgung des alten politischen Axioms: „Divide et impera" zu regieren vermochten und noch vermögen. Den grausamen, stets unzufriedenen Muselmanen sind die englischen Eroberer ein Greuel, und der durch seinen Aberglauben oft stumpfsinnig gewordene niedrige Indier erträgt ihre Herrschaft nur, weil er die Muselmanen noch mehr hasst als sie. Der Parsi ist demnach unter den Eingeborenen der einzige aufrichtige Freund des Briten; im beständigen Verkehr mit demselben haben sich seine angeborenen guten Eigenschaften noch mehr entwickelt, und heute kann man ohne Uebertreibung behaupten, dass fast ein jeder Parsi ein Gentleman ist. Die Parsis haben Sitte und Typen der iranischen Vorältern bewahrt, aber ihre heutige Tracht, die bis auf eine bischofsmützenähnliche Kopfbedeckung eine höchst kleidsame, ist mit der altindischen fast identisch. Sie sind meines Wissens das einzige nicht dolichocephale Volk Indiens; der mittlere Breitenindex bei 22 von mir in Bombay gemessenen Parsen betrug 82. Ihre Physiognomie ist eine scharf ausgeprägte, besonders charakteristische. Der Schädel ist meist von geringem Umfange und gegen den Scheitel hin zugespitzt, die Stirn hoch und zurücktretend, die Augenbrauenwülste stark vorspringend, die Augenbrauen dicht und geschweift, der

Raum zwischen der Glabella und der Nasenwurzel stark markirt, die glänzenden, dunkeln Augen tiefliegend, die Nase fast ausnahmslos lang und gebogen, auf einer schmalen Basis ruhend, die Lippen fleischig, der Mund klein, die Zähne vertical und gesund, die Backenknochen und Jochbögen wenig hervorspringend, das Gesicht oval, die Ohren klein und am Kopfe anliegend, der Hals proportionirt, der Körper hager und markig, schlank und wohlgebaut, mit zarten Hand- und Fussgelenken, die Extremitäten mässig mittelgross. Sie mahnten mich oft an die Tadschiken, die ich in Samarkand gesehen und gemessen, nur ist ihr Schädel bedeutend kleiner und nähert sich demnach, was Umfang und Form betrifft, mehr demjenigen der Bergtadschiken (Galtscha, Karateginer und Bewohner des bergigen Hissar). Sie haben stets abgesondert von den andern Eingeborenen gelebt, stets untereinander geheirathet und die Sitten und Gebräuche ihrer Voreltern gewissenhaft bewahrt; die Männer in ihren weissen Röcken mit roth- und grünseidenen Beinkleidern und ihrer Bischofsmütze, die sie vor den Sonnenstrahlen durchaus nicht schützt, die Frauen in ihren hellfarbigen, faltenreichen, mit Gold und Silber gestickten Gewändern, ihren kleidsamen Stirnbinden und zierlichen Sandalen, und die Kinder mit ihren bunten Röckchen, golddurchwirkten Mützen machen auf den Fremden einen angenehmen Eindruck, ebenso wie ihr heiteres, leutseliges Wesen den Europäer sofort für sie einnimmt.

Wenige Tage nach unserer Ankunft nahmen wir an einer Parsi-Hochzeit Theil, bei welcher Gelegenheit es uns vergönnt war, ihre patriarchalischen Gebräuche und ihren sinnigen Glauben in der Nähe zu beobachten. Bei unserm Eintritt in den Garten, wo die Feier vor sich ging, wurden wir von einer grossen Zahl ganz weiss gekleideter Parsen (im gewöhnlichen Leben tragen nur die Priester eine ganz weisse Tracht) auf das zuvorkommendste empfangen, man bot un-

Blumensträusse und in Flittergold gewickelten Bethel[1]; ein Knabe, der einen aus ciselirtem Silber verfertigten Flacon in der Hand hielt, begoss unsere Blumensträusse mit Rosenwasser, und bald hierauf verliessen unter dem Schalle einer fast ungewohnten Musik die Brautleute und ihre Familien ein im Hintergrunde des Gartens befindliches Gebäude, um sich nach einem andern zu begeben, wo die Priester auf sie warteten. Wir wurden aufgefordert, uns dem Zuge anzuschliessen, um dieser ganz intimen Feier beiwohnen zu können. Als wir in das Gemach traten, wo sich bereits die Brautleute befanden, sahen wir dieselben nebeneinander auf zwei Stühlen sitzen, mit einer weissen Binde aneinandergekettet; ein grosser weisser Schleier, der über sie gebreitet, verbarg ihre Köpfe den Blicken der Anwesenden, und ringsum, an den Wänden des Gemaches entlang, sassen die Parsifrauen im schönsten Kranze; ja man konnte nichts Anmuthigeres sehen als diese luftigen Gestalten, in reiche vielfarbige Gewänder gehüllt, die mit edlem Anstand und frommer Aufmerksamkeit der Ceremonie folgten. Einige hatten die Koketterie so weit getrieben, die Schnallen ihrer kleinen weissen Seidenschuhe mit wirklichen Rosenknospen zu schmücken. Den Brautleuten gegenüber standen die Priester, und in der Mitte der Gruppe unter ihnen, ein Greis von hoher Gestalt, der in der Sprache des Zoroaster eine wahrscheinlich sehr ergreifende, für uns aber leider unverständliche Ansprache hielt und dabei über die Häupter der Neuvermählten Getreidekörner ausstreute als Symbol der Fruchtbarkeit.

Einige Tage später besuchten wir einen reichen Parsi in seiner schlossartigen Behausung, in der Nähe des Victoriagarden; dort freilich erwartete uns ein minder gefälliges

[1] Eine Blattpflanze, welche besonders von Frauen gekaut wird, um dem Athem einen gewissen Wohlgeruch zu verleihen.

Schauspiel. Der grosse Empfangssalon dieses asiatischen Nabob enthielt die geschmackloseste Einrichtung, die man sich nur überhaupt vorstellen kann. Möbel im Stile des ersten französischen Kaiserreichs, ungeheuere italienische Spiegel, Kronleuchter von unwahrscheinlichen Formen neben mehr als mittelmässigen Bildern, eingelegten italienischen Kästen und Leuchterstühlen aus der Renaissanceperiode, waren da im bunten Durcheinander und brachten einen wenig erbaulichen Eindruck hervor.

Auch die „Thürme des Schweigens“, die berühmte Grabstätte der Parsis, liessen wir uns angelegen sein zu besuchen, denn dieselben bieten ein ganz besonderes Interesse dar. In einem herrlichen Garten von Malabar-Hill, dem höchstgelegenen Punkte Bombays, wo Blumenbeete mit schattigen Palmenhainen abwechseln, befinden sich mehrere thurmartige Gebäude, welche zur Aufnahme der Leichen der verstorbenen Parsis bestimmt sind. Das Innere dieser Gebäude hat nicht nur kein Europäer, sondern auch kein Parsi, mit Ausnahme von 8—10 Individuen, die ganz abgesondert leben und nur zur Einführung der Leichen verwendet werden, jemals gesehen; der gefällige Aufseher des Parsifriedhofes zeigte uns jedoch ein reducirtes Modell dieser Thürme, die dem Besucher erlauben, sich einen genügenden Begriff von ihrem Innern zu machen. Im Innern dieser Thürme sind gemauerte, nach oben hin offene Zellen angebracht, die in drei Abtheilungen trichterartig und terrassenförmig hinabsteigen; eine dieser Abtheilungen ist für die Männer, die andere für die Weiber und die letzte endlich für die Kinder bestimmt. Die Leichname werden ganz nackt in diesen Zellen ausgesetzt und von den auf ihre Beute lauernden Geiern sofort verzehrt; die übriggebliebenen Gebeine wirft man dann in ein grosses, rundes Loch, welches sich im Mittelpunkte des Thurmes, auf der Sohle desselben befindet. Es scheint, dass diese Geier, deren wir viele auf den Thürmen und Palmen des Parsifriedhofes sitzen sahen, besser als die Aerzte wissen, ob ein Mensch wirklich todt ist oder nicht. So soll es einst in Kurrachee geschehen sein, dass ein vom Starrkrampf befallener Parsi nach dem Thurme des Schweigens gebracht wurde, dort von den Geiern verschont, zum Leben wieder erwachte und sich mit Aufwand aller seiner Kräfte aus dieser unheimlichen Nähe rettete. Der Wiedererstandene entfloh nach Bombay, wo er sich noch sorgfältig verbirgt, denn seine Glaubensgenossen, darüber erzürnt, dass er das Geheimniss der Thürme des Schweigens lebend gesehen, möchten ihn gern ehemöglichst wieder und diesmal definitiv in einen derselben bringen.

Wir haben manche Abende bei reichen Parsifamilien verbracht und überall gefällige, zuvorkommende Menschen getroffen, die mit einer ausgezeichneten Höflichkeit ein gewinnendes Wesen verbinden. Von allen Eingeborenen sind sie uns entschieden die liebsten; sie sind auch jedenfalls die nützlichsten in Indien, und es steht ihnen, wenigstens nach unserer Ansicht, noch eine bedeutende Zukunft bevor.

Von den andern Einheimischen Bombays sind vor allem die sogenannten Portugiesen zu nennen; sie haben von den Bewohnern Portugals nichts als den Namen entlehnt. Es sind dunkle, negerartige Gestalten, die in fast europäischen Gewändern wandeln, denen aber der Freimuth, das Wesen und die bescheidene Einfachheit des Farbigen gleich nachthut. Sie sind jedenfalls ein lebender Beleg für die notorische Inferiorität von Mischvölkern, die immer mehr und mehr entarten. Es ist begreiflich, dass beim Anblick solcher Mischungsresultate der stolze Brite mehr denn je auf die Wahrung seines weissen Blutes, d. h. seiner weissen Hautfarbe hält. Merkwürdigerweise ist das alt-arische Kastensystem, dem ursprünglich bei Ankunft der Arier in Indien eine gewisse Berechtigung nicht abzusprechen ist, so in

Fleisch und Blut des ganzen Volks gedrungen, dass es die zum Islamismus bekehrten Inder in ihre neue Religion mit hinübergenommen, ja sogar die Engländer theilweise demselben huldigen; man braucht nur die gesellschaftlichen Beziehungen zu beobachten, welche zwischen den von europäischen Aeltern Geborenen und der sogenannten Half-Caste bestehen.

Die andern Einheimischen gehören allen möglichen Volksstämmen an, unter denen die Mahratten sich besonders durch unliebsame Gesichtszüge hervorthun. Die indischen Frauen in Bombay sind zwar selten schön von Antlitz, aber sie sind äusserst anmuthig gebaut und haben eine angeborene Grazie, um die sie manche Europäerin beneiden möchte. Wenn sie so in ihrer duftigen Kleidung hochaufgeschürzt, die eine Hand den Krug auf dem Kopfe stützend, die andere in die Seite gestemmt, lautlos beim Brunnen stehen oder durch die Gassen im Schatten der Häuser entlang gleiten, so mahnen sie uns an die Canephoren des Alterthums und wir gedenken unwillkürlich der liebenswürdigen Prinzessinnen aus der alt-indischen Heldensage. Eine gewisse ernste Schwermuth, die auf ihren Zügen lagert, steht ihnen ganz gut und sticht vortheilhaft von dem oft brutalen Gesichtsausdruck der Männer ab. Die Native-town ist trotz des Menschengewühls reinlich und gut unterhalten, bei indischen Städten eine selten vorkommende Eigenschaft.

Wir hatten auch Gelegenheit eine Zeichenschule zu besichtigen, welche die Engländer angeblich zur Vervollkommnung der einheimischen Künstler errichtet; ich muss aber gestehen, dass ich mit den Tendenzen dieser englischen Schöpfung durchaus nicht einverstanden bin, denn seitdem sie besteht, hat die indische nationale Kunst an Originalität eingebüsst, und indem man die Schüler europäische Muster copiren lässt, gehen dieselben ihrer Persönlichkeit verlustig. Die so sklavisch nachgeahmten Muster, obschon gut gemacht, sind doch weiter nichts als schlechte Plagiate unsere Geschmacks. Wenn ein indischer Künstler ein Werk auszuführen im Begriffe ist, so weiss er anfänglich selbst fast nie, was er schliesslich an Details der Ornamentik machen wird; der leitende Gedanke kommt ihm während seiner Arbeit, seine Inspiration ist eine augenblickliche und eine sehr ungezwungene; da er aber eine unglaubliche Geduld besitzt, und sich bei der Ausführung seines Werkes gefällt, so ist seine Arbeit immer eine äusserst feine und sorgfältige.

Sehr geschickt sind die Einwohner Bombays in der Verfertigung von Metallwaaren; die Stadt allein besitzt 1600 Kupfer- und 1500 Goldschmiede, welche besonders in früherer Zeit ganz hübsche Götterstandbilder zu verfertigen pflegten. Heutigentags wird ein grosser Theil der indischen Kupferfiguren, welche Götter darstellen, in England fabricirt und dort billiger hergestellt als in Indien selbst. Nichtsdestoweniger gelang es mir, einige authentische Stücke zu kaufen, die ganz bestimmt indischen Fabrikats sind. Ich erstand auf diese Art folgende Götterstandbilder: einen Vischnu als Buddha; einen Schiwa mit der Göttin Parwati; eine Parwati als Kali; zwei Lakschmi; einen Schiwa als Vira-Bhadra; eine Göttin des Tanzes; einen Ganescha u. s. w., alle diese Statuetten sind von einer ganz besondern Kupferlegirung, von der wir später eingehender sprechen werden.

Bevor wir nach Simla aufbrachen, mussten wir daran denken, uns einen Dolmetscher zu verschaffen, sonst wäre unsere Reise in Kaschmir und Tibet fast unmöglich geworden. Dies war keine leichte Aufgabe, denn die Eingeborenen, die des Französischen oder Deutschen mächtig, sind selbst in den indischen Hafenstädten nur schwer aufzutreiben; nach langen Nachforschungen gelang es uns jedoch, einen französisch sprechenden Portugiesen (eigentlich war es nur ein Tamul aus

Pondichéry, der sich aber in seiner Eitelkeit für einen Portugiesen ausgab, habhaft zu werden, den wir trotz der grossen Besoldung, 35 Rupien, circa 70 Mark, per Monat in unsern Dienst zu nehmen beschlossen. François Domingo war wol das hässlichste Geschöpf, das man sich denken kann; er verband mit diesem abstossenden Aeussern eine ungeheure Dosis von Albernheit, was wir in der Folge, nur leider erst zu spät und zu unserm Schaden, gewahr wurden.

Unsere Abreise nach Simla erfolgte an einem Sonntag Morgen. Wir fuhren zuerst mit der grossen indischen Centralbahn nach Allahabad, wo wir einen Tag zu verweilen gedachten. Die Eisenbahnen in Indien sind sehr gut eingerichtet und bieten neben absoluter Bequemlichkeit möglichst viel Kühle, was natürlich für uns Europäer noch immer eine ganz passable Hitze bedeutet. Jeder Waggon besitzt zwei geräumige Waschkabinete, in denen aber das Wasser durch die Hitze der tropischen Sonne fast siedend heiss wird, ferner vier Ventilatoren (beständig angefeuchtete, räderartige mobile Filzplatten) und dreifache Fenster, d. h. eine dunkelblaue und eine weisse Scheibe und einen jalousieartigen Verschluss. Dabei ragen die Dächer des Waggons mehrere Fuss über die Seitenwände hinaus, so dass nur die Morgen- oder Abendsonne oder das höchst unangenehme Zurückprallen der Sonnenstrahlen bis ins Innere der Wagen zu dringen vermag.

Die Stationsgebäude sind reinlich und von gefälligem Aeussern, und alle mit Büffets versehen; sehr zahlreich sind die Eingeborenen, welche die Eisenbahnen benutzen, und es ist merkwürdig, mit welch affenartiger Behendigkeit sie in und aus den Wagen klettern, bevor der Zug anhält; gewöhnlich benutzen sie hierzu die Fenster statt der Thüren. In der Station Dschabalpur bot man uns mannichfache Gegenstände aus Marmor und Onyx an: Briefbeschwerer, Petschafte, Papiermesser u. s. w. Nach einer dreistündigen Fahrt trafen wir endlich in Allahabad ein, wo man uns schon am Bahnhofe mit allerhand ciselirten und gehämmerten Kupferwaaren bestürmte; diese Kannen, Schalen, Schüsseln u. s. w. werden in dem naheliegenden Benares verfertigt, das der Mittelpunkt der grossen indischen Kupferindustrie ist. Die dort fabricirten Gegenstände werden aus einer Mischung hergestellt, die aus folgenden acht Metallen besteht: Kupfer, Gold, Silber, Eisen, Zinn, Blei, Quecksilber und Zink; diese Mischung verleiht den daraus gefertigten Gegenständen Farbe, Klang und Dauer. Von der Bedeutung der Metallindustrie in Benares kann man sich nur einen Begriff machen, wenn man in Berücksichtigung zieht, dass der dortige Markt einen grossen Theil Indiens mit Götzenstandbildern und allen möglichen Tempel- und Hausrequisiten versieht.

Allahabad ist ein berühmter indischer Wallfahrtsort. Wenn ein Hindu eine Wallfahrt unternimmt, so lässt er sich zuvörderst das Haupt scheren, fastet und bringt den Todten Opfer dar; hierauf tritt er seine Reise zu Fuss an, denn wenn er sie in einem Boot oder in einer Tragsänfte ausführt, so beeinträchtigt er das Verdienst seiner Wallfahrt um die Hälfte. Während seiner Reise darf er nur ganz wenig Reis geniessen und muss sich seiner religiösen Waschungen enthalten; bei seiner Ankunft im Wallfahrtsort fastet er abermals und salbt sich den Körper von Kopf bis zu den Füssen, nimmt ein Bad und opfert ein zweites mal den Todten. Die Zeit seines Aufenthalts im Wahlfahrtsort ist auf sieben Tage festgesetzt. Bei seiner Abreise bieten ihm die Brahminen als Entschädigung für seine Geschenke, Blumen, Blätter und Asche von Kuhmist, alles Gegenstände, die durch ihren Aufenthalt im Tempel geheiligt worden, und nebenbei gesagt den Gebern wenig Kosten verursachen. Ist es eine Pilgerin, so werden ihr nicht alle Haare abgeschnitten, sondern nur zwei Zöpfe aus

Hinterhaupt. Benares ist wegen seiner Heiligkeit noch berühmter als Allahabad, und der glückliche Pilger, dem es gestattet ist, dort sein Leben auszuhauchen, rettet seine Seele auch ohne vorhergegangene Bussübungen; der Hindu ist übrigens überzeugt, dass er sich durch seine Wallfahrten den Schutz der Götter, die er anfleht, erwirbt und durch diesen Schutz des ewigen Heils theilhaftig wird.

In Allahabad herrschte bei unserer Ankunft eine furchtbare Hitze von + [illegible]° C. im Schatten, welche beim Abgange des Zuges noch durch einen heftigen Staub- und Sandsturm unleidlicher gemacht wurde. Von Allahabad fuhren wir [illegible] Stunden bis Umballa, eine bedeutende englische Garnisonsstation, wo wir in einem sehr guten Gasthof Unterkunft fanden, und 24 Stunden später, bei Nacht, um der Hitze zu entgehen, gelangten wir mittels der Fahrpost nach Kalka, das am Fusse der ersten Ausläufer des Himalaja gelegen ist.

Ein grosser Uebelstand der Postverhältnisse in Sibirien, Turkestan, ja selbst im europäischen Russland besteht darin, dass man fast auf jeder Station für die zurückzulegende Strecke zahlen muss; diese Einrichtung setzt die Reisenden in ein gewisses Abhängigkeitsverhältniss zum Chef der Poststation, denn entweder zwingt er dieselben, trotz der Vorschrift, mehr Pferde zu nehmen, als sie nöthig haben, unter dem Vorwand, dass der Weg schlecht ist (als ob es in diesen Ländern überhaupt gute Wege gäbe!), oder er [illegible] nur einen [illegible] [illegible], indem er ihnen versichert, dass alle andern Pferde auswärts beschäftigt sind; im ersteren Falle zahlt der ungeduldig gewordene Reisende einfach darauf, im andern Falle greift er ebenfalls nach der Geldtasche und — o wunderbare Macht des Geldes! — beim Klirren der Rubel sind die nöthigen Pferde plötzlich wie durch einen Zauberschlag nach Hause gekommen! Und sehr dem armen Reisenden, der keinen eigenen Wagen benutzt: auf jeder Station muss er das Postfuhrwerk wechseln, und man kann sich einen Begriff machen von der aufmerksamen Zartheit, mit welcher die moskowitischen und mongolischen Posthofmeister seine Effecten aus einem Fuhrwerk in das andere schleudern. Reist man schnell, so geschieht ein solches Wechseln acht- bis zehnmal des Tages. Dasselbe findet auch mit den Briefen und Paketen der Regierungspost statt, und man kann sich infolge dessen leicht vorstellen, in welchem Zustande diese Gegenstände nach einer oft sechswöchentlichen oder noch längeren Reise in ihrem Bestimmungsorte eintreffen.

In Ostindien existirt glücklicherweise von allen diesen Uebelständen nichts; der Reisende zahlt für die ganze Strecke im voraus, auf allen Stationen werden die Pferde rasch gewechselt, ohne dass man den Posthalter zu Gesicht bekommt; die Stationen sind so wenig voneinander entfernt, dass die Reise schnell zurückgelegt wird, und, wunderbarerweise, kein Mensch verlangt ein Trinkgeld; letzteres dürfte bei manchem Russen ein ungläubiges Kopfschütteln veranlassen. Doch noch mehr, — selbst der Reisende, der in Centralasien mit den besten offiziellen Empfehlungen und in seinem eigenen theuer erstandenen Wagen fährt, ist oft den unliebsamsten Ereignissen ausgesetzt, wie es die nachstehende Geschichte beweist. Als wir im December des Jahres 1877 durch den Ural fuhren, hatten wir aus Taschkend zwei Fuhrwerke mitgebracht, die uns dort über 250 Rubel gekostet. Wir waren eben im Begriff, im grossen Speisesaale des Hôtel de l'Europe in Orenburg mit einem liebenswürdigen englischen Offizier, mit dem wir in Sibirien zusammengetroffen, über die schwierige Verkäuflichkeit unserer Fuhrwerke zu verhandeln, als sich ein russischer General unserem Tische näherte; es war dies der Gouverneur von Turgai, General B....., der mir einen ihm des Morgens erstatteten Besuch erwiderte. Wir theilten ihm mit, dass wir unsere Wagen sehr gern loszuwerden wünschten. „Ist es weiter nichts“, rief der General, „dem soll schnell abgeholfen werden. Sie lassen mir einfach die beiden Wagen, ich verkaufe sie im nächsten Frühjahr und schicke Ihnen das Geld nach Paris.“ Hocherfreut und von Erkenntlichkeit erfüllt, dankten wir dem Gouverneur für sein liebenswürdiges Anerbieten. Doch das nächste Frühjahr kam, aber vom artigen General hörten wir nichts. Auf mehrere Briefe erhielten wir keine Antwort und als ich im Jahre 1878 gelegentlich der Pariser Weltausstellung einem mich besuchenden Franzosen den Rath gab, er möge sich zur Heimfahrt nach Taschkend meiner Wagen in Orenburg bedienen, so wurde er trotz meines Begleitbriefs für den artigen General von dem Kammerdiener dieses Herrn einfach brutal abgewiesen, und heute noch, nach fünf Jahren, warte ich auf eine Nachricht über das Schicksal meiner Wagen. —

Von Kalka fuhren wir des Morgens den Himalaja aufwärts gegen Simla zu. Dieses letztere liegt auf einer Anhöhe von 7156 engl. Fuss, und der Uebergang der Vegetation von Kalka bis Simla ist einer der überraschendsten, den man sich denken kann. Am Fusse des Himalaja Palmen und kolossale Cactuspflanzen, hierauf prachtvolle baumhohe, im herrlichsten Blütenschmuck prangende Rhododendren, rothblumiger Lorbeer, riesige [illegible] gleich an Palmen umsponnen, und in höherer Höhe duftiges Nadelholz, unter welchem sich die stolze Ceder Deodara, die Eiche des Himalaja, durch ihren wirklich majestätischen Wuchs hervorthut. Dies alles bietet einen herrlichen Anblick, welchen der Beschauer nie vergisst.

Nach einer zehnstündigen Fahrt ist man in Simla, einer

der merkwürdigsten Städte der Welt, denn sie ist auf einer Anzahl von Bergrücken gelegen und beherrscht die ganze Umgebung. Um die sehr steile Strecke von Kalka nach Simla zurückzulegen bedient man sich kleiner, niedriger zweirädriger Wagen, das Gepäck wird mittels Ochsenkarren transportirt. Beim Postgebäude in Simla angelangt, bestieg meine Frau eine Sänfte, und nach einem Marsche von fast einer Stunde trafen wir in Barnes-Court ein, dem reizend gelegenen Landhause Sir Robert Egerton's, Lieutenant-Governor von Pendschab. Lady Egerton, eine der liebenswürdigsten Damen Indiens, empfing uns aufs zuvorkommendste und liess uns geräumige, luftige Zimmer im ersten Stockwerke des Hauses anweisen. Niemals werde ich die angenehmen Tage vergessen, die ich unter diesem gastfreien Dache, im Kreise dieser liebenswürdigen Menschen zugebracht. Der Unterschied zwischen dem Russen und dem Briten ist ein grosser und bedarf wol keiner nähern Erörterung; doch am meisten fällt er wol in der Art und Weise auf, wie beide die Gastfreundschaft zu üben pflegen. Der Russe ist bei erster Bekanntschaft äusserst liebenswürdig und bestechend, bietet rasch Haus und Hof dem neuangekommenen Gaste an und verspricht alles, was man nur verlangen kann und noch mehr, mit einer überraschenden Leichtigkeit und Zuvorkommenheit. Der Engländer, kalt und einsilbig bei erster Begegnung, ladet den empfohlenen Fremden ruhig und gemessen ein, mit ihm sein Heim zu theilen; er verspricht wenig und erst nach reiflicher Ueberlegung. Doch nach kurzem Aufenthalte unter russischem Dache sieht man aus den Mienen und Wesen des Gastgebers, dass man ihm zur Last ist; die Liebenswürdigkeit macht schnell einer gewissen Gleichgültigkeit Platz, und von dem Versprochenen ist nicht mehr die Rede, geschweige denn von seiner Ausführung. Der Brite im Gegentheil wird herzlicher bei näherer Bekanntschaft, er lässt das Gast nur ungern wieder aus dem Hause, und auf das Versprochene kann man wie auf Felsen bauen.

Simla ist das bedeutendste englische Sanitarium im Himalaja. Der Vicekönig von Indien und sein ganzer Hofstaat, der oberste Commandirende aller Truppen und der Lieutenant-Gouverneur von Pendschab residiren hier den Sommer über, und selbstverständlich befindet sich fast die ganze höhere Beamtenwelt von Kalkutta und Lahore in ihrem Gefolge. Simla besitzt alles, was eine europäische Stadt bieten kann: Kirchen, Kaufläden, Promenaden, Villen u. s. w., und überdies einen einheimischen Bazar mit seinem chaotischen Schmutz und seinen bunten Bewohnern. Wenige Tage nach unserer Ankunft lud uns der indische Minister des Aeussern zu einem Spaziergange nach dem schönsten Punkte der Umgegend Simlas ein; ich muss gestehen, dass die Grösse und Majestät der Natur des Himalaja auf mein Gemüth einen gewaltigen Eindruck hervorgebracht. Gewiss besitzen wir in unsern Alpen wunderbare Naturschönheiten, doch im Himalaja hat alles einen grossartigern Charakter; während bei uns die Alpennatur sich mit einer sanften, lieblichen Jungfrau vergleichen lässt, deren halbverschleierte Reize von unsagbarem Zauber sind, gleicht die Natur des Himalaja einem schönen Weibe, das im Bewusstsein seiner Schönheit die Fülle seiner Reize zur Schau trägt und durch seine Grösse und Majestät zur Bewunderung zwingt. Der Leser mag es mir verzeihen, wenn ich hier auf die in [illegible] Tagen und in [illegible] erlebt, erzählen wir sie als [illegible], und es ist daher zu entschuldigen, wenn ich bisweilen den Ton dieser alten Geschichten anzuschlagen versuche.

Wir machten in Simla die Bekanntschaft des durch seine philologischen und ethnographischen Studien berühmten ungarischen Gelehrten Dr. Leitner, der in Gesellschaft seiner liebenswürdigen jungen Frau seiner angegriffenen Gesundheit halber hier weilte. Dank der gefälligen Beihülfe meines Landsmannes gelang es mir schon bei meinem Aufenthalt in Simla eine grosse Zahl von anthropologischen Messungen vorzunehmen an Bewohnern von Baltistan, Ladak, Dardistan, Kafiristan, Hunza und Nager, welche alle aus ihrer fernen Heimat hierhergekommen waren, um bei Strassenbauten verwendet zu werden. Schon damals erklärte ich und schrieb der Anthropologischen Gesellschaft in Paris, dass die Baltis (die eine tibetanische Mundart sprechenden Bewohner Baltistans) keine Tibeto-Mongolen seien, sondern Arier, fast mit demselben Rechte, als ihre nächsten Nachbarn und Stammverwandten, die Darden. Die Bewohner Klein-Tibets, gewöhnlich sehr arbeitsame Leute, strömen zu gewissen Jahreszeiten in grosser Anzahl nach Simla, um dort bei Strassenbauten und anderweitigen Arbeiten verwendet zu werden. Dr. Leitner, welchem die Mundarten dieser verschiedenen Völker geläufig, war mir bei meinen anthropologischen und ethnographischen Arbeiten von unberechenbarem Nutzen, und ich kann ihm dafür nicht dankbar genug sein; auch er ist mit meiner Meinung über den anthropologischen Ursprung der Baltis vollkommen einverstanden. Als Linguist und Ethnograph hatte er sich bisjetzt um so weniger mit Anthropologie beschäftigt, als er die Ergebnisse dieser jungen Wissenschaft für sehr problematisch hielt. Doch ein drastisches Beispiel sollte ihn bald mit dem unmittelbaren Nutzen der anthropologischen Messungen für die Ethnographie bekannt machen. Bei näherer Besichtigung der Baltis bemerkte ich Narben von Brandwunden am Unterleib, an Armen und Beinen; nach dem Ursprung dieser Wunden befragt, erzählten uns diese Leute, dass sie sich bei verschiedenen Krankheiten mit glühendem Eisen zu brennen pflegen, um den Herd des Uebels gründlich auszurotten; ja noch mehr, als ich bei den Messungen der Schädel den Scheitel zu befühlen Gelegenheit hatte, machte ich noch eine viel interessantere Entdeckung: viele Baltis und Darden hatten an dieser Stelle ein Brandmal von der Grösse eines 10-Pfennigstückes, und erzählten mir, dass die Mütter ihre kleinen Kinder an dieser Stelle zu brennen pflegen, um sie vor gefährlichen Kopfkrankheiten zu schützen. Bei den Kafirs oder Siaposch existiren ähnliche kleine Brandmale, nicht nur am Scheitel, sondern auch am Schläfenbein, unmittelbar oberhalb der Ohren. Diese gewiss bedeutungsvolle Entdeckung versöhnte meinen berühmten Landsmann mit der zu verschiedenen [illegible] auch so sehr verbesserten Anthropologie.

Unser mehrwöchentlicher Aufenthalt in Simla verstrich rasch und angenehm. Wir fanden bei den englischen Behörden die nöthige Bereitwilligkeit, um uns bei unserer projectirten Reise zu unterstützen. Wir kauften Pferde, Zelte und alle möglichen Lebensmittel, und Anfang Juli machten wir uns auf den Weg, um über das Kululand und das kleine Fürstenthum Tschamba nach Kaschmir und Klein-Tibet vorzudringen. Während unseres Aufenthalts in Bombay hatten wir die Bekanntschaft eines Beamten des Kensington-Museums gemacht, der im Auftrage und auf Kosten dieser Anstalt reiste. Herr Purdon-Clarke, dies war der Name dieses Beamten, war gewillt, uns zu begleiten, was uns um so angenehmer, als dieser Gelehrte an indische Reisen gewöhnt war, und uns manchen Rath von [illegible] [illegible] da wir [illegible] erspart wären, die diese [illegible] einen Krieg bis aufs Messer führen sollten, wie die Reporter von zwei feindlichen Journalen. Wenn man von seiner Leidenschaft für Alterthümer absieht, so war Herr Purdon-Clarke nicht nur ein hochgebildeter Mann, sondern auch ein höchst angenehmer Reisebegleiter; er war viel in Europa herumgekommen, hatte mehrere Jahre in

Persien zugebracht und verstand, was für einen Engländer sehr selten, recht angenehm und anhaltend französisch zu plaudern. Doch sowie irgend ein seltener antiker Gegenstand in den Bereich seiner Blicke gerieth, so war er wie umgewandelt, der Museums-Custos erwachte in ihm, und alle Mittel waren ihm recht, mich an der Erwerbung dieses Gegenstandes zu hindern; doch da ich ihm im Laufe unserer Reise im Spähen nach Alterthümern bald Gleiches mit Gleichem vergalt, so blieben wir doch, trotz der oft höchst merkwürdigen Intermezzos, die besten Freunde von der Welt und fahndeten wacker auf jedwede Alterthümer.

Am 10. Juni zur frühen Morgenstunde verliessen wir, von den besten Wünschen unserer liebenswürdigen Gastfreunde begleitet, das herrliche, unvergessliche Simla.

ZWEITES KAPITEL.

LAND UND VOLK DER KULU. SULTANPUR.

Die Natur im westlichen Himalaja. — Ein Dak-Bungalow. — Schwierigkeiten mit den Trägern. — Eine Tigerin mit ihren Jungen. — Bärenabenteuer. — [illegible]. — Die Thalsohle des Sutlej. — [illegible]. — Die Viehzüchterei. — Historisch-ethnographische Rundschau. — Ein eigenthümliches Amulett. — Indische Kastenunterschiede und europäische [illegible]. — Schläuche aus Thierfellen zum Uebersetzen der Gewässer. — Schmuckgegenstände. — Der englische Beamte in Indien und der russische Verwaltung in Turkestan. — Anthropologische Messungen in Kulu-Lahuli. — Die Sittsamkeit der Mädchen im Orient überhaupt und im Kululande insbesondere. — General Ferrier und Marco Polo. — Unfehlbares Mittel um einen Sohn zu bekommen. — Sultanpur. — Brahmanismus und Buddhismus.

„Aller Anfang ist schwer!“ sagt ein altes deutsches Sprichwort; auf Reisen ist es aber ganz das Gegentheil. Der Anfang ist immer schön und leicht, doch es kommt bald anders. Der Weg von Simla bis an die Grenze des unmittelbar britischen Territoriums ist ein prachtvoller. Wir hatten keine bessere [illegible] [illegible] wer den Himalaja nicht gesehen, der macht sich nur einen schwachen Begriff von der Grossartigkeit einer solchen Landschaft. Ich habe von Simla bis Sultanpur wenigstens 30 Punkte gesehen, zu denen, lägen sie in den Alpen, die Touristen zu tausenden hinpilgern würden, um sich an diesen grossartigen Cederwaldungen und prächtigen Wasserfällen satt zu sehen. Hier herrscht eine ungeheure

Einsamkeit nur von schweigsamen englischen Jägern oder dahinwandernden kauflustigen Indiern unterbrochen.

Die erste Station, welche man in wenigen Stunden erreicht, heisst Fagu; es ist dies ein kleines, ganz malerisch gelegenes Hindudorf; die Häuser sind aus ungehauenen Steinen gebaut, die nicht durch Mörtel, sondern durch Holzbalken zusammengehalten werden. Jede englische Poststation besitzt ein eigenes, zur Aufnahme der Reisenden bestimmtes Gebäude, welches man „Dak-Bungalow“ heisst, wenn der Reisende ausser der Unterkunft auch Bewirthung darin finden kann, im gegentheiligen Falle wird es „Resthouse“ genannt. Die Bungalow sind ausgedehnte, ebenerdige Gebäude, aus einer gewissen Anzahl von Zimmern bestehend, die alle auf eine offene, breite Veranda mit vorspringendem Dache hinausführen, welche den Zutritt der Sonnenstrahlen verhindert. Jedes dieser Zimmer, dessen Einrichtung aus ein oder zwei Tscharpais (so nennt man die aus Stricken geflochtenen indischen Betten), Tischen und Stühlen besteht, besitzt ein grosses, geräumiges Waschcabinet mit bequemen Badevorrichtungen. Der Reisende bezahlt täglich eine Rupie (circa 2 Mark) für die Wohnung, eine halbe Rupie für das Frühstück und eine Rupie für das Mittagsmahl. Der Aufseher des Bungalow, gleichzeitig der Koch, legt dem Reisenden bei seiner Ankunft ein Buch vor, in welches er seinen Namen, Tag und Stunde des Eintreffens einschreiben muss, sowie die Summen, die er bezahlt; dasselbe geschieht bei der Abreise, und dem Reisenden ist es auch gestattet, allenfallsige Beschwerden in dasselbe Buch einzutragen. Kein Reisender darf länger als drei Tage in einem Bungalow zubringen, und auch seit kürzerer Zeit anwesende Herren müssen, wenn der Bungalow überfüllt, bei Ankunft von Damen sofort das Feld räumen. So erheischt es die englische Sitte.

In Fagu, gleich beim Beginn unserer Reise, sollten wir

die ersten Enttäuschungen erleben; trotz eines Dieners, welchen uns der Lieutenant-Governor von Pendschab als Reisemarschall mitgegeben, und trotz der stattlichen feuerrothen, goldbetressten Livree dieses Mannes, hatten wir gleich in Fagu die grössten Schwierigkeiten, um Kuli, d. h. Träger, zu finden, und ohne die freundliche Intervention des zufällig hier weilenden Oberst Henderson, der die Stelle des Indischen Polizeimeisters bekleidet, weiss ich wirklich nicht, wie wir uns aus der Verlegenheit geholfen hätten. So gelang es uns, eine Anzahl von Maulesel zu miethen, welche unser schweres Gepäck bis Sultanpur tragen sollten, und eine geringe Anzahl Kulis[1] genügte zum Transport unserer leichtern Habseligkeiten. Der Weg von Fagu bis Kumarsin ist ein sehr schöner und sehr gut unterhaltener, und ohne zwei kleine Reiseabenteuer, von welchen das eine fast sehr schlecht ausgefallen, wären wir anstandslos bis an die Ufer des Sutledsch gelangt. Bei unserer Ankunft in Matiana berichtete man uns, dass ganz in der Nähe des Dorfes eine Tigerin mit ihren Jungen haust, welche die Gegend auf viele Meilen in der Runde unsicher macht. Die zahlreich herbeigeströmten Einwohner erzählten uns, dass besagtes Raubthier aus mütterlicher Sorgfalt, oder vielleicht auch zur eigenen Befriedigung, täglich eine grosse Anzahl von Schafen, Ziegen und Kälbern davonführt. Die Dorfbewohner glaubten, wir wären Tigerjäger, und hofften, wir würden die Gegend von dieser [illegible] als reisenden jedoch [illegible] Glücke auch ich verspürte Lust, mit einem Tigerweibchen anzubinden. Freilich ahnte ich damals noch nicht, dass ich einige Monate später auf dem Deosaiplateau, in Klein-Tibet, einem ungeheuern

[1] Diese Kulis (Träger) besitzen oft die interessantesten Schmuckgegenstände, die ich ihnen so oft als möglich abkaufte. (Fig. 1.)

Bären, der mir gar nichts gethan hatte, in blutdürstiger Absicht nachsetzen sollte; doch das Fiebern stahl den Körper und das Gemüth und verwandelt in Gift die Milch

Fig. 1. Ein Männerhalsband aus Silber mit farbigem Schmelz.

der sanftesten Denkungsart. In Matiana brachte unsere Weigerung, die Tigerin verfolgen zu wollen, einen höchst deprimirenden Eindruck hervor und wir verloren entschieden im Ansehen dieser braven Dorfbewohner. Die Nacht über hörten wir das fürchterliche Gebrüll der wilden Bestie und das klägliche Geheul ihrer Jungen, d. h. wir waren wenigstens alle davon fest überzeugt, doch vielleicht hatten wir nur geträumt.

Tags darauf waren wir früh zu Pferde und ritten nach Narkanda zu. Ich hatte in Simla um 150 Rupien ein starkes untersetztes Bergross gekauft, welches mir in Kaschmir und Klein-Tibet die besten Dienste leisten sollte, meines nicht unbedeutenden Gewichtes halber brauchte ich ein starkes Pferd. Meine Frau ritt bald auf einem Maulesel, bald auf einem Mistklepper, und Herr Purdon-Clarke, der gegen alle englische Sitte und Herkommen die Pferde gründlich hasste, hatte aus Fürsorge zwei dieser Thiere mitgenommen, und eins derselben ritt sein indischer Diener Lala. Dieses letztere war ein grosser störrischer Fuchshengst, der alle andern Pferde, denen wir begegneten, förmlich überfiel, indem er nach ihnen biss und schlug; die Thiere unserer Karavane hatte er indess bisher glücklicherweise unbehelligt gelassen. Einige Meilen vor Narkanda gab ich Herrn Clarke den Rath, seinen Diener vorauszuschicken, um unser Mittagessen zu bestellen. Doch kaum war Lala mit seinem Fuchshengst in unserer Nähe angelangt, als das Thier mit solcher Vehemenz zu beissen und zu schlagen anfing, dass unsere ganze Karavane in die grösste Unordnung gerieth; die Maulesel ergriffen die Flucht, meine Frau sprang von dem ihrigen [illegible] und rettete sich auf eine Erhöhung, unser Diener [illegible] mit seinem [illegible] hinter [illegible], und mein Brauner, sowie der des Herrn Clarke schlugen nach Leibeskräften aus, um dem Fuchshengste nichts schuldig zu bleiben, wobei allerdings mein Reisegefährte vom Pferde geworfen wurde und unter die Hufe seines Braunen rollte. Nach einigen kräftigen Peitschenhieben gelang es mir, den Fuchshengst in die Flucht zu jagen. Ich sprang vom Pferde und suchte nach Herrn Clarke und fand ihn in einem einige Schritte entfernten Gebüsche, wo er mit blutigem Kopfe lag. Das Verschwinden des Fuchshengstes hatten François' und Lala's Muth wieder neu belebt und sie halfen mir meinen glücklicherweise nicht schwer verwundeten Reisegefährten wieder auf sein Ross setzen. Herr Clarke verband sich den Kopf und wir trabten der Station zu, wo wir gleich nach unserer Ankunft den mittlerweile eingefangenen Fuchshengst sammt seinem Wärter nach Simla zurückschickten.

Von Narkanda bis Kumarsin ist der Weg ein äusserst schlechter; wir sind nicht mehr auf unmittelbar britischem Boden. Eigentlich gibt es gar keinen gebahnten Weg, man folgt einfach dem ausgetrockneten Bette eines steilen Bergstromes, in welchem Felsblöcke und Baumstämme die unliebsamsten Hindernisse bilden.

In Kumarsin, hart über dem Strande des Sutledsch, des einen und nicht unbedeutendsten der fünf Ströme, welche dem Pendschab (Fünfstromland) seinen Namen verliehen, des alten indischen Çatadru, des Zaradros der Griechen, Hesudrus bei Plinius, machten wir zum erstenmal auf einer geräumigen Wiese Halt, um dort unser Zeltlager aufzuschlagen. Kumarsin gehört einem sehr unbedeutenden indischen Fürsten, der, so behaupten nämlich seine Unterthanen, an Anfällen periodischen Wahnsinns leidet. Alle Zustände dieses kleinen Landes mahnen auch lebhaft an den beklagenswerthen Geisteszustand des Landesherrn. Wir verschafften uns nur mit aller Mühe die nöthigsten Lebensmittel für uns und unsere Leute, und als wir tags darauf Kumarsin verliessen, um bis zum Sutledsch hinabzusteigen, so geschah dies auf einem Wege, der wirklich der schlechteste ist, den man sich überhaupt vorstellen kann, solchen wir später selbst in Klein-Tibet nichts ähnliches gesehen. Dabei liegt die Thalsohle des Satledsch sehr tief, kaum über 1000 engl. Fuss Seehöhe, sodass längs des Flusses eine feuchte, sehr leicht böse Fieber erzeugende Hitze herrscht. Wir überschreiten eine möglichst schlecht unterhaltene Holzbrücke, klettern einen fast senkrecht sich erhebenden Bergrücken hinauf, erklimmen das felsige, nackte Satledschthal und gelangen nach einem wirklich höchst mühevollen Marsche zu sehr vorgeschrittener Tageszeit endlich nach Dalasch, dem ersten Kuludorf. Wie mit einem Zauberschlage ändert sich plötzlich alles: Gegend, Weg und Leute, wir sind wieder auf englischem Gebiete angelangt.

Das Kululand ist, wie ich schon erwähnte, eine der romantischsten des westlichen Himalaja. Ohne die majestätische Schneekrone zu besitzen, welche das grüne Hochthal von Kaschmir umrahmt, ohne die gewaltigen Felspartien des Himalaja und des Karakorumgebirges in der Umgebung von Iskardo, bietet uns das Kululand einen so lieblichen Anblick wie kaum eine andere Gegend. Während am Ufer des Satledsch hohe Cactusstauden und Rhododendronbäume die felsigen Abhänge spärlich bedecken, finden wir im Kululande eine ununterbrochene Reihenfolge der dichtesten Waldungen, bestehend aus schattigem Laubholz, schlanken Bambusstanden, gewaltigen Cedern (*Deodara*) und einer besonders schönen Nadelholzgattung (*Pinus excelsa*). Zu unsern Füssen erblicken wir niedliche, lachende Dorfschaften, von terrassenartig aufsteigenden Reispflanzungen und Getreidefeldern umgeben.

In diesem gottbegnadeten Lande wohnt eine [illegible], gutmüthige Bevölkerung, [illegible], das [illegible] sonderbare Sitten bewahrt hat. In einigen Theilen des Landes nämlich herrscht die Polyandrie oder Vielmännerei. Diese eigenthümliche Sitte besteht übrigens auch in verschiedenen Gegenden Amerikas und sogar in Afrika und auf einigen Inseln der Südsee, doch nirgends ist sie so verbreitet als in Ostindien, wo wir sie bei den Stämmen der Neilgherriesberge und an den

Küsten Malabars vorfinden. Nach Baierlein[1] werden bei den Stämmen der Neilgherrigebirge (und an den Küsten) alle Brüder, wenn sie erwachsen, die Männer der Frau des ältesten Bruders und umgekehrt die jüngeren Schwestern der Gemahlin die Frauen der Ehegemeinschaft. Fast genau so hielten es die alten Bewohner Britanniens zu Cäsar's Zeiten.[2] Sonnerat, der berühmte französische Reisende, der über Ostindien ein so herrlich ausgestattetes und erschöpfendes Werk geschrieben, erzählt uns, dass an den Küsten Malabars folgende merkwürdige Sitte besteht: Nachdem ein Mädchen einen Mann geheirathet, der ihr Beschützer und Ernährer wird, steht es ihr frei, sich noch eine beliebige Anzahl von anderen Männern zu Gatten zu nehmen, welche es de facto auch sind, während der erste nur den Namen führt.

Uebrigens kommen im Kululande, in einem und demselben Dorfe Fälle von Polyandrie und Polygamie vor. So berichtet Lyall, dass er in einem Hause 4 Männer mit 1 Frau, im Nebenhause 3 Männer mit 4 Frauen und im nächsten 1 Mann mit 4 Weibern getroffen hat. Es hängt dies übrigens ganz von den Verhältnissen ab, und ist nach Harcourt[3] und Rousselet eine rein nationalökonomische Einrichtung. Ich selbst habe im Dorfe Platsch Ehegemeinschaften angetroffen, wo 6—8 Männer mit 1 Frau lebten. Diese Männer waren immer Brüder.

Die urbaren Stellen des schönen Kululandes sind nicht sehr zahlreich, der Besitz ist ein sehr beschränkter und würde durch eine fortgesetzte Theilung gänzlich zersplittern und dem Eigenthümer nicht erlauben, vom Ertrage desselben zu leben. Um diesem Uebelstande vorzubeugen, existirt in

[1] Baierlein, Nach und aus Indien.
[2] De bello gallico, lib. V, cap. 4.
[3] Harcourt, The Himalayan Districts of Kooloo, Lahoul, and Spiti.

diesem anscheinend so friedlichen Lande der Kindermord an Mädchen; dem Zunehmen der Frauen wird dadurch vorgebeugt. Dieselbe grausame Sitte hat z. B. die Bevölkerung von Radschputana so vermindert, dass heutigentags die Radschputen ihre Gattinnen auswärts suchen müssen. Die Ehegenossenschaften in Kulu leben übrigens in der besten Eintracht, die Kinder sprechen von einem ältern und jüngern Vater, und sobald ein Gatte die Schuhe eines seiner Brüder vor dem Ehegemache erblickt, so weiss er, dass er dasselbe nicht zu betreten hat. Man nennt dieses Vorhandensein der Schuhe auf der Schwelle Dschutika taba.

Auch in Ladak sind wir auf unserer Durchreise zwei Monate später derselben Sitte begegnet. Nur sind die Ladakiweiber weniger hübsch und zierlich als die Kulufrauen, auch ihr Benehmen ist ein weit weniger züchtiges und liebenswürdiges. Die Frau in Ladak geniesst übrigens des eigenthümlichen Vorrechts, ausser der Brüdergenossenschaft, der sie als Eigenthum verfällt, noch einen fünften oder sechsten Gatten nach ihrem Geschmack wählen zu können. Doch auch in Ladak kommen Fälle von Polygamie vor, ja es ereignet sich hier und da, dass sich ein wohlhabendes Mädchen nur einen einzigen Mann nach ihrer Wahl nimmt. In Lahaul herrscht ebenfalls die Vielmännerei, ob auch in Spiti ist wahrscheinlich, aber nicht erwiesen.

Ebenso dürfte in Tibet die Vielweiberei auf dieselben Ursachen zurückzuführen sein. Auch hier und noch mehr als in Kulu ist das [illegible] Land selten, und kann nur unter kei- [illegible] gemacht werden. Schlagintweit[1] mag [illegible] mit Recht haben, wenn er diese Sitte, oder vielmehr Unsitte, Sparsamkeitsrücksichten zuschreibt, denn hier mehr als wo immer würde die Bevölkerung infolge der Zersplitterung des Grundbesitzes Hungers sterben müssen, um

[1] v. Schlagintweit, Indien, II.

so mehr als die geographische Isolirtheit das Auswandern nur sehr schwer zuliess. Drew[1], der längere Zeit die Stelle eines Gouverneurs von Ladak bekleidete, hat übrigens trotz aller Nachforschungen nichts über das allenfalsige Vorkommen von Mädchenmorden erfahren können, er fragt sich sogar, ob das geringere Verhältniss von weiblichen Geburten nicht eben der Polyandrie zuzuschreiben wäre. Letzteres ist anthropologisch kaum nachweisbar. Andererseits theilt uns Drew mit, dass dem zu grossen Abnehmen der Bevölkerung dadurch vorgebeugt wird, dass von Zeit zu Zeit polygame oder sogar monogame Ehen geschlossen werden. Mir wurde in Ladak dasselbe erzählt.

Jedenfalls übt die Polyandrie unter den Weibern einen üblen Eindruck auf Sitte und Geist aus, denn weder in Ladak noch in Sultanpur sind sie Muster von ehelicher Treue, und ohne positiv lasterhaft oder geldgierig zu sein, sind die Frauen dieser Länder doch sehr gefallsüchtig und flatterhaft. In Leh besteht ein ganzes Stadtviertel von sogenanntem Halbblut bewohnt, von Ladakifrauen und Fremden erzeugt, und von Kulu wissen die Eingeborenen die merkwürdigsten Geschichten zu berichten. Man erzählte uns sogar, dass der englische Assistant-Commissioner strengste Vorschriften hatte treffen müssen, um dem freien Leben der Kuluweiber zu steuern. Einem reisenden englischen Offizier, der sich von diesen Kulumädchen bestricken liess, hatten die Männer laut Ordre alle Subsistenzmittel zu verweigern, um ihn auf diese Art zum Verlassen des Landes zu zwingen. Uns selbst ist ein solcher unglücklicher Mensch auf der Reise begegnet, dem wir aus Menschenliebe ein paar Büchsen von Conserven abtraten. Uebrigens leben diese sonderbaren Familien, in Kulu wenigstens, in grösster Eintracht und ohne eine Spur von Eifersucht. Die

[1] Drew, The Jummoo and Kashmir Territories.

Männer arbeiten auf dem Felde oder verdingen sich als Lastträger für Reisende, die Frau steht gewöhnlich dem Haushalte vor und waltet der Kinder. Sie sammelt und hütet das von den Männern Erworbene und ist somit die Erhalterin des in der Ehegemeinschaft gehäuften Gutes.

Was diese Sitte der Vielweiberei anbetrifft, so bestand sie im grauen Alterthume bei dem kriegerischen Volke der Massageten; bekanntlich beschäftigten sich dieselben mit dem Karavanenhandel von der chinesischen Grenze bis zum Lande der Issedonen, d. h. auf einer Strecke, die nahezu an 1000 Meilen umfasst haben mag. Jede Reise erforderte Jahre und erheischte Tausende von Männern, um die Lastthiere zu führen und um die Karavane beim Uebergang über die Bergpässe nöthigenfalls zu vertheidigen. Da die massagetischen Männer lange Zeit abwesend waren, nahmen sich die Weiber mehrere Männer, von denen immer einer wenigstens zurückbleiben musste; dies mag auch der Grund sein, warum dieselben Weiber zu Amazonen geworden: sie hatten eben ihre Kinder und die Interessen der Familie zu vertheidigen.[1]

In Tibet entsprang dieselbe Sitte ganz andern Beweggründen. Samuel Turner, den die Ostindische Compagnie im Jahre 1783 nach Tibet schickte, machte dort eine Anzahl ethnographischer Beobachtungen, die zu Gunsten seines Scharfsinns sprechen. So berichtet er unter anderm: „Die Häupter der Regierung, die Staatsbeamten, und alle jene, die [illegible] zu werden streben, halten es unter ihrer Würde [illegible] ihre Pflicht, Kinder zu haben; sie glauben sich [illegible] und überlassen diese Mühe den Männern des Volks. Die Tibeter betrachten die Heirath als eine verdriessliche Sache und als eine störende und beschämende

[1] Reinaud, Relations politiques et commerciales de l'Empire romain avec l'Asie orientale, l'Hyrcanie, l'Inde, la Bactriane et la Chine.

Last, die die Männer einer Familie sich zu erleichtern trachten müssen, indem sie sie untereinander theilen."

Wol in keinem Lande sind, bei Berücksichtigung der relativen Armuth, die Frauen mit einer solchen Anzahl von Schmuckgegenständen bedeckt als in Kulu. Auf dem Kopfe wird eine Stirnbinde aus massiven Silberplättchen getragen, welche über Stirn und Wangen herabhängen. Nase und Ohren sind mit Ringen geziert, man kann wol sagen verunziert, der Hals und die Achseln mit schwerem Silberschmuck beladen, und an Armen und Knöcheln der Füsse prangen massive, schwere silberne Spangen. Ja an den Fusszehen sogar stecken Ringe! (Fig. 1—2.) Dabei ist die Tracht der Weiber eine ganz kleidsame. Als ich einmal einem Kulu mein Erstaunen über eine solche Ueberladung mit Schmuck geäussert, erwiderte er mir: „Wir sind fünf oder sechs, um ein und dasselbe Weib zu schmücken, es kommt uns so billiger und die Weiber sind auch zufriedener

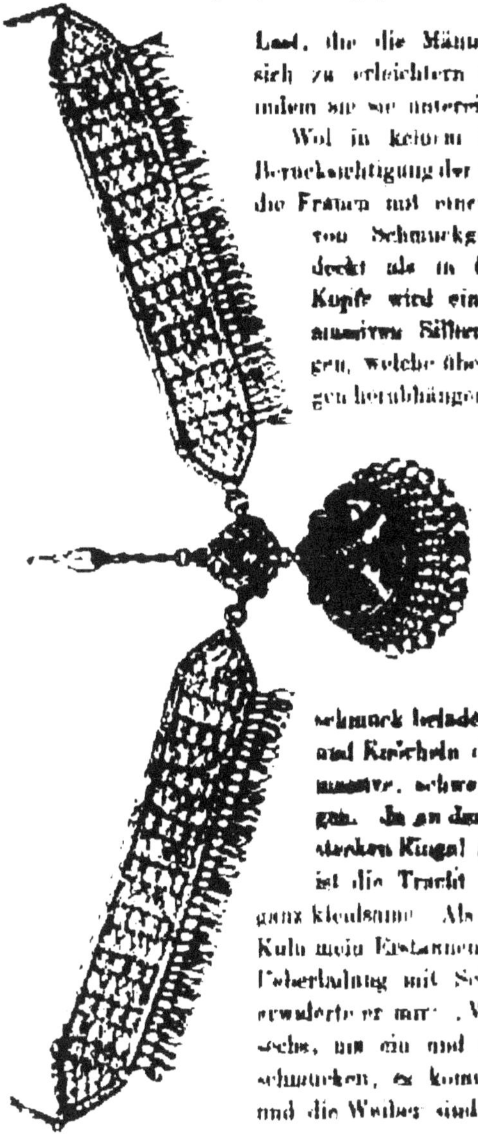

Fig. 1. Eine Stirnbinde von massivem Silber mit Türkisen besetzt.

als in einem Lande, wo sie nur einen schmückt!" Welche wunderbaren Principien einer gewiss ganz originellen Ku[illegible]ökonomie! Um übrigens einen Begriff von den ganz eigenthümlichen Anschauungen dieses Völkchens zu bekommen, will ich eine Geschichte erzählen, deren Wahrheit mir von einem englischen Oberst verbürgt wurde, der schon seit vielen Jahren Gelegenheit hatte, in seiner administrativen Stellung Land und Leute von Kulu zu studiren.

Ein englischer Jäger war zu Anfang eines der letzten Jahre im Begriff das Kululand zu durchstreifen und kam dabei an das Ufer eines Bergstromes, welcher hoch angeschwollen, eine Brücke weggerissen hatte und daher nur höchst schwierig überschritten werden konnte. Ein hübsches, junges Kuluweib hatte ihre sechs Männer begleitet, um ihnen beim Tragen der Effecten des englischen Sâb (für Sâhib, Herr, Meister) behülflich zu sein. Sie wagte es als erste, die Kraft der Gewässer zu erproben, doch kaum war sie bis in die Mitte derselben gelangt, so wurde sie von der Gewalt der Strömung erfasst und fortgerissen. Die sechs Männer, welche die kritische Lage ihres Weibes wol sahen, blieben ruhig und fast theilnahmlos am Ufer; nicht so der Engländer, der sofort die Gefahr erkannt hatte; ein geübter Schwimmer, stürzte er sich in die Flut und brachte, nicht ohne eigene Lebensgefahr, das junge Kuluweib glücklich ans Ufer. Die Männer drängten sich um den Retter ihres Weibes, doch keiner [illegible] [illegible] [illegible] [illegible] vom englischen Sâb [illegible]: „Du hast unserer [illegible] [illegible] [illegible] das [illegible] ge[illegible], es [illegible] dir daher wol sehr an ihrer Erhaltung und wir denken daher, dass du nicht anstehen wirst auch fernerhin für ihren Lebensunterhalt zu sorgen." Auf ein solches Anliegen war wol niemand gefasst. Was der Engländer auf dieses wunderbare Ansinnen erwidert haben mag, darüber schweigt die Geschichte! Das Benehmen dieser Männer wird uns weniger merkwürdig erscheinen, wenn wir berücksichtigen, wie streng die Gesetze den Frauen gegenüber sind. Ein mit einem andern Manne gewechselter Blick oder

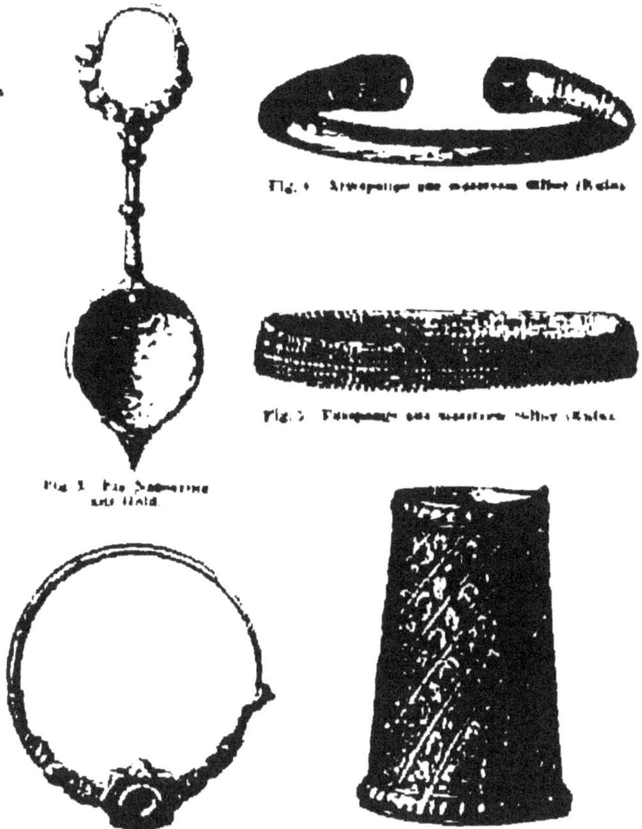

Fig. 3. Ein Nasenring aus Gold.

Fig. 4. Armspange aus massivem Silber (Kutch).

Fig. 5. Fussspange aus massivem Silber (Kutch).

Fig. 6. Ein Ohrring aus Silber.

Fig. 7. Armspange aus massivem Silber (Kutch).

mit ihm geführtes längeres Gespräch, die zufällige Begegnung zwischen einem Mann und einer Frau, bei einem, einem dritten abgestatteten Besuche u. s. w., implicieren einen

Ehebruch ersten Grades, und die Frau kann infolge dessen zu körperlichen und der Mann zu Geldstrafen verurtheilt werden, diese letztern kommen natürlich dem beleidigten Gatten zugute. Doch eine Frau in seine Arme nehmen oder an sich tragen, ohne einem Widerstande ihrerseits zu begegnen, ist ein noch weit schwereres Verbrechen. Das Kalawati und ihr englischer Retter waren ohne Zweifel in diesem letztern Falle. Es ist uns übrigens um so weniger gestattet, über die Einfalt dieser Leute zu lächeln, als bei uns im hochcivilisirten Westen, in Spanien z. B., bis noch vor ganz kurzer Zeit ähnliche Sitten bestanden. Bei Todesstrafe war es verboten, ein weibliches Mitglied des königlichen Hauses zu berühren, und ein spanischer Offizier, der einstmals bei einer Feuersbrunst im Escurial eine Infantin mit Gefahr des eigenen Lebens aus den Flammen trug, wurde zum Tode verurtheilt und nur aus besonderer Rücksicht, auf Fürsprache der Geretteten, vom Könige begnadigt. Ja, ein spanischer König starb bekanntlich an der Gesichtsrose, nur aus dem Grunde, weil er dem Kaminfeuer zu nahe sitzend nach der strengen spanischen Hofsitte nicht das Recht hatte aufzustehen oder seinen Stuhl wegzurücken, und weil trotz der zahlreichen Anwesenden der mit dieser Hofcharge bekleidete Edelmann nicht zugegen war, und auch derjenige zufällig fehlte, der allein diesen Edelmann auf Geheiss des Königs hätte herbeirufen können. Gegenüber diesen angeführten Beispielen dürften wir uns nicht gerade über das indische Kastenwesen lustig machen, oder [illegible] fehlt hatte ihre bestehenden Altersformen [illegible] lächerlich finden. Dass man in Indien eine grosse Anzahl von Dienern braucht, da der eine nur Wasser trägt, der andere nur das Pferd wartet, der dritte nur die Kleider reinigt, der vierte nur die Zimmer putzt, der fünfte nur die Hunde führt u. s. w. und keiner um keinen Preis die Beschäftigung eines andern ausführen zu

Stande wäre. Es sind dies eben alt-arische Schrullen, die sich fast aus denselben Beweggründen bei den Völkern Indiens, wie im entferntesten Spanien von den Ahnen auf die Kindeskinder vererbt haben. Dieser Art von Hofetikette liegt ja wahrlich nichts anderes als Kastenvorurtheil zu Grunde.

Bemerkenswerth ist es, dass im Lande der Kulu, sowie im ganzen westlichen Himalaja, die Bewohner sich aufgeblasener Thierfelle bedienen, um über die Gewässer zu setzen. Man stützt sich mit den Armen auf den Schlauch und bedient sich eines kurzen, ruderartigen Holzes, um von einem Ufer zum andern zu gelangen. Dieses Communicationsmittel wird auch häufig in den bergigen Gegenden Centralasiens benutzt und auch anderswo, und ist mindestens 2200 Jahre alt, denn der römische Schriftsteller Quintus Curtius erzählt uns im fünften Kapitel seines siebenten Buches, dass die Armee Alexander's von Macedonien auf dieselbe Art den Oxus überschritten.

Glücklicherweise brauchten wir von diesen Schläuchen keinen Gebrauch zu machen, wir fanden überall gut unterhaltene Brücken, die nicht wie in anderen Territorien, nur für die Durchreise des Gouvernementsbeamten errichtet werden, und sofort nach seiner Abfahrt wieder verschwinden, wobei das von der Regierung bezahlte Brückenmaterial von dem, der die Concession erhalten, sofort wieder in Rubel umgesetzt wird. Der Weg auf der ganzen Strecke im Kululande ist ein herrlicher, und besonders der Uebergang über den Dschalaripass ein sehr malerischer, überall begegnet man der grossartigen Wildniss des Himalaja. Nachdem wir Kot, Dschibi, Manglaur und Lardschi durchwandert, näherten wir uns dem Hauptorte des Kululandes, der Stadt Sultanpur.

Die Construction der Häuser in den Kuludörfern ist bemerkenswerth; es sind dies gewöhnlich viereckige thurmartige Gebäude, deren Wohnzimmer sehr hoch liegen und auf eine hölzerne gedeckte Terrasse hinausführen, welche um das ganze Haus herum angebracht ist. In Dschiba begegneten wir einem hohen Staatsbeamten des Fürstenthums Mandi, der sich zur Sommerfrische in das Kululand begeben hatte. Er stattete uns einen Besuch ab und interessirte sich ganz besonders für ein amerikanisches Repetirgewehr, dessen Mechanismus ich ihm zu erklären bemüht war; als wir von Dschiba wegritten, begleitete er uns auf einige Meilen und schenkte meiner Frau beim Abschiede eine lebende Gazelle und ein Pantherfell. In der letzten Station vor Sultanpur lagerten wir am Ufer des Bias, auf einer Wiese in der Nähe von einigen Mühlen. Die Bevölkerung war massenhaft herbeigeeilt, und ich erstand gegen einen mässigen Betrag eine grosse Zahl von silbernen Schmuckgegenständen, deren, wie ich früher erwähnt, die Kuluweiber sehr viele besitzen. (Fig. 8—11.) Den grössten Theil dieser Schmuckgegenstände kaufte ich je nach dem Gewicht; wir nahmen eine Wage zur Hand, legten auf die eine Schale die Schmuckgegenstände und auf die andere Silberrupien; auf diese Art erstand ich Armbänder, Hals- und Fussspangen, Ohrgehänge u. s. w. Alle diese Gegenstände sind meistentheils mit viel Geschick ciselirt, und die kleinen Götzenbildchen aus vielfarbigem Schmelz legen Zeugniss ab von dem Bestehen einer nicht unbedeutenden Emailindustrie. Jedenfalls sind die Formen weniger gefällig als bei den Schmuckgegenständen der [illegible] Frauen.

[illegible] Mit [illegible] trafen wir in [illegible] Sultanpur ein, der Hauptstadt des Kululandes, wo uns der englische Deputy-Commissioner, so etwas wie Districtschef, sehr zuvorkommend empfing. Ueberall auf englischem Territorium sind die Einwohner der britischen Herrschaft froh. Die guten Strassen erleichtern die commerziellen Beziehungen, die Sicherheit ist überall eine absolute. Dabei sind die englischen Beamten beliebt und genießen allgemeine Achtung, die sie durch ihr gerechtes

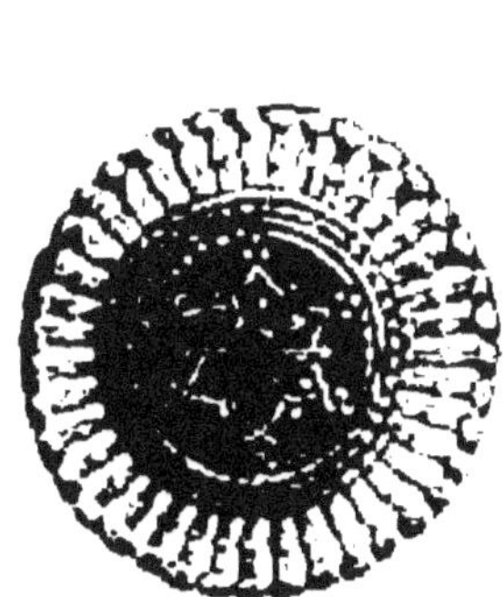

Fig. 8. Ohrschmuck aus Silber mit farbigem Schmelz.

Fig. 9. Ring mit Anhängseln aus Silber mit farbigem Schmelz.

Fig. 10. Haarschmuck aus massivem Silber (Kutch).

Fig. 11. Silberschmuck aus emailliertem Silber (Kol.).

leutseliges Betragen und durch ihre fleckenlose Ehrenhaftigkeit sich erworben haben. Welch ein Unterschied gegen die Zustände in Turkestan, wo im Jahre 1877 z. B. mehrere hohe Beamte in Untersuchung gezogen werden mussten wegen Erpressungen, die sie sich den Einwohnern gegenüber hatten zu Schulden kommen lassen. Als mildernden Umstand muss man übrigens anführen, dass die englischen Beamten in Indien reichlich besoldet werden, während die Mehrzahl der russischen Tschinowniks in Turkestan nur jämmerlich ihr Leben fristet. „Die Folge davon ist“, sagte mir ein englischer Minister in Simla, „dass die Elite unserer Jugend danach strebt, in Indien Civildienste nehmen zu können“; während in Turkestan, füge ich hinzu, mit Ausnahme der Offiziere, die der schnellen Beförderung halber dahin gehen, eine Beamtenkaste existirt, die mit der anerkannten Tüchtigkeit der russischen Offiziere lebhaft contrastirt und auf die primitivsten gesellschaftlichen Zustände ein grelles Streiflicht wirft. Man braucht zur Erbauung nur Skyler's Buch über Turkestan zu lesen, und mir selbst wurde versichert, dass z. B. einmal ein Districtschef dem reisenden Generalgouverneur ein Fest gab, das über 12000 Rubel kostete, und doch hatte der betreffende Bezirkschef kaum 4000 Rubel Gehalt! Die turkestanischen Zustände mahnen lebhaft an die gemalten Coulissen, welche seinerzeit Potemkin in der Krim aufstellen liess, um seiner Gebieterin die Oede des Landes zu verbergen. Auf britischem Boden geht es freilich anders zu.

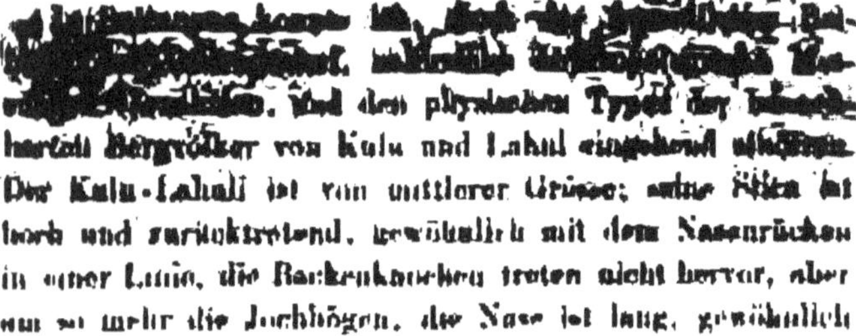

[illegible]. Und den physischen Typus der hinterhalb Bergvölker von Kulu und Lahul eingehend schildern. Der Kulu-Lahuli ist von mittlerer Grösse; seine Stirn ist hoch und zurücktretend, gewöhnlich mit dem Nasenrücken in einer Linie, die Backenknochen treten nicht hervor, aber um so mehr die Jochbögen, die Nase ist lang, gewöhnlich gerade oder gebogen. Das Gesicht oval-länglich, der Mund gross, mit dicken Lippen und mittelgrossen, meist abgenützten Zähnen; die Ohren mittelgross und vom Kopfe wenig abstehend. Der Körper ist wenig kräftig, das Knochengerüste zart, Hände und Füsse klein und meistens fein gebaut, die Haare sind schwarz und gelockt, der Bart wenig und spärlich, der Körper meistens haarlos, ausser auf den Schienbeinen. Die Hautfarbe ist im allgemeinen eine viel hellere als bei den Hindus der Ebene. Man begegnet übrigens sehr dunkelhäutigen Individuen, welche zu niedrigsten Kaste gehören, und sich mit den unsaubersten Beschäftigungen befassen; es dürften dies wol die Spuren einer antiken autochthonen Bevölkerung sein, auf die man in den meisten Berglandschaften des westlichen Himalaja stösst, und welche zur dunkeln Bevölkerung des Vindhyagebirges, des Plateaus von Dekan und der Neilgherrigebirge in irgendeinem verwandtschaftlichen Verhältniss stehen dürften. Bei 27 Kulu-Lahuli, die ich gemessen, ergab sich ein mittlerer Breitenindex von 72.38; sie sind daher Hyperdolichocephalen. Von diesen 27 waren übrigens alle ausnahmslos Dolichocephalen oder nach Broca's und Topinard's Eintheilung 20 wahre Dolichocephalen und 7 Subdolichocephalen. Der höchste Breitenindex betrug 77.31; der grösste Horizontalumfang des Schädels 540 mm, die grösste Höhe 320 mm; alle diese Masse stimmen mit den bisherigen Untersuchungen anderer Gelehrten fast vollkommen überein. Ich begreife nur nicht, wie der bekannte englische Reisende und Gelehrte Harcourt[1] die Lahuli als ein Mischvolk von Ariern und Tibetern betrachten konnte, da sie doch mit diesen letztern physisch gar nichts gemein haben. Später, bei Beschreibung der körperlichen Merkmale der Ladakis, werden wir Gelegenheit haben, auf den Unterschied, der

---

[1] Harcourt, The Himalayan Districts of Kooloo, Lahoul, and Spiti.

zwischen ihnen und den Kabulis besteht, zurückzukommen. Die Tugend der Mädchen von Kulu ist keine strenge, was sie nicht hindert in der Folge treue und ehrsame Hausfrauen zu werden. Wir müssen in dieser Beziehung übrigens bei Beurtheilung orientalischer Verhältnisse einen ganz andern Maassstab anlegen als wir es bei uns thun. Einige interessante Beispiele dürften diesen Gegenstand näher illustriren.

Am 12. Juli 1845 traf der General Ferrier bei seiner Reise an der nördlichen Grenze Persiens in Divan-Hissar ein; er hatte vom Chan von Siripul einen Brief für den Gouverneur dieser Stadt erhalten, und schickte ihn an denselben vermittelst seines Dolmetschers.

„Rostam übergab“, so erzählt Ferrier, „an Timur Beg (dies war der Name des Gouverneurs von Divan-Hissar) das Schreiben des Chan von Siripul; Timur Beg küsste den Brief dreimal und erhob ihn über sein Haupt, bevor er ihn öffnete. Nachdem er ihn gelesen, überschickte er mir zu meiner grossen Ueberraschung durch eine junge und hübsche Sklavin die Einladung in die Festung zu kommen. Ich konnte wirklich nicht erwarten, dass die Erlaubniss nach Divan-Hissar zu kommen, mir durch ein Mädchen würde überbracht werden. Ich sah wohl, dass die Frauen, denen ich auf meinem Wege begegnete, unverschleiert waren, wie es in Turkestan der Gebrauch ist (?), und ich dachte, dass es hier ebenso sein würde, aber ich rechnete keineswegs [illegible], dass mir die Einladung zu meinem Eintritt durch die Vermittlung des schönen Geschlechts übergeben werden würde.

„Timur empfing uns mit der einfachen und offenen Herzlichkeit eines Tataren. Er war ein Mann von 30 bis 35 Jahren, bartlos, klein, aber von herrlichem Körperbau. Um seinem freundlichen Empfange noch mehr Nachdruck zu geben, liess er ein Mahl auftragen, das für 30 Personen genügt hätte, dabei tranken wir eine Art Apfelwein, welcher unsern Gastgeber binnen kürzester Frist in einen stark berauschten Zustand versetzte. Als wir ihn schnarchen hörten, baten wir uns die Erlaubniss uns zurückziehen zu dürfen, was uns sofort gestattet wurde, und die Damen des Palastes, welche dem Gastmahle beigewohnt, führten uns hierauf in unsere Gemächer. Die liebenswürdigen Aufmerksamkeiten, deren wir hierauf theilhaftig wurden, verdienen wirklich erwähnt zu werden. Die Damen begnügten sich nicht unserer Nachttoilette beizuwohnen, sondern sie wuschen uns die Füsse und rieben uns zu meinem grossen Erstaunen vom Kopfe bis zu den Füssen auf die ungezwungenste Weise. Es wäre gewiss nicht schicklich gewesen, die zarte Aufmerksamkeit auszuschlagen, mit der mich die Damen des Palastes im geheiligten Namen der Gastfreundschaft zu überhäufen sich für verpflichtet hielten. Es liegt übrigens nicht in meiner Gewohnheit, mich den Sitten eines Landes, in dem ich reise, zu entziehen, da ich aber für den folgenden Tag einen längeren beschwerlichen Ritt voraussah, wagte ich es, die mich bedienenden Damen zu bitten, ihre liebenswürdige Pflege zu unterbrechen und mich ausruhen zu lassen.

Anfänglich schmeichelte ich mir, dass mich Timur Beg ausnahmsweise gut behandeln wollte, und mir einen besondern Beweis seiner Werthschätzung gegeben habe, aber später erfuhr ich, dass meine Reisegefährten und meine Diener derselben liebenswürdigen Behandlung von seiten der Damen des Palastes theilhaftig geworden, und dass selbst Timur Beg's liebliche Schwester von den Pflichten, welche diese eigenthümliche Gastfreundschaft auferlegt, nicht ausgenommen war."[1]

[1] J. P. Ferrier's Caravan Journeys and Wanderings in Persia, Afghanistan, Turkestan and Beloochistan (London 1857), Kap. XVI fg.

Düran-Hissar liegt an einem Nebenflusse des Oxus, und wir sind demnach auf dem Boden des alten Baktrien — kehren wir nach den Gegenden des Himalaja zurück. Wir finden dort bei den Nachbarn der Kulu-Lahuli noch ausgeprägtere Sitten als im südlichen Turkestan.

„Die Tibetaner", sagt Turner, „können oft der Kälte gegen ihre Frauen geziehen werden, aber andererseits sind sie auch weit entfernt dieselben zu tyrannisiren; obschon eine verheirathete Frau unter Androhung der schärfsten Strafen verpflichtet ist, die eheliche Treue zu bewahren, so ist es doch wieder auch andererseits wahr, dass es ihr gestattet ist, vor ihrer Verheirathung ganz nach ihrem Geschmack zu leben, ohne dass ihr Ruf darunter irgendwie leidet, oder dass der Mann, den sie heirathet, ihr deshalb gram wäre."[1]

Ja der berühmteste aller Reisenden, der asiatische Christoph Columbus, der hochbegabte Venetianer Marco Polo, dessen phantasiereiche Berichte so oft und mit Unrecht angezweifelt worden, gibt uns in seiner einfachen, ungeschminkten, mittelalterlichen Sprache noch viel merkwürdigere Aufschlüsse über die Sitten und Gebräuche Tibets.

Ich ziehe es vor, den Wortlaut von Marco Polo's Erzählung in der Sprache zu geben, in der er sie selbst im Gefängnisse zu Genua im Jahre 1298 seinem Gefängnissgenossen, Rustan Pisan, in die Feder dictirte:

„Nul homme de cette contrée pour riens du monde ne prendroit à femme une garce pucelle, et dient que elles ne valent riens, si elles ne sont usées et acoustumées de gesir avec les hommes. Et font en tel maniere que quant les cheminans passent, si sont appareilliées les vieilles femmes, avec leurs filles ou leurs parentes et vont avec ces garces pucelles et les mainnent aux genz estranges, qui par là

[1] Samuel Turner, Embassy to Tibet.

prennent et les donnent à chascun qui en veult prendre pour faire en leur volonté. Et les hommes en prennent et en font ce qu'il veulent. Et puis les rendent à ces vielles qui leur ont menées, car il ne laissent pas aler avec la gent. Et en ceste maniere trouvent les cheminans, quant il vont par les voies, à vingt ou à trente tant qu'il veulent, c'est quant il passent par devant un casal ou un chastel ou une autre habitation. Et quant ils herbergent avec ceste gent en leur contrée, si en ont aussi tant comme il veullent, qui les viennent prier. Bien est voir que il convient que vous donnez à celle avec qui vous aurez geu un anelet, ou aucune petite chosete, ou aucunes enseignes qu'elle puisse monstrer quant elle se vouldra marier, qu'elle a eu plusieurs hommes. Et ne le font pour autre chose. En telle maniere couvient à chascune pucelle, pour ce faire, plus de vingt tous enseignes avant qu'elle se puisse marier, par la voie que je vous ai dit. Celles qui plus ont de enseignes, et qui plus auront monstré qu'elles aueront esté le plus touchiées, si sont pour meilleurs tenues. Et plus volentiers l'espousent, pour ce qu'il dient qu'elle est plus gracieuse. Mais quant elles sont mariées, si les tiennent trop chieres et ont pour trop grant villenie se l'un touchoit la femme à l'autre; et se gardent moult de ceste chose faire, depuis qu'il ont esposées avec si faites femmes.

„Or vous ai conté de cest mariage, qui bien fait à conter et à dire; car bien y devroient aler les jeunes bacheliers pour avoir de ces pucelles à leur vouloir tant comme il demanderoient et seroient priez sanz nul coust."

Und weiter lautet es bei demselben Schriftsteller:

„Et vous di que en ceste province a coustume telle comme je vous dirai. C'est de leurs moulliers que il ne tiennent pas à vilennie se un forestier ou un autre homme les honnisse de lour femmes, ou des lour filles, ou de leur sereur ou d'aucune femme, s'il l'ont en leur maison, mais ont à grant bien quant l'en gist avec elles. Et dient que pour ce leur fait leurs dieux et leurs ydoles mieux; et leur donnent des choses temporelles assez à grant foison. Et pour ce font il si grant largesce de leur fames aus forestiers et as autres genz comme je vous dirai. Car quant il voient que un forestier veult herbergier, chascun est desirrant de recevoir le en son hostel. Et de maintenant que il est herbergié, le seigneur de l'hostel ist hors tantost de l'hostel et commande que au forestier soit faite sa volonte a compliment. Et quant il a ce dit et commandé, si s'en va à ses vingnes ou à ses champs dehors et ne retourne devant que le forestier s'en soit parti, qui aucune fois demeure trois jours ou quatre en la maison de ce chetif soulaçant avec sa fame ou sa sereur; ou avec telle qu'il aura plus chier le déduit. A tant comme il demeure laiens si pent à la fenestre ou à la porte le forestier, son chapel ou aucune autre enseigne qui soit veue, à ce que le seigneur de l'hostel congnoisse que celui est encore laiens. Et tant comme il y verra l'enseigne, il n'y osera entrer. Et cest usage font par toute ceste province."

Und 1624 schreibt Pater Martini Folgendes über eine bei den Bewohnern von Yünnan gebräuchliche Sitte:

„Fuere hic olim variae gentes, quarum pleraque ignota nomina hic minime recenseo; mores etiam ab [illegible] fere habuere diversos, sed omnes Foe idololatricae doctrinae fuere addictae, suis libris decantandis semper occupatae; nullus se terram tractare, agriculturae dare operam [illegible] sinit [illegible] studiosus; virginem nullus in uxorem accipiebat, nisi diu prius ab alio (verba auctoris nostri Sinici sunt) vitiatam."[1]

Noch merkwürdiger ist eine in Indien allgemein verbreitete Sitte. Bekanntlich ist die Bestattungsfeierlichkeit

[1] Atlas Sinensis.

die höchste Genugthuung, welche ein Hindu in Aussicht hat, und diese Feierlichkeit besitzt auch den Werth der höchsten Sühne; diese letzte Ehre muss der Sohn dem Vater mit Ausschluss aller andern Familienglieder erweisen. Für einen Hindu ist der Mangel dieser letzten Ehre ebenso viel bedeutend als ein zweimaliger Tod, daher besteht für einen Hindu die absolute Nothwendigkeit einen Sohn zu haben und müsste er sich denselben auf was immer für eine Art verschaffen. Doch Manu's weises Gesetz hat diesen heiklichen Fall vorausgesehen:

„Wenn man keine Kinder hat", sagt die 59. Strophe des IX. Buches der Gesetze Manu's, „so kann man die gewünschte Nachkommenschaft durch die Verbindung seiner dazu ermächtigten Gattin mit einem Bruder oder einem Verwandten erlangen."

Und das so erzeugte Kind wird angesehen als wäre es vom wirklichen Gatten erzeugt worden, denn es heisst in der 145. Strophe desselben IX. Buches: „Der Samen und die Frucht gehören von Rechts wegen dem Besitzer des Feldes", und es geschieht ja nur um einen Sohn zu bekommen, dass der Besitzer des Feldes dieses seinem Nachbar zur Aussaat abtritt.

Alle diese Beispiele beweisen, dass im Orient die Sitten des Kululandes nicht vereinzelt dastehen.

Der Gesichtsausdruck bei den Kulus ist im allgemeinen ein sanfter und schüchterner, und die Weiber sind äusserst zierlich gebaut und von auffallender Schönheit und Grazie. Ich hatte in Sultanpur auch Gelegenheit Weiber aus Lahul und dem kleinen Nachbarfürstenthum Mundi zu sehen und zu messen und konnte dabei constatiren, dass besonders die von Mundi ebenso anmuthige Gesichtszüge besitzen als ihre Schwestern aus dem Kululande. Die Bewohnerinnen von Lahul sind wegen der klimatischen Verhältnisse ihrer Heimat gezwungen, sich wärmer zu kleiden als die von Kulu.

und in Mandi tragen die Weiber einen Kopfputz, der von dem in Kulu üblichen abweicht (Fig. 12.)

In Sultanpur machte ich die Bekanntschaft eines Abkömmlings der einheimischen, ehemals souveränen Fürstenfamilie, eines kleinen, dicken, eitlen Mannes, der meinen

Fig. 12. Silberner Kopfputz einer Lahulifrau.

anthropologischen Arbeiten neugierig und kopfschüttelnd zusah und mir wohlgefällig seinen mit Lophophorfedern (*Lophophorus impejanus*, was die Engländer Monal nennen) verbrämten Rock und seine zahlreichen Schmuckgegenstände zeigte.

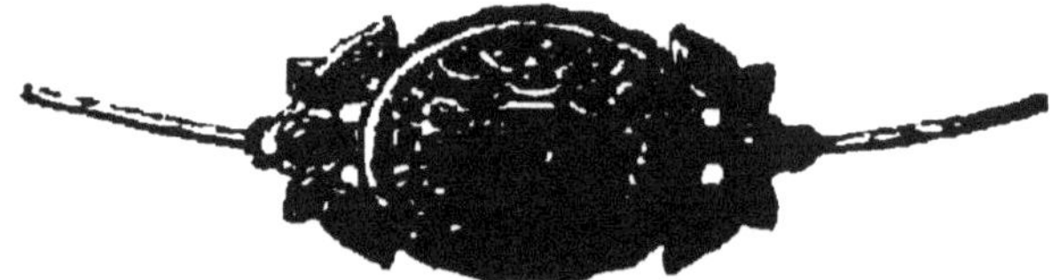

Fig. 13. [illegible] (Sultanpur).

Tags darauf besuchten wir die Stadt, wo ich eine sehr schöne Bronzevase (*Ganga-Sagar*) von besonders edler Form und hohem Alter um einen verhältnismässig geringen Preis erstand (ich kaufte auch einen alten indischen Dolch). Diese Vase, von über einem halben Meter Höhe, besitzt einen besonders schönen, kunstvoll ausgeweiteten Henkel. Wir besuchten hierauf die Behausung des Exfürsten, wo neben schmutzigen Höfen und verfallenen Sälen noch einige recht hübsche Wandmalereien zu sehen waren, Scenen aus der indischen Mythologie darstellend.

Fig. 16. Ganga-Wasserkrug aus getriebenem und gehämmertem Kupfer (Kaschmir-Arbeit).

Nichts scheint wol unserer nüchternen Auffassung sonderbarer als der indische Parnass mit seinen vielarmigen hässlichen Göttern und seinen, wenn möglich, noch vielarmigern und noch hässlichern Göttinnen. Der abstracte Glaube Brahma's und die auf geistige Selbstvernichtung ausgehende

Religionen Buddha's existiren nur noch dem Namen nach und haben einer götzenhaften Anbetung des bösen Princips, d. h. Schiwa's und seiner Frau, Platz gemacht. Und doch muss man mit diesem Volke nicht zu streng ins Gericht gehen; denn darf man bei dieser überwältigenden Natur, welche die Kräfte des Menschen fast auf nichts reducirt und seine persönliche Initiative lahm legt, sich wundern, wenn er sich einer geisttödtenden, erschlaffenden Religion in die Arme geworfen, die ihm, wenn auch nicht Trost, so doch geistigen Schlaf und Selbstvergessen spendet? Dieser sonderbare Glaube gipfelt in Tibet, wo Tausende von Mönchen und Nonnen, beim Anblicke der gewaltigsten Natur unsers Erdballs in Schmutz und Unrath begraben, ein beschauliches Parasitenleben führen. Und doch hat diese eigenthümliche Religion numerisch die meisten Anhänger, was doch entschieden für den maassgebenden Einfluss der klimatischen Verhältnisse auf den menschlichen Geist spricht!

DRITTES KAPITEL.

BAIDSCHNAT, DHARMSALA UND KANGRA.

Die Waldvegetation im westlichen Himalaya. — Der Babupass. — Baidschnat und sein alter Tempel. — Palampur und englische Theeplantagen. — Die Erzeugung des Kangra-Valley-Thees. — Die Cholera. — Ein liebenswürdiger [illegible]. — Kangra. — Jagd auf Alterthümer. — Reichliche Ausbeute. — Indische Gemälde. — Ein altes Schloss der Radschputen. — Nurpur. — Die grosse Handelsstrasse nach Ostturkestan. — Chinesische Reisende über Ostturkestan. — [illegible]-pattern. — Unser Reisegefährte wird vom Fieber heimgesucht. — [illegible] — Die Mangofrucht und ihr eigenthümlicher Beigeschmack. — Eine harmlose Pantherkatze. — Der Bungalow in [illegible] und seine [illegible] Bewohner. — Erinnerungen an Ferghana. — Die Kara-kurt-Spinne und die Cobra-Capella. — Die [illegible] Brillenschlangen. — Der Schlangen[illegible]. — Abermals die lästigen [illegible].

Nach einem mehrtägigen Aufenthalt in Sultanpur, der so romantisch gelegenen Hauptstadt des Kululandes, ging es weiter nach dem Fürstenthum Mandi. Wir verliessen den Strand des alt-indischen Vipâçâ, Ὕφασις, Ὕπανις, jetzt Vjâsa oder Bejâs.[1] Der Weg von Sultanpur bis zu dem 10,000 Fuss hohen Babupass, welcher das Kululand vom Fürstenthum

[1] Letzterer wurde von den Griechen als Hauptfluss angesehen; bedeutender ist aber der östlichste, von Alexander nicht erreichte Fluss, der in älterer Zeit den Lauf des Vipâçâ parallel weit abwärts begleitete, jetzt aber den Bejas nach kürzerm Oberlaufe aufnimmt und dem vereinigten Flusse seinen Namen gibt, die Çatadrû, Zadadrus bei Plinius falsch Hesidrus, jetzt Sadletsch. (H. Kiepert, „Alte Geographie", Berlin 1878.)

Mundi trennt, ist an Naturschönheiten reich und kann sich mit allem messen, was wir bisjetzt gesehen. Man reitet auf einem schmalen Pfad längs eines kleinen Nebenflusses des Bejas, der sich inmitten einer üppigen Vegetation bis zum Babupass hinaufschlängelt; auf halbem Wege befindet sich ein „Resthouse“, von dem man eine wunderbare Aussicht geniesst. Eingeborene Jäger brachten uns ausgestopfte Lophophore und eine eigenthümliche Gattung von Silberfasanen. Zu beiden Seiten des Babupasses befinden sich prachtvolle Waldungen, in welchen man neben *Zizyphus Jujuba*, *Euphorbia pentagona*, *Pinus Webbiana*, *Pinus excelsa*, *Pinus Gerardiana*, *Pinus longifolia*, *Acacia modesta*, *Acacia arabica* die prachtvolle *Ceder Deodar* findet, die hier gesellig auftritt, sowie schlanke Bambusstauden, die bis auf eine sehr grosse Höhe vorkommen; doch den lieblichsten Eindruck macht unstreitig ein kleines unscheinbares Gewächs, welches unseren Erdbeerstauden gleicht und übrigens zu derselben Familie gehört; seine blutrothen und pfirsichfarbenen Blüten nehmen sich im dichten Grase sehr gut aus. Von Simla bis an die südliche Grenze des Kululandes hatte ich es mir angelegen sein lassen, ein kleines Herbarium zusammenzustellen.

Vom Babupass aus steigt man zum Fürstenthum Mundi hinab, wo wir uns nur ganz vorübergehend aufhielten, und gelangt in kurzer Zeit fast bis auf die Sohle der indischen Ebene in das wegen seiner Theepflanzungen berühmte Kangrathal.

Kaum hatten wir das Kululand verlassen, so liessen sich auch schon die Vorboten der Regenzeit merklich fühlen, Gewitter und drückende Schwüle wechselten miteinander ab. In der Station Baidschnat blieben wir über 24 Stunden, um einen der ältesten indischen Tempel zu besuchen. Obschon wir im Schatten von Dattelpalmen, riesigen Cactusstauden und baumdicken Bambussträuchern wandelten, so war die Hitze doch eine erstickende. Bei unserer Ankunft in Baidschnat wurde uns übrigens noch die unangenehme Botschaft mitgetheilt, dass die Cholera in der Umgegend von Kangra nicht wenig aufräume, und dass infolge dessen ein Sanitätscordon die Ebene von der bis dahin von der Seuche verschont gebliebenen Sommerfrische Dharmsala abschneidet. Gleichzeitig brachte man uns aber die beruhigende Nachricht, dass für uns eine Ausnahme gemacht werden würde und wir unbeanstandet bis nach Dharmsala würden gelangen können.

Der Tempel von Baidschnat ist ebenso bemerkenswerth durch sein Alter, als durch seine Bauart. Wie fast alle indischen Tempel besteht er aus einer Anzahl kleiner Kapellen (Stupas), unter denen eine etwas grössere, ungefähr im Mittelpunkt gelegene, den Haupttheil ausmacht. Das Dach, sowie das Gebäude selbst aus massivem Stein, spitzt sich, d. h. wölbt sich pagodenmässig zu und läuft in einen abgerundeten Kegel aus. Die Wände sind überall mit Basreliefsculpturen bedeckt, unter welchen einige wirklich von kunstvoller Feinheit in der Ausführung sind. Wir bemerkten unter andern eine ungefähr 20 cm im Quadrat umfassende Basreliefsculptur, welche einen Reiter vorstellt, wahrscheinlich den indischen Gott Kuvera. Der Gott, mit einer tiaraartigen Kopfbedeckung, Hals und Arme mit Spangen geschmückt, sitzt ganz martialisch zu Pferde, und dieses letztere, reich gezäumt, ist, allen indischen gemalten oder aus Stein gehauenen Pferden zuwider, ein ganz stattlicher, natürlich aussehender Renner. Wäre es möglich gewesen, so hätte ich diesen Kuvera gewiss von der Mauer losgelöst und mitgenommen; doch einerseits wollte ich keine Unannehmlichkeiten mit dem Tempelhüter haben, und andererseits hätte mein Reisegefährte Herr Purdon-Clarke dabei zu viel Leidwesen empfunden. Ganz bemerkenswerth dargestellt waren auch eine Vaju oder Bhavana, mit dem kleivom Hanuman in den Armen, und die liebenswürdige vierarmige Göttin Sarasvati, auf ihrem traditionellen Pfauen reitend. In der Mitte des Hofes vor dem Thore des grössern Tempels stand ein ungeheurer steinerner Buckelochs oder Zebu, auf dem sich infolge des häufigen Begiessens eine fingerdicke Kruste heiligen Öls gebildet hatte. Auch in den von aussen angebrachten Nischen der Tempel standen zierlich gearbeitete Götzenbilder, fast immer die verschiedenen Gattinnen Schiva's darstellend. Viele dieser Reliefsculpturen scheinen älter zu sein als der Tempel selbst, der nach dem, was Kenner behaupten, wenigstens bis ins 6. Jahrhundert (?) hinaufreicht. Uebrigens findet man in dem ausgezeichneten architektonischen Werke Fergusson's über die Denkmäler Indiens reichliche Aufschlüsse über diesen schönen Tempel.[1]

Das Bemerkenswertheste in seiner Bauart soll übrigens in der Anwendung von korinthischen Kapitälern an den Säulen liegen. Fergusson heisst dies eine indo-korinthische Architektur. Leider besitze ich nicht die genügenden architektonischen Kenntnisse, um mich über die Zulässigkeit dieser Bauart auszusprechen. Für das Auge des Laien bringt sie jedenfalls einen ganz angenehmen Eindruck hervor. Der Tempel wurde von zwei Brüdern, Mallachnat und Siddhanath errichtet.

Unweit des soeben beschriebenen merkwürdigen Tempels befindet sich ein anderer, der ganz in Trümmer zerfallen zur Ausübung des Cultus nicht mehr gebraucht wird; er ragt inmitten des Dorfes, und es fiel mir nicht schwer, gegen ein mässiges Trinkgeld einige Fragmente desselben wegführen zu können. Darunter befand sich besonders eine sehr alte Reliefsculptur, den Buddha mit seiner Mutter

[1] James Fergusson, History of Indian and Eastern Architecture (London 1876).

darstellend, ferner eine Figur des Buddha und eine andere der Göttin Lakschmi.

Fig. 15. Fig. 16.

Fig. 17.

Fig. 15—17. Drei in den Tempeltrümmern von Baidschnath aufgefundene Skulpturen.

Tags darauf gelangten wir nach Palampur, eine grössere englische Station, welche inmitten eines Nadelholzwaldes anmuthig gelegen ist. Palampur hat seine Bedeutung besonders den umliegenden Theeplantagen zu danken, welche in den letzten Jahren einen erfreulichen Aufschwung genommen haben. Der Kangra-Valley-Thee bildet schon einen wichtigen Handelsartikel für Indien und dürfte auch bald für den Export von grosser Bedeutung werden, denn er verträgt entschieden die Seereise weit besser als der chinesische Thee. Sein Geschmack ist ein sehr angenehmer und duftiger, und wenn er auch mit den höhern chinesischen Karavanentheesorten nicht rivalisiren kann, so ist er doch gewiss dazu bestimmt, sich einen höchst ehrenwerthen Platz im Theehandel zu erwerben. Kenner ziehen ihn entschieden dem ebenfalls indischen Thee aus Darjeeling vor.

Da ich einige Tage später Gelegenheit hatte, eine Theeplantage zu besuchen, so will ich hier eine genaue Beschreibung der Theeerzeugung einschalten.

Der Thee wird als Stengel gepflanzt, wobei eine gewisse Entfernung zwischen den jungen Pflanzen eingehalten wird; die jungen, kaum acht Tage alten Blätter werden mit der Hand gepflückt, und um zu ihrer raschen Vervielfältigung beizutragen, reisst man, sowie sich die Knospe zu entwickeln begonnen, die Blüten ab. Nach Beendigung der Ernte legt man die gepflückten Theeblätter in einen runden, sehr flachen Korb, dessen Boden aus einer Matte besteht; diese Körbe bringt man in einen grossen, luftigen Raum, wo sie, vor den Sonnenstrahlen geschützt, auf, zwischen zwei Reihen hölzerner Stangen, gespannte Drähte gestellt werden. Man lässt die Blätter nun trocknen, bis sie welk und biegsam sind; hierauf werden sie von Männern mit den Händen gerollt und gedrückt, und hierauf noch einmal auf einem grossen, mit Matten bedeckten Tisch gerollt bis der adstringirende Saft, welchen sie enthalten, entfernt ist; die so gepressten Blätter dürfen aber nicht brechen. Man legt sie hierauf in einen nicht zu stark geheizten Ofen, wo sie zu trocknen fortfahren; wenn sie hinlänglich getrocknet sind, schlägt man sie zwei oder drei Tage lang in wollene Decken ein, damit sie gären können, und hierauf legt man sie an die Sonne. Der Thee ist fast fertig, aber man muss ihn noch in flache, viereckige Körbe legen, welche man auf eine gehörige Entfernung über glühende Kohlen oder Asche stellt, damit die Körbe nicht anbrennen und damit die Blätter zum vollkommenen Austrocknen gelangen. Der Raum, in welchem man diese letztere Operation vornimmt, ist längs der Wände mit einer Art von Trog bekleidet, an dem man auf bestimmte Entfernungen unter den Körben die Glut oder die heisse Asche anbringt. Von Zeit zu Zeit wird der Thee in den Körben geschüttelt, und der feine Staub, der sich bei dieser Gelegenheit ablöst, bildet die Essenz des Thees, die trotz ihrer vorzüglichen Güte, wegen der Unkenntnis der Käufer, nur selten an den Mann gebracht werden kann. Der Thee ist nunmehr fertig und kann je nach seinen Gattungen geschichtet werden. Zu diesem Zwecke wird er hierauf Blatt für Blatt ausgelesen; kleine Mädchen werden zu dieser Arbeit, welche eine wahre Geduldsprobe ist, verwendet, denn bisjetzt hat noch keine Maschine die Menschenhand zu ersetzen vermocht; eine geschickte Arbeiterin kann bis zu 7 kg Thee an einem Tage auslesen. Nach dieser sorgfältigen Lese wird der Thee in aus Messingdrähten bestehenden Sieben gewendet; diese Operation wird ein zweites mal mit feineren Sieben wiederholt; schliesslich muss man noch den Unrat, der durch das Gitterwerk der Siebe nicht hindurch kann, mit der Hand auslesen. Es gibt in Kangra drei Gattungen von Thee, die erste Gattung besteht aus sehr kleinen, die zweite aus mittlern und die dritte aus grössern Blättern. Ist der Thee fertig, so wird er in Säcke aus Staniol gefüllt, welche in hölzernen Formen zusammengefaltet werden, um eine ganz gleiche Grösse zu erhalten. Das Pfund Kangra-Valley-Thee, dies ist der Name, den er führt, kostet im Orte selbst 8 Anna, circa 75 Pf. Will man grünen oder gelben Thee fabriciren, so läst man die Blätter, statt an der Luft, sofort im Ofen trocknen, damit die adstringirenden Säfte in denselben verbleiben; dieser Umstand verleiht diesen beiden Theegattungen eine aufregende Wirkung. Sein Aroma erhält der Thee durch Beimischung von Jasminblüten; auch begegnet man überall an den Wegen entlang Jasmingebüschen; dieselben wurden von den Chinesen gepflanzt, welche bekanntlich in diesen Gegenden bereits vor Ankunft der Engländer grosse Theepflanzungen angelegt hatten.

Diesen ausführlichen Bericht über die Theebereitung verdanke ich der gefälligen Mittheilung eines jungen Engländers, der eine der grössten Theepflanzungen in der Umgegend von Kangra besitzt und uns dieselben bereitwilligst zeigte. Herr D. ist der jüngere Sohn einer bemittelten englischen adeligen Familie, der nach Indien gekommen, um sich hier einen Lebensunterhalt zu schaffen. Nach englischem Brauch gehört das väterliche Vermögen seinem ältesten Bruder, und ihm bleibt nichts als die höchst platonische Erinnerung an eine in einem prachtvollen Schlosse verbrachte Kindheit. Er bewohnt seit 5 bis 6 Jahren die Gegend und spricht perfect hindostanisch; ich glaube, dass wenn die Engländer aus Gesundheitsrücksichten nicht gezwungen wären, ihre sechs- bis zehnjährigen Kinder von hier nach England zu schicken, dieselben in vorgeschrittenen Jahren weit besser hindostanisch als englisch sprechen würden. Dieser Umstand ist bemerkenswerth; der Engländer bringt seine Sitten, seine Gebräuche, ja sogar seine Angewohnheiten nach Indien mit; er bewahrt unter allen Himmelsstrichen seine Eigenthümlichkeit und doch bedient er sich hier von Jugend auf der Sprache seiner Unterthanen, welche er in jeder andern Beziehung gründlich verachtet.

In Palampur bekamen wir neue und abermals nichts weniger als beruhigende Nachrichten über das Umsichgreifen der Cholera. Wir beschlossen daher drei Stationen, d. h. über 30 engl. Meilen, in 24 Stunden zu effectuiren, was besonders der stark angeschwollenen Bergströme halber keine leichte Aufgabe war. Meine Frau und Herr Pardon-Clarke zogen es vor, diesen anstrengenden Marsch in Dulis, d. h. aus Matten bestehenden geschlossenen Tragsänften zurückzulegen, während ich gezwungen war, mich auf der ganzen Strecke meines Pferdes zu bedienen, da es mir genügt hatte, fünf Minuten in einer solchen Sänfte zuzubringen, um sofort seekrank zu werden. Die Gegend, wo die Cholera am stärksten herrschte, passirten wir gegen Abend und waren überrascht beim Anblick der unzähligen Leuchtkäfer, welche die Luft erfüllten. Die furchtbare Schwüle, das donnerartige Getöse der Bergströme und die fast taghell durch Johanniswürmer erleuchtete Gegend brachten auf uns einen unheimlichen Eindruck hervor, und wir waren froh als der nächste Morgen heranbrach. Gegen Mittag kamen wir von der langen Tour ziemlich ermüdet in Dharmsala an, wo wir einige Tage, unter dem Dache des [illegible], Herrn Jenkins, eines höchst liebenswürdigen Gastfreundes [illegible]. Dharmsala, [illegible] von Schneebergen gelegen, [illegible], mit [illegible] tere. Ein solcher Parsi hält dort einen [illegible] Kaufladen, der den Reisenden alles bietet, was er nur wünschen kann, natürlich gegen ganz anständige Preise. Da wir in Sultanpur einen mohammedanischen Koch genommen hatten, war es uns willkommen, unsere Speisevorräthe mit einigen Conserven zu bereichern.

Da die Wege von Dharmsala nach Tschamba der eingetretenen Regenzeit halber fast unbenutzbar waren, so mußten wir uns entschließen, abermals in die Ebene hinabaufsteigen, um über Kangra und Nurpur in das kleine Bergfürstenthum Tschumba zu gelangen. Dieser Umweg war uns, abgesehen von der grossen Hitze, recht willkommen; denn Purdon-Clarke und ich hofften im alten Kangra reichliche Ausbeute an antiken Vasen oder sonstigen Gegenständen aus getriebenem Kupfer zu finden.

Bei strömendem Regen brachen wir von Dharmsala auf und gelangten nach einem vierstündigen raschen Ritt in Kangra an. Die Stadt selbst, sehr romantisch gelegen, mit ihren goldenen Kuppeln und ihrem grossen Bazar bietet dem Europäer einen höchst anziehenden Anblick, der noch durch die malerische Tracht der Eingeborenen erhöht wird. Da ein Theil der Stadt amphitheatralisch gebaut ist, so giebt es stiegenartige Gassen, welche unsere Pferde mit bewunderungswürdiger Geschicklichkeit erklommen. Der grosse und geräumige Dak-Bungalow ist wie immer ausserhalb der Stadt auch höchst malerisch gelegen; man geniesst von demselben eine sehr schöne Fernsicht. Unserer zahlreichen Einkäufe wegen blieben wir in Kangra fast über zwei Tage. Ich kaufte dort sehr hübsche Kannen aus getriebenem gelben Kupfer, grosse reichverzierte Schüsseln, sehr zierliche Lotas und Lampen u. s. w. Besonders bemerkenswerth sind einige Wasserpfeifen, die ich in Kangra erstanden; sie sind wie die meisten dort verfertigten Metallgegenstände aus einer Legirung, welche ausser Kupfer, Blei, Eisen, Zinn, Quecksilber und Zink noch Silber und Gold enthält, und dadurch an innerlichem Werth gewinnt. Zwei dieser Pfeifen stellen Blumenkelche vor, deren Blätter entweder mit eingelegten Ornamenten ciselirt oder reich mit Silber eingelegt sind; eine dritte aus gegossener Bronze ist viel älter und mit höchst eigenthümlichen primitiven Verzierungen versehen. Auch eine Lampe fand ich in Kangra, die sieben schnabelförmige Brenner besitzt und durch diese Eigenthümlichkeit an die alten hebräischen Lampen er-

innert. Ferner kaufte ich in Kangra zwei sehr zierlich gearbeitete indische Tutenzeuge aus Bronze, sowie einen Lota aus Bidri. Das Bidri ist nämlich eine ganz eigenthümliche Metallkomposition, welche von einer in Hyderabad gelegenen Stadt, Bidar genannt, den Namen entlehnt. Es ist eine Mischung von Kupfer, Blei und Zinn, welche mit Silber eingelegt und hierauf mittels einer Lösung von Ammoniaksalz, Salpeter, gewöhnlichem Salz und blauem Vitriol schwarz gefärbt wird; die weisse Zeichnung, die wie erwähnt in Silber eingelegt ist, kommt bei sorgfältiger Polirung wieder zum Vorschein. Das Bidri, welches bestimmt in früherer Zeit in Persien erfunden wurde, gehört zu den schönsten und kostbarsten indischen Metallarbeiten. Das South-Kensington Museum in London besitzt davon ungefähr ein Dutzend Gegenstände, das sogenannte „Musée de la marine" in Paris fünf bis sechs Stück, worunter zwei prachtvolle über 75 cm hohe Vasen, für welche Kaiser Napoleon III. 25,000 Francs bezahlt haben soll. Die alten Gegenstände aus Bidri sind übrigens sehr selten, und die Imitation, welche man in Purniah, in der Präsidentschaft Bengalen, verfertigt, hat bedeutend geringern Werth, da der Metalllegirung viel Zink beigemischt ist und die eingelegten Silberplatten und Fäden sehr nachlässig eingelegt und überaus dünn sind. Das Bidri darf nicht mit den Damascinirungen verwechselt werden, welche in Gudschrat und besonders in Sialkot verfertigt werden; die [illegible] [illegible] [illegible] Indien gewiss von [illegible] [illegible], verfertigte man in früheren Zeit eine besonders schöne Gattung von Bidri: die Blumenzeichnungen sind dabei mit Gold und Silber eingelegt, und zwar die Blätter immer aus Silber, die Stengel und die Staubfäden aus Gold. Ich besitze selbst zwei sehr schöne Exemplare von dieser alten, seltenen Arbeit. (Fig. 21—28.) In

I DER NABAB SAIF ALI CHAN ([illegible]), COMMANDANT DER FESTUNG VON KANGRA S. [illegible]

Nach einem indischen Miniaturgemälde.

Kangra fand ich auch einen grossen Lota aus Tandschore, aus Bronze mit eingelegten rothen Kupferplättchen. Diese gefällige und zierliche Arbeit wird fast ausschliesslich in den zwei südindischen Städten Tandschore und Madura verfertigt. Wir kauften überdies eine kleine, mit Messing eingelegte Kiste aus Sandelholz, ferner einen Stock aus demselben Holz, der ebenfalls mit Messing und Elfenbein eingelegt ist. Merkwürdigerweise bildet der fast immer gelbliche Kern

Fig. 58. [illegible]

Fig. 59. [illegible]

des Elefantenzahns in Indien das gesuchteste und am meisten geschätzte Elfenbein.

Schliesslich darf ich nicht vergessen zu erwähnen, dass ich in Kangra eine Anzahl von gemalten Bildern erstand, unter denen einige wirklich von hohem Interesse; die vier Porträts von Timur Lenk, Baber, Humajun und Akbar sind ganz besonders charakteristisch in Bezug auf das Costüm und den Ausdruck der Gesichtszüge; ein fünftes Bild stellt den edeln Nabab, Saif Ali Chan, Commandanten der Festung von Kangra dar, wie er mit einem seiner Gäste

[illegible]

[illegible]

[illegible]

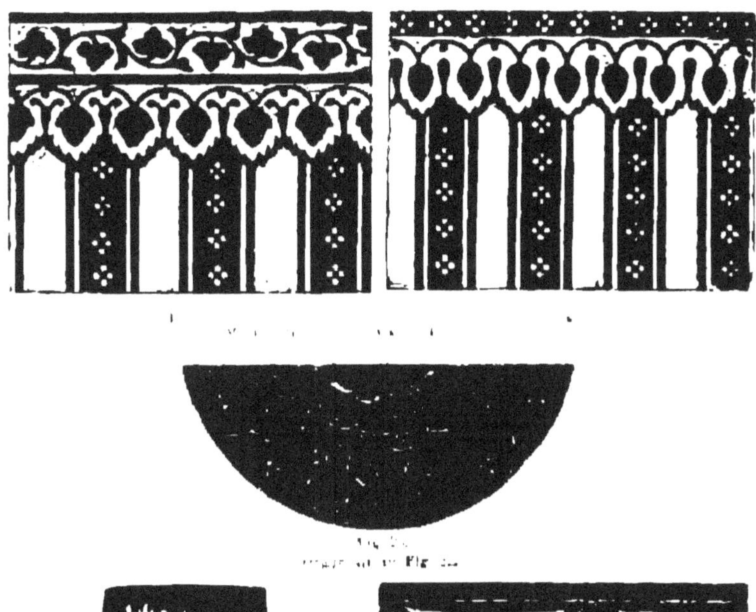

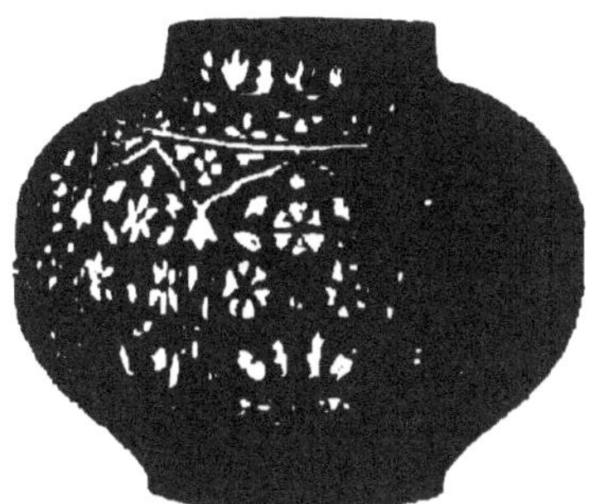

eine Skizze, die Rama und Sita auf einer Schaukel darstellen soll, auf der sie sich eng umschlungen halten. So flüchtig diese Skizze auch gemacht ist, so beweist doch die Sicherheit des Striches und die zierliche Anmuth des Entwurfs, dass der Zeichner nicht der erste Beste gewesen sein mag. Auf der Rückseite derselben Skizze finden wir das ausdrucksvolle, charakteristische Conterfei von Sansar Tschand, ehemals Radschah von Kangra. Aus den feinen Zügen spricht die kalte, berechnende Höflichkeit und die [illegible] Hinterlist des indischen Grossen.

Fig. [illegible]. Sansar-Tschand, Radschah von Kangra nach einer von einem Hindu entworfenen Skizze.

Von unserer reichen Ausbeute in Kangra [illegible] befriedigt, [illegible] wir uns für einige Tage die [illegible] gefallen und [illegible] über [illegible] der Stadt Nurpur an. Unser Reisegefährte, der [illegible] er konnte das für ihn höchst unliebsame Reiten vermeiden, liess sich in seinem Duli voraustragen und kam fast 24 Stunden vor uns in Nurpur an. Unmittelbar vor der Stadt befindet sich ein altes, schlossartiges Gebäude, welches einem reichen Radschputen gehört haben soll. Die Radschputen, wie es ihr Name bezeugt: Radschahsöhne, bilden heute eine höchst zahlreiche und edle Kaste, welche behauptet, an die Stelle der ehemaligen kriegerischen Tschatrias getreten zu sein, doch begründet nichts diese Behauptung. Jedenfalls sind fast alle indischen Fürsten, im Norden Indiens wenigstens, sowie die herrschenden Eroberer der kleinen indischen Himalajastaaten, fast ausschliesslich Radschputen. Körperlich sind sie ein sehr schöner Menschenschlag; hochaufgeschossene, schlanke Gestalten, mit scharfen ausdrucksvollen Zügen, blitzenden dunklen Augen, hochaufgewickeltem Schnurrbart und langem geflochtenem Haupthaar. Dabei besitzen sie äusserst feine und gesuchte Manieren, und sind höchst liebenswürdig im Umgange; ihre Hautfarbe ist bedeutend dunkler als die der Brahminen und von bronzeartigem Glanz, aber dabei doch heller als die der übrigen Hindus, und dabei keineswegs so ins Gelbliche spielend als jene der Banias (die Kaste der indischen Kaufleute). Die Radschputen besitzen auch viel mehr Muth als die übrigen Indier und geben sehr gute Soldaten ab. Der gewöhnlichste radschputanische Krieger mit seinen stolzen Manieren, mahnte mich unwillkürlich an die spanischen Hidalgos, die ich einstmals in Madrid erblickt und welche in durchlöcherte Mäntel gehüllt den Vorübergehenden mit einer auffallenden Geringschätzung betrachten; ja, ich muss gestehen, dass mich die Redeblumen der indischen Poesie in ihrer naiven Uebertreibung oft an die Metaphern der spanischen mahnten. Auch die Frauen in Radschputana sind grösser und hübscher als im übrigen Indien und nehmen sich in ihrer malerischen Tracht ganz gut aus.

Sultanpur, Kangra und Nurpur liegen auf den Strassen des über Leh (oder Ladak, Hauptstadt von Klein-Tibet) kommenden Handels von Jarkand (der bedeutendsten Stadt von Ost- oder Chinesisch-Turkestan). Die Teppiche aus Jarkand zeichnen sich durch grosse Solidität aus und sind ihrer grellen Farben wegen bei den Einheimischen sehr beliebt. Ausserdem liefert Jarkand chinesische Seidenstoffe, Porzellan, allerhand Gegenstände aus getriebenem und ciselirtem Kupfer und eine grosse Anzahl von Gegenständen aus geschnitztem Nephrit, d. i. der milchweisse, graue, grüne, sehr selten auch rosafarbige Stein von besonderer Härte, welchen die Chinesen Ju nennen, französisch Jade, auch englisch Jade.

Der chinesische Pilger Hiuen-thsang, welcher im Jahre 644 unserer Zeitrechnung von China nach Indien pilgerte, bestätigt, dass schon zu jener Zeit dieselben Handelsartikel von Jarkand und Chotan nach Indien geführt worden. „Dieses Land", sagt er, „exportirt Teppiche, eine sehr feine Gattung von Filz und gut gesponnener Seide; es liefert übrigens auch weissen und schwarzen Nephrit", und in einer Geschichte von Chotan, aus dem chinesischen Buche Pien-i-tien entnommen, lesen wir, dass nach dem Glauben der Chinesen in der Nähe von Chotan der weisse, grüne und schwarze Nephritfluss im Kuen-luen-Gebirge entspringe. Diese letztere Bemerkung beweist, wie gut der chinesische Geograph berichtet war.

Noch mehr aber interessirte mich eine Stelle in Marco Polo. Im 58. Kapitel seiner hochinteressanten Reisebeschreibung heisst es: „Chotan ist eine Provinz, welche zwischen dem Ost und dem Nordost gelegen, acht Tagemärsche lang ist. Sie gehört dem grossen Chan. Die Einwohner verehren Mohammed. Es gibt (in diesem Lande) genug Städte und Schlösser, aber die bedeutendste derselben ist Chotan, welche der Hauptort des Districts ist und demselben den Namen verleiht. Die verschiedensten Sachen findet man dort in Fülle und es wächst dort viel Baumwolle, und die Einwohner besitzen zahlreiche Weinberge und Gärten. Sie leben vom *Handel* und der *Kunst*. Es sind keine kriegerischen Menschen." Ein Gleiches sagt Marco Polo auch von den

Bewohnern von Kaschgar. Wir erfahren andererseits auch, dass in früherer Zeit, nach dem Berichte eines andern chinesischen Pilgers Namens Fa-hien (420 n. Chr. Geb.), als das Land noch dem buddhistischen Glauben anhing, westlich von der Stadt ein prachtvoller Tempel gestanden hat, zu dessen Bau die Regierung dreier Könige und volle 80 Jahre nothwendig waren. In diesem Tempel, sagt Fa-hien, sah er viele Sculpturen, und auf goldene und silberne Platten gravirte Ornamente. Dieser Tempel, welcher vom Kunstsinn der Bewohner Chotans Zeugniss ablegt, dürfte zur Zeit Marco Polo's nicht mehr bestanden haben, sonst hätte der kunstsinnige Venetianer gewiss desselben Erwähnung gethan. Meiner Ansicht nach wollte Marco Polo auf etwas anderes hindeuten. In keinem centralasiatischen Lande waren früher die Kupferschmiede so geschickt und so berühmt als im östlichen Turkestan. Sie verfertigten Wasser-, Thee- und Kaffeekannen aus gelbem getriebenem Kupfer, denen sie eine gefällige Form gaben und welche sie mit den zierlichsten Zeichnungen schmückten. Ein Beweis, wie sehr die Fabrikate aus Ostturkestan geschätzt wurden, liegt darin, dass man sie fast überall auf den grössern Märkten des nördlichen Indiens antrifft. Ihre eigenthümliche Arbeit, derzufolge sie auf den bereits gehämmerten und getriebenen Vasen noch weitere Ornamente heraustreiben und dadurch Zeichnungen *en relief* anbringen, wird sogar im entfernten Kaschmir nachgeahmt und dort von den Engländern Jar-

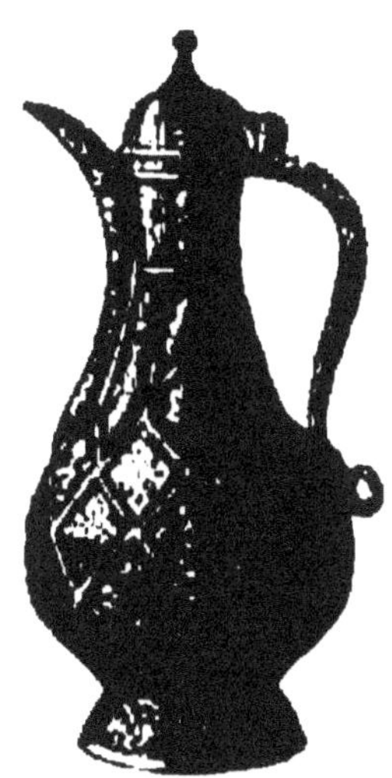

Fig. [illegible]
Theekanne aus Chotan (Ostturkestan)

kand-pattern genannt.[1] Ich erwarb in Nagpur ausser einigen Schüsseln und Kaffeekannen einen sehr schönen Kungân aus Chotan, der aus getriebener ciselirter Bronze mit einer netzartigen Reliefarbeit bedeckt ist, was demselben ein besonders gefälliges Aussehen verleiht. (Fig. 30.)

Der Handel zwischen Ostturkestan und dem Norden Indiens ist ein viel bedeutenderer, als man es der schwierigen Wege halber im allgemeinen zu glauben geneigt wäre. Von Sultanpur bis Leh muss man im ganzen vier Pässe übersteigen von 13,000, 16,000, 16,620 und 18,042 Fuss Seehöhe. Im ganzen 24 Marschtage, ohne auf der grösseren Strecke des Weges Unterkunft oder Nahrungsmittel oder Lastträger zu finden. Ja sogar die Nahrung für die Saumthiere ist man gezwungen mitzunehmen. Mit Pferden kann man auf dieser Strecke überhaupt nicht reisen. Wenn man bei einer so schwierigen Handelsstrasse in Erwägung zieht, dass ein mittelgrosser Jarkandteppich in Sultanpur auf kaum 25 Rupien (circa 50 Mark) zu stehen kommt, so kann man nur über den Geschäftssinn und Unternehmungsgeist der jarkander Kaufleute staunen.

Nagpur selbst ist eine alte, schmutzige, holperige Hindustadt, die vor kurzer Zeit fast gänzlich abgebrannt ist und die grösste Mühe zu haben scheint, sich aus ihrer Asche wieder zu erheben. Wir mussten uns etwas länger in diesem Orte aufhalten, denn unser Reisegefährte Purdon-Clarke wurde stark vom Fieber heimgesucht und blieb fast beständig leidend, bis zu unserer Ankunft in Srinagar, der Hauptstadt von Kaschmir. Da wir vom englischen Superintendent von Tschamba befriedigende Nachrichten über den Stand der Wege erhalten hatten, so beschlossen wir über Tschuari nach Tschamba zu reiten und von dort über den

[1] Die Kaschmiris pflegen mit dem Namen der bedeutendsten Stadt des Landes das ganze östliche Turkestan zu bezeichnen.

Padripass, einen der schwierigsten Uebergänge im westlichen Himalaja, nach den Besitzungen des Maharadscha von Kaschmir und Dschamu zu gelangen. Auf diese Art hofften wir ausser dem Fürstenthum Tschamba, die Stadt Badrawahr und das hochromantische Tschinabthal (der Asikni der altindischen Geschichte, der Akesines der Griechen) zu sehen, welch letzteres Thal bisjetzt nur von wenig Europäern besucht wurde. Nicht immer gelangen Pläne, welche man auf Reisen schmiedet, zur Ausführung, ein ganz unbedeutender Umstand stürzt oft die schönsten Vorsätze über den Haufen; doch diesmal war uns der Gott der Reisenden gnädig gesinnt, denn wir vermochten das Geplante auch buchstäblich auszuführen.

Um 4 Uhr nachmittags brachen wir von Nurpur auf; man gab uns die Versicherung, wir würden in längstens vier Stunden in Tschuari, der tschambaschen Grenzstation, eintreffen. Keiner unserer Begleiter war jedoch genau von dem zurückzulegenden Wege unterrichtet und so kamen wir erst um 12½ Uhr nachts in Tschuari an, natürlich alle sehr ermüdet. Der Weg von Nurpur bis zum Fusse des Himalaja schlängelt sich durch wohlgepflegte Baumwollpflanzungen, Mais- und Getreidefelder und Mangohaine. Ich habe schon, als ich von unserm Aufenthalte in Bombay sprach, dieser wunderbaren Kernfrucht Erwähnung gethan. Von der Grösse und Form eines grossen Apfels, ist sie goldgelb, ins grünliche spielend; ihr Geschmack ist ein ganz eigenthümlicher: Pfirsich mit Terpentin- oder Terpentin mit Pfirsichbeigeschmack. (Die grössten und saftigsten Mango bekommt man in Bombay). Nichtsdestoweniger gewöhnt man sich anscheinend an diesen Geschmack und gewinnt die Frucht bald sehr lieb. Uns hatte sie in Bombay wenig gemundet, aber bei unserm Ritt von Nurpur nach Tschuari, als wir bei einer tropischen Hitze am Fusse des Himalaja ankamen, war uns eine so saftige Frucht trotz ihres Reisegeschmacks sehr erwünscht. Jedenfalls war sie uns angenehmer als eine Begegnung, die wir etwas später im Halbdunkel machten. Ich spreche nicht von einer vornehmen Indierin, welche in einem hermetisch geschlossenen buntseidenen Palankin, von einigen dienstbaren Läufern begleitet, aus den Bergen getragen wurde, sondern von einer echten Pantherkatze, die ich plötzlich bei einer Krümmung des Weges gewahr wurde. Auf einem Felsen nachlässig liegend, schien sie, weit weniger überrascht als ich, mich neugierig zu beobachten. Ihr Körper war regungslos, nur ihr langer Schweif beschrieb die merkwürdigsten Krümmungen. Doch ehe ich noch meinen Revolver aus dem Halfter gezogen, war die Katze schon mit einem mächtigen Sprunge verschwunden. Merkwürdigerweise hatte mein Pferd gar keine Angst gezeigt.

Gegen 9 Uhr wurde es rabenfinster, und trotz der Fackelträger, welche unser vorsichtiger Munschi, den uns Oberst Jenkins aus Dharmsala mitgegeben, längs des Weges hatte aufstellen lassen, hatte unsere Reise infolge der außerordentlichen Enge des Weges und des donnerähnlichen Getöses eines zu unseren Füßen strömenden Gewässers etwas, wenn nicht Unheimliches, so doch höchst Lästiges. Eine halbe Stunde nach Mitternacht erreichten wir endlich bei Fackelschein und Schakalgeheul den ersten fürstlich tschambaischen Bungalow. Glücklicherweise hatte der vorausgerittene Munschi, meine Vorliebe für die Milch kennend, mehrere Näpfe dieses nahrhaften Getränkes in Bereitschaft gehalten, und so konnten wir uns bald, wenn auch [illegible], so doch gesättigt zur Ruhe legen. Doch auch diese sollte uns bitter vergällt werden, denn der fürstlich tschambaische Bungalow, von Reisenden nur selten besucht, barg trotz seines angenehmen und comfortablen Aeußern eine unheilvolle Plage für müde Wanderer: er war nämlich von einer Unzahl kleiner Insekten bewohnt, deren nähere Bekanntschaft auch in Europa nicht zu den Annehmlichkeiten des Daseins gehört.

Leider waren diese unangenehmen Gäste für uns keine neue Bekanntschaft, denn während unserer Reisen in Russland, Sibirien und Centralasien hatten wir fast auf allen Stationen Gelegenheit, solche zu sehen und besonders zu fühlen. Wenn jemand die heissen Gegenden besucht, so wird er immer vor Skorpionen, giftigen Spinnen und Schlangen gewarnt; gewiss gibt es in Turkestan sowol als in Indien blassgelbe Skorpione und faustgrosse Taranteln. Ja in Ferghana findet man sogar eine sehr kleine Spinnenart, Kara-kurt genannt, deren Biss sofort tödtlich sein soll. Ich erinnere mich, als ich im Hochsommer 1877 Ferghana bereiste, an ein kleines Abenteuer, welches ganz unliebsame Folgen hätte nach sich ziehen können. Als wir in der Mitte der Sandwüste, welche sich zwischen Kokand und Margellan längs der Ufer des Sir-Darja ausdehnt, in Divana-kischlak eintrafen, mussten wir eines heftigen Sandsturmes halber in diesem vom Flugsand fast verschütteten Dorfe übernachten. Ein Usbeke bot uns gastfrei sein Haus an und streute wohlriechende Kräuter auf seinen Herd, als Zeichen des Willkommens. Tags darauf erfuhren wir, dass in keinem Orte Ferghanas die liebenswürdige Giftspinne Kara-kurt in so grosser Geselligkeit auftritt als in Divana-kischlak. Sofort gab ich den Auftrag, mir einige Exemplare dieses interessanten Insekts zu verschaffen. Die Knaben meines Gastfreundes und die seiner Nachbarn machten sich bereitwilligst auf die Suche. Als wir einige Zeit später beim Frühstück sassen, brachten sie uns ihre Mützen voller solcher Spinnen, und als ich ihnen erklärte, dass ich keine ganze Colonie von solchen Thieren brauche und nur ein paar in Spiritus zu ertränken gedächte, so bot mir ein jeder dieser Jungen seine gefährliche Waare an; dabei stiessen und drückten sie sich so heftig, dass die Mützen auf den Boden fielen und die Spinnen in allen Richtungen des Zimmers umherliefen; natürlich retteten wir uns sofort aus dieser unheimlichen Gesellschaft und waren froh, dass keine der Kara-kurts auf den Gedanken gekommen war, an uns emporzukriechen.

Indien besitzt freilich eine Anzahl von giftigen Schlangen, welche ganz anders gefahrbringend, als die kleine schwarze Spinne aus Ferghana; unter diesen Schlangen nimmt die Brillenschlange, die Cobra-Capella, entschieden den ersten Platz ein. 20,000 Eingeborene fallen jährlich ihrem Bisse zum Opfer, was allerdings bei einer Bevölkerung von 250 Mill. Seelen als kein zu bedeutender Aderlass angesehen werden kann. Bekanntlich gehen die Indier immer barfuss und machen infolge dessen so wenig Geräusch, dass sie im hohen Grase oft auf solche Schlangen treten; andererseits schlafen sehr viele Indier im Freien. Die Schlange legt sich neben den Schläfer und wenn dieser eine Bewegung macht, so wird er von dem erschreckten Thiere gebissen und wacht nicht wieder auf.

Die Schlange wie die Spinne liebt die Musik, und wer kennt nicht die indischen Schlangenbändiger, die beim Schall ihrer Flöte die Cobras, die sie in Säcken mit sich tragen, herausnehmen und tanzen lassen; man darf aber ja nicht glauben, dass diese Thiere ganz unschädlich gemacht sind. Den Mongeus präsentirt ihnen ihr Herr und Meister ein Stück Filz, in welches die Schlange wüthend hineinbeisst, der Filz entreisst es ihr und setzt dieses [illegible] so lange fort, bis er meint, dass die Schlange ihres giftigen Geifers ledig. Der wahre Schlangenbändiger führt auch immer ein paar Mongus, d. h. Ichneumons mit sich, die bekanntlich von der Natur gegen das Gift der Brillenschlange unzugänglich sind. Diese bemerkenswerthen Thiere stürzen sich auf die Brillenschlange und beissen sie todt; doch nur selten, d. h. beim Empfang eines sehr guten Trinkgeldes lässt es der Schlangenbändiger zum äussersten kommen; gewöhnlich werden nur Scheingefechte aufgeführt.

Als die indische Regierung vor einigen Jahren zur Steuerung des Uebels auf den Kopf jeder Brilleuschlange einen Preis gesetzt, in der Hoffnung, diese gefährliche Landplage auszurotten, geschah ganz das Gegentheil. Die Indier züchteten Brillenschlangen und brachten sie den englischen Behörden, um das versprochene Geld zu bekommen. Natürlicherweise liefern die Schlangen ein bedeutendes Contingent zum indischen Parnass. Krischna wird uns dargestellt, bald wie er den Fuss auf den Kopf einer Brillenschlange setzt, bald auf fünf Schlangenköpfen stehend, denen er auf einer Flöte Weisen vorbläst. Ein ander mal sehen wir Wischnu auf einem Tiger reitend, in der linken Hand eine Schlange haltend. Die Nagas mit den vielköpfigen Schlangen über dem Haupte, die man in den Nischen der Dschaintempel antrifft, sind viel verbreitet. Ganz sicherlich war der Schlangenkultus früher ein noch viel verbreiteterer und gebräuchlicherer als es gegenwärtig der Fall zu sein scheint.

Doch alle diese schrecklichen Thiere kennt man auf Reisen nur vom Hörensagen, und wer die Tiger und Schlangen, Taranteln und Skorpione nicht aufsucht, dem thun sie auch nichts, und ich habe wenigstens nie von einem Europäer gehört, dem diese Thiere absichtlich ein Leid angethan hätten. Was aber unsere echt europäischen Parasiten anbelangt, so findet man sie leider unter allen Himmelsstrichen wieder, stets bereit über den alten Bekannten ihrer Stammesbrüder aus der Heimat, d. h. über das arme europäische Menschenkind erbarmungslos herzufallen. Arisches Blut scheint ihnen besonders gut zu munden.

VIERTES KAPITEL.

DAS FÜRSTENTHUM TSCHAMBA UND SEINE HAUPTSTADT.

Die Zinnen der Lichtstadt. — „Le roi s'amuse." — Der englische Superintendent. — Scham-Singh und Ludwig XIV. — Eine Whistpartie. — [illegible]-Singh, der weise Löwe. — Die fürstliche Residenz. — Beschreibung indischer Miniaturbilder. — Der junge Radschah auf der Jagd. — Der Radschah im Tempel. — Der Radschah und sein junges Weib. — Der Radschah auf den Zinnen seines Palastes. — Ein Durbar im vorigen Jahrhundert. — Der kluge Gott [illegible]. Musikchöre. — Die Frauengemächer. — Ein fürstliches Geschenk. Die indische Emailindustrie. — Ein Fest in Tschamba. — Die indischen Edelsteine. — Abschied von Tschamba. — Ein Ex-Souverän. — Ober-Tschamba. — Die Vorläufer des tropischen Regens. — Tempelruinen. — Sehr eigenthümliche Talismane.

Bei der ersten Morgendämmerung verliessen wir das ungastliche Haus und nach einem höchst angenehmen Ritt durch einen herrlich duftenden Cedernwald, und nachdem wir am Ufer eines Bergstroms ein höchst frugales Frühmahl zu uns genommen, gelangten wir in ein reizendes Alpen-thal, und die Zinnen der Stadt Tschamba (Lichtstadt, d. i. Stadt des Lichts) schimmerten uns in der nebeligen Ferne entgegen. Wenn ich Zinnen sage, so darf man das nicht so wörtlich nehmen; ich habe dabei nur die kegelförmigen Dächer einer ganz respectabeln Anzahl von alten Tempeln gemeint, welche amphitheatralisch gelegen, sich ganz anmuthig ausnehmen. Die Stadt liegt am rechten Ufer des Ravi (der alt-indischen Iravati, der Ὑδραώτης der Griechen) auf einer Art Terrasse, die das ganze Thal beherrscht. Die

Häuser sind klein und unansehnlich, aber die alte Fürstenburg, an einen Felsen gelehnt, die neue Burg, eine förmliche Feste, die zahlreichen alten ehrwürdigen Tempel, die reizenden Villen der englischen Beamten und ein prachtvoller Exercierplatz, gleichzeitig Polo-Game[1], stempeln Tschamba zu einer der hübschesten Städte des nördlichen Indiens. Dabei ist die Stadt von einem Kranze dunkelwaldiger Berge umgeben, über welche ein zweiter Kranz von Schneebergen und Gletschern emporragt. Wir reiten über eine solide Brücke mit Thoren, an denen man uns nach Namen und Stand fragt, und dann auf einer ziemlich steilen Rampe zur Stadt hinauf, wo wir zuvörderst in einem höchst geräumigen und praktisch eingerichteten Bungalow Unterkunft finden. Dort erwartete uns ein höchst liebenswürdiger Engländer, der ausser den Functionen eines Prinzenerziehers auch die eines Generalissimus des tschambaschen Heeres bekleidete. Freilich dürften diese letztern einer wenig heikligen Natur sein, da die ganze tschambasche Armee aus 24 Mann Fusstruppen und 4 Reitern besteht. Erst tagsdarauf traf Herr Marshal, der englische Superintendent des Fürstenthums, einer der gelehrtesten und liebenswürdigsten britischen Functionäre, die wir in Indien kennen zu lernen Gelegenheit hatten, in Tschamba ein. Er kam aus Dalhousie, einer der reizendsten „Hill stations", wo sich die englischen Beamten von der erdrückenden Hitze der Ebene zu erholen trachten. Im Winter liegt der Schnee bis 6 Fuss hoch in der Umgegend von Dalhousie, während Tschamba, in einem tiefen Bergkessel gelegen, von den sengendsten Strahlen der tropischen Sonne heimgesucht wird. Herr Marshal duldete nicht, dass wir im Bungalow blieben, und brachte uns sofort in seiner comfortabeln Behausung unter.

[1] Eine Art offener Arena zum Polospiel bestimmt. Ueber das Polospiel später Näheres.

Tschamba ist ein kleines souveränes Fürstenthum, welches gegenwärtig von einem sechzehnjährigen Prinzen, Namens Sham-Singh, beherrscht wird. Der junge Sham-Singh wurde vor nicht gar langer Zeit auf den Thron an Stelle seines Vaters gesetzt, der durch sein leichtsinniges Gebahren der englischen Vormundschaft und besonders seinem Volke manch unangenehme Stunde bereitet hatte. Er pflegte in der Nacht, wie weiland Karl IX. von Frankreich, traurigen Angedenkens, die Strassen seiner Hauptstadt in Begleitung einer sehr unsaubern Gesellschaft zu durchstreifen und die jungen und hübschen Gattinnen seiner Unterthanen zu annotiren. Mit Recht konnte die tschambasche Bevölkerung ausrufen: „*Le roi s'amuse*". Die Engländer konnten von jenem valoisartigen Treiben des indischen Duodezfürsten nicht erbaut sein, und da er nebenbei auch die ohnehin bescheidenen Einkünfte seines Fürstenthums verschleuderte und für den Unterhalt der Wege und Waldungen (letztere die Haupteinnahmequelle des Landes) gar nichts that, so wurde er von ihnen zur Abdankung genöthigt, in ein kleines, 25 Meilen von der Hauptstadt entferntes Dorf verbannt, und sein jugendlicher Sohn Sham-Singh an seiner Statt auf den Thron gesetzt. Gegenwärtig residiren in Tschamba folgende englische Beamten: ein Superintendent, welchem während der Minderjährigkeit des Fürsten die oberste Verwaltung des Landes anvertraut ist; ferner ein Arzt, der auch dem von den Engländern errichteten sehr blühenden Spital vorsteht; ein Forstbeamter, der über die Wälder des Landes schaltet und waltet; ein Ingenieur, der den Strassenbau fördert und überwacht, und ein Prinzenerzieher, der, wie bereits erwähnt, gleichzeitig auch Obercommandirender des tschambaschen Heeres ist. Alle diese Engländer, von denen einige verheirathet sind, bewohnen reizende Villen, und erfreuen sich allgemeiner Achtung und absoluter Sicherheit. Während ich beim liebenswürdigen Superintendent, dem Major Marshal (einem der bedeutendsten Ornithologen Indiens) im Billardzimmer sass und mir vom Prinzenerzieher, einem gründlich unterrichteten Mann, den nicht wenig complicirten Mechanismus der tschambaschen Regierung erklären liess, öffnete sich plötzlich die Thür und der junge Fürst, gefolgt von seinem Bruder und einigen edlen Jünglingen seines Reichs, trat in den Saal. Wie Ludwig XIV. beim Besuch des halsstarrigen Parlaments, schwang er eine Reitpeitsche in der Rechten, doch nur aus Verlegenheit, um sich etwas Contenance zu geben, keineswegs aber in der Absicht, um sein englisches Ministerium zu massregeln.

Sham-Singh ist ein schlanker Jüngling, eher klein für sein Alter; seine Gesichtszüge besitzen einen angenehmen Ausdruck; nur sein Auge schweift unstet umher; es schien mir, als fühle er sich gar nicht behaglich in seiner fürstlichen Stellung. Er weiss jedoch dieselbe nöthigenfalls auch ganz gut zu wahren. Als vor einigen Monaten, bei Bereisung seiner Staaten, sein entthronter Vater ihm sagen liess, er hätte ihn um etwas Wichtiges zu bitten, er möge daher im Vorbeigehen bei ihm vorsprechen, antwortete der junge Fürst dem Abgesandten: „Jetzt bin ich der Fürst, und wenn mein Vater etwas von mir haben will, so mag er zu mir kommen. Ich werde dann sein Anliegen in Erwägung ziehen!" Für die [illegible] Taschenausgabe eines asiatischen Fürsten gar nicht übel!

Sham-Singh trug einen anliegenden Spenser aus lichtblauer Seide, weisse engunliegende Beinkleider, gestickte Pantoffeln und einen hellgelben Turban aus feiner Seidengaze. An seinen Armen trug er massiv goldene Armbänder, ausserdem Ringe an den Fingern und in den Ohren, um den Hals ein Perlencollier. Sein jüngerer Bruder, ein vierzehnjähriger Knabe mit besonders lebhaften Augen, sowie sein Gefolge war ohne Fussbekleidung. Natürlich hatte

Sham-Singh seine Pantoffel vor der Thüre gelassen und erschien vor dem Superintendant in weissen Strümpfen. Das Verhältniss zwischen dem Fürsten und seinem englischen Mentor schien ein sehr herzliches. Nachdem ich mit dem jungen Prinzen eine Partie Carambole gespielt, forderte er mich zu einer Whistpartie auf, wobei sein Bruder und einer seiner jungen Cavaliere, der Sohn seines Ministerpräsidenten, Chodscha-Singh (der weise Löwe) mitspielten. Der Fürst und ich sassen, während die beiden andern jungen Leute stehend spielten, denn die Etikette verbietet es, in Gegenwart des Fürsten auf einem Stuhl zu sitzen; der Unterthan, und mag es der leibliche Bruder sein, kann nur mit Erlaubniss des Prinzen auf der Erde Platz nehmen. Chodscha-Singh schien mir ein ganz aufgeweckter, wissbegieriger Jüngling, der bald einige französische Wörter erlernte und mich über alles Mögliche, Europa und Frankreich betreffend, befragte. Als ich ihn aufforderte, mit mir nach Paris zu kommen, antwortete er mit rührender Einfalt: „Wer soll denn meinen Vater verbrennen?“ Zu den heiligsten Pflichten eines gläubigen Indiers gehört es bekanntlich, seinen todten Vater selbst zu bestatten, d. h. zu verbrennen.

Einige Stunden später begaben wir uns nach der fürstlichen Residenz. Wir durchschritten einen geräumigen, mit Bäumen bepflanzten Platz und gelangten zu einer alleeartigen Strasse, welche steil zum Schlosse [illegible] und auf beiden Seiten von offenen [illegible] begrenzt wird, in welchen der [illegible] Verkehr herrscht. Man ist im Begriff, das königliche Schloss zu restauriren; eine weise Vorsichtsmassregel, denn es ist in sehr verfallenem Zustand. Es besteht aus zwei grossen Höfen, welche ringsum von geräumigen Galerien umgeben, deren Wände und Decken mit Freskomalereien geschmückt sind, ferner aus einer grossen Zahl von Sälen, in denen man an den Wänden

Ruhebetten aus geschnitztem Holz angebracht hat. In solchen Arbeiten sind die Hindus sehr geschickt, leider verliert die schöne Schnitzarbeit aber sehr durch die europäische Form der Möbel und durch die geschmacklosen Ueberzüge aus gelber Seide oder Damast. Der junge Radschah zeigt uns bereitwilligst seine Waffensammlung, in welcher sich einige Säbel und Dolche befinden, deren Griffe entweder mit Edelsteinen besetzt, oder mit dem prachtvollen, farbenreichen Schmelz aus Dschaipur geziert sind. In einem benachbarten Saale zeigt man uns einen einheimischen Maler, der im Begriffe ist, die von der Zeit verwischten Stellen einer anscheinend uralten Freskomalerei auszubessern; diese alten Fresken sind trotz des Mangels an Ebenmass doch von einem sehr bestechenden Colorit und von einer bemerkenswerthen Feinheit der Arbeit, während der moderne tschambasche Rafael im Begriffe war, nur äusserst lächerliche und rohe Nachahmungen an die Wand zu klecksen. Gewiss haben die Hindus sich in der Malerkunst nicht besonders hervorgethan, doch ist der Glanz ihrer Farben von einer unnachahmlichen Frische; kein Volk hat es bisjetzt noch vermocht, es ihnen in dieser Beziehung gleichzuthun, und was noch viel werthvoller, die Frische ihres Colorits ist gleichzeitig von einer unendlichen Dauer. Ihre beiden Lieblingsfarben sind das Blau und das Roth, die sie mit einer Kunst zu mischen verstehen, die ihnen auch noch niemand abgelauscht. Der Radschah von Tschamba zeigte mir eine Anzahl von Miniaturbildern, welche die Geschichte seiner Vorfahren darstellten, die, was Frische des

Fig. [illegible]. Ein alter indischer Dolch aus Tschamba.

Colorits und Zartheit der Ausführung anbetrifft, ihresgleichen suchen. Eine derartige Bildersammlung ist heutigentags selbst in Indien selten, um nicht zu sagen ein Unicum. Wahrscheinlich kommt dieser Mangel an schönen und alten Bildern daher, dass die Malerei wie die Bildhauerkunst unwandelbaren Regeln unterworfen, dem Künstler gar keine persönliche Initiative gestatten. Die Brahmanen sind die einzigen Gesetzgeber für diese beiden Klassen von Künstlern; ihre Vorschriften müssen buchstäblich befolgt werden, und die leiseste Uebertretung derselben wird mit dem Verluste der Kaste bestraft. Man kann sich daher nur wenig über den Mangel an Resultaten wundern. Der Künstler bedarf vor allem eine absolute Freiheit, um seiner Phantasie die Zügel schiessen lassen zu können; wo ihm diese fehlt, oder wo er durch liturgische Vorschriften in seinem Schaffen begrenzt wird, erzeugt er kalte, steife Gemälde, wie die byzantinischen Wandmalereien, oder verschrobene, ebenmassslose Miniaturen ohne jegliche Perspective, wie die indischen Bilder. Nichtsdestoweniger bemerkten wir im Album des Radschah eine Anzahl von Miniaturbildern, die Geschichte seines Urgrossvaters darstellend, welche sowol vom rituellen, als auch vom ethnographischen Standpunkte vom höchsten Interesse sind; ich will es versuchen, diese Bilder, welche aus dem Ende des vorigen Jahrhunderts stammen, eingehender zu schildern.[1]

Das erste Bild stellt den Radschah vor, wie er einen Jagdzug unternimmt; er sitzt auf einem milchweissen Hengst, der ganz verschleiert ist, aber der Zaum, der Sattel, die Satteldecke und die Steigbügel sind äusserst interessant. Der Radschah hält einen Falken in der rechten behandschuhten Hand, ein indischer Säbel mit goldenem Knauf ist an einem reichlich mit Smaragden und Rubinen besetzten Gehänge

[1] Der Radschah gab mir einige dieser Bilder zum Andenken.

116. DER BADSCHAH AUF DER JAGD

Nach einem Familienbilde aus Teheran

angebracht, an dem Gürtel ist ein zierliches Pulverhorn und eine lederne Tasche befestigt, auf dem rechten Oberarm trägt er eine Spange aus Nephrit, mit Gold und Smaragden eingelegt, welche ein golddurchwirktes gazeartiges Gewand umspannt. Die Ohren des Radschah sind mit Perlen geschmückt, und auf seinem Haupte sitzt ein golddurchwirkter Turban, der mittels eines Smaragdcolliers die Stirn begrenzt; dieser Turban ist mit einem Federbusch und einem palmenartigen Diamantstrauss geziert. Die hellen Gesichtszüge des jungen Radschah beweisen uns, dass wir es mit einem Radschputen zu thun haben. Rechts, seit- und rückwärts reitet sein erster Minister und Mentor auf einem Pferd von undefinirbarer Farbe; die gebräunten Gesichtszüge des 40- bis 50jährigen Mannes lassen uns darauf schliessen, dass wir einen Indier aus der heissen Tiefebene vor uns haben, der es im Fürstenthum Tschamba zu hohen Würden und Ehren gebracht hat. Vor dem Pferde des Radschah schreiten vier Männer, von denen jeder eine genaue Beschreibung verdient; der erste ist eine untersetzte, fast zwergenhafte Gestalt, die einen grossen plumpen weissen Hund, der beinahe so gross wie sein Führer ist, an der Leine hält; das dunkelgefärbte Antlitz dieses Zwerges (gewiss ist es das Porträt eines damals lebenden Menschen gewesen) bietet scharfmarkirte Gesichtszüge, langes, lockiges Haar und etwas borstigen Schnurr- und Vollbart; auf dem Haupte trägt er eine Mütze, die von besonders charakteristischer Form, heute noch bei den in Tschamba wohnenden Gaddis üblich ist; ausser einem Paar einfachen Ringen, an den Spitzen seiner Ohren angebracht, trägt er gar keinen Schmuck, und in dem Umstand, dass er einen Hund an der Leine führt, erkennen wir, dass es ohne Zweifel ein Mensch niederer Kaste ist. Ganz links schreitet ebenfalls ein Gaddi, der aber bartlos und viel hellfarbiger ist; er trägt ausser einem Säbel noch eine andere sensenartige Waffe auf der linken

Schulter. Der dritte Fussgänger dürfte ein Radschpute sein, der zu besonderm Dienste des Radschah bestimmt ist; er trägt eine zusammengerollte Zeltwand auf der linken Schulter, ferner einen schwarzen indischen Schild mit dem bekannten Halbmond und vier erhabenen goldenen Sternen geziert; in seinem Gürtel steckt eine Axt, wahrscheinlich um die Zeltpflöcke einzuschlagen, und ein Dolch mit grünem Nephritgriff; an seiner Seite hängt ein Säbel. Ohren und Arme sind mit goldenen Gehängen und Spangen geschmückt und auf dem Kopfe trägt er einen Turban aus rother und gelber Gaze. Das von einem dichten schwarzen Barte beschattete hellfarbige Gesicht, dessen Lippen vom vielen Betelkauen roth geworden, wendet er mit einem Ausdruck der Fürsorge nach seinem Herrn um. Der letzte Fussgänger endlich ist ebenfalls ein Hindu aus der Ebene, ein ziemlich hellfarbiger Jüngling von kaum 20 bis 22 Jahren; auch er trägt auf der Achsel eine Zeltwand, ferner einen Schild, einen Dolch und einen Säbel, und überdies noch ein grosses schwarzes, mit Gold- und Silber beschlagenes Pulverhorn. Die lederne Tasche, die er am Gürtel befestigt hat, ist viel weniger reich geschmückt als die seines Nachbarn, an seinen Ohren glänzen ebenfalls goldene Ringe. Im Hintergrund der Gruppe erblicken wir ein spärlich mit Bäumen und einigen blühenden Lorbeersträuchern bepflanztes Hügelland. Die blutrothen Wolken am Horizont dürften wol den bevorstehenden Sonnenaufgang bedeuten.“ —

Das zweite Bild stellt uns den Radschah als Jüngling dar; er sitzt mit gekreuzten Beinen auf einem Teppich im Tempel, im Begriff, seine Andacht zu verrichten; das tiefer gebräunte, schön geformte Antlitz trägt den allen Radschputen charakteristischen edlen Ausdruck; sein Arm ist mit derselben Spange aus einem mit Smaragden und Gold eingelegten Nephrit geschmückt (gewiss ein Familienstück). Sein Oberkörper ist nackt, wie es die heilige Ceremonie er-

DER RADSCHAH IM TEMPEL

DER BADSCHAH UND SEINE GEMAHLIN.

[illegible]

hebecht. Hinter ihm steht ein Brahmane (es ist kein Zweifel daran, dass er es ist: die helle Gesichtsfarbe und die rituelle Schnur um den Hals bezeugen es), welcher dem Radschah mit einem weissen Tuch Kühlung zufächelt. Dem Fürsten gegenüber sitzt ein anderer, älterer Brahmine, mit grüner Mütze, der in der linken Hand eine Bronzeschale und in der rechten einen an einem Stiel angebrachten Yackschweif hält; neben demselben sitzen zwei hohe Würdenträger des Reiches, von welchen der eine ein beschriebenes Blatt in der Hand hält, von dem er etwas abzulesen scheint. Ganz im Vordergrund sitzen zwei Knaben gegen ein Geländer aus durchbrochenem Marmor gelehnt, von denen der ältere (dem Stirnzeichen nach zu schliessen ebenfalls ein Brahmane) in der Rechten eine Guitarre hält. Zwischen dem Fürsten und den eben beschriebenen Personen stehen eine Anzahl ritueller Gegenstände am Boden aus gelbem Kupfer, unter denen uns einige Lotus, eine Glocke, ein Linga und zwei mit Blumen und echten Perlen geschmückte Götzenbilder von einer wirklich bemerkenswerthen Arbeit [illegible]. Ganz im Hintergrunde blicken wir durch [illegible] Holzschnitzereien eingerahmte Thüre in eine [illegible], wo vier Musikanten des Winkes gewärtig sind, um ihre [illegible] Musik zu beginnen; der eine hält eine Flöte, der andere eine ungeheure Trompete, wie sie auch in Ostindien üblich, der dritte hat zwei Pauken vor sich, die auf einer hölzernen Bank ruhen, und der vierte endlich ist mit einem kolossalen Hifthorn bewaffnet, wie wir ein ähnliches nur im prähistorischen Museum von Kopenhagen gesehen. Sehr bemerkenswerth ist bei diesem Bilde auch der geschmackvolle Rahmen mit den zierlichen blumigen Arabesken.

Das dritte Bild: Der Fürst hat geheirathet, sein Bart ist länger geworden, seine Züge ausdrucksvoller. In prachtvolle Gewänder aus Seide und Gold gehüllt, mit Perlen und Edelsteinen reich geschmückt, ist er im Begriff mit seiner jungen Gattin die Terrasse zu verlassen, um in seinem höchst regelmässig angelegten Garten zu lustwandeln. In der rechten Hand hält er das mit Goldfäden umsponnene Rohr seiner Wasserpfeife, welche eine niedliche Sklavin ihm voranträgt. Diese Pfeife ist aus feinciselirter Bronze. Mit der linken Hand hält er sein junges Weib umschlungen, die ebenfalls eine Pfeife zum Mund führt, welche ihr eine Dienerin nachträgt. Die linke mit Ringen überladene Hand hält die junge Frau in die Seite gestemmt; leider entstellt ein ungeheuerer Nasenring ihre feinen, lieblichen Züge. Man kann sich nichts Rührenderes und nichts Köstlicheres denken als diese beiden jungen Gatten, die sich so treuherzig umschlungen Auge in Auge blicken; hinter dem Paare schreiten noch ausser der Pfeifenträgerin zwei zierliche Mädchen, wovon die eine einen Pfauenwedel und die andere den Säbel des Radschah trägt. Im Vordergrunde erblicken wir ein Wasserbecken mit einem Springbrunnen und ganz in der Nähe eine männliche und eine weibliche Ente, bei den Indiern das Symbol der ehelichen Treue. Im Hintergrunde des Bildes erblickt man noch ausser der Façade des stilvollen Palastes ein luftiges Gartenhaus, dessen Vorhänge eine Dienerin zu unserer Fürsorge herabzulassen beschäftigt ist, und ganz in der Nähe der Blumenbeete erblicken wir eine andere Dienerin, die einem sein Rad schlagenden Pfau und seinen zwei Weibchen Futter vorwirft; ganz am Ende des Gartens endlich gewahrt man Palmen und Pisangen. Dieses Bild ist jedenfalls eine der köstlichsten indischen Miniaturmalereien, die ich je zu Gesicht bekommen.

Auf dem vierten Bilde ist der Radschah auf den Zinnen seines Palastes sitzend dargestellt, wie er seiner jungen Frau das herannahende Gewitter zeigt. Merkwürdig ist der dunkelschwarze, von goldenen Blitzstrahlen durchfurchte Himmel, und eine Reihe von Kranichen, die streng in Reih

VI. DER BADSCHAH AUF DEN ZINNEN SEINES PALASTES S. 33

Nach einem [illegible] Tutinameh

und Glied davonfliegen. Dieses Bild ist viel weniger gut gemalt als die vorigen, und ist höchstens vom architektonischen Standpunkte aus merkwürdig.

Das fünfte Bild stellt uns einen Durbar am Hofe des Radschah dar. Es ist entschieden von allen Bildern das bemerkenswertheste, durch die grosse Zahl der darauf dargestellten Figuren, es sind deren 47, und durch die feine und ausdrucksvolle Detailbehandlung. Man braucht die Gesichter von allen diesen Personen nur genau zu betrachten, um sofort zu sehen, dass man Porträts vor sich hat. Der Radschah in geschmackvollem orangegelben Gewande mit einem reichverzierten Turban geschmückt, sitzt auf einem golddurchwirkten Teppich, der selbst auf einem andern grossen rothen indischen Teppich ruht, gegen ein Ruhekissen gelehnt; hinter ihm stehen und sitzen seine Leibdiener und Waffenträger, der eine fächelt ihm mit einem Pfauenwedel Kühlung zu, der andere hält Köcher und Bogen, sowie einen prachtvollen, mit Gold eingelegten Schild, der dritte, mit besonders charakteristischen Zügen, hält einen Edelfalken auf der Faust; neben ihm sitzen noch zwei andere Offiziere. Auf dem golddurchwirkten Teppich des Radschah liegt sein Säbel und sein aus feinem gestickten Leder verfertigter Handschuh. Vor seinem Gebieter sitzt ein anderer Edelfalke, und etwas abseits, ganz im Vordergrunde, liegt ein kaffeebrauner Tazi[1]. Dem Radschah gegenüber sitzen die Edlen seines Hofes, 14 an der Zahl, die alle einzeln zu beschreiben zu weit führen würde. Der eine stützt sich auf seinen Säbel, dieser hält ein Schreibzeug in der Hand, jener eine Blume: es sind durchgehends scharf markirte Gesichter, deren Züge ihren nationalen Ursprung sofort erkennen lassen. Zur Rechten des Bildes, hinter den Edel-

[1] Tazi, persischer Windhund, kurzhaarig mit langen Haaren an Ohren, Schwanz und Beinen.

leuten, erblicken wir drei Männer, welche singen und sich dabei auf ihren Guitarren begleiten. Im Hintergrunde, jenseits eines grossen Wasserbeckens, erblicken wir eine grosse Tragsänfte mit zwei Trägern. Weiter abseits einige Landbewohner, welche grosse Körbe mit Früchten dem Radschah bieten wollen. Rechts nahe dem Thore befinden sich die beiden Leibpferde des Radschah, die ein mit einem Yackwedel bewaffneter Diener am Zaume hält; noch näher dem Thore sieht man zwei Ziegen, welche ein Mann, der sich bis zur Erde verneigt, dem Radschah bringt. Unter dem Thore steht der Thürhüter auf seinen langen Stock gestützt, und ausserhalb der Umfriedigungsmauer erblicken wir einen Elefanten mit seinem Kornak, Soldaten, Musikanten, Polizeioffiziere und Pferde, mit ihren Saïs. Dieses merkwürdige Bild genügt, um vor den Blicken desjenigen, der zu schauen versteht, ein Stück indischen Hoflebens zu entrollen. Es ist in seiner Art ein Meisterwerk und von grossem ethnographischem Werthe.

Das sechste Bild endlich, welches nicht zur Familiengalerie des Radschah gehört, stellt uns den klugen Gott Ganescha vor, wie er von zwei reizenden Mädchen gewartet und gepflegt wird; besonders diejenige, welche hinter dem mit Gold und Edelsteinen verzierten Armstuhl des Gottes steht und ihm mit einem Yackschweif Kühlung zufächelt, ist lieblich anzuschauen und von bemerkenswerthem Ebenmasse in ihrem Körper. Auf demselben Bilde erblicken wir ausser einer grossen Ratte, die den Gott voll Erstaunen anglotzt, einen Korb mit Früchten, zwei mit Milch gefüllte, auf einem Schemel stehende thönerne Lotas, und ferner noch einen zierlich geformten Ganga-Sager, welcher dem Urgrossvater des Radschah gehört hat und der jetzt in meinen Besitz übergegangen, wie ich es später erzählen werde.

Zum nähern Verständniss des Gesagten habe ich diese sechs Bilder abzeichnen lassen und verweise daher meine Leser

VII

DER BADSCHAH UND SEIN HOF.
Nach einem Familienbilde aus Tschamba.

darauf. Die Copie ist von besonderer Treue, nur fehlt ihr die nimmer zu ersetzende Farbenpracht des indischen Malers.

Doch kehren wir zu Shum-Singh zurück. Er zeigte uns auch eine Anzahl von Musikdosen, ein Dutzend wenigstens, auf die er nicht wenig stolz zu sein schien. Als besondere

Fig. 71. Der Gott Ganesa.

Aufmerksamkeit seinerseits konnten wir es betrachten, dass er uns von der grössten dieser Dosen die bekannte Arie aus der „Regimentstochter" („Salut à la France") vorspielen liess.

Hierauf führte uns der Fürst in die andern Theile seines Schlosses, wo sich die Frauengemächer befanden. Beim

war. Bekanntlich besitzt die indische Emailindustrie eine nicht erreichte Vollkommenheit. In Dschaipur, im Herzen von Radschputana, verfertigt man Arbeiten aus Gold und vielfarbigem Schmelz, die noch immer unübertroffen da-

Fig. [illegible]

stehen. Der grüne Schmelz aus Partabgar, der blaue aus Ratam, beide auf Gold, sowie der vielfarbige auf Silber aus Multan, sind ebenfalls von besonderm Glanz und Feinheit. Auch in Srinagar, in Kaschmir, hat man es in letzterer Zeit versucht, Gegenstände aus Kupfer zu emailliren, und thatsächlich ist man bereits zu ganz befriedigenden Resultaten gelangt. Theekannen, Spucknäpfe u. s. w. aus emaillirtem Kupfer findet man auch in Klein-Tibet, Jarkand und Kuldscha, doch alle diese Gegenstände sind sicher nicht eigene Fabrikation, sondern aus China importirt oder von Chinesen verfertigt. Es dürfte meine Leser interessiren, die Art und Weise zu kennen, wie man in Indien zu emailliren pflegt.

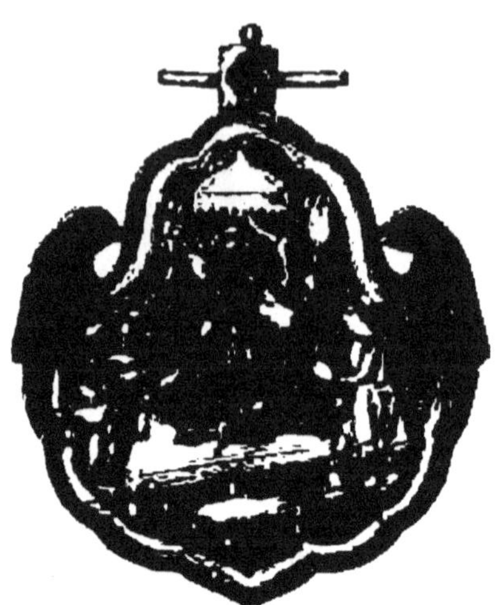

Fig. 34. Emaillirte Goldplatte aus Tschamba.

Bekanntlich ist das Emailpulver eine chemische Zusammensetzung verschiedener Substanzen und es würde mich zu weit führen hier auf die Erzeugung dieses Pulvers selbst näher einzugehen. Will man sich nun dieses Pulvers bedienen, so löst man es zuvorderst im Wasser auf, und erhält dadurch eine mehr oder weniger flüssige Masse oder vielmehr Paste, welche man mittels eines Pinsels oder kleinen Spatels auf das zu emaillirende Metall aufträgt. Wenn man sie hierauf in einem dazu bestimmten Ofen einer entsprechenden Temperatur aussetzt, so erweicht sich diese Paste, schmilzt und bildet mit dem Metall eine Masse.

Man emaillirt gewöhnlich nur Gold und Kupfer, sehr selten Eisen. Schmelz auf Silber ist nicht gebräuchlich, weil dieses letztere sich leicht belegt und der darauf gelegte Schmelz eine blasenartige Textur annimmt.

Je nach dem Verfahren, das man anwendet, um die glasartige Paste auf die Metallplatten zu fixiren, theilt man die Schmelze in drei Hauptkategorien ein; dies sind: der eingelegte Schmelz, der erhabene, durchsichtige Schmelz und der gemalte Schmelz. Die zwei erstern Gattungen werden von den Goldarbeitern verwendet, die letztere von den Malern.

Der eingelegte Schmelz ist derjenige, der in die vom Metall selbst gebildeten Zellen eingelassen wird. Man unterscheidet demnach zwei Arten eingelegten Schmelzes, *Email cloisoné* und *Email champlevé*. Um die erstere Gattung zu verfertigen, gibt der Künstler zuvörderst der zu bearbeitenden Metallplatte ihre definitive Form; er umgibt sie hierauf mit einem kleinen Rand und markirt sodann die Umrisse seiner Zeichnung mit dünnen Metallbändchen, die er senkrecht auf den Grund anlöthet. Ist dies einmal beendigt, so führt er seinen Schmelz, d. h. seine glasartige Paste, in die Gehäuse, welche durch diese kleinen Scheidewände gebildet sind. Hierauf bleibt ihm nichts mehr zu thun übrig, als seine so bekleidete Metallplatte in den oben erwähnten Ofen zu legen und nach gänzlicher Abkühlung ihre Oberfläche zu glätten.

Auch bei dem *Email champlevé* bezeichnen Metallstriche die Umrisse der Figuren, welche auf der Metallplatte mittels Schmelz dargestellt werden wollen, aber anstatt dass diese Umrisse angesetzt sind, werden sie im Gegentheil auf Kosten der Metallplatte selbst erzeugt. Der Künstler zeichnet zuerst seine Figuren auf die Metallplatte und höhlt hierauf mit seinem Griffel alle jene Theile dieser Platte aus, die von seinem Zeichenstift nicht bedeckt sind. Er erhält dadurch einen wirklich erhabenen Metallstich, und die leeren Räume zwischen den Umrissen bilden ebenso viel kleine Behälter, die er mit seinen verschiedenfarbigen Schmelzen ausfüllt.

Der durchsichtige erhabene Schmelz kann auf verschiedene Art erzielt werden. Gewöhnlich zeichnet man auf die Metallplatte seinen Gegenstand und hierauf sticht man ihn in erhabener Arbeit mit der ganzen Genauigkeit des Modells. Hierauf wird das Email in Pulvergestalt über die Zeichnung gebreitet und dann in den Ofen gestellt; die Wärme bringt das Pulver zum Schmelzen und verleiht ihm den Glanz und die Durchsichtigkeit des Eises. Die hervorspringenden Theile der Sculptur gestatten dem Schmelz nur eine geringe Dicke, während die ausgehöhlten Stellen ihm eine viel grössere verleihen. Es wird dadurch eine unendliche Scala verschiedener Töne in derselben Farbenschattirung erzeugt.

Was die dritte Klasse des Schmelzes anbelangt, den gemalten Schmelz, so unterscheidet sich dieser bedeutend von den bereits beschriebenen Gattungen. Der Schmelzarbeiter ist nicht genöthigt das Metall zu stechen, um die Umrisse seiner Zeichnung auf demselben anzuzeigen; die Metallplatte verschwindet gänzlich unter der glasartigen Materie, und der Schmelz allein gibt nicht nur das Colorit, sondern auch die Umrisse der Zeichnung wieder.

In Indien, d. h. in Dschaipur, gebraucht man das *Email champlevé*; ebenso in Kaschmir, während in Partabgar und in Rutlam eine ganz besondere Technik existirt; auf Goldplatten, welche mit einer grünen oder blauen Schmelzpaste bedeckt sind, werden, solange diese Paste noch warm ist, Figuren aus feinem Goldfiligran mittels Hämmerung angebracht.

Die aus China eingeführten Schmelzarbeiten gehören zur dritten Gattung, d. h. es ist gemaltes Email. Chinesisches Cloisonné habe ich auf meinen Reisen nur in Kuldscha gefunden, aber weder in Kaschmir noch in Klein-Tibet.

Ausser den Emailgegenständen kaufte ich einige massiv silberne Armspangen und noch einen Krug aus getriebenem Kupfer, der seiner rituellen Form und seines hohen Alters wegen besonders werthvoll war.

Am folgenden Tage wurde in Tschamba ein Fest gefeiert, welches dem jungen Fürsten erlaubte, seinen Hofstaat vor uns zu produciren. Auf der Polowiese war ein golddurchwirktes Zelt aufgestellt, unter welchem ein Teppich mit Stühlen darauf der hohen Gäste harrte. In Begleitung des Superintendent verliess Sham-Singh, auf einem riesigen Elefanten sitzend, bei einer ohrenzerreissenden Musik und bei Kanonendonner die Burg seiner Väter; sein Bruder und der erste Minister folgten auf einem zweiten, minder grossen Elefanten, der wie der erste ein rosafarbig bemaltes, schwarz besprenkeltes Antlitz hatte.[1]

Die Grossen der Krone caracolirten mit feurigen Rossen im Gefolge des Herrschers. Vor dem Zelte, wo die andern englischen Herren und ich selbst den Fürsten erwarteten, war die Armee von Tschamba aufgestellt. Der Erzieher des Prinzen, wie schon erwähnt auch zugleich Generalissimus, liess rechts schauen und präsentiren, die Elefanten hielten an, knieten nieder; es wurde eine Leiter angesetzt und der Fürst und seine Begleiter kletterten aus den Haudahs und kamen unter das Zelt, wo sie auf den Stühlen in unserer Gesellschaft Platz nahmen. Hierauf näherten sich alle Edlen und Beamten dem Fürsten, verneigten

[1] Die Elefanten kommen aus der indischen Ebene, indem sie den Lauf des Ravi im Flussbett stromaufwärts verfolgen. Die Bergwege wären zu schmal für diese Thiere.

sich vor ihm und legten einige Silberstücke zu seinen Füssen nieder, deren Anzahl vom unweit sitzenden Finanzminister gewissenhaft aufnotirt wurde. Zum Schluss kamen eine Anzahl von Bauern aus Tschamba auf das Zelt zu und begannen bei einer höchst eintönigen Musik einen Nationaltanz, dem trotz seiner Einförmigkeit eine gewisse Grazie nicht abzusprechen war. Nach beendetem Tanze nahm der Prinz Abschied von uns und kehrte auf dem Rücken seines Elefanten nach dem Schlosse zurück. Ich muss noch erwähnen, dass der Fürst bei diesem Feste einen taubeneigrossen dunkelblauen Saphir auf seinem Turban trug. Es ist dies übrigens der einzige Gegenstand von Werth unter den Schmucksachen, die er uns tags vorher gezeigt, und welche sich mit den Schätzen der übrigen indischen Prinzen nicht vergleichen lassen.

Im allgemeinen werden die Edelsteine in Indien nicht geschliffen, sondern nur, wie die Franzosen zu sagen pflegen, als *Cabochon* getragen; sehr oft auch pflegen die indischen Juweliere der Farbe des Steines dadurch nachzuhelfen, dass sie demselben eine dunkel gefärbte Unterlage geben. Da die Steine fast nie *à jour* gefasst sind, so ist ihnen dies ein Leichtes und man muss infolge dessen beim Ankauf von Juwelen in Indien, sowie im ganzen Orient sehr vorsichtig sein. Gewöhnlich sind die Steine, welche die orientalischen Fürsten ihren Besuchern so grossmüthig zu bieten pflegen, alle ohne Ausnahme falsch.

Die Gaddi, so heissen die Landbewohner von Tschamba, die eine höchst malerische, an eine geflügelte Hermesmütze mahnende Kopfbedeckung tragen, sind ein robust gebautes, muthiges Bergvolk. Untersetzter und kräftiger als die Kulu, besitzen sie doch ganz ausgeprägte Gesichtszüge mit lebhaften Augen und energisch geschwungener Nase. Vor einigen Jahrzehnten noch waren sie der Schrecken der Nachbarländer, nach denen sie häufige Raubzüge unternahmen; gegenwärtig sind sie ein friedliches, von Ackerbau und besonders Viehzucht lebendes Völkchen. Ihre Weiber sind bei weitem nicht so hübsch als die der Kulu. Die Industrie der Stadt Tschamba, in früherer Zeit eine nicht unbedeutende, beschränkt sich heute auf Töpferarbeiten. Im Bazar gewahrt man alle Häuser, an deren Wänden merkwürdige mythologische Malereien prangen, auch die Wände der Tempel sind neben schönen Sculpturen mit oft ganz zierlichen Stuckmalereien bedeckt. Ich kaufte im Bazar ausser einigen Stoffen eine höchst eigenthümliche Scheere aus Kupfer, deren sich die Weiber zum Schneiden des Betels bedienen.

Fig. [illegible]. Scheere

Nachdem wir von unsern liebenswürdigen englischen Gastfreunden und vom jungen Herrscher einen recht herzlichen Abschied genommen, ritten wir bei einem heitern Sommermorgen von Tschamba fort, um über den schwierigen und gefürchteten Padripass nach den Staaten des Maharadschah von Kaschmir zu gelangen. In Digi machten wir dem abgesetzten Fürsten von Tschamba einen Besuch, der dort ein baufälliges Haus bewohnt, das bei uns dem ärmsten Pächter schwer zusagen dürfte. Der Exsouverän, ein Mann von kaum 35 Jahren, empfing uns auf das zuvorkommendste, und bot mir eins seiner besten Pferde bis zur Grenze des Fürstenthums zur Benutzung an. Als wir aus

Digi hinaufritten, mussten wir einen bedeutenden Berg erklimmen und gelangten hierauf in das eigentliche hohe Tschamba. Der beschwerliche Weg entschwand schnell unserem Gedächtnisse bei dem wirklich grossartigen Anblick, der sich auf der andern Seite des Berges uns bot. Man kann sich keine schönere Gegend denken als das bergige Tschamba. Rauschende Bergströme, donnernde Wasserfälle, dichte Wälder, deren Ausdehnung das Auge nicht zu umfassen vermag, senkrechte Felswände, grüne blumige Wiesen wechseln miteinander ab und bilden eine Landschaft, wie wir zuvor noch keine gesehen. Dabei ist der Weg so schmal und so felsig, er führt auf einer so schwindelnden Höhe dahin, dass man wirklich über die Sicherheit staunt, mit welcher unsere Pferde und Saumthiere auf diesem Steg, wo sie kaum Platz für ihre Hufe finden, zu schreiten vermögen. Doch bei dem Anblick dieser überwältigenden Natur vergisst der Mensch die Gefahren, die seiner hier fast auf Schritt und Tritt harren. Gleich dem gläubigen Hindu beugen wir das Haupt, denn wir haben in dieser Natur unsere Meisterin gefunden; sie ist wol hier unbeschränkte Herrscherin und keine Macht der Erde vermag ihr zu trotzen.

In der nächsten Station, in Kamthal, fanden wir eine kleine unbewohnte Holzhütte, welche ein englischer Forstbeamter vor einigen Monaten hatte errichten lassen. Wir betrachteten diese elende Hütte als eine höchstwillkommene Unterkunft. Die Vorläufer der tropischen Regen hatten begonnen, und wir waren nun wenigstens während eines achtundvierzigstündigen andauernden Regens unter Dach und Fach, und dies ist auf einer Reise in den unwirthlichsten Gegenden des Himalaja doch schon etwas. Unsere momentane Behausung stand in einem herrlichen Cedernwalde, in der Nähe eines Felsens, auf dessen Abhang sich ein uralter Hindutempel erhob. Uebrigens mahnten zahlreiche Trümmer von Götzenbildern aus Syenit, von colossalen Quadern, die rings im Walde umherlagen, dass in früherer Zeit ein

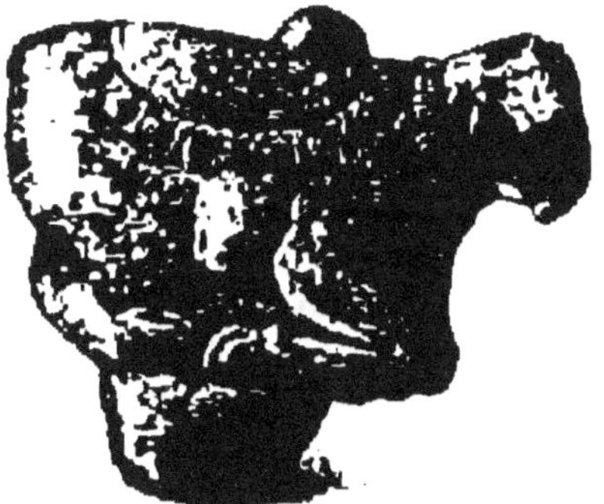

Fig. 26. [illegible] aus Syenit (Ober-Tenasserim).

Fig. 27. Der Gott Ganesa aus Syenit (Ober-Tenasserim).

bedeutendes indisches Gotteshaus, recte Götterhaus, hier gestanden haben muss. Auf Büchsenschussweite von der Thüre unserer Hütte lag das steinerne Bild des bekannten indischen Gottes Ganescha, der uns mit seinen Elefantenaugen neugierig anzustarren schien und ein paar Schritte weiter der heiliggehaltene Zebu, ebenfalls aus Stein, der in seiner Sculptur lebhaft an einen ähnlichen erinnerte, den wir einige Tage vorher im berühmten alten Tempel von Baidschnat erblickt hatten. Leider vermochten die Einwohner des Dorfes uns gar keine Aufschlüsse über Alter und Ursprung dieser Tempelüberreste zu geben. Auch der auf dem Abhange des Felsens gelegene, und von einigen hundertjährigen Cedern beschattete alte Tempel, zu dessen Eingang man des steilen Pfades halber nur mit der grössten Mühe gelangen konnte, hatte ein ganz wettergebräuntes Aussehen; nichtsdestoweniger diente er noch zum Cultus, wie es frische Blumen und ein paar Dutzend heilige Dreizacke (dem Gott Schiwa geweiht) bewiesen. Ich liess den Ortsvorstand von Bhandal kommen und erhielt von ihm die Erlaubniss gegen Erlag von einigen Rupien den steinernen Ganescha und seinen ebenfalls fast fossilen Nachbar, den Zebu, fortführen zu dürfen. Ich liess beide sorgfältig in Kisten packen und expedirte sie über Tschamba nach Bombay, da es uns unmöglich gewesen wäre, diese beiden gewichtigen Götter mit uns bis nach Kaschmir zu transportiren.

Ich wage es nicht zu behaupten, ob mein Reisegefährte Herr Purdon-Clarke dieser ganzen Operation geradezu gleichgültig beigewohnt. Er war im Princip gegen das Wegführen von solchen Tempelüberresten, besonders wenn sie nicht dazu bestimmt waren das South-Kensington-Museum zu bereichern. Er fügte sich übrigens in das Unvermeidliche und gestand mir in der Folge ein, in Kangra die Façade eines sehr alten und interessanten Hauses seinem Eigenthümer gegen klingende Münze abgekauft zu haben, nur musste er sich verpflichten, vor Wegnahme derselben eine andere neue machen zu lassen, was nur recht und billig war, da man trotz aller ausübenden Archäologie nicht verlangen konnte, dass der obenerwähnte Bürger von Kangra mit einer halben Behausung fürliebnehmen sollte.

Beim Durchziehen der verschiedenen Ortschaften des obern Tschamba gelang es mir, von den Bauern, besonders

Fig. 35. Silberne Anhängsel aus Ober-Tschamba (Langera).

in Langera, einige Halsplatten, die als Talisman getragen werden, käuflich an mich zu bringen. Diese Platten sind ihres hohen Alters und ihrer zierlichen Arbeit wegen im höchsten Grade bemerkenswerth; sie sind aus getriebenem,

Fig. 36. Ein Talisman aus getriebenem Silber (Langera).

ciselirtem Silber und auf denselben sind stets drei menschliche Figuren dargestellt, eine weibliche und zwei männliche. Während diese Figuren äusserst plump und roh in den Umrissen, was eben kein sehr grosses Zeichentalent von seiten des sie verfertigenden Künstlers bekundet, müssen die feinen Randverzierungen der Platte für sehr geschmackvoll gelten. Man sagte uns, die Scene stelle ein Leichen-

Fig. 40.

Fig. 41.

Fig. 40 und 41. Zwei Talismane aus getriebenem Silber ([illegible]).

begängnis dar: die trauernde Witwe, gefolgt von zwei Brüdern ihres Gatten, begibt sich zum Holzstoss, der die theuere Hülle zu verzehren bestimmt ist. Diese Annahme erscheint jedoch sehr problematisch. Es gelang mir, drei dieser interessanten Platten von verschiedener Arbeit und Zeichnung zu erwerben.

Am Fusse des Padripasses angelangt, gebrauchten wir eine geraume Zeit zu den Vorbereitungen, um diesen höchst schwierigen Gebirgsübergang so bequem als möglich zu übersteigen und konnten uns gleichzeitig an dem romantischen Schauspiel, welches uns die rauhe Felsennatur von Hoch-Tschamba bot, nicht genug satt sehen.

FÜNFTES KAPITEL.

VOM PADRIPASS ZUM HYDASPES.

Der Padripass. — Die Gesandten des Maharadschah. — Schwieriger Uebergang. — Die landesfürstliche Stadt Badrawahr. — [illegible] eines [illegible]. — [illegible]. — Der zweitgrösste Wasserfall der Welt. — Das Land der Pahari. — Die königliche Strasse von [illegible] nach Srinagar. — [illegible] und [illegible]. — Lalla-Rookh von Thomas Moore. — Der Banihalpass. — Ein altes [illegible]. — Ein Märchenland und seine entarteten Bewohner. — Geschichtlicher Rückblick. — Vernagh. — Die romantische Seite von Kaschmir. — Islamabad. — Der Tempel von Martan. — Die Ruinen von Avantipur. — Architektonische Anschauungen. — Ankunft in Srinagar.

Der Padripass, welcher das kleine Fürstenthum Tschamba von Kaschmir trennt, ist durchaus nicht einer der höchsten (zwischen 9 und 10000 Fuss) aber jedenfalls einer der beschwerlichsten Uebergänge des westlichen Himalaja.

Beim Morgengrauen verliessen wir unser Lager und gelangten zunächst in eine Art von Hochthal, wo die verschiedensten Alpenblumen blühten. Edelweiss mahnt an die Nachbarschaft des Schnees, und in kürzester Frist bekamen wir Schnee zu sehen, den ersten seit dem letzten europäischen Winter. Merkwürdigerweise begegneten wir in demselben Hochthale Heerden von Büffeln und staunten mit Recht darüber, dass diese Thiere die hier herrschende relativ kalte Temperatur vertragen.

Während ich im Begriff bin, eine kleine Sammlung von Alpenpflanzen zu machen, erscheint plötzlich eine grossen Anzahl von Reitern und Fussgängern am Horizont. Wüsste man nicht, dass man in einem friedlichen Lande reiste, so könnte man glauben, dass es Bewohner von Kaschmir sind, die zur Vertheidigung ihrer bedrohten Grenzen ausgezogen, so stattlich und kriegerisch nimmt sich der uns näher kommende Zug aus der Entfernung aus. Der Maharadschah von Kaschmir hat uns einen hohen Beamten der Grenzprovinzen entgegen geschickt, um uns die Reise in seinen Ländern zu erleichtern! Dieser Beamte, der Gouverneur von Badrawahr ist ein behäbiger Hindu, dessen angenehme Züge und kleidsame Tracht einen höchst befriedigenden Eindruck hervorbringen. Er ist von einigen reitenden Polizeiofficieren und etwa 90 Bauern begleitet. Anfangs waren wir, wie schon erwähnt, über die grosse Zahl von Führern oder zu unserer Bewillkommnung Ausgesandten nicht wenig überrascht; doch als wir eine Stunde später des Padri ansichtig wurden, begriffen wir ganz gut die weisen Vorsichtsmaassregeln des Gouverneurs.

Plötzlich öffnete sich zu unsern Füssen eine tiefe Schlucht, zu der es über ganz kürzlich improvisirte Holzstufen äusserst steil hinabging. Wir stiegen natürlich von unsern Pferden ab und kletterten mit Hülfe unserer zahlreichen Führer so gut es ging bis zur Sohle der Schlucht und dort weiter über eine aufgeweichte Schneekruste, in der wir bis über die Knie und unsere Pferde bis zur Brust versanken. Doch es sollte noch besser kommen. Vor uns erhob sich eine Bergwand, ohne Weg und Steg, von einer unglaublich steilen Böschung; glücklicherweise war sie mit Rasen bewachsen, der den nackten Füssen unserer Begleiter etwas Halt bot. Den Dandy meiner Frau trugen 24 Männer hinauf, 12 schleppten mich und 12 andere Herrn Pardon-Clarke bis zum Gipfel dieses unangenehmen Bergsattels. Die übrigen halfen unsern Trägern, die wol ohne diese Hülfe Tage gebraucht hätten, um unser Gepäck über den Padri zu bringen. Auf dem wirklichen Gipfel des Padri, an der Stelle, wo die Wasserscheide zwischen dem Rair und dem Tschinab sich befindet, nahmen wir ein stärkendes Frühstück zu uns, welches unsere Führer so liebenswürdig waren uns bereiten zu lassen. Noch ein kleines Stündchen und wir gewahrten das Königreich Kaschmir zu unsern Füssen. Die Aussicht vom Padri ist eine der schönsten im westlichen Himalaja. Vor uns das reiche fruchtbare Land der Pahari (Bergbewohner) mit seinen lachenden Dorfschaften und weissgetünchten Tempeln, in der Mitte die das Land weithin beherrschende Zinne der Feste Badrawahr, im Hintergrunde ein weisser Streifen, der Tschinab, der altindische Asikni, und ganz rückwärts die schneebedeckten Kuppen der Kaschmirkette, welche das eigentliche Kaschmir, das Hochthal des Hydaspes vom Thale des Tschinab trennt.

Gedrängt von der Zeit mussten wir uns von diesem herrlichen Aussichtspunkte bald trennen und abwärts steigen, bis zum Dorfe Tenala, das erste auf dem Gebiete von Kaschmir. Das Hinabkommen war vielleicht noch schwieriger als das Hinaufsteigen, jedenfalls noch viel ermüdender. Wären die Stationen des Maharadschah vor vielen Padripässen angelegt, so würde dem reisenden Engländer bald die Lust vergehen dieselben zu besuchen!

In Tenala, einem kleinen muselmanischen Dorfe (die Gegend ist hier mit Muselmanen und Hindu vermischt), erwartete uns der Tischildar von Badrawahr (eine Art von Obersteuereinnehmer), um uns das Geleit bis in die Hauptstadt des Paharilandes zu geben. Wir folgten seinem Rathe, der dahin lautete, bald wieder aufzubrechen, und im Laufe des Nachmittags hielten wir unsern Einzug in der landesfürstlichen Stadt Badrawahr, die in einem Bergkessel höchst imposant gelegen ist. Die Stadt selbst zählt vielleicht etwas über 5000 Einwohner, die ausser einer nicht unbedeutenden Shawlindustrie das Handwerk von Waffenschmieden betreiben sollen. Die Strassen sind breiter und besser unterhalten als in den meisten orientalischen Städten, und in der Mitte des Ortes befindet sich ein grosser geräumiger Platz von ganz hübschen Häusern eingefasst. Man wies uns eine Wohnung in einem ganz neuen Hause an, auf dessen Terrasse eine grosse Anzahl von Blumen und Früchten unserer harrte. Während unsers dreitägigen Aufenthalts in Badrawahr waren wir natürlich die Zielscheibe der allgemeinen Neugier und konnten uns keinen Augenblick auf unserer Terrasse aufhalten, ohne von Hunderten von Menschen beobachtet zu werden; ja sogar die Dächer der Nebenhäuser waren mit Männern, Weibern und Kindern förmlich besäet. Jedenfalls hatten die braven Leute seit Jahren kein solches Schauspiel genossen. Unbekümmert um die Neugierigen, die mir zu Hunderten auf Schritt und Tritt folgten, durchzog ich die Strassen der Stadt, um mir vom Leben und Treiben, vom Handel und der Industrie der Einwohner ein richtiges Bild zu verschaffen.

Die in Badrawahr verfertigten Kaschmirshawls sind bei weitem nicht so fein wie die von Islamabad oder Srinagar; man findet hier und da einige Teppiche aus Jarkand, von denen das Stück 25—30 Rupien kostet. Diese Teppiche zeichnen sich durch besonders lebhafte Farben und eigenthümliche, an die chinesische Nachbarschaft mahnende Zeichnungen aus. Merkwürdigerweise findet man auf allen diesen Teppichen, sowie auf vielen getriebenen Kupfervasen aus Jarkand die französische heraldische Lilie. In Europa würden diese Teppiche wegen ihres allzugrellen Colorits, trotz ihrer ausserordentlichen Solidät nicht gebührend gewürdigt. Man hatte uns gesagt, Badrawahr wäre durch seine Waffenfabrikation berühmt, es war jedoch von Waffen, ausser einigen Luntenschlossflinten, keine Spur zu finden, nur ein Paar Tschuprassi-Säbel und einige alte indische Dolche, konnte ich hier kaufen. (Fig. 42—44.)

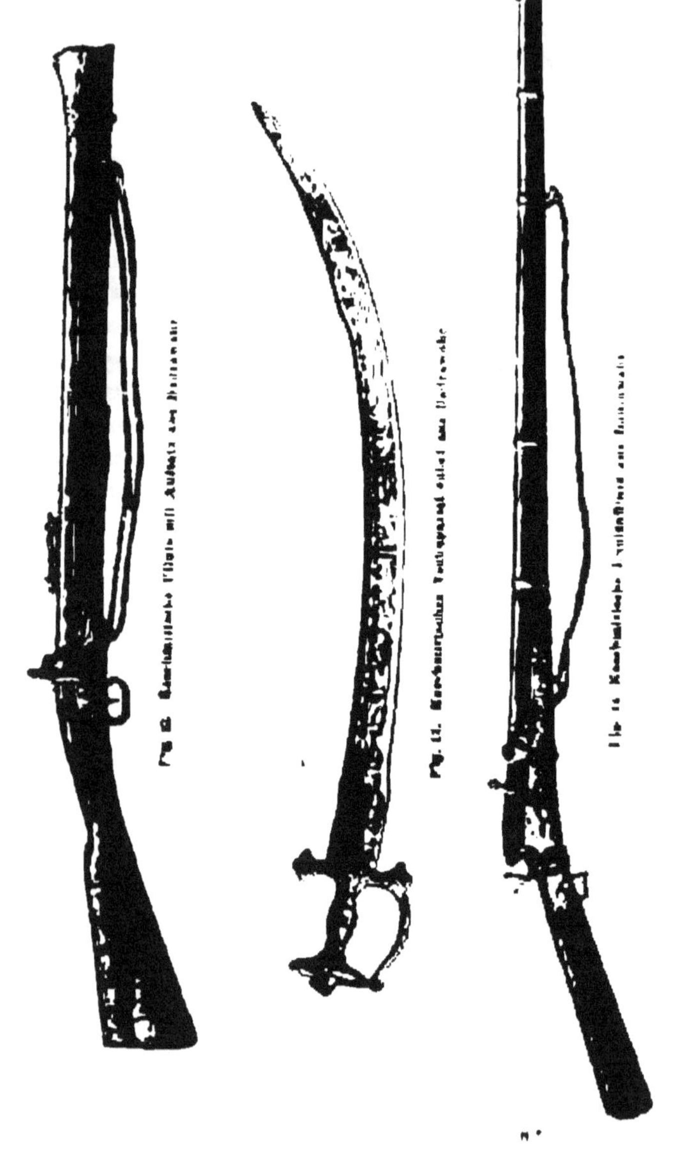

Bei meiner Rückkehr nach unserm Quartier stand mir eine ganz sonderbare Ueberraschung bevor. Meine Frau und Herr Purdon-Clarke waren im Begriff mit zwei weinenden Frauen zu verhandeln, von denen die eine alt und hässlich, die andere aber jung und hübsch war. Man hatte uns nämlich bei unserer Ankunft in Badrawahr zwei Tscharpais, d. h. indische Gurtbetten geliehen, da die Reisebetten, welche wir in Bombay für theueres Geld erstanden, schon längst unbrauchbar geworden waren. In Badrawahr brachte man uns zwei alte Tscharpais von ehrwürdigem Aussehen mit kunstvoll geschnitzten Füssen, die wir sofort zu kaufen entschlossen waren, und dank der Vermittelung des Gouverneurs waren die Besitzer bald dazu zu bewegen, ihre Betten uns gegen klingende Münze zu überlassen. Doch es scheint, dass sie ihre schöneren Hälften, nach orientalischem Brauche, davon in Kenntniss zu setzen verabsäumt hatten, und diese waren nun persönlich gekommen und beklagten sich bitterlich über das pietätlose Verfahren ihrer Männer, welche die Betten, in denen ihre Aeltern und Voraltern gestorben, um gemeinen Mammon verschachert. Sie weinten und wehklagten und forderten ihre Betten zurück. Wir hätten dieser Forderung sofort entsprochen, doch es war leider zu spät, da wir des bequemern Transportes halber die Füsse derselben bereits hatten absägen lassen. Wir versuchten es daher mit andern Mitteln und boten den Weibern ein paar Rupien, die sie auch sofort dankend annahmen; ihre Züge heiterten sich auf, wie durch einen Zauberschlag, und sofort entfernten sie sich vollständig getröstet. Da es uns in Zukunft übrigens nicht mehr darum zu thun war auf Betten zu schlafen, auf denen ganze Geschlechter von gläubigen, doch leider nicht immer sehr saubern Hindu gestorben, so zogen wir es vor, unsern mehrtägigen Aufenthalt in Badrawahr benutzend, uns dort ein paar Tscharpais vor unsern Augen anfertigen zu lassen, deren wir uns auch bis zu unserer Ankunft in Srinagar bedienten. Die Füsse waren roh gezimmert, die Strickgurten aus grobem Flachs, aber wenigstens hatte kein frommer Verehrer Schiwa's seinen letzten Athemzug darauf ausgehaucht und wir brauchten nicht von der Seelenwanderung und vom indischen Olympus zu träumen.

Es schien als wären wir in die Periode der Reiseabenteuer gelangt. Als wir zwei Tage später Badrawahr bei strömendem Regen verliessen, konnten wir unsern Weg der ausgetretenen Gewässer halber nicht fortsetzen; wir mussten daher das Thal verlassen und auf einer naheliegenden

Fig. 43. Kaschmirisches Bettgestell, Tschamba.

Höhe in einem Hindudorfe Zuflucht vor den Elementen suchen. Wir brachten in diesem Dorfe 24 Stunden in einem Kuhstalle zu, denn ein rechtgläubiger Hindu hätte sich nie dazu herbeigelassen, uns unter seinem Dache aufzunehmen. Die Regenzeit, von der wir bereits die ersten Anzeichen in Tschamba verspürt hatten, hatte begonnen, und es stand uns eine recht nasse, unerquickliche Reise bevor. Unser Reisegefährte Purdon-Clarke wurde von diesem ersten Regentage so hart mitgenommen, dass er ein bösartiges Fieber davontrug, welches ihn bis Srinagar und noch später quälte und uns noch manche sorgenvolle Stunde bereitete. Tags darauf überstiegen wir, da der Weg vollständig überschwemmt, auf fast spurlosen Saumpfaden einen mit herrlichen Cedern bepflanzten Bergrücken und gelangten nach Kaleni, wo uns der kranke Zustand unsers Reisegefährten zwei Tage festhielt. Wir waren wenigstens unter Dach und Fach in einem wenn auch höchst primitiven Bungalow des Maharadschah untergebracht.

Ich benutzte die gezwungene Mussezeit zu anthropologischen Messungen und zu einem Ausflug bis in die Gegend von Kischtwar, wo der grösste Wasserfall des Himalaja, der zweitgrösste der Welt, sich befindet. Der Tschinab fliesst hier in einer 800 m tiefen Schlucht, nachdem er sich von einer Höhe von 700 m herabgestürzt hat. Auf 4 km in der Runde, hört man das donnerähnliche Getöse und von der Stadt Kischtwar aus bemerkt man schon den goldigen Staub seines Wasserschaumes; die Pahari erzählen, es wären dies „die luftigen Gewänder der sich in den Fluten des Wasserfalls badenden Feen". Bis zur Stadt Kischtwar kamen wir nicht, denn wir hatten eine jener berüchtigten Rope-bridges, d. h. Hängebrücken, überschreiten müssen, eine Uebung zu der wir vorderhand keine Lust verspürten und deren Ausführung uns für später vorbehalten blieb. Die aus Pflanzenfasern verfertigte Hängebrücke selbst gewahrten wir nur von der Höhe des Ufers in schwindelnder Tiefe zu unsern Füssen und staunten nicht wenig über die Ausdauer und den Erfindungsgeist des indischen Bergbewohners, der Stufen in die Felsen haut und luftige Brücken aus Seilen flicht und über alle diese Hindernisse mit der Behendigkeit des Affen und der apathischen Ruhe des an diese colossale Natur gewöhnten Orientalen [illegible], unbekümmert um Lawinen, stürzende Felsblöcke und [illegible] Sturm grausig bewegte Hängebrücken. Dank der [illegible] Gewohnheit!

Im Lande der Pahari kaufte ich übrigens noch einige recht hübsche silberne Schmuckgegenstände, sowie Kleidungsstücke und recht sauber gearbeitete Doppelkämme aus Cedernholz. Was ihren physischen Typus anbetrifft, so stehen die Pahari den Gaddis aus Tschamba sehr nahe, nur sind sie im ganzen etwas weniger kräftig gebaut und

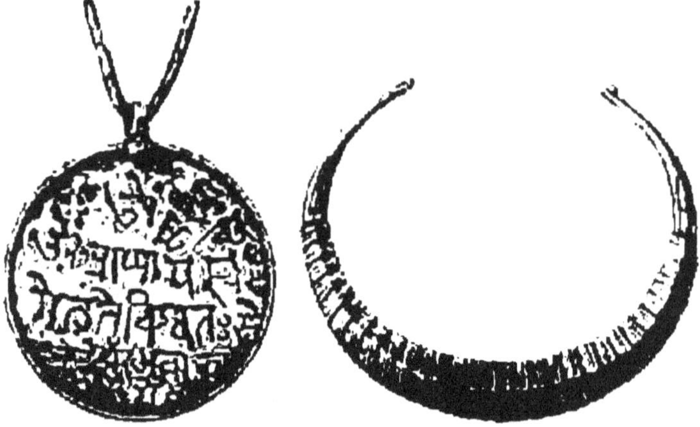

Fig. [illegible] Silberner Talisman (Kalesh).

Fig. [illegible] Silberner Halsring aus dem Lande der Pahari.

Fig. [illegible] Doppelkamm aus Cedernholz aus dem Lande der Pahari.

Fig. [illegible] Silberner [illegible] mit Türkisen eingelegt (Kalesh).

besitzen nicht den Muth und die Ausdauer ihrer östlichen Nachbarn.

Der Saumpfad von Badrahwar bis Botbote, dem ersten Orte, der an der grossen Strasse von Dschamu nach Srinagar liegt, ist ein sehr schlechter und meistens so schmal, dass man nur staunen kann, wie Pferde denselben benutzen können. Das landesübliche „*Rasta bahut kharab!*“ (der Weg ist sehr schlecht) hört man fast beständig, und wir betrachteten es als eine förmliche Erlösung, als wir nach einigen Tagen im herrlichen Cederwalde bei Botbote, auf dem Lagerplatze des Maharadschah, unser Zelt aufschlagen konnten. Die unerwartete Nachbarschaft einer Telegraphen-

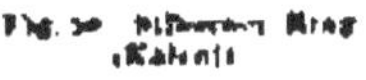

Fig. 30. Silberner Ring (Kabul.)

Fig. 31. [illegible] Talisman (Kaiser.)

stange erschien uns fast als ein traulicher Gruss aus der entfernten Heimat.

Die königliche Strasse von Dschamu nach Srinagar ist jedenfalls kein Saumpfad mehr, aber trotz ihrer relativen Breite ist sie darum nicht viel besser. So oft der Maharadschah reist, wird immer alles schleunigst hergerichtet und ausgebessert; sowie er aber vorüber ist, zerfallen die Brücken wieder und tiefe Löcher gähnen dem Reisenden allerorts entgegen. Dabei ist es sehr schwer Träger zu finden, und wir verdankten es ausschliesslich der Energie der uns begleitenden Regierungsorgane, wenn wir überhaupt solche bekamen. Auf einer höchst baufälligen Brücke (eine neue ist schon seit Jahren im Bau begriffen) überschreitet man den Tschinab und gelangt durch einen Nadelholzwald bis Ramban, wo der Maharadschah ein Lustschloss besitzt, welches ausser einem recht hübschen Garten eine sehr schöne Aussicht auf das Thal des Tschinab geniesst. Sonst darf man wol von diesem Lustschloss nichts verlangen. Gras und Unkraut in den Höfen, baufällige Stiegen, wackelige, an vielen Orten geborstene Wände, ein paar lahme Stühle und ein Tisch auf drei Beinen ist alles was man Sehenswerthes vorfindet. Der Fürst von Kaschmir hatte die Liebenswürdigkeit gehabt, uns bis Ramban einen seiner Munschi (Schreiber) entgegenzuschicken; derselbe war Träger eines Briefes, welchen der erste Minister Diwan-Anant-Râm im Namen seines Herrn an mich richtete; ferner brachte er uns einen sehr schönen bequemen Palki (Tragsänfte) mit acht handfesten Kaschmiris, der unserm kranken Reisegefährten sehr zu statten kam.

Von Ramban aus folgt man dem Laufe des Bichlariflusses aufwärts und gelangt in den Bezirk von Banihal, welcher, obschon noch im Flussgebiete des Tschinab, im Lande der Pahari gelegen, doch nicht mehr von Hindus, sondern von muselmanischen Kaschmiris bewohnt wird. Die Gegend ist eine sehr schöne und eine meist wohlbepflanzte. Ramsu, ebenfalls ein Lustschloss des Maharadschah, liegt schon tief im Gebirge und hat trotz seiner Schattenseiten doch einen ganz romantischen Anstrich. Tags darauf kamen wir bis zum Fusse des Banihalpasses ([illegible] Fuss) und noch 24 Stunden später erreichten wir den Gipfel dieses Ueberganges, zu dem ein höchst bequemer Weg hinaufführt. Als wir oben auf dem Passe anlangten, war alles in Wolken gehüllt und ein scharfer Wind mahnte uns daran, dass wir den Südabhängen des Himalaja Lebewohl gesagt. Doch bald zerstreuten sich die Wolken, und nachdem wir bei einem einsam lebenden Holzbauer Milch getrunken und die ersten

Blumen aus Kaschmir in Empfang genommen, lenkten wir unsere Schritte nach dem Thale des Hydaspes, nach dem Märchenlande, wo der Königssohn aus Bucharn die schöne Lalla-Rookh heimgeführt, wo die mächtigen Mongolenkaiser Akbar, Dschehangir, Schah-Dschehan, Aureng-Zeb und wie sie alle heissen mögen, der tropischen Hitze der indischen Ebene entfliehend, ihre Sommerfrischen in Gold und Marmor errichtet hatten. Als ich beim Anblick des zu meinen Füssen liegenden Thales der begeisterten Beschreibungen eines Thomas Moore gedachte, empfand ich zuvörderst, ich muss es wol gestehen, eine gewisse Enttäuschung, und die ganz hübsche Gegend, die sich vor mir ausbreitete, schien mir nicht halb so malerisch als das Kululand oder das felsige Tschamba, und doch gewahrte ich in dieser Ebene von rein europäischem Anstrich hellblinkende Seen, waldige Berge und schneeige Gletscher, welche mich an die Worte des Dichters mahnten, der da seinem Könige und Herrn Aureng-Zeb ein Lied von Kaschmir sang, wo es heisst: „Wenn dieses Land, der König unter den Ländern, von einem grünen Walde und einem weissen Schneegürtel umschlossen, so geschah das nur, um es mit dem Kostbarsten auf Erden, einer Doppelkrone aus Smaragden und Diamanten zu schmücken!" Und den Geist voll poetischer Erinnerungen lenkte ich meine Schritte zu den Quellen des Hydaspes.

Der Abstieg vom Banihalpasse ist ziemlich [illegible] [illegible] ist die Gegend als [illegible] [illegible], wo sich zahlreiche Schakals aufhalten, deren Geheul, welches dem Wehklagen von kleinen Kindern gleicht, weithin durch die Gegend tönt. Bald sind wir unweit der Quellen des Dschelum angelangt, des altindischen Vitastâ, Ὑδάσπης der Griechen, dessen befruchtende Gewässer den Alluvialboden von Kaschmir bespülen. Ruhig und langsam, mit einer fast unbedeutenden Senkung, d. h. mit sehr geringem Gefäll strömt der Dschelam von seiner Quelle, unweit von Vernag, bis Baramula durch eins der gottbegnadetsten Länder der Erde. Von Islamabad bis zu seinem Eintritt in den grossen Wularsee ist er schiffbar und bildet dadurch eine bequeme Verkehrsader, die noch durch eine grosse Zahl von Kanälen dem Handel und Wandel der Einwohner zugänglicher gemacht wird. In Schahabad, ganz unweit seiner Quellen, fliesst der Fluss auf einer Seehöhe von 5690 engl. Fuss; 38 engl. Meilen weiter, in Srinagar, fliesst er noch auf einer Höhe von 5235 engl. Fuss, und noch 35 Meilen stromabwärts im Wularsee ist er noch immer auf einer Höhe von 5180 engl. Fuss. Man ersieht aus diesen Ziffern wie unbedeutend das Gefälle ist. Kaum einige Meilen tiefer, bei Baramula, durchbricht er ein felsiges Gebirge und wird bis zu seinem Austritt in die indische Ebene zum brausenden Bergstrom. Es unterliegt gar keinem Zweifel, dass die Hochebene von Kaschmir in geologischer Vorzeit ein Seebecken von ungefähr 130 km Länge und 60 km Breite war, welches in derselben Achse gelegen wie der Himalaja, d. h. in einer Richtung von Südost gegen Nordwest. Der Boden von Kaschmir besteht aus Alluvialerde mit vulkanischer Asche gemischt; diese letztere wurde von Kratern ausgeworfen, die seit langer Zeit erloschen, nichtsdestoweniger aber das Thal ringsherum beherrschen. In der Runde die Hochebene begrenzend, bemerkt man die geologischen Spuren des Niveaus der primitiven Ufer. Diese Carrevas, d. h. Terrassen, die sich in einer mittlern Höhe von 75—100 m über der Sohle des Beckens erheben, lehnen sich auf der einen Seite an die Berge an und sind auf der andern von zeitweilig oder beständig fliessenden Gewässern durchbrochen, welche dem Dschelam zuströmen. Gegenwärtig ist der See trocken gelegt. Sumpfige Stellen, der kleine See von Srinagar, der noch kleinere von Manis-Bal und der grosse Wular sind die letzten Ueberreste des ehemaligen Binnenmeeres von Kaschmir. Die Tradition und die Legende der Bewohner des Landes, von denen man keine Spur in der Geschichte vorfindet, beruht daher auf geologischer Grundlage.

Die Thalbewohner, wie übrigens alle Völker der Erde, liessen sich verleiten, einem geologischen Ereigniss ein bestimmtes Datum zu geben und dies mit dem Namen eines Helden zu identificiren, doch ist dieses Ereigniss nichts weiter als das langsame beständig fortschreitende Werk der Zeit.[1]

In diesem kleinen äusserst fruchtbaren Lande, welches von allen Seiten fast von unnahbaren Bergwällen umgeben ist, wohnt ein betriebsames Völkchen, das sich unter normalen Verhältnissen ruhig des Daseins freuen könnte. Seiner Rasse nach ein Hindu, spricht der Bewohner Kaschmirs eine Sprache arischen Ursprungs, deren Wortschatz fast zu zwei Drittel dem Persischen und dem Sanskrit entnommen ist. Sie nähert sich den Mundarten, welche im Hochthale des Tschinab im Südosten gesprochen werden. Uebrigens erlernen die Kaschmiris andere Sprachen mit grosser Leichtigkeit; fast alle sprechen das Hindustani und viele unter ihnen wissen sich auch des Persischen zu bedienen, welches seit der Zeit der Mongolenkaiser die officielle Sprache am Kaschmirschen Hofe ist. Wenn auch das Hochthal von Kaschmir, das Kaschia Pamira der alten Arier, durchaus nicht das von Thomas Moore und andern Dichtern und Reisenden viel gepriesene irdische Paradies ist, so bietet es doch alles, was die Mutter Natur zu bieten im Stande ist, in Hülle und Fülle, und geniesst dabei eines fast gesunden und jedenfalls sehr acceptablen Klimas. Aber eben in seiner ausnahmsweise günstigen Lage, in seiner schönen Natur und in

[1] Siehe E. Reclus, Géographie universelle, VIII. L'Inde et l'Indo-Chine (Paris 1883).

seinen reizenden Eroberern liegt der Grund seines heutigen Elends, der physischen und moralischen Entartung seiner Bewohner. Die fruchtbarsten Länderstrecken liegen brach; die Dörfer bestehen aus armseligen Holzhütten, die Städte sind in Trümmern; die Einwohnerzahl durch Hungersnoth decimirt und durch ekelhafte Krankheiten auch sonst noch vielfach in ihrer physischen Entwickelung bedroht. Denn in Kaschmir erleben wir das in anthropologischer Beziehung wirklich seltene Beispiel von einem Volke, das bei relativ entschiedenem herrlichem physischen Typus eine unglaubliche moralische Entartung aufweist. Der Kaschmiri, gross und kräftig von Körperwuchs, mit ausgeprägten intelligenten Gesichtszügen und feurigen, klug blickenden Augen, ist der feigste, lügenhafteste, betrügerischste, lasterhafteste Schurke unseres Erdballs. Bei einer wirklich seltenen Begabung für jede manuelle Beschäftigung, für die er weit mehr Geschick als der Perser besitzt, bei einer gewissen künstlerischen Auffassung, gepaart mit feinem Geschmack, ist er jedes moralischen Gefühls bar und stets dazu bereit, seinen Nächsten zu übervortheilen, von seinen Lastern gar nicht zu sprechen. Charakteristisch für die dortigen Verhältnisse ist es, dass ein königliches Ausfuhrverbot nur für zwei Artikel besteht: für die Pferde und die Weiber. In früherer Zeit wurden die Mädchen in ihrer frühesten Jugend nach Delhi, Lahore, Agra und den andern grossen nordindischen Städten exportirt und brachten den Vätern und Brüdern ein recht hübsches Sümmchen ein. Und doch darf man mit diesem Volke nicht allzustreng ins Gericht gehen; wer seine Geschichte kennt, wird Milderungsgründe für seine heutige Lage finden.

Ursprünglich, im grauen Alterthum, mag das glückliche Thal des Hydaspes von einem schönen Schlage Arier bewohnt gewesen sein, welche in den macedonischen Scharen, die das griechisch-baktrische Reich am obern Oxus gegründnd, nahe verwandte Stammesbrüder erkennen durften. Der alt-indische Glaube mag in kurzer Frist die reine Religion Zarathustra's verdrängt haben; aber die noch heute im Lande lebenden Panditen, physisch entschieden die edelste indische Rasse, und die unzähligen Trümmer herrlicher massiver Tempel, welche die Spuren griechisch-baktrischen Einflusses tragen, zeugen für diese grosse Vorzeit Kaschmirs. Jahrhunderte verstrichen so unter indischen Dynastien, und die chinesischen Pilger, welche über das Karakorumgebirge und den westlichen Himalaja nach Indien gewandert, wissen viel von der Betriebsamkeit und dem Kunstsinn der Bewohner von Kaschmir zu erzählen. Doch gleich einem ungeheuren Spinnennetz verbreitete sich der Islam über das Herz Asiens; die Araber brachten ihr wunderbares Verständniss für die Kunst bis in die entlegensten Thäler Hochasiens, aber in ihrem Gefolge auch mohammedanische Unduldsamkeit und starren, grausamen Proselytismus. Das Volk wurde durch Blut und Eisen zum Islam bekehrt und die herrlichen indischen Baudenkmale in Trümmer geschlagen. Kaschmir führt einer alten aber wenig verlässlichen Königschronik (Radscha Taranginî) gemäss seine Geschichte bis zum Jahre 3714 v. Chr. zurück. Es bildete geraume Zeit hindurch ein mächtiges Reich, von eigenen Herrschern aus verschiedenen Dynastien regiert. Die drei bedeutendsten Namen in der alten Kaschmirischen Geschichte sind: Meghavahana, welcher im ersten Jahrhundert n. Chr. ganz Vorderindien erobert und sogar bis auf die Insel Ceylon gelangt sein soll; Pravarasena, der Urenkel des vorigen ([illegible]—[illegible] n. Chr.), soll die jetzige Hauptstadt Srinagar gegründet haben; unter Lalitaditya endlich ([illegible]—732 n. Chr.) erreichte Kaschmir seinen Glanzpunkt, denn nicht nur ganz Indien war ihm botmässig, sondern auch das entfernte Bochara musste seine Herrschaft anerkennen. Zu derselben Zeit geschah es, dass die Herrscher von Kaschmir zum

3. bis 8. Jahrhundert zu wiederholten malen in die indische Tiefebene hinabstiegen und die Bewohner nach ihrem Reiche schleppten, wo sie Frondienste an Tempeln und Palästen leisten mussten. Im Jahre 1045 überfluteten die Scharen Machmut des Gasnáriden das nordwestliche Indien, doch erst im Jahre 1312 wurde der Mohammedanismus durch den zu diesem Glauben übergetretenen Fürsten Schams-ed-Din in Kaschmir eingeführt, und bis Ende des 16. Jahrhunderts blieb das Land unter selbständigen mohammedanischen Herrschern. Der blutdürstige Sicandar (1394—1395), dessen Grab zu den Merkwürdigkeiten des heutigen Srinagar gehört, machte sich besonders durch seinen Fanatismus bemerkbar; er liess fast alle hinrichten, welche nicht den Islam annehmen wollten, und zerstörte die prachtvollen Tempel und Paläste der Vorzeit, um die heidnischen Gebräuche bis an die Wurzel auszurotten. Nach dem 16. Jahrhundert fiel Kaschmir in die zerrüttetsten Verhältnisse und wurde den beutelustigen Nachbarstaaten ein willkommener Raub, bis es im Jahre 1586 der berühmte Grossmogul Akbar durch einen seiner Generale erobern liess und es seinem Weltreiche einverleibte. Doch als zu Anfang des 18. Jahrhunderts das Reich des Grossmogul in seinen Grundfesten erschüttert wurde, eroberten die Afghanen im Jahre 1752 das glückliche Thal, bedrückten und sogen das unglückliche Volk aus und brachten es langsam und stufenweise zu seiner heutigen moralischen Entartung. Im Jahre 1819 zersprengte der einäugige Rundschit-Singh das Afghanische Reich und riss Kaschmir an sich, bis unter seinem Nachfolger einer seiner Generale, Gulab-Singh, in dem Kriege zwischen den Sikhs und den Engländern auf Seiten der letztern trat und am 16. März 1846 endlich einen Vertrag mit der Ostindischen Compagnie schloss, demzufolge die Länder, welche das heutige Kaschmir ausmachen, gegen eine Summe von 17 Mill. Rupien (circa 38 Mill. Mark)

und einen jährlichen Tribut ihm und seinen Nachkommen in männlicher Linie zuerkannt wurden.

Ich weiss wol, dass Dschehangir, Schah Dschehan und Aurang-Seb, die Nachfolger des geistvollen Abenteurers Baber, Kaschmir zu ihrer Sommerresidenz gewählt hatten, um der drückenden Hitze von Delhi und Agra zu entgehen. Sie bauten grossartige Moscheen, deren Wände sie von aussen und innen mit emaillirten farbigen Ziegeln bekleideten; aus den Steinen der altindischen Tempel errichteten sie Paläste, deren Fenster und Erker, aus weissem durchbrochenen Marmor wie das feinste Spitzengewebe gestaltet, an die Kunstwerke von Delhi, Lahore und Agra mahnen; sie legten grossartige Gärten an, die dem Geschmack eines Le Nôtre Ehre gemacht haben würden; ja die reizende Kaiserin Nur-Mahal ging in ihrer Vorliebe für Kaschmir so weit, dass sie den Fischen des Teiches von einem ihrer Lustschlösser goldene Ringe in die Nase stecken liess mit Inschriften, welche den kommenden Geschlechtern verkünden sollten von der Vorliebe, welche die schöne Frau für das paradiesische Kaschmir empfunden. Und dieses Lustschloss soll nahe den Quellen des Hydaspes gelegen sein! Wir sind somit wieder am Fusse des Banihalpasses angelangt und können unsere Reisebeschreibung wieder da aufnehmen, wo wir sie verlassen.

Beim Abstieg von Verinägh überblickt man weithin das Thal des Dschelum oder vielmehr des Behut, wie ihn die Eingeborenen zu nennen pflegen; südlich gewahrt man die schneebedeckten Gipfel der Pir-Pandschalkette, im Norden ziehen die waldigen Höhen, welche das Thal des Hydaspes von den Nebenthälern des Tschinab trennen. Baron Hügel scheint uns falsch berichtet zu sein, wenn er die romantische Seite Kaschmirs ausschliesslich in den Bergen am linken Dschelumufer sucht. Das hochromantische Sandthal, unstreitig die schönste Gegend von Kaschmir, hat er wol gekannt, aber das reizende Lidarthal dürfte er nicht besucht haben; beide liegen am rechten Ufer des Dschelum. Ich will indess hier die treffliche Schilderung wiedergeben, welche Dr. Konrad Ganzenmüller[1] von der südlichen sogenannten romantischen Seite Kaschmirs entwirft: „Von den offenen, mit einer südlichen Vegetation bekleideten tiefern Ebene gelangt der Wanderer bald an die Ufer eines Flüsschens, welches sich sanft durch den fruchtbaren Boden schlängelt; je weiter er fortschreitet, desto schmäler wird das Thal; je höher die Berge werden, desto näher rücken sie zusammen. Dann wird die Pflanzenwelt für den Europäer um so reizender, da sie mehr mit jener seines weit entfernten Vaterlandes verwandt ist. Apfel-, Pflaumen- und Aprikosenbäume, von Reben umschlungen, wachsen hier wild. Ulmen und Weiden verbergen die Ufer des Flusses, der sich durch das Rauschen kundgibt. Im Schatten von prächtigen Ahorn-, Linden- und wilden Kastanienbäumen blühen Lilien und Narcissen, Rittersporn, türkischer Hollunder und Rosen. Weiterhin gegen den Ursprung wird das Flüsschen zum schäumenden Katarakte, der über schwarze Felsen dahinstürzt. Da beginnt die Region des Nadelholzwaldes, von der majestätischen Deodara, der Ceder des Himalaja, übergehend zu Tannen, Fichten und Föhren. Höher oben theilt sich das Flüsschen in mehrere Bäche, die durch enge Schluchten fliessen und durch beständige Wasserfälle in weissen Schaum aufgelöst in Abgründe stürzen." Alpenpflanzen beginnen hier unter Erlen und Birken zu wachsen, so mehrere Gattungen von Rhododendron und Daphne und nach diesen erscheint ein „fremdes Gewächs", das sich nur wenig vom Boden erhebt. „Immer weiter die

[1] Deutsche Rundschau für Geographie und Statistik, IV. Jahrg., 12. Heft, Sept. 1882.

Höhe hinaufsteigend, wo man bald auf dem mit einer festen Kruste überzogenen Schneefeld fortwandert, bald auf unbedeckten Steinen emporklimmt und vorsichtig mit dem Wanderstabe umhertastet, ob der lockere Schnee keine Abgründe bedeckt, kommt man endlich auf eine der höhern Spitzen, von der sich eine unvergleichliche Aussicht eröffnet. Nach Süden schweift der Blick über die kahlen Gipfel und die schaudererregenden Abgründe der Pir-Pandschal-Kette und dann über mehr als zwanzig Bergrücken und Thäler hinweg nach der Ebene des Pandschab, die mit den glühenden Dünsten des indischen Bodens erfüllt ist. Zur Rechten und Linken sind Schneefelder und endlos hintereinander aufsteigende Schneeberge sichtbar; nach diesen Richtungen würde das Auge — und könnte es dreimal so weit sehen, als dem menschlichen Blick in die Ferne zu dringen vergönnt ist — nichts als die starrende Region des ewigen Winters in wechselnder Form und dennoch in todter Einförmigkeit erspähen. Wie reizend ist der Contrast in nördlicher Richtung nach dem Thale hin! An einem hellen Morgen folgt der Blick den sich ununterbrochen fortziehenden Bergen bis in die Tiefe des Thales, welches mit hellem Grün der Saaten bedeckt, mit Dörfern und Baumgruppen besäet ist und von Alleen und Kanälen durchzogen wird. Dort strömt der Dschelam stolz dahin, dessen Ufer mit Städten, Burgen und Palästen geschmückt sind. Jenseit des Thales steigt das Gebirge in kühnen Formen empor, die weiße Farbe des Schnees bringt dem Auge die höchsten Partien näher als die andern Theile. Die Schneeberge scheinen daher die Ebene wie eine Mauer zu umgeben."

Wir verbrachten die erste Nacht auf kaschmirschem Boden in Verinagh, wo der Maharadscha eines seiner sehenswerthesten und besterhaltenen Lusthäuser besitzt. Die ganz stattlichen Gemächer dieses alten Baues, auf denen

Dächern blumige Wiesen wachsen, stehen dem Reisenden zur Verfügung, und in einem krystallhellen Teiche kann man

Fig. 22. Gewöhnliches hauschinesisches Spinnrad.

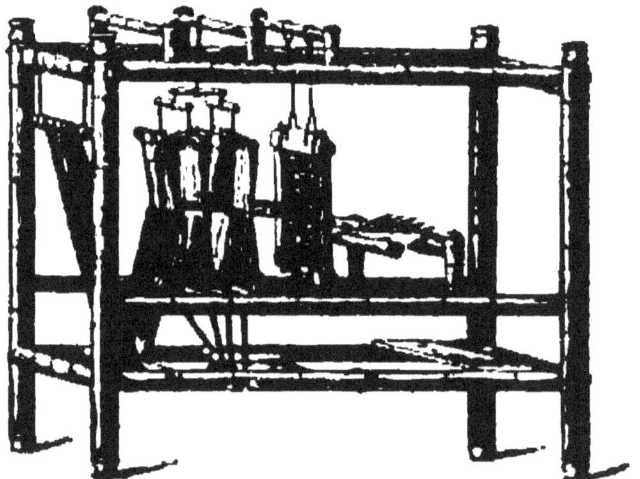

Fig. 23. Grosser Webstuhl zur Anfertigung von Kaschmirschals.

eine Unzahl von hübschen Fischen und Fischchen bewundern, die sich auf die kleinsten Brotkrummen heisshungrig stürzen. Leider sind es nicht dieselben, denen die liebliche Nur-Mahal (Wohnung des Lichts) die goldenen Ringe angehängt hat. Und wenn sie es sein sollten, so haben diese Ringe Kenner und Liebhaber von Alterthümern gefunden, denn es ist keine Spur mehr davon zu sehen.

Tags darauf ritten wir durch eine staubige Ebene längs eines steinigen holperigen Weges bis nach Islamabad, wo wir zu später Nachtstunde eintrafen. Islamabad ist eine grössere Stadt von 6000 Einwohnern, mit mehrstöckigen verfallenen Häusern und einer ebenfalls im Verfall begriffenen Shawlindustrie. Wir kauften in Islamabad einen Webstuhl und ein Spinnrad. Die Stadt liegt unweit des Dschilum, und man kann die bequeme Wasserstrasse wählen, um von hier nach Srinagar, der Hauptstadt Kaschmirs, zu gelangen.

Doch bevor wir Islamabad verlassen, müssen wir einen Ausflug nach der Ruine des kaum 6 engl. Meilen entfernten Martantempels machen, der sich am Rande des alten Seebeckens erhebt und die Gegend weithin beherrscht. Martan war jedenfalls der grossartigste Tempelbau von ganz Kaschmir und ganz bestimmt einer der bedeutendsten vom ganzen nördlichen Indien. Vom archäologischen und auch geschichtlichen Standpunkte bietet dieser wunderbare Bau das grösste Interesse. Obschon die heutigen Ueberbleibsel im schlechtesten Zustande sind, so erkennt man doch noch die Form eines grossen centralen Tempels, der so umfangreich wie der Kölner Dom gewesen sein muss, und um welchen herum [illegible], luftige Galerien aus den schönsten griechischen Säulen geführt haben dürften. Nichts kann einen Begriff geben von der Grazie der Säulenkronen und der technischen Vollendung der Sculpturen, welche die Wände des Tempels bedecken. Der Anblick dieses schönen Baues, der, an die grünen Ausläufer der Gebirge gelehnt, mit seiner herrlichen Fernsicht das Thal beherrscht, mag ein über-

Fig. [illegible]. Fassade eines kaschmirischen Hauses (Islamabad)

Fig. [illegible]. [illegible] aus Granit, von einer kaschmirischen Ruine

waltigender gewesen sein. Selbst der übrig gebliebene Trümmerhaufen mahnt lebhaft an die geschwundene Größe.

Der Tempel selbst ist 60 engl. Fuss lang und 38 breit, doch wenn man die Façade des Tempels in Berücksichtigung zieht, so ergibt sich eine Länge, eine Breite und eine Höhe von gerade 60 engl. Fuss und somit wäre ein Lieblingsproblem der altjüdischen Baukünstler gelöst, demzufolge ein Bauwerk die gleiche Länge, Breite und Höhe haben soll. Der Tempel von Jerusalem hatte bekanntlich 100 Fuss in der Länge, Breite und Höhe. Nach General Cunningham soll der Martantempel unter der Regierung Ranaditya's (578—594 n. Chr.) erbaut worden sein. Dies ist nicht die Ansicht von James Fergusson, des competentesten Kenners der indischen Architektur, demzufolge die Gründung des Tempels fast 200 Jahre später fällt, d. h. unter die Herrschaft Lalitaditya's (725—761 n. Chr.). Obschon die Ueberbleibsel des Tempels infolge des porösen Baumaterials fast unkenntlich geworden, so kann man doch aus einigen besser erhaltenen Bruchstücken Näheres über seine ursprüngliche Bestimmung erfahren, und Cunningham schliesst aus einer Nagafigur, über deren Haupt sich eine fünfköpfige Schlange erhebt, die sich in einer Nische des Martantempels befindet, dass man

Fig. 44. [illegible]

es mit einem alten Dschainatempel zu thun hat. Jedenfalls kann man die auffallende Ähnlichkeit, welche zwischen dem Tempel von Martan und dem Dschainatempel auf den Höhen von Dschirna, an der Südküste von Hindustan, welche Fergusson anführt, nicht bestreiten.

Fig. 58. Kaschmirisches Haus (das Dach ist meist aus [illegible])

Auf halbem Wege, zwischen Islamabad und Srinagar, in der Nähe des Fleckens von Avantipur, erheben sich ebenfalls die Ruinen eines alten Tempels. Meiner ganz unmassgeblichen Meinung nach kann sich die Ruine von Avantipur mit jener von Martan, besonders was die Kühnheit der Anlage und das Ebenmass der Dimensionen anbelangt, nicht messen, andererseits aber gebe ich zu, dass Avantipur einen grössern Reichthum der Ornamentik in den architektonischen Details bietet. Ja, ganz entgegen der Meinung der englischen Alterthumsforscher scheint bei der Gründung des Tempels von Avantipur eine ganz andere architektonische Geschmacksrichtung vorgeherrscht zu haben als bei jener von Martan. Erinnert Martan mit seinen schlanken Säulen an ein Bauwerk mit griechisch-baktrischen Anklängen, so ist Avantipur mit seinen massiven Trümmern weit mehr mit assyrisch-babylonischer Architektur zu vergleichen, was letzteres gewiss nicht sagen will, als hätte sich ein derartiger architektonischer Einfluss im Thale des Hydaspes je geltend gemacht. Es sind dies eben nur ganz persönliche Eindrücke; jedenfalls begreife ich es aber ganz gut, dass es Reisende gegeben, welche die Ruinen von Martand neben die von Palmyra und Theben gestellt haben.

Nach Fergusson wurde Avantipur unter der Regierung des Königs Avantiverma, des ersten aus der Dynastie Utpala, 875—904 n. Chr., errichtet.

Wir glitten auf einem recht bequemen Boot, welches der Maharadschah uns entgegengeschickt, langsam den Dschelum abwärts bis Srinagar. Die zahlreichen Biegungen des Flusses gestatten dem Auge des Reisenden keine grosse Fernsicht, bieten aber dafür als Entschädigung einen beständigen Wechsel von reizenden Szenerien, die wie in einem Kaleidoskop an unsern Blicken vorüberschweben. Gegen 4 Uhr nachmittags wurden wir das Tacht-i-Soliman gewahr und einige Zeit später landeten wir am Munschibag (Schreibergarten), wo ein grosser stockhoher Bungalow unserer Aufnahme harrte. Ein feister Brahmane, Namens Amar-Nât, begrüsste uns im Auftrage seines Herrn, des Maharadschah, bot uns Melonen, Aepfel und Trauben zum Willkommen an, und bald ruhten wir unter kaschmirischem Dache, in der Ferne das Geräusch der Ruder, das Singen der Bootsleute und das Geklaff herrenloser Hunde als Nachtmusik vernehmend.

Wir hatten von Simla bis hierher 25 Tage zu Pferde zugebracht und hatten über 600 engl. Meilen zurückgelegt. Srinagar erschien uns nun als die gelobte, vielverheissene Stadt! Und in der That, unsere Erwartungen wurden noch übertroffen.

SECHSTES KAPITEL.

SRINAGAR.

Beschreibung der Stadt. — Die Moschee von Schah Hamadan. — Der Tacht-i-Soliman. — Der Tempel von Panditren. — Die emaillirten Ziegel als Bekleidung der Gebäude. — Verschiedene Meinungen über Çrinagara. — Eine Audienz beim Maharadscha. — Ein asiatischer Fürst. — Austausch von Complimenten. — Der Maharadscha interessirt sich für Anthropologie. — Der britische Resident Mr. Henvey. — Die britische Oberhoheit in Kaschmir. — Anthropologische Messungen. — Die Kaschmiris, ihr physischer Typus, ihre Sinnesart. — Ein Glaube über die Familien. — Die Bewohner des Hydaspes-Thales mit den Nachbarvölkern verglichen. — Handel und Industrie. — Die grossartige Metallfabrikation in Srinagar. — Kunstsinn und hohe Begabung der Bewohner.

Srinagar, das indische Venedig, ist längs der Ufer des Dschelum und einer grossen Anzahl von Kanälen auf Pfählen gebaut; die Stadt mit ihren 11 Holzbrücken, welche sich nur durch ein Wunder von Gleichgewicht aufrecht erhalten, mit ihren baufälligen Häusern, wurmstichigen Quais, spitzdachigen Moscheen, welche an chinesische Pagoden mahnen, ihren weiss übertünchten indischen Tempeln, bietet trotz ihres handgreiflichen Verfalls auf Schritt und Tritt des Malerischen in Hülle und Fülle. Wären es nur die mit Gras bewachsenen Dächer und der ruhig dahinfliessende Strom mit seinen zahlreichen Badehäuschen und Booten, die an die zierlichen Kähne von Stambul erinnern, und endlich die Panditenfrauen mit ihren blauen Hemden und rothen Kopftüchern, welche des Morgens oder Abends ihr Kupfergeschen in den Fluten des Hydaspes schweben, oder die muselmanischen Weiber mit ihren blitzenden Augen und energischen Gesichtszügen, mit zierlichen Schmuckgegenständen[1] geschmückt, so hatte der Maler schon vollauf zu thun

Fig. [illegible]. Halsband aus Gold, Edelsteinen und Perlen.

Fig. [illegible]. Halsband aus Gold, Edelsteinen und Perlen.

und sein Pinsel brauchte nie müssig zu bleiben. Besonders beim Mondlicht ist Srinagar von einer unvergesslichen Poesie. Ich muss gestehen, dass mich trotz des classischen

---

[1] Diese Schmuckgegenstände aus Gold und Silber, mit Edelsteinen eingelegt und farbigem Schmelz bedeckt, mahnen oft lebhaft an diejenigen, die ich seinerzeit in Centralasien bei den Weibern Turkestans gesehen und für das Ethnographische Museum in Paris gesammelt habe.

orientalischen Schmutzes und trotz des Verfalls, dessen man überall gewahr wird, die Stadt förmlich angeheimelt hat. Die schlanken Pappelalleen, welche man in Indien sonst nie sieht, erscheinen uns wie ein Gruss aus dem entfernten Eu-

Fig. 60. Stirnschmuck aus Gold, Edelsteinen und Perlen.

Fig. 61. Ohrgehänge aus emailliertem Gold, Edelsteinen und Perlen.

ropa, und wenn man die Gegend ringsherum betrachtet mit ihrem echten Alpencharakter, wenn man die Kaufleute lärmend auf ihren Kähnen verhandeln hört, wenn die hübschen Weibchen beim Anblick irgendeines ganz merkwürdig gekleideten Briten ihr »silberhelles« Lachen erklingen lassen, oder wenn die Bootsleute zankend und schreiend sich gegenseitig verfahren wollen, so hat dies alles nichts mit der orientalischen Gemessenheit zu thun; wir erkennen echt arisches Blut in unserer Umgebung, und man glaubt sich bei etwas Phantasie in eine von venetianischen Fachini bevölkerte Landschaft von Tirol versetzt. Mich hat diese Natur, dieses Volk ordentlich angemuthet.

Fig. 87. Kopfschmuck aus Gold, Edelsteinen und Perlen.

Von den Bauwerken der Stadt lässt sich nicht viel sagen. Alles Neue ist hässlich und alles wirklich Alte in Ruinen. Wir haben selbst 10 verfallene Hindutempel gesehen. Der Maharadscha besitzt im Innern der Stadt einen Palast, der das Geschmackloseste in seiner Art ist; fast gegenüber dem Munschibag, wo die meisten Europäer theilweise wohnen, theilweise campiren, erhebt sich ein anderer Palast des Königs, der einfacher, aber deshalb auch noch nicht geschmackvoller ist. Die Residenz des englischen Beamten, der Ihre Majestät die Kaiserin von Indien am kaschmirischen Hofe vertritt, ist das einzig wirklich comfortable Gebäude in der ganzen Stadt. Alle den Europäern angewiesenen Bungalows gleichen schmutzigen Baracken.

Fig. 88. Armband aus massivem Silber.

Einiger Bauwerke muss ich nichtsdestoweniger besonders Erwähnung thun; es sind dies zuvörderst die Moschee von

Schah Hamadan, die mich mit ihren spitzen Thürmen unwillkürlich an die Tempel erinnerte, die ich im Jahre 1877 in Kuldscha, der Hauptstadt des westlichen China, gesehen hatte. Ferner das so oft beschriebene Grabmal von Sein-ul-ab-ed-Din, welches durchaus nicht, wie Cunningham und nach ihm Kohl behaupten, zwischen dem 5. und 6. Jahrhundert unserer Zeitrechnung gegründet wurde, sondern nach Fergusson 1000 Jahre später, d. h. von oder für den Fürsten dieses Namens, der im Jahre 1416 seinem Vater Sikandar, mit dem Beinamen Butschikan, d. h. Götzenstürmer, auf dem Thron folgte. Die zugespitzten Bögen dieses Grabmals beweisen durchaus nicht seinen indischen Ursprung, da dieselben sehr häufig in der mohammedanischen Architektur vorkommen, so z. B. in den Moscheen und Gräbern von Achmedabad (1396—1572), obschon sie der Dschainaarchitektur entlehnt zu sein scheinen. Die mohammedanischen Baumeister haben in die von diesen Bögen gebildeten Nischen laubwerkvorstellende Arabesken angebracht, während die Hindus ganz bestimmt die Figuren ihrer Götter hineingestellt hätten.

Der Tacht-i-Soliman, der die Stadt und das Thal ringsum beherrscht, hat auf mich durchaus nicht den Eindruck eines sehr alten Bauwerks gemacht, wie auf die englischen Reisenden Cunningham und Cole; ich theile, was sein Alter betrifft, entschieden Fergusson's Ansicht und will es hier versuchen in Kürze wiederzugeben, was der hochverdiente Kenner der indischen Architektur über den Gegenstand geschrieben hat. Im Innern der octogonalen Einfriedigung, welche die Plattform umgibt, auf welcher der Tempel steht, befinden sich eine Reihe von nischenbildenden Bögen, welche sich im grossen und ganzen denen am Grabe Sein-ul-ab-ed-Din's entschieden nähern. Beim Beginn der zum Tempel hinaufführenden Treppe ist eine Art von gewölbtem Thorweg angebracht, dessen Krönung lebhaft an ähnliche Arbeiten mahnt, die man bei Bauwerken des 17. und 18. Jahrhunderts, welche eine indische Nachahmung von mohammedanischer Architektur sind, oft vorfindet. Eine gleiche Ähnlichkeit läßt sich von den kleinern Tempeln an der Seite, welche augenscheinlich desselben Alters sind, behaupten. Es scheint, dass der Tempel des Tscheit Singh in Ramnagar unweit von Benares, Ende des letzten Jahrhunderts erbaut, dem des Tacht-i-Soliman sehr ähnlich ist. Nach Fergusson's Meinung wurde dieser letztere Tempel unter der Regierung des duldsamen Dschehanger von einigen ungenannten Hindus dem Gott Schiwa zu Ehren erbaut; die auf den Pfeilern der Treppe angebrachte Inschrift stammt aus dem Jahre 1069 der Hegira (1659), dem ersten Regierungsjahre des Kaisers Aureng-Seb. Der Tempel war damals unbeendigt und ist es geblieben, was ihm zwar den Anschein einer Ruine gibt, aber doch weder General Cunningham noch Lieutenant Cole dazu berechtigen, seine Gründung um die Kleinigkeit von 1870 Jahren zurückzuversetzen.

Unter allen übriggebliebenen alten Bauten Srinagars ist der Tempel von Pandrithan jedenfalls derjenige, der am klarsten das Charakteristische an den kaschmirischen Monumenten offenbart. Er befindet sich in der Mitte eines ursprünglich angebrachten Wasserbeckens. Die Röhren, welche dazu dienten, das Wasser auf gleicher Höhe zu halten, sind infolge von Vernachlässigung unbrauchbar geworden und es ist heute keine leichte Aufgabe, sich diesem Tempel zu nähern. Bei meinem Besuch in Srinagar war das Becken fast ganz ausgetrocknet und ich konnte mir daher den Tempel ganz genau besehen. Von aussen wie von innen, besonders in der herrlichen Decke, bietet dieses Bauwerk alle charakteristischen Züge des kaschmirischen architektonischen Stils in einer solchen Vollkommenheit wie kein zweiter des Landes.

Das steinerne Dach, das wir auch bei den übrigen Tempeln von Kaschmir vorfinden, ausser bei denjenigen von

Raniar — auf den wir in der Folge zu sprechen kommen werden — lässt nach Fergusson, wider Cunningham's Meinung, behaupten, derzufolge auch der Mittelbau des Tempels von Martan kein hölzernes sondern ein steinernes Dach gehabt haben muss.

Die Festung, welche auf einem Hügel gelegen die Stadt Srinagar ebenfalls beherrscht, bietet in ihrem Bau nichts Bemerkenswerthes. Hier und da begegnet man auf den Ueberresten der mohammedanischen Bauwerke der Stadt

Fig. 64. Fragment eines mit farbigem Schmelz überzogenen Ziegels.

einigen Bekleidungsfragmenten, die aus emaillirten Ziegeln bestehen. Schon bei meiner ersten Reise in Centralasien habe ich mich lebhaft mit der Frage des Ursprungs und der Fabrikation dieser Ziegel beschäftigt und habe dabei constatirt, dass in Centralasien drei Gattungen von solchen Ziegeln verwendet wurden.

Der einfarbige oder mehrfarbige Schmelz (je nach der Zeichnung) wurde entweder einfach auf der Oberfläche des Ziegels ausgebreitet, oder auf einzelne Ziegelstücke angebracht, die dann mosaikartig zusammengestellt wurden;

endlich gab es eine dritte Art des Verfahrens, derzufolge der mit einer Reliefsculptur verzierte Ziegel mit Schmelz überzogen wurde. Ich habe constatirt, dass in Srinagar nur die erstere Technik in Anwendung kam, ferner, dass weder die Substanz des Schmelzes, noch diejenige der Ziegel mit der in Centralasien gebrauchten sich vergleichen lässt. Auch bei den Zeichnungen kommen in Samarkand persische oder arabische Motive zur Verwendung, während die Ziegel von Srinagar indische Muster mit fast chinesischem Colorit bieten. Ich habe übrigens die von Srinagar zurückgebrachten Fragmente Kennern von persischer Architektur gezeigt, und alle versicherten, dass sie in Persien nichts Aehnliches gesehen.

Srinagar, im Sanskrit Çrî-nâgara, d. h. Stadt des Heils (von Sri, d. i. Lakschmi, die Spenderin des Segens und zwar hauptsächlich des Ackersegens, und Nagara oder Nagar, d. h. die Stadt), 1595 m über dem Meere gelegen, hat 132681 Einwohner; von diesen sind 29737 Hindus, 102766 Mohammedaner, und 178 werden als verschiedenen Religionen angehörig bezeichnet.[1] Bei ihrer Entstehung erhielt die Stadt den Namen Srinagar, welchen sie bis zur Eroberung der Mohammedaner beibehielt; dann wurde sie jahrhundertelang Kaschmir geheissen, bis die Sik das Land an sich rissen und den alten Hindunamen Srinagar erneuerten, während die Muselmanen sie heute noch Kaschmir nennen. Interessant ist es, die Meinung der Reisenden zu hören, welche Srinagar in der Folge der Jahrhunderte besucht und beschrieben haben. Pater Hieronymus Xavier, der Srinagar Ende des 16. Jahrhunderts besuchte, war über die prachtvollen Platanen, welche die Ufer des Behut und des Sees von Srinagar zieren, hochentzückt; diese Bäume

[1] Dr. K. [illegible], Geographische Rundschau, a. a. O.

schienen ihm unsern Kastanien sehr ähnlich. Hundert Jahre später begleitete der geistreiche französische Arzt François Bernier einen Grossen des Hofes des mongolischen Kaisers, Aureng-Zeb, im Gefolge dieses Kaisers, bis nach Kaschmir und äussert wiederholt seine Bewunderung über das rege Leben und Treiben in der Stadt, sowie über die 13 Lustgärten und Landhäuser, welche dieselbe umgaben. Fast [illegible] ([illegible]) Jahre später, 1783, kommt Georg Forster nach Srinagar, äussert sich aber keineswegs lobend über die engen und schmutzigen Strassen und über die unansehnlichen Moscheen. Während jedoch Forster mit Bernier in Bezug auf das Lob der landschaftlichen Umgebung der Stadt übereinstimmt, findet Jacquemont 1831 dieses Lob sehr übertrieben und äussert sich sehr abfällig über die Natur des Hydaspesthals. Glücklicherweise findet dieser Tadel kein Echo, denn Baron Hügel, der im November des Jahres 1835 nach Kaschmir kam, ruft, nachdem er den Eindruck geschildert, den die Stadt auf ihn hervorgebracht, entzückt aus: „Allein, wie anders sobald sich der Blick auf die Stadt erhob und das Riesengebirge der Erde seine Schneekuppen zeigte! Die Form und Farbe der Berge, die Ruhe und Harmonie, welche auf der ganzen Gegend lag, der Eindruck, welchen die herrliche grossartige Natur hervorrief, wird in der Erinnerung fortleben." Im October 1856 trafen hier die Gebrüder Schlagintweit zusammen, welche von der Stadt eine erschöpfende Schilderung geben; doch niemand hat Srinagar poetischer und doch wahrer beschrieben als Guillaume Lejean, der im Jahre 1866 dort eintraf, nachdem er ein moderner Ahasverus den Orient durchzogen und von einer gewaltigen Ruine zur andern gepilgert war.

Im Jahre 1554 zerstörte ein furchtbares Erdbeben, bei dem [illegible] Menschen umkamen, Srinagar und bei dieser Gelegenheit mögen auch die letzten Ueberreste der alten

Hindutempel, welche der Fanatismus des „Götzenstürmers" verschont, in Trümmer gegangen sein. Jedenfalls hat weder der letzte Maharadscha Gulab-Singh (der Rosenlöwe), noch sein Sohn und Nachfolger Ranbir-Singh Bahadur Chan etwas für das Wiederaufblühen der alten Herrlichkeit gethan.

Bei unserer Ankunft in Srinagar wurden wir beide, meine Frau und ich, von einem heftigen Fieber befallen, das glücklicherweise nur zwei Tage anhielt. Erst am dritten konnten wir daran denken, uns Stadt und Umgebung etwas genauer anzusehen.

Kaum waren wir von einer flüchtigen Besichtigung der Stadt und des Bazars heimgekehrt, so theilte uns der redselige Ammer-Nat mit, dass „His Highness the Maharaja Ranbir Singh, Ruler of Jammu and Kashmir" geneigt wäre, uns am kommenden Tage in Privataudienz gnädigst zu empfangen, und neugierig bereiteten wir uns darauf vor, einen der mächtigsten indischen Fürsten von Angesicht zu Angesicht zu sehen, der trotz der anerkannten englischen Oberhoheit weit unabhängiger, als man es in Europa im allgemeinen zu glauben geneigt ist. Ich war froh, dass mir Gelegenheit geboten wurde, ihm persönlich Dank zu sagen für den liebenswürdigen gastfreien Empfang, den er uns allerorts in seinen Staaten hatte bereiten lassen. Seit Victor Jacquemont (1831) war kein wissenschaftlicher Reisender auf so zuvorkommende Art in Kaschmir empfangen worden. Ich muss gestehen, dass ohne diese Aufnahme es uns fast unmöglich geworden wäre, ganz Baltistan zu bereisen und bis in die Thäler des Karakorum-Gebirges zu dringen. Es wäre zu wünschen, dass alle asiatischen Staaten so gastfreie Fürsten besässen wie der Maharadscha von Kaschmir, Ranbir-Singh Bahadur.

Um 10 Uhr morgens liess mich der Maharadscha von einem seiner hohen Würdenträger in einem Hofboot abholen, und 20 Minuten später langte unser Fahrzeug bei der grossen Stiege des Palastes an. Der Minister des königlichen Hauses erwartete mich am Eingange desselben; wir durchschritten einen geräumigen Hof, der mit Garden, Bittstellern, Dienern, Reitpferden u. s. w. erfüllt war, wurden am Fusse der Treppe, welche zu den königlichen Gemächern führt, vom Staatsminister Diwan Anant-Ram empfangen und gelangten endlich auf eine Terrasse, auf welcher mich der Maharadscha mit seinen Söhnen erwartete. Der Fürst kam mir bis zur Thüre entgegen, nahm mich bei der Hand und führte mich zu einem Stuhl, der zu seiner Rechten stand, auf welchem er mir einen Platz anwies. Zu seiner Linken sassen seine drei Söhne, von denen mir der älteste, der präsumtive Thronfolger, durch seinen unliebsamen Gesichtsausdruck auffiel. Hinter dem Fürsten hatten einige Grosse seines Hofes Platz genommen, unmittelbar hinter ihm sein Privatsecretär, Babu Nil-Omber, ein verschmitzt aussehender, hochgebildeter Inder, der, so behauptet man, in Srinagar einen grossen Einfluss auf die Staatsgeschäfte ausübt. Zu seiner Linken sass ein besonders schöner Pandit, der Vicegouverneur von Srinagar, Ram-Dschu, der ganz geläufig französisch sprach; zu meiner Rechten nahm der mit mir eingetretene Minister, Diwan Anant-Ram, Platz; zu meiner Rechten endlich sass ein Europäer mit grossem blonden Vollbart; es war dies der Director der Weingärten und landwirthschaftlichen Arbeiten Sr. Hoheit, Mr. E., der uns als Dolmetscher dienen sollte.

Der Maharadscha, Ranbir-Singh, ist ein mittelgrosser, starker Mann, mit sehr angenehmen ausgeprägten Gesichtszügen, feurigen Augen, edel geschwungener Nase, wohlgepflegtem schwarzen Bart und hochaufgewichstem Schnurrbart (wie ihn die Radschputen zu tragen pflegen). Er trug ein weisses, anliegendes Leinenhemd, ebensolche Beinkleider.

keine Bekleidung an den Füssen, auf dem Kopfe einen Turban aus rosenfarbiger feiner Seide, und auf demselben eine Aigrette aus Diamanten, Rubinen und Smaragden; ferner ein sehr schönes Perlenhalsband, einen Gürtel, ebenfalls mit Edelsteinen reich besetzt; in der Hand hielt er einen zierlichen Säbel, dessen Griff und Scheide gleichfalls von allerhand kostbaren Steinen blitzten. Er verband mit einem ganz ungezwungenen Benehmen liebenswürdiges Wohlwollen und eine gewisse Majestät. Man hätte bei seinem Anblick nie geahnt, dass sein Vater, Gulab-Singh, der Gründer seiner Dynastie, nichts weiter als ein tapferer Unteroffizier gewesen, aus dem die Laune des einäugigen Randschit-Singh, des vorletzten Herrschers von Lahore, einen König gemacht hatte. Er konnte mit dem französischen Marschall ausrufen: „Sie sind die Kinder ihrer Ahnherren, ich bin mein eigener Ahnherr.“ Das ist übrigens in Asien und auch anderswo häufig der Fall.

Resümire ich den Redeschwung meines griechischen Freundes Panagiotes Potagos, der zweimal Asien und Afrika durchzogen und längere Zeit als Arzt am Hofe Schir-Ali's, des Emir von Afghanistan, geweilt, so würde ich sagen, dass mich Ranbir-Singh den Plato und den Aristoteles des Westens geheissen und ich ihn natürlich mit der Sonne und den Fixsternen verglichen; ich würde erzählen, dass, als er mich um meinen Geburtsort befragte und ich bescheiden erwiderte, dass ich in Wien das Licht der Welt erblickt, er darauf bemerkt habe: „Ich kenne diese Stadt zwar nicht, sie muss aber im Mittelpunkt der Welt liegen, da mein weiser Freund dort geboren“ u. s. w. Doch da ich nicht macedonischer Abstammung bin, so kann ich mich auf solche Erzählungen nicht einlassen. Geschah es mir doch einige Wochen später, dass mich der Gouverneur von Klein-Tibet „Alexander“ titulirte und auf mein Befremden mir versicherte, „ich müsse wol ein Nachkomme des grossen Eroberers sein!“ Dieser An-

stammen wird meinen Lesern weniger unwahrscheinlich klingen, wenn ich ihnen mittheile, dass es nicht Einen centralasiatischen Fürsten gibt, und mag er nur über ein paar Dutzend Ziegenhirten regieren, der nicht steif und fest behauptet, wenn nicht vom grossen Macedonier direct, so doch von einer seiner Töchter abzustammen.

Der Maharadscha sprach mit mir über Anthropologie und sagte mir, er hätte sich selbst schon damit beschäftigt, die Länge und Breite des Gesichts von vielen seiner Unterthanen zu messen und aus dem sich ergebenden Verhältniss gewisse Schlüsse zu ziehen. Er forderte seine Minister auf, meinen anthropologischen Messungen beizuwohnen und ihm über deren Verlauf zu berichten. „Alle Unterthanen meines Reiches stehen Ihnen zu Ihren anthropologischen Untersuchungen zur Verfügung. Sie gedenken übrigens Klein-Tibet zu bereisen,“ setzte er hinzu. Auf meine bejahende Antwort fuhr er fort: „Doch warum wollen Sie sich den Gefahren und Strapazen einer so langwierigen Reise aussetzen? Wollen Sie Bewohner aus jener Gegend messen, so lasse ich welche nach Srinagar kommen. Ich lasse sie aus den verschiedensten Theilen zu Hunderten kommen, ganze Dörfer, wenn Sie es wünschen, Reiche und Arme, Hohe und Niedrige, wie Sie es wollen!“ Ich dankte dem Fürsten für sein liebenswürdiges Anerbieten, meiner anthropologischen Messungen halber eine Völkerwanderung aus Klein-Tibet nach Kaschmir zu veranlassen, und beharrte auf meinem Wunsche, Baltistan und Dardistan persönlich bereisen zu dürfen. Der Fürst gab mir seine Einwilligung und bot mir einen seiner geschicktesten Munschi und sogar ein Pferd aus seinem Marstall an. „Ich werde alles anbefehlen“, sagte er, „damit Ihnen diese Reise so angenehm als möglich gemacht wird; nur den Elementen kann ich nicht gebieten, und wenn Sie auf Schnee und Eis stossen, so müssen Sie sich die daraus erwachsenden Schwierigkeiten nur selbst zuschreiben!" Ich dankte für all die mir erwiesene Liebenswürdigkeit und empfahl mich.

Ranbir-Singh geniesst bei den meisten Engländern keines sehr guten Rufes; sie behaupten, er wäre falsch und grausam, und sie schieben ihm alle möglichen Missethaten in die Schuhe. Ich kann nur Eins sagen: ich habe in ihm einen liebenswürdigen, intelligenten Fürsten gefunden, der mich während meines Aufenthalts in Kaschmir in allen meinen wissenschaftlichen Unternehmungen wesentlich unterstützt hat und der mir von den besten Gesinnungen für sein Volk und Land beseelt zu sein schien. Was seine Umgebung betrifft, so ist dies freilich eine andere Sache, und mit dieser mag es allerdings sehr schlecht bestellt sein. Wie in allen Ländern, wo jede Controle fehlt, würde sie wol ebenso gern wie die russische Beamtenwelt in Turkestan wirthschaften, wenn der englische Resident in Srinagar nicht hier und da mit Blitz und Donner dazwischen führe. Dieser, ein gewisser Mr. Henvey, ist ein äusserst talentvoller, gewissenhafter Mann, der mit drakonischer Strenge seines Amtes waltet und, soviel es in seiner Macht steht, den kaschmirschen Volksbeglückern energisch das Handwerk legt. Henvey ist natürlich an dem kaschmirschen Hofe nicht beliebt, aber dies gereicht ihm nur zur Ehre, und könnte er sich mit Ranbir-Singh direct verständigen, so bin ich überzeugt, dass der Maharadscha dabei entschieden gewinnen würde und sein Land und Volk ebenfalls. Die Stellung eines britischen Residenten ist übrigens eine sehr schwierige, denn Kaschmir ist, wie schon erwähnt, weit unabhängiger von der englischen Herrschaft, als man es dem Anscheine nach glauben sollte.

Das Land ist unter britischer Oberhoheit, und der Fürst darf weder Krieg erklären, noch Frieden schliessen, noch Gesandte von fremden Mächten empfangen, ohne die Einwilligung des Vicekönigs von Indien. Ja sogar Reisenden darf er nur unter britischer Genehmigung die Grenzen seines Reiches öffnen. Dabei zahlt er einen Tribut, aus einigen Kaschmirshawls bestehend, an die Kaiserin-Königin. Nichtsdestoweniger ist er in seinen Staaten souverän; kein Engländer oder anderer Europäer darf ein Haus oder ein Feldstück in seinen Ländern erwerben, kein Fremder darf mehr als sechs Monate auf seinem Grund und Boden zubringen, und alle Besucher müssen auf bestimmten Strassen in das Land und aus dem Lande reisen. Ja der englische Resident darf nicht einmal die britische Flagge auf seinem Hause aufhissen. Als ich noch in Bombay weilte, sagte mir ein englischer Beamter, dass es ein Unglück für Kaschmir sei, von einem indischen Fürsten regiert zu werden, da die Mehrzahl der Einwohner Muselmannen wären. Dieser Meinung bin ich seit meinem Aufenthalt in Kaschmir gar nicht, besonders vom englischen Standpunkte aus. Erstens sind mir die fein gebildeten, toleranten, höflichen Inder weit lieber als die rohen, grausamen, fanatischen Mohammedaner; zweitens wäre ein rein moslemischer Staatencomplex an der Nordwestgrenze Indiens geradezu eine Gefahr für die britische Herrschaft in Ostindien. Wie leicht könnte ein solcher Staat dem benachbarten Afghanistan die Hand bieten und seine natürliche Bergfeste zu einem Bollwerk des Islams machen. Für englische Interessen ist es entschieden besser, einen indischen Fürsten in Dschammu und Srinagar auf dem Throne zu wissen.

Beim Nachhausefahren bemerkte ich an dem Theile des königlichen Palastes, wo die verschiedenen Ministerien untergebracht sind, eine complete Abwesenheit von allen Communicationsmitteln mit den vom Dschelum aus kommenden Schiffen und Booten. Dies wurde mir folgendermaassen erklärt. Früher gab es über 20 Treppen, welche mit dem Flusse in Verbindung waren, und alle Bittsteller gelangten auf diese Art ins Innere der verschiedenen Ministerien. Infolge dessen wurde der Landweg vollständig verlassen und der Hof des königlichen Palastes blieb leer. Dies missfiel dem Fürsten, und in einer Nacht liess er sämmtliche Treppen abbrechen, mit Ausnahme einer einzigen, welche zu den Privatgemächern des Ministerpräsidenten führt.

Bei dieser Gelegenheit erfuhr ich auch, dass es verboten ist, zwischen der ersten und zweiten Brücke von Srinagar zu fischen oder Netze auszuwerfen (der Dschelum ist sehr fischreich), aus dem einfachen Grunde, weil nach der Behauptung der Brahmanen die Seele Gulab-Singh's, des Vaters des Maharadscha, in einen Fisch gefahren sein soll, der sich eigenthümlicherweise, immer gemäss der Behauptung dieser Brahmanen, stets auf derselben Stelle aufhält. Voll Pietät für seinen Vater und Ahnherrn hat der Fürst das Fischen auf diesem Platze untersagt.

Kurze Zeit nach meiner Ankunft hatte ich Gelegenheit, zahlreiche anthropologische Messungen an Bewohnern von Srinagar vorzunehmen. Wie schon erwähnt, theilen sich diese Bewohner in Hindus und Muselmanen; diese Theilung beruht nicht nur auf dem Glauben, sondern in diesem Falle auch auf dem physischen typischen Unterschiede. Als die Muselmanen vor fünf Jahrhunderten das Volk von Kaschmir zu ihrem Glauben bekehrten, gelang ihnen dies nicht vollständig. Ein kleines Häuflein blieb der Religion der Väter treu und bewahrte auch seinen physischen Typus bis auf den heutigen Tag. Diese Nachkommen der ehemaligen kaschmirschen Brahmanen nennen sich selbst Panditen, als wenn sie diese Benennung, die nur auf die Gelehrten des eigentlichen Indiens angewendet wird, auch wirklich verdienten. Die meisten unter ihnen sind öffentliche Schreiber oder bekleiden Stellen in den Bureaux der Regierung, andere ergeben sich dem Handel, aber niemand unter ihnen ist Ackerbauer oder Handwerker. Das Kastenwesen hat sich übrigens auch bei den zum Islam übergetretenen Kaschmiris bewahrt, aber sie wird weniger streng beobachtet als im brahmanischen Indien, was vielleicht daraus zu erklären ist, dass die arische Einwanderung, welche die Kasteneintheilung mit sich gebracht, in Kaschmir nur wenig fremde Elemente vorgefunden. Eine einzige Kaste wird in Kaschmir als vollständig unrein angesehen, es ist dies die der Batal; keiner unter ihnen darf den Namen Allahs anrufen, er würde sonst als Gotteslästerer angesehen werden. Einige Gelehrte sind der Ansicht, dass die Batal, wie die Dum in Dardistan, die Vertreter einer besiegten Urbevölkerung sind.

Der Kaschmiri bietet heute einen streng begrenzten charakteristischen Typus. Ein Reisender, der in Kaschmir gewesen, erkennt sofort die Bewohner dieses Thals, die er in Indien zufällig antrifft. Der leider zu früh dahingeschiedene englische Reisende Robert Shaw theilt ganz meine Ansicht. „Der Typus der Kaschmiris ist etwa so markirt wie der der Juden", schreibt er in seinem verdienstvollen Werke: Visit to High Tartary; „wer einmal einen erblickt wird keinen Augenblick anstehen, zu Gunsten der Nationalität eines derselben zu schwören, selbst vor Gericht u. s. w." Ich kenne ausser den Juden nur zwei andere Völker, welche dieselbe Beharrlichkeit des Typus aufweisen wie die Kaschmiris. Es sind dies die Afghanen und Armenier. Ja ich finde diese beiden Typen vielleicht heute noch constanter als den der Juden.

Der Kaschmiri ragt im allgemeinen über die Mittelgrösse hinaus; sein Körper ist kräftig und muskulös, sein Schädel umfangreich, sein Auge dunkel und glänzend, seine Nase lang und gerade, seine Lippen schmal, die Entfernung zwischen dem Rand der Oberlippe und der Nase bedeutend, sein Gesicht oval; letzteres trägt den Stempel der Intelligenz und der Verschmitztheit; sein Bart ist lang und dicht, sein Hals ist stark, seine Extremitäten gross und seine

Hand- und Fussgelenke sich. Gewiss ist der Typus der Kaschmiris im allgemeinen ein wohlgefälliger. Die Weiber sind meist gross und wohlgebaut; sie sind weniger anmuthig als die Hindufrauen der Ebene, aber ihre Hautfarbe ist weisser und verleiht ihnen ein mehr europäisches Aussehen; ihre Gesichtszüge sind angenehm und oft ganz hübsch zu nennen. Bei unsern Ausflügen hatten wir Gelegenheit, viele Mädchen und Frauen zu sehen, die uns neugierig anschauten, ohne sich im mindesten zu bemühen, ihr Antlitz wie ihre Schwestern in Centralasien hinter einem hässlichen Rosshaarschleier zu verbergen. Die Zeiten in Kaschmir haben sich eben seit der Reise des berühmten französischen Arztes Bernier geändert. Derselbe erzählt in seiner anziehend naiven Weise, er habe, um der Mädchen und Frauen ansichtig zu werden, zu einem schlauen Kunstgriff Zuflucht genommen, der ihm auch vollkommen gelungen. Er hatte nämlich die Taschen voll Zucker- und Backwerk gesteckt, das er an die Kinder auf der Strasse vertheilte; sofort kamen die Mütter und erwachsenen Schwestern der Kinder, um auch ihren Theil zu bekommen — und um sich sehen zu lassen, fügt Bernier ganz zutreffend hinzu. Die Weiber im Orient sind in der That nichts weiter als höchst anmuthige Thierchen, für die es nichts gibt als Neugierde, Ziersucht und Naschhaftigkeit. Dahin hat sie der Glaube Mohammed's mit seiner geisttödtenden Clausur gebracht. Heute freilich sind solche Vorsichtsmaassregeln in Kaschmir nicht mehr nöthig, und die Schönheiten von Srinagar verstecken sich durchaus nicht vor den Blicken des Europäers. Nichtsdestoweniger rathe ich meinen Lesern, in Persien oder in Arabien behutsam vorzugehen; denn die Brüder sind dort weniger tolerant und die Gatten von einer geradezu unliebsamen Eifersucht besessen.

Neben dem Kaschmiri bewahrt der Pandit ebenfalls einen ganz charakteristischen Typus; unserer Anschauung nach haben wir es hier mit dem reinsten und edelsten Abkömmling der arischen Rasse zu thun, denn der Pandit ist in dieser Beziehung mit den Brahmanen der Gangesebene gar nicht zu vergleichen. Ebenso wie der Kaschmiri, unterscheidet sich der Pandit vollständig von den Indiern des westlichen Himalaja, und ich begreife wahrhaftig nicht, wie ein so aufmerksamer Beobachter wie Herr Drew ihn mit den muselmanischen Bewohnern Kaschmirs identificiren konnte.[1] Man möge versuchsweise eine Anzahl der Bewohner von Srinagar, Panditen und Kaschmiris natürlich, versammeln, ziehe sie alle gleich an, lasse von der Stirn der Panditen das Sektenabzeichen verschwinden, so wird der mit anthropologischen Studien auch nur wenig vertraute Reisende sofort auf den ersten Blick die Panditen von den Kaschmiris zu unterscheiden wissen. Wir wollen es übrigens versuchen, den Unterschied, welcher zwischen den beiden Typen besteht, näher zu beleuchten. Der Pandit besitzt eine hohe edle Stirn, seine Augenbrauenwülste verschwinden, ebenso wie die Einsattlung zwischen der Glabella und der Nasenwurzel; die Nase, mit der Stirn in einer Linie gelegen, ist gerade oder ein wenig gebogen, die Augenbrauen sind dicht geschweift, die Augen, von einer glänzenden schwarzen Farbe, sind mandelförmig geschlitzt, der Mund ist klein, die Zähne bläulichweiss und gesund, die Ohren klein und am Kopfe anliegend, der Hals ist proportionirt, der Rumpf schlank, die Füsse und besonders die Hände klein und fein geformt. Die schwarzen oder kastanienbraunen Haare sind gelockt, der dichte Bart ist gewöhnlich von brauner, hier und da auch von blonder Farbe. Die starkbehaarte Haut ist hell, besonders wenn man sie mit jener der andern Himalajavölker vergleicht. Seinem Wuchse nach ragt der Pandit über die Mittelgrösse hinaus.

[1] Drew, The Jummoo and Kashmir Territories.

Der Pandit ist fanatischer Hindu; sehr stolz auf seinen Ursprung lässt er sich nie dazu herab, die Brahmanen der Ebene als seinesgleichen zu betrachten. Abgesehen von seinem religiösen Fanatismus, ist der Pandit von einer liebenswürdigen Höflichkeit in seinem Benehmen; dabei ist er würdiger und nicht so falsch und hinterlistig wie der Kaschmiri. Er erlernt fremde Sprachen mit Leichtigkeit; fast alle hohen Beamten Srinagars, welche Pandits sind, sprechen geläufig englisch, und der Vicegouverneur der Stadt, ein gewisser Ram Dahu, ist sogar, wie schon erwähnt, der französischen Sprache fast vollkommen mächtig. Nach der früher gegebenen Beschreibung des Kaschmiri ist es leicht, die Hauptunterschiede, welche zwischen ihm und dem Pandit bestehen, näher zu präcisiren. Der Schädel des Kaschmiri ist viel voluminöser, die Augenbrauenwülste hervortretend, die Einsenkung zwischen der Glabella und der Nasenwurzel tief markirt, die Augenbrauen dicht, fast untereinander verbunden, die Jochbogen hervorstehend und der Körper endlich massiv, man könnte sagen vierschrötig gebaut. Das Antlitz des Kaschmiri besitzt einen besonderen Ausdruck; es ist weder so fein und zart wie das des Pandits, noch so scharf in seinem Profil, ich möchte fast sagen, raubvogelartig als dasjenige des Dardu. Der Pandit ist demnach das Prototyp des arischen Indiers, während der Kaschmiri ein arischer Bergbewohner ist, dessen Typus durch eine über 800 Jahre dauernde Vermischung mit den verschiedensten fremden Elementen sich bedeutend geändert hat, ohne deshalb die gesammten arischen Eigenschaften verloren zu haben. Vom moralischen Standpunkte aus vermag nichts die Sinnesrichtung des Kaschmiri richtiger wiederzugeben, als die bezeichnenden Worte Jacquemont's: „erfinderisch und feige". Der Kaschmiri ist falsch, kriechend, lügnerisch, diebisch, und es gebricht ihm absolut an Muth, was um so staunenswerther ist, wenn man seine robuste physische Constitution in Betracht zieht, denn er ist weit kräftiger gebaut als alle Nachbarvölker. Er bietet jedenfalls das höchst merkwürdige Beispiel einer moralisch verkommenden und physisch blühenden Nation.

Der Breitenindex betrug als Mittelzahl bei 20 von mir gemessenen Kaschmiris 71,45 und bei 20 Panditen 70,91; diese letztern sind daher noch dolichocephaler als die erstern. Der *Index frontalis* betrug bei derselben Anzahl von Kaschmiri 78,01, während er bei den Panditen nur 77,38 erreichte. Der grösste Horizontalumfang des Schädels betrug bei beiden 540 mm, während der Verticalumfang bei den Kaschmiris 335 mm, bei den Panditen aber nur 325 erreichte. Aus diesen Ziffern ergibt sich sofort, dass der Schädel des Panditen nicht so hoch und demnach auch weniger umfangreich als der des Kaschmiri ist. Es sei hier noch nebenbei erwähnt, dass die Baltis und Darden einen mittlern Verticalumfang von 330 mm besitzen, während die Chaiber (Afghanen) nur 323 mm erreichen. Später bei Besprechung des physischen Typus der Völker Dardistans werden wir wiederholt Gelegenheit haben, auf diesen höchst interessanten Gegenstand zurückzukommen.

Bevor wir von Srinagar scheiden, um uns nach Klein-Tibet zu verfügen, will ich noch des Handels und der Industrie Erwähnung thun. Wie ich schon bemerkt habe, besitzen die Kaschmiris eine bewundernswerte Geschicklichkeit für alle Handarbeiten und ein wirklich erstaunliches Nachahmungsvermögen. Letzteres geht so weit, dass sie die complicirtesten Uhrwerke, die neuesten und vervollkommnetsten Gewehre ganz prächtig imitiren.

Die Hauptindustrie des Landes besteht in der Fabrikation der weltberühmten Kaschmirshawls, deren Verbrauch in Europa aber seit einigen Jahren ein bedeutend geringerer geworden. Der Shawl ist nicht mehr Mode und dürfte bei den heutigen Ansprüchen an Billigkeit und häufigen

Fig. [illegible]. Becher aus emailliertem Glase. Fig. [illegible]. Becher aus [illegible]

Fig. 57. Eine [illegible] aus Papiermaché und Proben von Spielkarten.

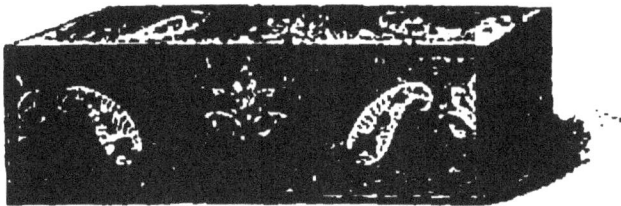

Wechsel in den Trachten wol sobald nicht wieder zu Gesehen kommen. Dem kleinen Lande erwächst dadurch ein namhafter Schaden, der zu einer wahren commerziellen Katastrophe führen kann.

In zweiter Linie sind die Kaschmiris sehr geschickte Goldarbeiter und besonders gediegene Kupferschmiede. Man kann in Srinagar zu wirklich äusserst billigen Preisen sehr

Fig. 58. Surai (Wasserkanne) aus Papiermaché.

Fig. 59. Ein Fenster aus Cedernholz (Kaschmir).

schöne Gold-, Silber- und getriebene Kupfersachen erstehen und staunt wirklich über die geschmackvolle und sorgfältige Arbeit. Ferner verfertigen die Leute sehr hübsche Sachen aus Papiermaché und ganz nette Malereien auf Holz. Von Stoffen sind besonders zwei Gattungen zu empfehlen: der aus feinsten Ziegenhaar verfertigte Paschmina, von ausserordentlicher Geschmeidigkeit und Solidität, und in zweiter

Linie der bedeutend größere Patu, der sich sehr gut zu Herrenkleidern verwenden läßt. Ein Anzug aus Patu von

Fig. 59. Bogen aus geschnitztem Cedernholz von der alten Moschee bei Uri.

Fig. 60. Bogen aus geschnitztem Cedernholz von der alten Moschee bei Uri.

einem einheimischen Schneider in Srinagar kommt auf kaum 6 Rupien (circa 12 Mark) für Stoff und Arbeit zu stehen.

Auch in Holzschnitzereien müssen die Kaschmiris in früherer Zeit Bedeutendes geleistet haben, denn man findet noch jetzt in Srinagar wunderbar geschnitzte Truhen aus Nussbaum- und Cedernholz, und auf dem Wege von Baramulla nach Kohala legt die verfallene Moschee in der Nähe von Uri Zeugniss ab von der einstigen Geschicklichkeit der Bewohner für Holzarbeiten.

Doch das Schönste in ihrer Art sind die zahlreichen alten Gegenstände aus getriebenem Kupfer, die man in Srinagar findet. Die meisten dieser Gegenstände bestehen aus rothem, getriebenem, ciselirtem und niellirtem Kupfer, welche mit einer feinen, wie frostiges Silber glänzenden Zinnkruste überzogen sind; andere sind aus Messing getrieben und ebenfalls ciselirt. Viele dieser Gegenstände kommen aus Jarkand, sie sind aber leicht an Form und Arbeit erkenntlich. Es sind zumeist Kaffeekannen, von denen oft nur Theile der Ornamentik verzinnt sind.

Die in Srinagar verfertigten Kannen u. s. w. sind ausser den vielfachen Verzierungen auch mit Inschriften geschmückt und stammen aus dem 15., 16., 17. und 18. Jahrhundert. Die darauf gravirte Jahreszahl und der eigenthümliche typographische Charakter der Inschriften bürgt für das Alter derselben. Alle diese Gegenstände sind übrigens sowol in der Eleganz der Formen als auch in der kunstvollen Technik den persischen Kupferarbeiten von Kaschan und Ispahan weit überlegen. Ein bezeichnendes Merkmal der Vasen von Srinagar ist, dass der Henkel meist aus gelbem Kupfer, während die Vase selbst aus verzinntem rothem Kupfer ist. Diese Henkel sind übrigens von einer besonders zierlichen Form, welche, der Meinung eines pariser Kunstkenners gemäss, an griechische Motive erinnernd mehr oder weniger einem Delphin gleichen. Ich theile diese Ansicht nicht. Ich glaube, die Formen haben entschieden chinesische Anklänge und mahnen an den kaiserlichen Drachen mit seinen zahlreichen Modificationen.[1]

[1] Wir werden auf die Erzeugnisse dieser bedeutenden Metallindustrie noch später zurückkommen.

Fig. [illegible]. Zwei Teekannen, ein Samowar, ein Kesselchen und ein Schöpflöffel aus rotem, verzinntem und ziseliertem Kupfer (Srinagar) und eine Wasserkanne aus Bronze ([illegible]).

Man findet in Srinagar auch Vasen, Leuchter, Näpfe u. s. w. aus sogenanntem Bidri; es ist dies eine aus Kupfer, Zinn und Blei bestehende Composition, welche, wie schon erwähnt, mit den zierlichsten Arabesken aus eingelegten Gold- und Silberplättchen und Fädchen verziert und dann vermittelst einer chemischen Lösung an der Oberfläche geschwärzt wird. Die weissen und gelben Ornamente kommen hierauf durch Polirung zum Vorschein. (Siehe Seite 68.) Diese letztern Gegenstände sind jedoch ebenso alt als selten.

Jedenfalls muss man aber zugestehen, dass ein Volk, das seine Küche in herrlichen, mit den geschmackvollsten Inschriften verzierten Kesseln aus getriebenem und ciselirtem Kupfer bereitet, das seinen Thee oder Kaffee aus edel geformten prächtigen Kannen trinkt, das sich prunkhaft ausgestatteter Wasserkrüge und Basins, getriebener und niellirter Platten, Vasen, Pfeifen, Leuchter, Lampen, Samovars, Lotas, Teller[1], ja sogar fein ciselirter Spucknäpfe bedient, dass ein solches Volk eine ganz besondere künstlerische Begabung besitzen muss. Wenn man dabei noch in Betracht zieht, dass alle diese Gegenstände zum täglichen Hausgebrauche, sowol im Palast des Reichen wie in der Hütte des Bauern, gehören, so wird man noch mehr darüber erstaunen, und derjenige, der dies in Erwägung zieht, wird sich sagen: Wir haben es hier mit einer besonders begabten Rasse von Ariern zu thun, welche, zu wenig kriegerisch und zu schwach, um den eindringenden Barbaren zu widerstehen, sich mit Leib und Seele der Kunst in die Arme geworfen haben, um in ihrer erhabenen Ausführung Trost und Selbstvergessen zu finden.

[1] Ich war so glücklich, über [illegible] dieser Gegenstände zu erwerben.

SIEBENTES KAPITEL.

VON SRINAGAR NACH ISKARDO.

Von Srinagar bis zum See Manasbal. — Ein besonders heiliger Fakir. — Der Wularsee. — Bandipur. — Der Tragbal-Pass. — Fliegende Füchse. — Das Dardendorf Gurez. — Die Dardenweiber und ihre Schmuckgegenstände. — Eine wissenschaftliche Abhandlung oder vielmehr Abschweifung. — Die englischen Reisenden im Hindukusch. — Major Biddulph. — Ein Ausspruch Dr. Brown's. — Meine anthropologischen Messungen. — Die russischen Reisenden auf dem Pamir. — Professor Tomaschek und seine verdienstvollen Studien. — Fedschenko und seine Forschungen. — Ursprung des Namens Galtscha. — Benedikt Goës. — Biddulph's Eintheilung der Arier. — Das obere Oxusthal, die Urheimat der arischen Rasse. — Versuch, ein anthropologisches Bild neben dem linguistischen von Biddulph zu entrollen. — Iranier und Indier. — Der Procentsatz der Blonden. — Die Sprache der Jagnauben und ihre Bedeutung. — Die übrigen Völker der indischen Gruppe. — Schlussbetrachtungen. — Weiterer Aufenthalt in Gurez. — Die Militärmusik des kaschmirischen Forts. — Aufstieg zum Deosai-Plateau. — Herodot's goldgrabende Ameisen. — Die Bergkrankheit. — Der Anblick des Karakorum-Gebirges. — Ankunft im Industhale.

Am 10. August vormittags verliessen wir Srinagar, um nach dem entfernten Baltistan zu reisen. Der englische Resident hatte uns sein Boot zur Verfügung gestellt und dank den 20 Rudern, die dasselbe in Bewegung setzten, war es uns leicht, schnell und bequem vorwärts zu kommen. Auf einem andern Boote befand sich ein junger amerikanischer Maler mit seiner Frau, welche ihre Hochzeitsreise nach dem Karakorumgebirge auszudehnen wünschten und uns begleiteten. Der Munschi, welchen mir der Maharadscha mitgegeben, Gân-Patrâ mit Namen, befand sich auf einem dritten Fahrzeug, und auf einem vierten endlich unser Koch mit seinen Gehülfen und den Lebensmitteln. Es ist nicht zu glauben, mit welch zahlreicher Dienerschaft ein Engländer zu reisen pflegt. Dies hat vor allem zwei Gründe:

erstens hat jeder englische Functionär eine grosse Anzahl Diener in seinem Hause, zweitens bringt es das indische Kastenwesen mit sich, dass ein jeder Diener seine bestimmt vorgeschriebene Beschäftigung, ausser welcher er sich zu keiner andern herbeilässt. Ein englischer Beamter gewöhnlicher Stellung hat wenigstens 25 Menschen in seinem Dienst; der Lieutenant-Governor des Pendschab hat deren 200—250. Dieser kolossale Hausstand ist auch der Grund, warum die meisten englischen Beamten in Indien trotz ihres hohen Gehalts nichts ersparen können. Die vielen oft ganz überflüssigen Diener sind eben eine echt asiatische Sitte oder Unsitte, der sich auch die eigenwilligen Engländer beugen mussten.

Am Abend des 10. August langten wir im See Manasbal an, in welchen man durch einen schmalen Kanal gelangt, der sich vom Dschelum abzweigt. Der See ist sehr hübsch gelegen, grösstentheils mit Lotospflanzen und Wassernüssen

Fig. 17. Ein kaschmirisches Staatsboot

bedeckt, am Ufer erblickt man unter dem Wasser Ruinen einer steinernen Burg; dieselbe soll von den Mongolenkaisern herstammen. Das Gestade, an welchem wir anlegten, ist mit herrlichen uralten Platanen bewachsen und unweit davon erhebt sich ein einfaches Kreuzlein mit einer Inschrift; es ist das Grab eines englischen Touristen, der hier an den Folgen des mörderischen indischen Klimas starb. Noch weiter seitwärts befindet sich eine Einsiedelei, in welcher ein besonders heiliger Fakir sein Dasein fristet. Er wird von den Muselmanen Kaschmirs als ausserordentlich heilig betrachtet, denn er hat sich in der Nähe seiner Behausung in einer Bergwand mit Hülfe seiner Nägel sein Grab selbst gegraben. Wir beeilten uns, dem sonderbaren Manne einen Besuch abzustatten, und wurden von ihm mit Pfirsichen und Weintrauben bewirthet.

Am 12. August fuhren wir weiter und langten im Laufe des etwas stürmischen Nachmittags im Wularsee an. Dieser, der grösste von ganz Kaschmir, ist ebenfalls zumeist mit Schilf und Wasserpflanzen bedeckt. Die Stürme auf demselben sind sehr gefährlich, da die kaschmirischen Boote bei ihrer besonders flachen Bauart sehr leicht Schiffbruch leiden. Glücklicherweise wurde uns eine solche unangenehme Ueberraschung erspart, und am Abend desselben Tages lief unsere kleine Flotille wohlbehalten in den Hafen von Bandipur ein.[1] Unsere Pferde, welche wir von Srinagar vorausgeschickt hatten, erwarteten uns, und so konnten wir am 13. morgens unsere Reise unbehindert fortsetzen. Sowie man Bandipur verlässt, reitet man durch ein fruchtbares, gut bebautes und ziemlich bevölkertes Thal bis zum

[1] In Bandipur erstand ich von einem unserer Bootsleute antike silberne Schmuckgegenstände von grossem Interesse. Es lässt sich bei den aus Silber verfertigten Gegenständen dasselbe sagen wie von den Kupfer- oder Bronze-Vasen: je älter ein Gegenstand, desto sorgfältiger ist er gewöhnlich gearbeitet.

Fusse des Tragbal-Passes. Der Anstieg bis zur Höhe dieses Passes ist ein äusserst steiler, der Weg schlängelt sich durch Gestrüpp und Unterholz auf steinigem Boden dahin.

Fig. [illegible] aus vergoldetem Silber [illegible]

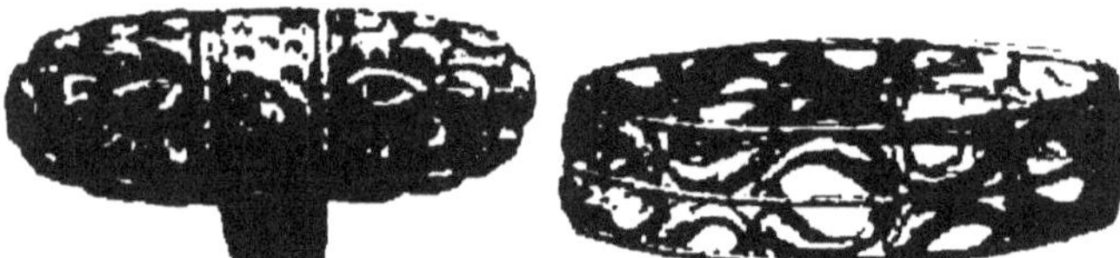

Fig. [illegible] Antiker Ring aus Bronze. Fig. 26. Antikes Armband aus Silber.

Fig. 27. Flasche aus vergoldetem Silber zur Aufbewahrung des [illegible]

Gegen Mittag des 15. August erreichten wir die Station Tragbal nach einem höchst beschwerlichen Marsch, während dessen nur ein herrlicher Ausblick auf das Kaschmirthal uns für die überstandenen Strapazen entschädigte. In Tragbal selbst befindet sich nichts als ein elendes Blockhaus.

aus rohen ungezimmerten Baumstämmen zusammengefügt, jedenfalls mehr zur Aufnahme von Thieren als von Menschen geeignet. Trinkwasser gibt es leider gar nicht in Tragbal; eine von Regenwasser unterhaltene Pfütze kann höchstens für Maulthiere oder Pferde einladend erscheinen. Im übrigen hat die Natur dieses Stück Erde feenhaft ausgestattet; ehrwürdige Cedern und riesenhafte Pinien beschatten den blumigen Rasen und der Reisende entschliesst sich leicht dazu, eine Nacht in diesem wasserlosen Paradiese zuzubringen. Als wir beim Scheine der Windlichter unser frugales Abendmahl einzunehmen im Begriff waren, vernahmen wir plötzlich Rauschen und Rascheln über unseren Häuptern in der Krone einer Pinie. Die Eingeborenen sagten uns, es wäre ein fliegender Fuchs, wie ihn die Engländer zu nennen pflegen, d. h. eine Art Vampyr. Unbekümmert um die Nachbarschaft dieses eigenthümlichen Gastes, liessen wir uns das Abendessen wohlschmecken und schliefen hierauf in wohlthuender Ruhe, ohne im mindesten von blutsaugenden Fledermäusen zu träumen.

Am nächsten Tage überstiegen wir beim Morgengrauen die Spitze des Tragbal-Passes und gelangten über blumige Alpenwiesen nach der Station Sodkusu an einem Nebenflusse des Kischanganga gelegen. Wir begegneten hier einem höchst liebenswürdigen Amerikaner, der in der Umgegend von Astor und Rondu auf einer Höhe von über 19,000 engl. Fuss gejagt zu haben vorgab. Er zeigte uns übrigens eine stattliche Anzahl von Markor-Ibex- und Argali[1]-Hörnern, die uns einen ganz gehörigen Respect vor dem amerikanischen Nimrod einflössten. Nachdem wir in Sodkusu einige Stunden gerastet und geplaudert, ritten wir durch ein hochgrasiges, sonst wenig romantisches Thal bis nach Kanzalwan am Ufer des Kischanganga oder Krischnaganga, d. h.

[1] Ovis Ammon.

dem Wasser des Kischan, wo wir die Nacht zuzubringen gedachten. Kanselwan besteht aus wenigen elenden Laubhütten, in denen einige jämmerlich aussehende Dardus kümmerlich ihr Leben fristen. Bei Kanselwan existirt eine höchst primitive Brücke über den Kischanganga, auf der man wohlthut, einzeln und vorsichtig den Fluss zu überschreiten. Der Weg führt längs des Kischanganga durch eine prachtvolle waldige Gegend, welche ein ganz europäisches Gepräge trägt; da man beständig im Schatten reitet und auf Schritt und Tritt frisches Quellwasser findet, so erscheint der Weg doppelt angenehm. Beim Austritt aus dem Walde erweitert sich das Thal kesselartig und das grosse Dardudorf Gurez, in dessen Umgebung der Maharadscha von Kaschmir eine kleine Bergfestung besitzt, zeigt sich vor unseren Blicken. In Gurez verweilten wir fast drei Tage, welche mein Reisegefährte zur Aufnahme von Landschaften und ich zu anthropologischen Messungen und anderweitigen ethnographischen Forschungen benutzte. Gurez, 7800 Fuss hoch gelegen (der Tragbal oder rote Radschdiangan-Pass ist 11,700 Fuss hoch), bietet einen reizenden Anblick, und die meisten Europäer, welche Kaschmir im Sommer besuchen, machen Ausflüge bis zu diesem Dorfe, da es ohne zu grosse Schwierigkeit zu erreichen ist.

Die Dardus, welche das Thal bewohnen, sind ein arischer Volksstamm ohne jegliche Beimischung von tibetanischem Blut. Es sind lange, hagere Gestalten mit Raubvogelgesichtern, tiefliegenden Augen, Adlernasen, dunkelm Haupthaar und ziemlich gebräunter Hautfarbe. Die Krankheiten der Kopfhaut sind bei ihnen häufig und dürften wol ihrer ungemeinen Unreinlichkeit zuzuschreiben sein. Sie sind sehr arm, bewohnen elende Holzhütten und nähren sich spärlich von Viehzucht und Ackerbau. Ihre Weiber haben sehr dunkle Haare und schwarze, funkelnde Augen. Die Darduweiber tragen ganz eigenthümliche Schmuckgegenstände, von denen ich einige kaufte. Diese Gegenstände sind weit weniger zierlich gearbeitet als diejenigen der Kaschmiris und Baltis. Bei den zahlreichen anthropologischen Messungen, welche ich unter ihnen vornahm, constatirte ich, dass sie wenig von ihren nördlichen Nachbarn, den Hunzas und Nagern, abweichen, ja auch der in Simla gemessene Kafir Siaposch erschien mir als ein echter Darde. Meine späteren Messungen und Beobachtungen bestätigten diese Ansicht.

Anlässlich der Beschreibung des Dardenvolkes sei es mir gestattet, hier eine Abhandlung einzuflechten, die ich im grossen und ganzen bei meinem dreitägigen Aufenthalt in Gurez, unter meinem Zeltdach sitzend, Major Biddulph's Buch in der Hand, entworfen, und bei meiner Heimkehr in Europa mit den nöthigen Belegen ausgestattet. Die Darstellung der Typen, die ich diesem Kapitel beigefügt, verdanke ich der Gefälligkeit meines amerikanischen Reisegefährten, der sie mittels der Camera lucida von Wollaston anfertigte.

Vor ungefähr 16 Jahren gelang es einem wissenschaftlich hochgebildeten französischen Reisenden, Guillaume Lejean, bis ins Hochthal des Hydaspes, nach Kaschmir zu dringen, wo er sich historischen und ethnographischen Studien mit Leidenschaft hingab. Sein heissester Wunsch war es, nordwestlich nach Tschitral und Kafiristan zu gelangen, um dort die räthselhaften Siaposch oder Kafir (ersteres heisst die Schwarzgekleideten, letzteres die Heiden — Herodot hätte sie wie die Melanchlänen genannt) sie näher studiren zu können. „Wem es gelingen würde", so schrieb er, „einen Theil des Schleiers zu lüften, welcher diese geheimnissvolle Gegend bedeckt, der würde sich die grössten Verdienste um die Geschichte und die Ethnographie erwerben". Wenige Jahre später drang der unerschrockene englische Lieutenant Hayward, der als einer der ersten Ost-Turkestan erfolgreich erforscht, bis an den Fuss des Hindukusch, um sich über Gilgit und Jassin nach Badakschan zu begeben; unweit des durchaus nicht schwierigen Darkot-Passes wurde er aber auf Geheiss des Fürsten von Jassin meuchlings ermordet (1870).

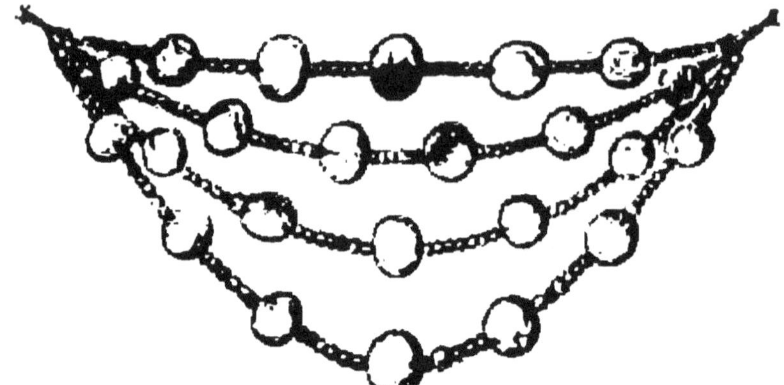

Fig. [illegible] Halsschmuck aus Muschelwerk ([illegible]).

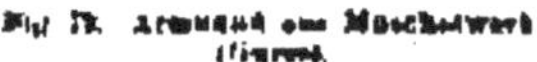

Fig. [illegible] Armband aus Muschelwerk ([illegible]).

Fig. [illegible] Ohrgehänge aus massivem Silber ([illegible]).

Fast 10 Jahre vergingen, bis es einem andern englischen Offizier gelang, in dieselben Gegenden und noch weiter zu dringen, und durch das ausgezeichnete Buch des Majors Biddulph: „The Tribes of the Hindoo Koosh" erhielten wir die ersten eingehenden Nachrichten über diese geheimnisvollen Länderstrecken. Doch Biddulph, ebenso wie Shaw und die Mitglieder der Expedition von Sir Douglas Forsyth, welche aus Ost-Turkestan im eigentlichen Sinne des Worts erschlossen (in seinem südlichen Theil wenigstens, die Strecke von der kleintibetischen Grenze bis Kaschgar), gaben fast keine anthropologischen Resultate.

Alle diese verdienstvollen englischen Forscher hatten stets nur den linguistischen Theil ihrer ethnologischen Aufgabe im Auge und beschränkten sich, was das Anthropologische betrifft, auf einfache Beobachtungen *de visu*, ohne je Messungen an Lebenden vorzunehmen. Jedoch so geübt auch das Auge des Reisenden sein mag, so bin ich doch unbedingt der Ansicht meines unvergesslichen Meisters Paul Broca, welcher sagt: „Mir ist ein *indicium nasalium*, welcher auf anthropologischen Messungen beruht, weit lieber, als die beredtesten Beschreibungen von Reisenden über die Nasenform der von ihnen beobachteten Eingeborenen!"[1]

Auch mir war es vergönnt, im Jahre 1881 bis zu den äussersten Grenzen der britischen Besitzungen in Asien vorzudringen, und ohne bis zum Fusse des Hindukusch selbst zu gelangen, war es mir doch gestattet, Bewohner der verschiedenen Grenzbezirke zu sehen und zu messen. Ich habe über 350 anthropologische Messungen vorgenommen und 10 Schädel von Kaschmiris heimgebracht. Mein anthropologischer Breitenzirkel glitt über die Köpfe von zahlreichen Kaschmiris, Panditen, Ladakis, Dardus, Baltis, Afghanen u. s. w. und selbst über die hyperdolichocephalen Schädel von ein paar Siaposch. Die Forschungen, welche ich in

---

[1] Diese Bemerkung hat durchaus nicht den Zweck, die linguistischen Studien, denen sich die obenerwähnten englischen Reisenden hingegeben, herabzusetzen. Die Linguistik erscheint uns im Gegentheil als eine Wissenschaft von der höchsten Wichtigkeit, nur glauben wir, dass es nicht genügt sich auf linguistische Merkmale zu stützen, wenn man von der Abstammung der Völkerrassen sprechen will; da gebührt der Anthropologie unbestritten der erste Platz

Russisch-Turkestan im Norden des Pamir-Plateau, im obern Zerafschan-Thal, in Ferghanah, in Samarkand, in Kuldscha begonnen, wollte ich im Hochthal des Indus vervollständigen, um mir einen klaren Blick über den physischen Typus der Arier nördlich und südlich des Hindukusch zu verschaffen. Es wäre zu lang, wollte ich meinen Lesern die verschiedenen Phasen meiner sechs Jahre dauernden Studien vorführen; nur mit den Ergebnissen will ich sie bekannt machen, Ergebnisse, welche das unschätzbare Verdienst besitzen, auf Ziffern zu beruhen.

Russischerseits ist viel zur geographischen Erforschung der Länder nördlich und westlich des Pamir geschehen. Der ausgezeichnete General Kuropatkin hatte im Jahre 1876 eine zahlreiche Expedition nach dem nördlichen Kaschgarien geführt, deren Resultate besonders vom militärischen Standpunkte von der grössten Wichtigkeit waren. Andere Forscher, wie der Entomologe Oschanin, die Obersten Majeff und Kostenko und der berühmte Naturforscher Sewerzoff, drangen nach Karategin, Hissar und bis ins Herz des Pamir-Plateaus. Ganz in letzter Zeit gelang es dem petersburger Naturforscher Regel bis Darwas zu kommen, und die russischen Zeitschriften gaben uns Aufschlüsse über die sogenannten Pamir-Dialekte, die er dort entdeckt (die Sprache der Schugnani). Aufschlüsse, welche sie bei einiger Aufmerksamkeit weit reichhaltiger in den Ergebnissen der zweiten Expedition nach Ost-Turkestan von Sir Douglas Forsyth hätten finden können, und denen wir die verdienstvollen Publicationen des Professor Tomaschek und des belgischen Gelehrten van den Gheyn verdanken.[1] Die russischen Forscher der moskauer Schule kränkeln leider an einem

[1] Tomaschek, Centralasiatische Studien. II. Die Pamir-Dialekte. — Van den Gheyn, Le Yidghah et le Yagnobi, étude sur deux dialectes de l'Asie Centrale.

Nationalübel: alle auf sogenanntem russischen Gebiete von Nicht-Russen gemachten Forschungen existiren für sie nicht, sind für sie ein todter Buchstabe, wenn sie nicht in ihrem Geiste abgefasst sind. Und wenn sie davon Notiz nehmen müssen, so geschieht es nur, um die fremden Arbeiten auf Kosten der eigenen herabzusetzen. Dies gilt für die Wissenschaft wie für die Literatur und die schönen Künste. Dieser Hang ist ein sehr böser und er beurkundet nur, wie leicht sich grosse Einfachheit des Geistes mit Selbstüberschätzung paaren kann. Die englischen Forscher, die gewiss von einem andern Standpunkte den Russen nicht hold, lassen ihnen jedoch stets Gerechtigkeit widerfahren.[1]

Doch macht ein russischer Pamirreisender eine Ausnahme von der Regel, es ist Fedschenko, der erste, welcher die siegreichen russischen Truppen nach Centralasien begleitete und der erste, welcher das obere Zerafschan-Thal und Kokand wissenschaftlich erforschte. Er hatte auch bei seiner Anwesenheit in Samarkand zahlreiche anthropologische Messungen vorgenommen, deren Resultate uns leider bis heute vorenthalten wurden. Nach seinen übrigen Ar-

---

[1] Wer kennt nicht die leidenschaftliche Polemik, welche sie gegen den genannten Asienreisenden Hermann Vámbéry geführt. Ich bin Russen begegnet, welche mir gegenüber steif und fest behaupteten, Vámbéry wäre nie in Chiwa und Samarkand gewesen. Jemand, dem besonders alle Mittel lieb waren, um fremdes Verdienst in den Staub zu treten, war der jüngst verstorbene Professor Grigorjeff, übrigens ein Mann von grossem Wissen, der gewiss besser gethan hätte, sich einer derartigen Polemik fern zu halten. Vámbéry ist und bleibt der erste, der uns das Land der Turkomanen erschlossen. Auch was meine Person anbelangt, haben es die Gelehrten von Turkestan versucht, meinen ganz gewiss geringen Verdienst um die Anthropologie zu schmälern, wie sie es mit meinen linguistischen Studien gethan. Ja, sie haben mich sogar durch Personen angreifen lassen, die infolge gewisser Beziehungen zu mir nur indirect vorgehen konnten. Hass und Neid sind besonders in der Wissenschaft schlechte Rathgeber. (Siehe Petermann's Mittheilungen, 29. Band, 1883, III. 93 ff.)

heiten zu schliessen, die nach seinem zu früh erfolgten Tode von seiner muthigen Frau und Reisebegleiterin herausgegeben wurden, dürften seine anthropologischen Studien ebenfalls von grossem Werthe für die Wissenschaft sein.

Den Engländern gebührt also unstreitig das Verdienst, am meisten für die Kenntniss der Völkerschaften gethan zu haben, welche westlich und südlich des Pamir-Plateaus wohnen, und vor allem ist Major Biddulph mit gutem Beispiel vorangegangen; sein obenerwähntes Werk enthält die wissenschaftliche Basis zur ethnologischen Schichtung der Arier nördlich und südlich des Hindukusch.

Gleich Shaw nennt Biddulph alle Völker arischer Abkunft, welche sehr nahverwandte Sprachen sprechen, Galtschas. Dieser Name scheint schon lange üblich, um die iranischen Bewohner der Pamir-Thäler zu bezeichnen; wir finden denselben schon bei Benedict Goës, der den Pamir 1603 überschritt und dessen *Calcimares populi* wol die Galtschas sein dürften. Merkwürdigerweise schliessen Shaw und Biddulph von ihren Galtschas die eigentlichen Galtschas aus, welche das obere Zerafschan-Thal bewohnen[1], und zählen sie und die Jagnauben, die einen vom Tadschik (Persischen) ganz abweichenden Dialekt sprechen, der nach Professor Tomaschek ein Pamir-Dialekt ist, zu den Mischvölkern, die viel türkisch-tatarisches Blut besitzen. Wir schliessen uns übrigens der Meinung unseres Freundes Professor Tomaschek an und nennen Shaw's Galtscha-Sprachen Pamir-Dialekte. Biddulph hat demnach recht, wenn er die Bewohner von Karategin und Darwas und die Mehrzahl der in Kohistan (oberes Zerafschan-Thal) wohnenden Galtschas sprachlich von den Pamir-Völkern ausschliesst; aber die Abgrenzung ist nur sprachlich zulässig, denn anthropologisch gehören die eigent-

[1] Résultats anthropologiques d'un voyage en Asie Centrale par Ch. E. de Ujfalvy (Paris, E. Leroux, 1880).

lichen Galtschas, Karateginer und Bewohner von Darwas zu den Pamir-Völkern; ja das Vorhandensein der Jagnauben[1] in ihrem abgeschlossenen Winkel östlich des Iskandarsees, eingekeilt zwischen verschiedenen eigentlichen Galtscha-Stämmen, weit von ihren Sprachverwandten entfernt, lässt sogar mit Bestimmtheit annehmen, dass die eigentlichen Galtschas sowie die Karateginer früher einen Pamir-Dialekt gesprochen haben, der ebenso verschwunden, wie das Jagnaubi gegenwärtig im Verschwinden begriffen ist.

Biddulph theilt die Arier nördlich und südlich des Hindukusch in drei Gruppen. Die erste Gruppe umfasst nach ihm die Völkchen von Sirikol, Wachan, Schugnan, Mundschan (mit dem obern Theile des Hochthals von Lud-Khô[2]), Sanglitsch und Ischkaschim. Die Bewohner von Hissar, Darwas und Karategin zählt er nicht zu dieser Gruppe: sie sind seiner Ueberzeugung nach zu sehr mit usbekischem Blute gemischt. Die eigentlichen Galtschas übergeht er ganz und von der Existenz der Jagnauben scheint er keine Kenntniss gehabt zu haben. Die Pakhpu und Schakschu in den Hochthälern des Jarkandflusses, sowie die Stämme im Koktscha-Thale scheinen ihm ebenfalls zu dieser Gruppe zu gehören. Zur zweiten Gruppe rechnet er die Khô von Tschitral und die verschiedenen Siaposch-Stämme. Zur dritten Gruppe endlich zählt er die Schin (welche wir unter dem Namen Darden kennen), die Gûr und die Tschiliasi und andere kleinere Stämme im Industhal und in den benachbarten Thälern.

Die Sprachen der Galtschagruppe, sagt Biddulph, sind Tochtersprachen des Altpersischen (Altbaktrischen). Die Sprache der dritten Gruppe bietet eine innige Verwandt-

[1] Eigentlich sollte man sie wie der europäische Forscher, der sie zuletzt besuchte (Dr. W. Capus), Jagnô oder Jagnau nennen.

[2] Die Bewohner des Lud-khô-Thales sprechen einen Pamir-Dialekt, Jidghah genannt.

schaft mit dem Sanskrit; was die Sprache der zweiten Gruppe anbelangt, das Khôwar, so gehört dieselbe zwischen die zwei andern Sprachen und kann als Bindeglied betrachtet werden.

Die Jeschkuns oder Burisch von Jassin, Hunsa und Nager sprechen eine nichtarische Sprache, das sogenannte Kadschuna, welches auch mit dem Tibetischen nicht verwandt ist. Sie können als ein Mischvolk, zusammengesetzt aus arischen und turanischen (?) Elementen, betrachtet werden.

Hierauf erscheint ihm Badakschan, das obere Oxusthal, als Urheimat der arischen Rasse, ein Verbreitungsgebiet, welches von einigen Stämmen der Galtschagruppe heute noch eingenommen wird; die zweite und dritte Gruppe zogen in die Thäler südlich des Hindukusch, wo sie sich ausdehnten. Auf diese frühzeitige Trennung dürfte der starke Unterschied des Zend und des Sanskrit zurückzuführen sein. Später erschienen die Burisch und trieben sich wie ein Keil in die bis dahin compacte arische Gruppe hinein, was natürlich auf die verschiedenen Elemente, besonders auf die südlichen, einen bedeutenden Einfluss ausüben musste. Noch später zwang die mohammedanische Invasion in Afghanistan und im Pandschab die Schin oder Darden nach Norden zu rücken und es geschah eine neue Vermischung zwischen diesen verschiedenen Stämmen der zweiten und dritten Gruppe.

Dies beiläufig Biddulph's höchst geistvolle ethnologische Erörterungen, die aber leider nur auf sprachlicher Basis stehen. Was diese sprachliche Basis anbetrifft, so überlasse ich es andern und besonders meinen Freunden Girard de Rialle und Professor Tomaschek, über ihre Berechtigung zu entscheiden; ich erlaube mir nur, dieser Ausführung, als jeder anthropologischen Grundlage bar, nicht beipflichten zu können.

Ich halte es für überflüssig beweisen zu wollen, dass man ohne die Anthropologie die Frage über die Urheimat der Arier je werde entscheiden können. Völker verlieren ihre Sprache jedenfalls viel leichter und schneller, als sie ihren physischen Typus einbüssen. Jahrhunderte genügen wol, einem Volke die Sprache zu rauben, sie genügen aber gewiss nicht, um seinen Typus zu modificiren, um z. B. aus einem hyperbrachycephalen Volke ein hyperdolichocephales zu machen, daran zweifelt wol niemand. Was nun die Urheimat der Arier betrifft, so ist das eine höchst heikliche Frage, und ich erbitte mir die Erlaubniss, dieselbe ganz mit Stillschweigen zu übergehen, denn meiner Ueberzeugung nach besitzen wir heute noch nicht die nöthigen wissenschaftlich beglaubigten Elemente, um an ihre Lösung nur im entferntesten denken zu können.

Ich will es versuchen, neben dem linguistischen Bilde Biddulph's ein anthropologisches zu entrollen. Die Arier nördlich und südlich des Hindukusch zerfallen anthropologisch in zwei Gruppen: 1) die Pamirvölker nördlich dieser Bergkette, die Stämme von dem eigentlichen Galtschaland, Karategin, Darwas, Schugnan, Sirikol, Wachan und dem obern Badakschan umfassend; 2) Die Bewohner von Kafiristan, Tschitral und Dardistan. Ich rechne die Dardvölker und die Baltis anthropologisch unbedingt zu dieser zweiten Gruppe, die Resultate meiner zahlreichen Messungen, von welchen noch in der Folge die Rede sein wird, berechtigen mich dazu. Die erste Gruppe nenne ich auch die iranische, die zweite die indische.

Der physische Typus der iranischen Gruppe lässt sich folgendermassen feststellen: von mittelgrossem Körperwuchs, gedrungen; schlichtes, dunkles, kastanienbraunes, selten blondes Kopfhaar; dunkle Augen; südeuropäische Hautfarbe; der Körper mässig, besonders auf der Brust behaart; hyperbrachycephal, weil brachycephaler als die Tadschiken und usbekischen Nachbarstämme. (Breitenindex [illegible] bei 58 Galtscha, worunter auch Jagnauben.)

Der Typus der zweiten, indischen Gruppe: über die Mittelgrösse hinausragend, schlank; gelocktes, meist sehr dunkles, fast nie blondes Haupthaar; dunkle

Fig. [illegible] und [illegible]. Typen von [illegible]

Augen; südeuropäische Hautfarbe; der Körper stark behaart, besonders auf den Beinen; hyperdolichocephal, noch dolichocephaler als die Afghanen (z. B. bei [illegible] Darden Breitenindex 75,[illegible]).

Wir könnten diesen nur mit grossen Zügen bezeichneten körperlichen Differenzen noch andere hinzufügen, um das Bild der beiden Typen zu vervollständigen. So sind z. B. bei der zweiten Gruppe die Jochbogen meist stark hervortretend, ein charakteristisches Merkmal aller indischen Völker. Der Schädel der Arier nördlich und südlich des Hindukusch ist klein, mit den Schädeln der Kalmücken oder Ladakis verglichen, nur ist er weit höher bei den Pamirvölkern als bei der zweiten Gruppe. Während der grösste Horizontalumfang des Schädels bei 56 Galtchas 520 mm beträgt, erreicht er bei 47 Dardus nur 530 mm, der Transversalumfang bei den erstern 347 mm und bei den Dardus 330 mm. Jedenfalls ergibt sich daraus, dass der Schädel der Völker, welche zur ersten Gruppe gehören, umfangreicher und höher ist, als bei den Völkern der zweiten Gruppe.

Die von mir in Kuldscha gemessenen Dunganen hatten einen mittlern Schädelumfang von 501 mm, bei einer Höhe von 230; die Ladakis für dieselben Maasse 505 bei 330 mm. Der Umfang der Hand- und Fussgelenke ist bei den Dardus und Kafirvölkern ein feiner und zierlicher, während er bei den Pamirvölkern ein massiver, roher ist. Im allgemeinen ist das Knochengerüste bei letztern ein viel massiveres als bei den erstern. So könnten wir noch viele Detailunterschiede angeben, doch wir glauben, dass das Angeführte genügt, um den anthropologischen Unterschied, wir möchten sagen die anthropologische Kluft, welche zwischen der ersten und zweiten Gruppe besteht, zu kennzeichnen. Es sei nur noch des Procentsatzes der Blonden Erwähnung gethan. Während bei 56 Galtchas 8,9 Procent blond waren, gab es bei 47 Darden nur 2,1 Procent. Wir behaupten übrigens, dass das Vorkommen von zahlreichen Blonden bei den Siaposch und Tschitralen eine Fabel ist. Rothhaarige mag es wol geben, wie unter den Darden, aber besonders vom anthropologischen Standpunkt aus existirt ein grosser Unterschied zwischen rothem und blondem Haupthaar.

Bevor wir zu den Consequenzen des bisher Dargestellten schreiten, sei es nur noch gestattet, die Nachbarvölkerschaften einer nähern Betrachtung zu unterziehen. Was die Anwohner der Pamirvölker, die Tadschiken, Usbeken, Kaschgarier und Kara-Kirgisen betrifft, so haben wir das schon seinerzeit in einem Aufsatz, der in der „Geographischen Rundschau“ erschienen ist, näher erörtert.[1] Wir hatten es uns zur besondern Aufgabe gestellt, den Unterschied festzustellen, der die Tadschiken der Ebenen von den Galtscha trennt. Erstere sind eben Abkömmlinge von persischen Colonisten, letztere im Gegentheil Abkömmlinge eines autochthonen Volksstammes. Bei meiner ersten Reise nach Centralasien, 1877, habe ich in einem Nebenthal des obern Zerafschan die Existenz eines kleinen, keinen persischen Dialekt redenden Völkchens constatirt, und es gelang mir einige sehr unvollkommene Elemente dieser Sprache zu sammeln und nach Paris heimzubringen. Französische Linguisten, wie Hovelacque und Girard de Rialle, deutsche, wie Friedrich Müller und Tomaschek, erkannten sofort einen iranischen Dialekt und bedauerten nur die Dürftigkeit des gesammelten Materials. Im Jahre 1881, als ich zum zweiten mal nach Centralasien reiste, machte ich es mir zur besondern Aufgabe, von der Jagnaubengruppe — dies ist ihr Name — neue Elemente zu sammeln, was mir auch glücklich gelang. Es war mir vergönnt, zwei russische Abhandlungen über diese Sprache mit einem [illegible] de visu zu controliren und dadurch die Basis zu einer grössern Arbeit zu gewinnen, welche von Girard de Rialle, Friedrich Müller und Tomaschek annotirt, in der „Revue de linguistique“ erschienen ist.[2] Der russische Reisende, welcher im Jahre 1870 die zahlreichsten Elemente dieser Mundart gesammelt, hatte keine Ahnung von dem wissenschaftlichen Werth seiner Arbeit; er sagt ausdrücklich, dass die

[1] Vgl. auch „Résultats anthropologiques“.

[2] Revue de linguistique, Juillet 1882. La Langue des Jagnaubes.

Jagnaubensprache sich mit gar keiner bekannten Mundart vergleichen lasse. Die eingehenden linguistischen Publikationen der Mission Forsyth waren ihm daher ganz unbekannt, ebenso wie die Arbeiten Shaw's, sonst hätte er so etwas Abnormes nicht sagen können. Tomaschek's vortreffliche Abhandlung über die Pamir-Dialekte konnte er natürlich auch nicht kennen, denn sie erschien in demselben Augenblick als er seine Reise vollführte. Etwas fiel mir im Bericht des russischen Reisenden[1] auf; er sagt nämlich, die Jagnauben behaupteten aus Kaschmir zu stammen. Wenn man dieser Angabe Glauben beimessen könnte, so hiesse dies, dass die Pamirvölker ursprünglich südlich des Hindukusch gewohnt und von dort erst nördlich gewandert wären, also der Annahme Biddulph's ganz widersprechend. Sprachlich ist jedenfalls eins in Betracht zu ziehen, dass nämlich die Pamir-Dialekte bei einem iranischen (Zend) Wortschatz die grammatikalischen Formen (Flexion und Conjugation) der Dardusprachen besitzen und unter ihnen besonders das Jagnaubi.

Die Pakhpu und Schakschu des obern Jarkand-Thales hatte ich früher als zu den Kara-Kirgisen gehörig gerechnet, doch jetzt, nachdem ich mit dem berühmten englischen Reisenden und Arzt Dr. Bellew Rücksprache gepflogen und im Schigar-Thale, im Karakorum-Gebirge ein Dutzend von Pakhpu zu sehen Gelegenheit hatte, behaupte ich, dass diese beiden Völker zu den Dardustämmen gezählt werden können. Diese Ansicht stimmt auch mit den höchst gelungenen Photographien von Pakhpus überein, welche man in Mr. Forsyth's Reisewerk findet. Diese nahen Anverwandten der Darden sind eben im Osten über das Karakorum-Gebirge hinausgedrungen, wie im Westen ein Theil der Mundschan (ein Pamirvolk) über den Hindukusch gestiegen

[1] Es ist dies der Major Achimbetief, tatarischer Abkunft.

ist und sich im obern Thale des Lut-Kho (eines Nebenflusses des Kuner, der sich selbst in den Kabul-Fluß ergießt) festgesetzt hat.

Die Burisch (Jasin, Hunsa und Nager) sind körperlich ebenfalls Dardus; ich hatte Gelegenheit, welche zu

Fig. [illegible] und [illegible]. Typen von [illegible], [illegible] und [illegible]

sehen und zu messen. Nichtsdestoweniger mag das häufige Vorkommen von Rothköpfen, welches Biddulph auffiel (mir wurde Aehnliches von einem Hunsa versichert), für eine einstmalige Mischung mit irgendeinem blonden Volke sprechen; vielleicht ist es auch nur eine ganz locale Erscheinung. Biddulph hält sie für Abkömmlinge der Juetschi, die 120 v. Chr. Baktrien eroberten; es könnten ebenso gut Dardus sein, die sich vor langer Zeit mit Abkömmlingen der blonden, blauäugigen Usun der chinesischen Annalen vermischt? Die Nager mahnen jedenfalls lebhaft an die südlicher lebenden Baltis, die eine tibetische Mundart sprechenden mohammedanischen Einwohner Baltistans, der westlichsten Provinz Klein-Tibets. Was nun diese letztern betrifft, so berechtigen mich zahlreiche (über 100) in den verschiedenen Gegenden des Landes vorgenommene anthropologische Messungen, allen Ansichten englischer Reisenden und Forscher entgegen, zu behaupten, dass wir es da mit einem arischen Volksstamme zu thun haben, der nur an seiner Ostgrenze mit den tibetischen Ladakis gemischt ist.

Der Balti ist gross, schlank, mit angenehmen Zügen. Besonders die Nase hat eine entschieden arische Form, und ohne das Raubvogelgesicht der meisten Dardus zu besitzen, ist er doch ohne Zweifel ein Arier. Der Ladaki ist mittelgross, untersetzt, sein Gesicht ist eckig, kantig, die Backenknochen springen hervor, die Augen sind schiefgeschlitzt und die Ohren gross und vom Schädel abstehend. Während ich bei 108 Balti einen mittlern Schädelindex von 72,33 fand, ergaben 36 Ladaki einen Index von 77. Der grösste Horizontalumfang des Schädels betrug bei den Balti 530 mm, bei den Ladaki 585; der grösste Transversalumfang (Höhe) bei den erstern 330, bei letztern 335.[1] (Wir fügen übrigens diesem Kapitel einige mit der Camera-lucida [Wollaston] gemachte Zeichnungen bei, welche den grossen Unterschied zwischen Dardus und Baltis einerseits und mit Ladakis andererseits eingehend illustriren dürften.)

Die Kaschmiris und nordöstlichen Afghanen endlich sind ebenfalls Arier, wenn auch mit fremdem Blut oft stark ver-

[1] Meine demnächst erscheinende Arbeit: „Résultats anthropologiques d'un voyage dans l'Himalaja occidental et les monts Karakorum" wird übrigens alles Gesagte noch erhärten.

setzt. Diese Mischung hat bei den Afghanen einen Typus hervorgebracht, der so eigenthümlich ist, dass viele Forscher schon an eine starke Beimischung von semitischem Blut gedacht haben. Die Kaschmiris, mit mongolischem Blut stark versetzt — ich spreche von den muhammedani-

Fig. [illegible] und [illegible]. Typen [illegible]

schen Einwohnern des Landes — bilden einen besonders schönen Typus eines Bergvolkes, der mit den benachbarten Bergindiern (Gaddi [in Tschamba], Kulu, Lahuli, Pahari) nichts gemein hat. Die Panditen Kaschmirs, die Abkömmlinge der arischen Ureinwohner (?), welche ihrem Glauben treu geblieben und sich mit den Eroberern nicht gemischt, bilden jedenfalls, wenn nicht den reinsten, so doch den schönsten arischen Typus Hochasiens, überhaupt einen so schönen Typus, wie man ihn nur hier und da im Kaukasus findet. Uebrigens haben diese fast unzugänglichen Gebirgsländer am Südrande des Pamir in jenen entlegenen Hochthälern des orographischen Knotenpunktes gelegen, welcher das Pamirplateau mit dem Hindukusch, Karakorum und Himalaja verbindet, eine gewisse Aehnlichkeit mit dem Völkermosaik des Kaukasus. „Wir finden hier auf einem kleinen Flecken die merkwürdigsten Ueberreste des arischen Volksthums in ihren beiden Sippen der iranischen und indischen vereinigt! Der Ethnologe wird durch diese Thatsachen", bemerkt ganz richtig Professor Tomaschek, „in ähnlicher Weise berührt, wie etwa ein Geognost, der zwei paläolithische Schichten nahe beieinander vorfindet."

Aus dem Gesagten geht hervor, dass trotz der ausgezeichneten Arbeiten eines Shaw, eines Drew und besonders eines Biddulph noch sehr viel geschehen muss, auf anthropologischem Gebiete besonders, um in die kleine Völkertafel nördlich und südlich des Hindukusch Klärung und Ordnung zu bringen. Eins jedoch steht fest; so wie zwischen den kleinen braunen und brachycephalen Kelten und den grossen blonden dolichocephalen Germanen in Mitteleuropa ein grosser typischer Unterschied besteht, ebenso existirt eine anthropologische Kluft zwischen den Pamir-Iraniern und den Hindukusch-Indiern. Wenn schon der sprachliche Unterschied zwischen dem Altbaktrischen und dem Sanskrit auf eine frühere Trennung weist, so wird durch die anthropologische Kluft diese Trennung in eine so nebelhafte graue Vorzeit zurückversetzt, dass es uns fast dünkt, als wenn es anderer Anlässe dazu bedurft hätte als einer Jahrhunderte währenden, durchaus nicht wahrscheinlichen Abgeschlossenheit nördlich und südlich des Hindukusch-Gebirges. Diese Anlässe zu untersuchen, wird der Gegenstand meiner weiteren Forschungen sein. —

Während unseres Aufenthalts in Gurês gelang es mir auch, von den Darduweibern einige interessante Schmuckgegenstände zu erstehen; dieselben waren nicht sehr theuer,

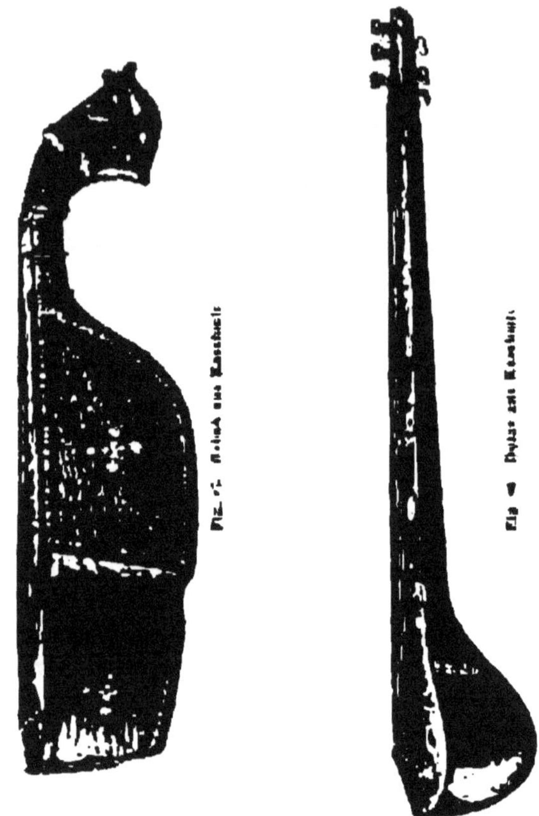

Fig. [illegible] Rebab aus Kaschmir.

Fig. [illegible] Dutar aus Kaschmir.

da die Bewohner von Gurês, wie ich schon erwähnte, sehr arm sind. Unter diesen Schmuckgegenständen, die meistens aus Muschel- oder Korallenhalsbändern bestehen, sind besonders ein Paar silberne Ohrgehänge, wegen ihrer eigenthümlichen, ich möchte fast sagen, antiken Form, auffallend. (Siehe Seite 171.)

Am Abend vor unserer Abreise von Gurais brachte uns die Militärmusik des kaschmirschen Forts ein Ständchen, wenn ich mich so ausdrücken darf. Die Stücke, die sie uns vorspielten, unter denen die kaschmirsche Volkshymne ganz angenehm klingt, tragen alle das Gepräge grosser Eigenthümlichkeit. Meiner Frau gelang es, mehrere aufzuzeichnen.

Die Musikinstrumente, deren die Kaschmiris sich bedienen, sind höchst interessant.

Ein ziemlich anstrengender Marsch von drei Tagen führte uns nach Barsil, das am Fusse der Pässe liegt, welche auf das Deosai-Plateau hinaufführen. Barsil, schon auf einer Höhe von 10,700 Fuss gelegen, ist durchaus kein Dorf, sondern nur ein Lagerplatz, auf welchem ein paar verlassene Laubhütten stehen. Hier zweigt sich die Strasse ab, welche über Astor nach Gilgit ins eigentliche Dardistan führt. Wir liessen diese Strasse links liegen und erkletterten das Deosai-Plateau, welches eine Höhe von 12,500—13,000 Fuss hat. Als wir um 11 Uhr vormittags am Rande desselben anlangten, zeigte das Thermometer + 4° C. Das Deosai- oder Teufelsplateau ist ein ausgedehnter Hochkessel, von allen Seiten mit Schneebergen umgeben, ganz nackt und steinig, auf welchem Murmelthiere und Bären hausen und einige verkümmerte Alpenpflanzen ihr Leben fristen. Drei bis vier Tage wandelt man so in einer steinigen Wüste; der schrille Pfiff des rothfelligen Murmelthiers, einige sehr seltene kleine Vögel und der mächtige Schatten eines in der Ferne entfliehenden Bären mahnen allein an Lebendes. Das ganze Plateau, wie es geologisch nachgewiesen, ist eine ehemalige Moräne, unbewohnt und nur im Sommer zu passiren, denn im Winter hindert der in den Pässen aufgehäufte Schnee jede Communication. Und doch befindet sich in dieser trostlosen Einöde der bequemste Weg zwischen Srinagar und Skardo, der Hauptstadt Baltistans.

Anlässlich der Murmelthiere des Deosai-Plateaus, fielen mir die goldgrabenden Ameisen Herodot's ein. Ich pflege nämlich auf meinen Reisen immer ein Exemplar der Geschichte Herodot's mitzuführen. Bekanntlich beschreibt der grosse griechische Historiker im 102. Kapitel seines dritten Buches, auf welche Art und Weise die nördlich lebenden Indier das Gold zu gewinnen pflegten. „In der Wüste und im Sande“, sagt Herodot, „leben Ameisen, welche fast so gross wie Hunde und ein wenig grösser als Füchse sind. Der König der Perser besitzt einige dieser Thiere, welche er in diesen Gegenden einfangen liess; diese Ameisen graben sich Höhlen in der Erde, bei welcher Beschäftigung sie natürlich den Sand anhäufen, wie es die Ameisen in Griechenland zu thun pflegen, denen sie übrigens auffallend gleichen. Aber in Indien pflegen die Sandhaufen mit Gold vermischt zu sein.“ ... Und etwas weiter lautet es: „Die Indier pflegen das Gold während der grössten Hitze zu suchen, denn während derselben verbergen sich die Ameisen in ihren Höhlen unter der Erde.“ Wie mancher hat bei dieser Erzählung des Altvaters der Geschichte mitleidig gelächelt; die goldgrabenden Ameisen schienen ihm ebenso unwahr wie das nördliche Land, von dem Herodot berichtet, dass dort

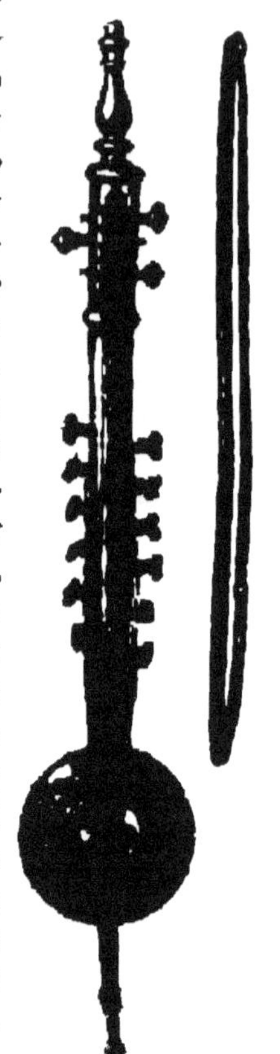

[illegible]

zu einer gewissen Jahreszeit die Luft mit Daunen erfüllt sei. Und doch war in beiden Fällen Herodot ganz wohlunterrichtet. Dem Griechen, der in seinem Leben nie Schnee erblickt, erschienen die die Luft erfüllenden Flocken, von denen man ihm erzählte, wie Daunen. Und die Ameisen sind nichts weiter als Murmelthiere, welche im Sanskrit denselben Namen führen, und somit erklärt sich auch dieser angebliche Irrthum des grössten griechischen Historikers.

Wir hatten beim Durchzug des Deosai-Plateaus Regen und Hagel, und dabei litt ich, besonders die Nacht über, sehr stark an einem Uebel, das man Bergkrankheit nennt. Ich empfand Athembeklemmungen, sehr starke Kopfschmerzen, Ohrensausen, leichtes Nasenbluten und blutigen Schweiss am Rücken, an der Stelle, an welcher der Riemen meines Gewehrs auflag. Wir campirten dreimal auf dem Plateau und litten die Nacht über durch die Kälte und die Dünne der Luft; das Thermometer war auf + 3° C. gesunken. Glücklicherweise gingen diese drei beschwerlichen Tage auch schnell vorüber und am dritten Tag überschritten wir den Burdschila-Pass und erblickten den Indus zu unseren Füssen und im Hintergrunde das mächtige Karakorum-Gebirge mit den gewaltigen Bergriesen Gascherbrum, [illegible] Fuss, und Dapsang [illegible] Fuss; dieser letztere ist der zweithöchste Berg der Erde. Der Mont-Everest überragt ihn nur um kaum 221 Meter!

Es sei noch erwähnt, dass weder meine Frau noch die mit uns reisende junge Amerikanerin etwas von der Bergkrankheit empfanden. Der amerikanische Maler war ebenfalls leidend, sowie alle uns begleitenden Kaschmiris und Ungarn. Unsere baltischen Träger, sowie mein Diener François, ein sogenannter Portugiese aus Bombay, eigentlich ein Tamul, befanden sich ebenso wohl wie in den Thälern. Der Burdschila-Pass, den wir überschritten, erreicht eine Höhe von [illegible] Fuss, er war auf 1 km hin mit

Schnee bedeckt, in den unsere Pferde bis zur Brust einsanken; das Uebersteigen fiel uns besonders schwer und gelang nur dank der thätigen Hülfe unsers wackern Reisemarschalls, des Munschi Gân-Pâtrâ.

Von der Höhe des Burdschila erblickt man Baltistan und seine Hauptstadt Skardo in schwindelnder Tiefe; sie liegt 7400 Fuss hoch, somit 8400 Fuss unter dem Beschauer!

Wer nicht den Thian-Schan (nördlich des Pamir-Plateaus im obern Sarafschan-Thal) gesehen, der kann sich keinen Begriff von den nordwestlichen Ausläufern des Himalaja- und dem Karakorum-Gebirge machen. Nur sind alle Proportionen viel grösser und bietet die Landschaft einen noch wildern Anblick. Auf mich hat sie einen gewaltigen, bleibenden Eindruck gemacht! Mit ihren in den Wolken sich verlierenden Felswänden, die von den sandigen Ufern des Indus fast senkrecht emporsteigen, hat sie etwas Chaotisches, etwas Antediluvianisches, das durch den Mangel jedweder Vegetation und durch die sengende tropische Hitze noch erhöht wird. Alle Augenblicke kam es mir vor, als müsste irgendeins der grossen vorsündflutlichen Ungeheuer aus den Tiefen auftauchen, um dem erschreckten Wanderer den Weg zu verlegen. Einige Steine, die zu meinen Füssen herabrollten, riefen mich zur Wirklichkeit zurück. Ich blickte aufwärts und sah Heerden von wilden Ziegen, welche leichtfüssig und unbekümmert um den Wanderer längs der Felswände kletterten, um in den Felsspalten ihre dürftige Nahrung zu suchen, denn ausser einigen seltenen Zwergtamarisken, verkrüppelten Sträuchern und Moosen war alles kahl und felsig. Wir folgten dem Bette eines Bergstroms, der mehrmals versiegt und wieder zum Vorschein kommt, bevor er die Thalsohle des Indus erreicht, und gelangten so gegen 4 Uhr nachmittags, nach einem fast zehnstündigen Ritt nach Karpitu, dem ersten Baltidorfe. Die Damen waren zu ermüdet, um bis zum kaum 8 engl. Meilen entfernten Skardo zu reiten, und somit schlugen wir wohlgemuth unsere Zelte auf, inmitten von wohlbewässerten Wiesen, Feldern und Obstgärten. Ein ehrwürdiger Greis brachte uns Milch und Früchte. Es waren dies herrliche Äpfel, Melonen, Trauben und besonders süss schmeckende Aprikosen, welchen Baltistan seine reichste Ausbeute verdankt. Sie werden nämlich getrocknet und frisch nach Kaschmir und Jarkand verschickt, und ihrem besondern Wohlgeschmack ist es zuzuschreiben, wenn die chinesischen Geographen in ihren Beschreibungen das Land Baltistan als das Tibet der Aprikosen preisen.

ACHTES KAPITEL.

BALTISTAN UND SEINE BEWOHNER.

Ankunft in Iskardo. — Die baltistanische Kunst. — Eine uralte Wasserpfeife. — Eingehende Beschreibung von der Vorbereitung der Metallindustrie in Mittelasien, Indien und Persien. — Die verwandten Metalle und ihre Mischungen. — Die Metallwaaren von Turkestan. — Jarkand und seine Bedeutung für die Kunst. — Klein- und Gross-Tibet. — Kaschmir und der [illegible] Kunstsinn seiner Bewohner. — Persien. — Die indische Kupferindustrie. — Die Dogra-Truppen Gulab-Singh's. — Baltistan und seine Verwaltung. — Ein hochverdienter Gouverneur. — Das Polo-Spiel. — Besondere Begabung und Vorliebe der Baltis für dieses Spiel. — Abermals die uralte Wasserpfeife und ihr Besitzer Schah Abbas. — Jagd auf die Wasserpfeife. — Der Munschi Gûn-Patra, ein vorzüglicher Diplomat. — Ein Thal aus Gilgit. — Erfolgreiche Jagd auf ein [illegible]. — Ein unangenehmer Koch. — [illegible] qui pro quo anlässlich einer Balti-Schönheit. — Die friedlichen und arbeitsamen Baltis. — Wir beschliessen bis zum [illegible]-Pass vorzudringen.

Nach einem kurzen Ritt durch wohlbestellte Felder, auf gut unterhaltenen, mit Bäumen bepflanzten und von Wassergräben eingefassten Strassen, langten wir in Iskardo, der Hauptstadt von Baltistan, an. Das Pferd, welches mir der Maharadscha für meine Reise mitgegeben, ein stattliches Ross aus Jarkand, hatte sich auf den Steinen des Deosai-Plateau so die Hufe wund getreten, dass wir es in Karpitu zurücklassen mussten.

Iskardo machte auf uns einen traurigen Eindruck. Verfallene Erdhütten, staubige Strassen, ein elender Bazar, das Ganze von einem unförmlichen, neuen Fort beherrscht: das ist die einst glänzende Hauptstadt von Baltistan, vor nicht gar langer Zeit noch die Residenz einheimischer Fürsten und einst eine Freistätte arabischer Kunst und arabischer Gelehrsamkeit. Die höchst kostbare und merkwürdige Sammlung von werthvollen alten Schmuckgegenständen, welche ich mir in Iskardo und Schigar zu verschaffen wusste, spricht für das einstmalige Vorhandensein von arabischer Kunst und Industrie in diesem abgelegenen Himalaja- und Karakorumlande, eine Beobachtung, die um so grössern culturhistorischen Werth darbietet, als nichts Aehnliches im benachbarten Kaschmir constatirt werden kann.

Fig. [illegible]. Antike Schnalle aus Bronze (Schigar).

Fig. [illegible]. Frauenkopfputz mit Verzierungen aus Silber (Iskardo).

Eigenthümlicherweise spielt in der baltistanischen Kunstornamentik, sowie in jener von Jarkand, die heraldische Lilie eine hervorragende Rolle. Man findet sie in Baltistan als Silberanhängsel, in Jarkand auf Vasen aus getriebenem Kupfer und auf der Zeichnung der Teppichränder sehr häufig. Auch die Kannen aus Bronze und getriebenem Kupfer, welche man in Iskardo und Schigar findet, bieten ein nicht unbedeutendes Interesse vom kunsthistorischen Standpunkt, denn sie bilden den höchst merkwürdigen Uebergang zwischen den geschmeidigen eleganten Formen Kaschmirs einerseits und den steifen eigenthümlichen Gestaltungen Ostturkestans andererseits, mit einem entschiedenen chinesischen Beigeschmack, der sich aus der Nachbarschaft von Gross-Tibet leicht erklären lässt. Ja mir wurde sogar das seltene Glück zutheil, mir eine Wasserpfeife (Huqqa) zu verschaffen, die, seit vier bis fünf Jahrhunderten im Besitz der entthronten Fürstenfamilie, von einer classischen arabischen Arbeit ist. Ein

Fig. 57. Antike Ohrgehänge aus Silber mit Türkisen eingelegt (Iskardo). Fig. 58. Antike Wasserpfeife aus Iskardo (14. Jahrhundert).

feines Gewebe aus Bronze, welches nur mit echten Spitzen zu vergleichen, umspannt einen Trichter aus Stahl, der seiner Form nach ein Yackhorn vorstellen dürfte. Dieser Gegenstand ist einzig in seiner Art und wurde von dem hochst competenten Custos des Museums von Lahore, Mr. Kipling, als solcher anerkannt. Ein Beweis dafür, wie sehr diese Pfeife im Lande selbst in Ansehen stand, ist auch daraus zu entnehmen, dass alle Baltibauern Nachahmungen derselben aus rohem Holz mit einfachen Messingbeschlägen besitzen. Schmuckgegenstände, Bronze- und Kupferkannen, Pfeifen u. s. w. deuten auf eine bedeutende culturreiche Vergangenheit, von welcher heute nichts mehr als dürftige Spuren erhalten sind. Wenn man dabei die heutige Armuth der Bewohner, die Unnahbarkeit des Ländchens und das extreme Klima in Betracht zieht, so muss man staunen über die Vollkommenheit dieser ehemaligen Cultur; denn da sich diese letztere nach den greifbaren Offenbarungen der Kunst bemisst, so ist an dem einstigen Vorhandensein derselben nicht zu zweifeln.

Fig. 91. Halsband aus geschliffenen Karneolsteinen (Ischardo).

Wir wollen übrigens die Gelegenheit benutzen und unsern Lesern eine eingehendere Beschreibung von der Verbreitung und der Bedeutung der Metallindustrie in Mittelasien, Indien und Persien geben.

Von meinen drei wissenschaftlichen Reisen nach Centralasien, Kaschmir und Tibet habe ich zahlreiche Probestücke der in allen diesen Gegenden blühenden Metallindustrie heimgebracht. Es gelang mir auf diese Art eine Sammlung von über 350 Gegenständen zusammenzustellen, deren eingehende Betrachtung mich mit den diesbezüglichen Kundgebungen der orientalischen Kunst näher bekannt machte. In einer besonderen Schrift[1] habe ich es mir angelegen sein

[1] L'art des cuivres anciens au Cachemire et au Petit-Tibet, avec 67 dessins inédits par R. Schmidt et une carte (Paris, Leroux, 1883).

lassen, den Einfluss der arabischen, persischen, indischen und chinesischen Kunst auf die Kupferindustrie Hochasiens eingehend zu erörtern und durch eine grosse Zahl von Beispielen zu illustriren. Es liegt nicht in meiner Absicht, dem Leser speculative Abhandlungen über orientalische Kunst und deren Bedeutung für die europäische Industrie zu bieten. Erwähnenswerth erscheint es mir aber, über die geographische Verbreitung der Metallindustrie im Herzen Asiens, in Persien und Indien, nähere Aufschlüsse zu geben.

Wenn man bedenkt, dass alle Hausutensilien in Hochasien, Persien und Indien und die unendlich zahlreichen Götterbilder in diesem letztern Lande aus getriebenem oder gegossenem Metall verfertigt werden, so wird man sich eine annähernde Idee von der Wichtigkeit und der Verbreitung dieser Industrie in allen diesen Ländern bilden können.

Es war mir ein Leichtes, in den Ländern, die ich durchzogen, zu constatiren, dass jedes derselben fast seine eigene Metallindustrie besitzt, die ihre Eigenthümlichkeiten nicht nur durch die verschiedenen charakteristischen Formen der Gegenstände, sondern auch durch die Legirung der verwendeten Metalle documentirt. Da mein Hauptaugenmerk auf Centralasien, Tibet und Kaschmir gerichtet ist, Länder, die wegen ihrer isolirten Lage weniger durchforscht und bekannt sind, so sehe ich von der Gold- und Silberindustrie, die weder im armen Turkestan, noch im isolirten Kaschgarien und seinem Nachbarlande Tibet zur Geltung gekommen und höchstens im cultivirten Kaschmir einen grössern Aufschwung genommen, ganz ab. Das Kupfer ist das Metall, welches in diesen verschiedenen Gegenden die erste Rolle spielt. Entweder reines Kupfer, welches gehämmert, getrieben und cisilirt wird, oder eine Mischung desselben mit Gold, Silber, Stahl, Zinn, Blei, Quecksilber und

Zink, eine Legirung, welche die Engländer „brass“ nennen — die aber von dem, was wir unter Messing verstehen, weit abweicht — bilden die zwei Hauptrohstoffe, welche die centralasiatischen Kupferschmiede verarbeiten.

In Turkestan verwendet man nur gelbes Kupfer, in Kaschgarien gelbes und rothes, welch letzteres verzinnt ist, so auch in Klein-Tibet; in Kaschmir endlich benutzen die Kupferschmiede seit über zwei Jahrhunderte nur rothes, verzinntes Kupfer. Die Gegenstände aus gelbem Kupfer, die man in Srinagar findet, sind sehr selten und meist sehr antiken Ursprungs.

Die Kupferschmiede Turkestans verwenden ein gelbes Kupfer, das sich unserem Messing sehr nähert, nur ist es weniger dehnbar und specifisch schwerer, infolge einer Beimischung von Zinn und Blei. Nach der Mischung wird das Metall in Formen gegossen, ciselirt und mit Ornamenten aus niellirtem Silber versehen. Der Henkel des so verfertigten Gefässes wird an dasselbe genietet und der Verfertiger, sowie der Besitzer pflegen ihren Namen und die Jahreszahl der Verfertigung und der Besitznahme darauf zu graviren. Auf diese Art werden besonders Aftabés (d. h. schlanke Wasserkannen, welche hauptsächlich zu religiösen Waschungen dienen), ferner Becken, Kangans (d. h. Theekannen), Leuchter u. s. w. verfertigt. Alle diese Arbeiten nahmen an persische Muster, was die äussere Ornamentik betrifft, nichtsdestoweniger besitzen sie einen eigenthümlichen Charakter, der sich durch die mongolische Steifheit der Form manifestirt. Solche Gegenstände findet man in Samarkand, Chodschend, Karschi, Buchara, Kokan, Margellan, Taschkend, Chiwa u. s. w. Die schönsten Probestücke dieser Industrie fanden wir in Chodschend, doch ist es leider sehr schwer sich Erzeugnisse antiken Ursprungs zu verschaffen.

An Turkestan lehnt sich zuvörderst Kaschgarien; auch dort werden Thee- und Kaffeekannen auf ähnliche Art

VIII ANTIKE SCHÜSSELN AUS SRINAGAR UND THEEKANNEN AUS JARKAND S. [illegible]

und Weise verfertigt; auf dem bedeutenden Bazar von Jarkand hat sich jedoch der Einfluss des benachbarten Kaschmir zur Geltung gebracht, und wir stossen auf Erzeugnisse aus rothem, getriebenem, niellirtem und verzinntem, oft durchbrochenem Kupfer, die, was die Technik anbetrifft, an die kaschmirische Industrie mahnen. Die Thee- und Kaffeekannen von Jarkand bestehen oft aus beiden obenerwähnten Metallen, was den Werth dieser Gegenstände erhöht. Die Ornamentik, die oft auch eine ganz eigenthümliche, wird von den Kupferschmieden in Srinagar häufig nachgeahmt, und die Engländer nennen sie dann „Yarkandpattern". Solche Kaffee- und Theekannen, die in Chotan, Kaschgar und besonders Jarkand zahlreich verfertigt werden, werden häufig nach Klein-Tibet, Kaschmir, bis ins nördliche Indien verschickt und sind der gediegenen Fabrikation halber überall sehr gesucht.

Klein- und besonders Gross-Tibet besitzen zahlreiche Probestücke der mit Recht so berühmten chinesischen Bronzeindustrie; in Iskardo und Leh, sowie in kleinern Orten des obern Industhales werden jedoch zahlreiche Wasser- und Theekannen verfertigt, welche beweisen, dass die Metallindustrie dieser isolirten Länder früherer Zeit eine bedeutende gewesen sein muss. Die unabhängigen Fürsten Baltistans liessen schon vor vielen Jahrhunderten arabische Gold- und Kupferschmiede an ihre Höfe kommen, welche dort Schmuckgegenstände, sowie Metallvasen und Pfeifen im edelsten arabischen Stile verfertigten. In Iskardo selbst, sowie in Schigar, in einem kleinen Thale der südlichen Ausläufer des Karakorumgebirges gelegen, war es mir vergönnt, einige antike Erzeugnisse arabischen Kunstfleisses käuflich an mich zu bringen, worunter namentlich auch die bereits erwähnte Wasserpfeife.

Doch in keinem Theile des gebirgigen Hochasien ist die Kupferindustrie eine so verbreitete und so blühende als in

Kaschmir. An den fruchtbaren Gestaden des Hydaspes werden fast alle Haus- und Küchenutensilien aus getriebenem Kupfer verfertigt und sind, was die Form und Technik anbetrifft, wahre Meisterwerke. Die Abkömmlinge der Arier, die sich in grauer Vorzeit in diesem paradiesischen Ländchen niedergelassen, wissen, den alten Griechen gleich, noch heute keinen Unterschied zu machen zwischen einem Handwerker und einem Künstler. Die industrielle Kunst oder, wie wir sie heute nennen, die decorative Kunst war bei den alten Hellenen unbekannt, bei den unbedeutendsten und gebräuchlichsten Gegenständen manifestirte sich der ihnen angeborene Kunstsinn. Alles, was sie in ihrer Häuslichkeit umgab, alles, dessen sie sich wie immer bedienten, trug das Gepräge dieses Kunstsinns an sich, der alle ihre Schöpfungen adelt. Der griechische Handwerker war eben auch gleichzeitig Künstler, und der griechische Künstler gleichzeitig Handwerker. Aehnlich arbeitet man heute noch in Kaschmir; die Erzeugnisse der dortigen Metallindustrie, mögen sie Jahrhunderte alt oder fast ganz neu sein, zeugen alle für den Fleiss, die Ausdauer, den Geschmack und den Kunstsinn der dortigen Kupferschmiede. Wasserkannen, Becken, Thee- und Kaffeekannen, Schüsseln, Kochkessel, Becher, Schalen, Samovars, Pfeifen, Löffel, Leuchter, — ja bis zu den Spucknäpfen, alles sind Meisterwerke, was Form und Technik anbelangt. Das rothe, gehämmerte Kupfer wird getrieben und hierauf an der Oberfläche ciselirt, die Vertiefungen, welche der Meissel und der Hammer des Kupferschmieds hervorgebracht haben, werden mit einer Gattung schwarzen Schmelzes ausgefüllt und der Gegenstand hierauf mit einer silberartigen feinen Zinnkruste bedeckt. Die schwarzen ciselirten Stellen verleihen den Ornamenten ein gewisses Relief, durch welches sie gefälliger und vollkommener erscheinen. Doch auch die Damascirkunst, eine der schönsten Zweige der orientalischen Kunst, was die Eng-

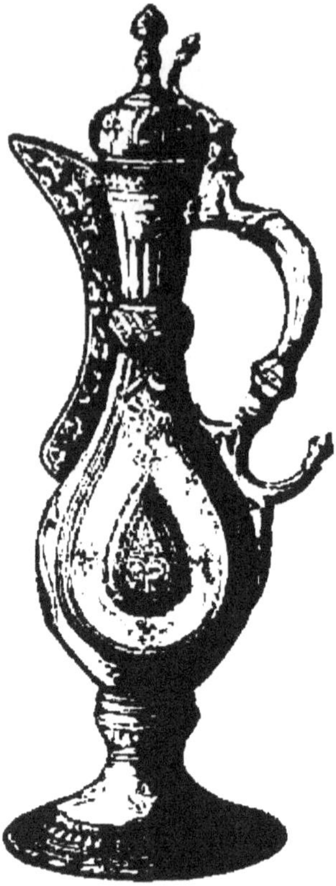

Theekanne aus Chodschend (Turkestan)
(Zu Seite [illegible])

Aftabe aus Kokan (Turkestan)
(Zu Seite [illegible])

Aftabe aus Srinagar (Kaschmir)

Kaffeekanne aus Srinagar (Kaschmir)

Antike Opferlampe aus Bronze. (Srinagar.)

Geschlossen. Offen.

Schüssel aus [illegible] (Srinagar.)

Samowar. (Srinagar.)

Theekanne aus Jarkand.

länder „kuftwork" nennen, war den betriebsamen Bewohnern des Hydaspesthales nicht unbekannt. Sie verfertigten ein besonderes Metall, aus Kupfer, Blei und Zinn bestehend, welches sie durch eine Mischung von Ammoniaksalz, Salpeter, gewöhnlichem Salz und blauem Vitriol an der Oberfläche dunkelschwarz färbten, nachdem sie früher silberne und goldene Fädchen und Plättchen, die Zeichnung darstellend, eingelegt. Diese Zeichnung, d. h. die silbernen und goldenen Stellen, kamen durch anhaltende sorgfältige Reibung wieder zum Vorschein. Solches Fabrikat ward früher in Persien und wird heute noch in Bidar und Purniah in Indien häufig verfertigt. Die modernen Gegenstände letztern Ursprungs lassen sehr zu wünschen übrig.

Merkwürdigerweise haben die Kaschmiris bei Verfertigung ihrer Theekannen Formen geschaffen, welche an die grossen deutschen Humpen oder Deckelgläser mahnen, von denen man besonders in früherer Zeit aus Zinn sehr reich verzierte verfertigte. Auch in der Ornamentik weichen sie nicht wenig von den persischen und indischen Mustern ab, indem sie von den Einen die Besonderheiten und den Andern die Fülle der Zeichnungen entlehnt und mit nationalen Motiven reichlich versetzt haben. Auch die Henkel von einem verschiedenen Metall als die Vase selbst, sind rein kaschmirischen Ursprungs. Ja die Henkel mahnen durch ihre drachenartigen Formen an die Nähe Chinas.

Was die Motive der Ornamentik betrifft, so sind dieselben verschiedensten Ursprungs und ich habe es mir angelegen sein lassen, dieselben nach Möglichkeit zu erforschen. Wir unterscheiden 6 verschiedene Gattungen von Ornamenten:

1. Arabesken im persisch-arabischen Styl. Blumen, Blätter und Stengel geschickt verschlungen; im ganzen höchst einfach in den Zeichnungsmotiven.

2. Vollständige Sträuche, an denen zahlreiche Blumen

angebracht sind; es ist dies die eigentliche kaschmirische Ornamentik.

3. Zwischen den persisch-arabischen Motiven und denen, die ich als rein kaschmirische betrachte, stelle ich eine Zwischenstufe, die ich die persische Ornamentik benenne. Kleine Medaillons sind mit kurzen Stengeln, an denen symmetrisch angebrachte Blumen haften, ausgefüllt. In dieser gesuchten Symmetrie besteht eben für mich der Hauptunterschied zwischen der persisch-arabischen und kaschmirischen Ornamentik.

4. Zeichnungen von einer ganz eigenthümlichen Form sind in erhabener Arbeit auf den Gefässen von Jarkand angebracht, welche Arbeit man in Indien „Yarkand pattern“ zu nennen pflegt.

5. Sobald wir es mit figuralischen Darstellungen zu thun haben, welche an indisch-chinesische Motive mahnen, so sehen wir tibetanische Ornamentik vor uns.

6. Die Inschriften in persischer Sprache, mit Blumen oder Arabesken reichlich verschlungen, bieten endlich ein besonderes Motiv, welches oft auf das Alter des Gegenstandes schliessen lässt, je nach dem Charakter der Schrift.[1]

Von Bochara kommt man durch das afghanische Turkestan nach Persien, von Jarkand und Tibet nach China, und von Srinagar nach dem eigentlichen Afghanistan und Indien. Es sei uns daher gestattet, einen raschen Blick auf die geographische Verbreitung der Metallindustrie in Persien und Indien, diesen Heimstätten alter Cultur und Gesittung, zu werfen; wer Näheres über diesen Gegenstand

[1] Auf den mit Inschriften versehenen Gegenständen steht meist der Name des Künstlers und der des Besitzers mit der Jahreszahl der Verfertigung oder Sprüche, wie z. B. der nachfolgende: „Ihr, die ihr aus diesem Kessel esst, ihr findet in demselben Gesundheit, Wohlbehagen und Glück“ u. dgl.

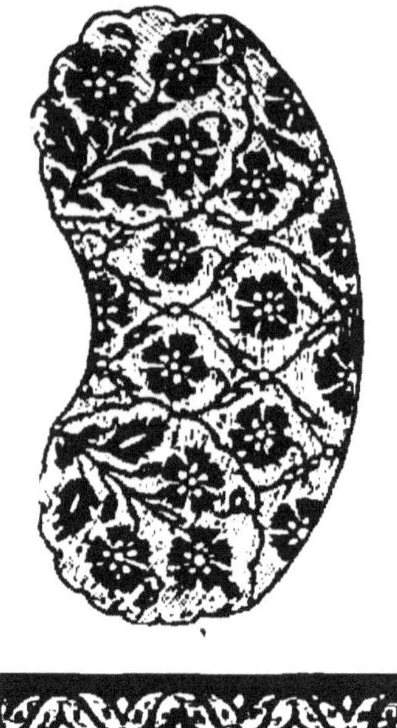

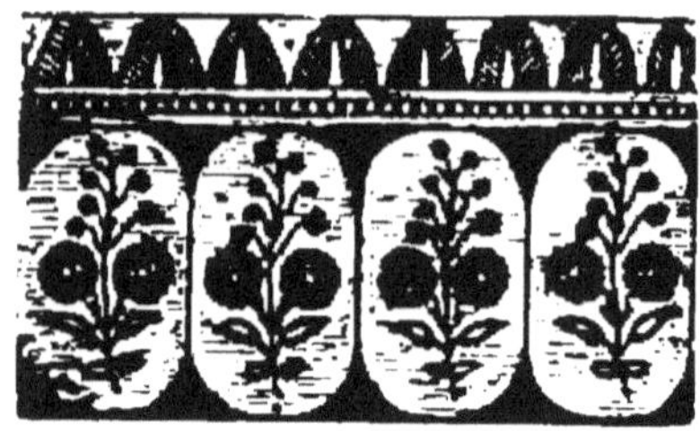

MOTIVE DER ORNAMENTIK

[illegible]

wissen will, den verweisen wir auf den Leitfaden von Murdoch Smith: „Persian Art“, und auf das vortreffliche Werk Birdwood's: „The industrial arts of India“, welchen beiden, ausser den zahlreichen, bei Birdwood prachtvollen Illustrationen, auch geographische Uebersichtskarten beigegeben sind.

Die Bewohner Persiens besassen seit den frühesten Zeiten eine besondere Fertigkeit in der Verarbeitung der verschiedenen Metalle und die mannichfachen Erzeugnisse dieses bedeutenden Industriezweiges waren weithin berühmt und gesucht. In Ispahan, Kaschan und Teheran, sowie in Khaswin verfertigt man heute noch eine grosse Anzahl von Gegenständen aus rothem getriebenen und verzinnten Kupfer, während man in Kaschan auch Gegenstände aus gelbem Kupfer erzeugt. Die Stahlfabrikation von Schiras, Hamat, Khfrind und Meschhed erfreut sich eines verdienten Rufes, und in Dschulfa existirt eine von Schah Abbas im Anfange des 17. Jahrhunderts dahin verpflanzte armenische Colonie, welche sehr gediegene Arbeiten in Email auf Gold und Kupfer verfertigt.

In Indien bedienen sich die mohammedanischen Bewohner nur verzinnter Kupfergegenstände, während die Hindus ausschliesslich nur gelbes Kupfer zu ihrem Gebrauch benutzen dürfen. Es mag diesbezüglich Ausnahmen in den mohammedanischen Ländern geben, die Hindus lassen aus religiösen Rücksichten keine solchen zu. In Amritsir, Lahore, Dschellabad, Ludiana, Umballa und Karnaul werden eine grosse Anzahl von Hausgeräthen aus gehämmertem, getriebenem, ciselirtem und verzinntem Kupfer verfertigt. In Muradabad verarbeitet man gelbes Kupfer (wir haben bereits erwähnt, warum der Ausdruck Messing nicht zulässig), indem man die vom Meissel des Kupferschmiedes erzeugten Vertiefungen mit einer Gattung von schwarzem Schmelz ausfüllt, der diesen Gegenständen ein besonders gefälliges Ansehen verleiht. Diese Artikel von Muradabad werden vielfach nach Bombay, Calcutta und bis nach Europa exportirt.

Das Centrum der indischen Kupferindustrie befindet sich in Benares, von wo aus eine unermessliche Zahl von Götzenbildern und anderweitigen Artikeln bis in die entferntesten Winkel Indiens verführt werden.

Die Provinz Bengalen besitzt eine blühende Kupferindustrie; in dem kleinen Dorfe Kagmari allein beschäftigen sich 300 Arbeiter mit der Verfertigung von Gegenständen, die aus einer Mischung aus gelbem Kupfer und Eisen erzeugt werden.

Die Centralprovinzen liefern ausgezeichnete Fabrikate aus gelbem Kupfer, einer Art Glockenspeise und aus Stahl.

In der Präsidentschaft Bombay zeichnen sich besonders Nasik, Puna und Ahmedabad aus. Die Hauptstadt Bombay beschäftigt allein, wie schon erwähnt, 1082 Kupfer- und 1535 Grobschmiede.

Doch in keinem Theile Indiens wird diese Industrie mit solch künstlerischem Erfolg betrieben, als in der südlichsten Spitze der Halbinsel. Im Districte Hassan, westlich von Mysore, beschäftigen sich 1231 Personen, welche zur Sekte der Dschainas gehören, mit der Erzeugung von Kupferarbeiten, und in Madras und Nellur, aber ganz besonders in Tandschore und Madura werden wahre Meisterwerke verfertigt. Die Lotas (so nennt man die ganz eigenthümlich geformten indischen Trinkschalen aus getriebenem, ciselirtem gelben Kupfer) aus Madura oder Tandschore, oft mit Silber oder rothem Kupfer eingelegt, sind weltberühmt.

Auch Gold und Silber wird in Indien vielfach verarbeitet; die Juweliere aus Ahmedabad, der Halbinsel Gudschrat (Katsch) und Tschittagong (im englischen Birma) sind ihres Geschmacks und ihrer Geschicklichkeit halber weithin bekannt.

Ueber den unerreichten Werth der indischen Email-

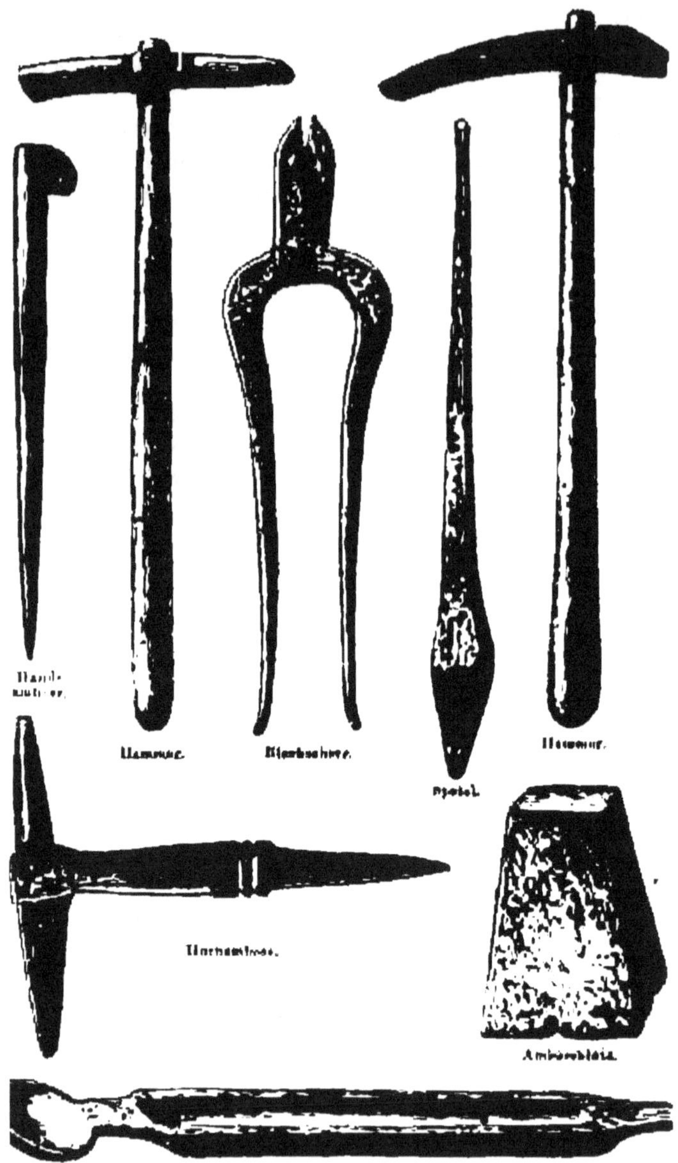

WERKZEUGE ZUR BEARBEITUNG DER METALLE

industrie haben wir schon früher Gelegenheit gehabt zu berichten.

Man wird sich nach dem Angeführten überzeugt haben, dass die Metallindustrie in Indien, Persien, ja selbst in Hochasien eine bedeutende war und noch ist; ja in Jarkand und an den Quellen des Oxus und des Hydaspes sind sich persische, indische und chinesische Kunst begegnet, haben eine eigenthümliche, ich möchte fast sagen, eine nationale Industrie geschaffen, die als Mittelpunkt und Bindeglied der drei grossen Künste betrachtet werden kann und besonders im gesegneten Kaschmir eine unerwartete Vollkommenheit erreicht hatte.[1]

Mongolen, Semiten und Arier haben hier im innigen Zusammenleben ihren künstlerischen Neigungen freien Lauf gelassen und oft bewundern wir am selben Gegenstande die sich bis auf die kleinsten technischen Einzelheiten erstreckende Geduld und Ausdauer des Chinesen, die kunstvollen Phantasiegebilde des Arabers und die allen Ariern innewohnende schöpferische Kraft.

Es ist staunenswerth, mit welcher Leichtigkeit die Dogras Gulab-Singh's, des Vaters des jetzigen Maharadscha von Kaschmir, die uneinnehmbaren Bergfesten von Baltistan erobert haben. Wer die alte, ganz in Felsen gehauene Feste Iskardos sieht, die wie ein Adlernest das Industhal beherrscht, glaubt unbedingt an die Uneinnehmbarkeit derselben. In der von den Dogras erbauten neuen Feste befindet sich, so behauptet man, ein hoher Staatsgefangener des Maharadscha, der in einen Käfig gesperrt ist, in dem

[1] Es scheint uns interessant, hier noch die Abbildung der höchst einfachen Werkzeuge wiederzugeben, deren sich die kaschmirischen Arbeiter bedienen, um ihre Meisterwerke aus getriebenem, ciselirtem und niellirtem Kupfer oder Silber zu schaffen.

er sich nie aufrichten kann. Inwiefern diese Schauergeschichte, die an den famosen Gefangenen Ludwig's XI. mahnt, wahr ist, wollen wir dahingestellt sein lassen.

Baltistan steht heute unter einem Dogragouverneur, der es ohne Frage ganz vorzüglich verwaltet. Die Wege sind ausserordentlich gut unterhalten, mit schattigen Bäumen (Weiden und Pappeln) bepflanzt; die Bergpfade, in Felsen gehauen, sind ein Meisterwerk menschlichen Fleisses und menschlicher Ausdauer; das künstliche Bewässerungssystem, welchem das Land seine grosse relative Fruchtbarkeit verdankt (denn der Steine und Sand schwemmende Indus ist mehr eine Plage für das Ländchen), ist ganz vorzüglich angelegt. Dies alles sind Beobachtungen, die man in einem von Orientalen verwalteten Lande selten zu machen Gelegenheit hat, und ich muss gestehen, dass ich die grösste Achtung für die administrativen Talente Manghel-Dschu's, des Gouverneurs von Baltistan, habe. Unwillkürlich dachte ich daran, wie wohl würde eine ähnliche Verwaltung dem schönen Kaschmir thun!

Der Gouverneur selbst war in Srinagar, um seinem erhabenen Herrscher seine Ehrfurcht zu bezeigen, und wir wurden von seinem Bruder Meta-Manghel zuvorkommend empfangen. Es war dies ein grosser schlanker Dogra von ungefähr 30 Jahren, der Goldringe und Spangen an Fingern und Armen trug, und ganz vornehme, ich möchte fast sagen majestätische Manieren hatte. Er bot uns Melonen, Äpfel, Aprikosen und allerhand Gemüse an, worunter wegen ihrer Seltenheit sehr geschätzte Kartoffeln. Am Tage darauf (wir verweilten im ganzen über zehn Tage in Ismardo und im Ischigarthal) veranstaltete er uns zu Ehren ein Polo.

Dieses ritterliche Spiel hat seinen Ursprung in Baltistan gefunden und sich von dort nach Tschamba und die indische Tiefebene verpflanzt. So gelangte es bald bis nach

England und Nordamerika, wo es eine sehr beliebte körperliche Uebung geworden ist. Doch nirgends wird es mit solcher Passion getrieben als in Baltistan, welches eben seine Wiege ist. Auch in Byzanz soll man es gespielt haben; vielleicht dürften es die byzantinischen Gesandtschaften aus Asien mitgebracht haben. In Baltistan besteht kein Dorf, das nicht seine Polowiese besässe; ja kleinere Flecken im Industhal besitzen deren oft zwei bis drei. Die Polowiese ist ein rechteckiges, von niedern Steinmauern eingefasstes, vollkommen ebenes, horizontal gelegenes Feld. Auf jedem der entgegengesetzten entferntesten Enden des Rechtecks stellen sich die beiden Parteien der Spieler auf (gewöhnlich 12—14 Reiter auf jeder Seite). Jeder Reiter ist mit einem Polostock versehen. Dies ist ein ungefähr 1½ Meter langer Stock, an dessen Ende ein gekrümmtes gegen die Spitze sich erweiterndes löffelförmiges Holz mit flacher Oberfläche angebracht ist, von der Grösse eines Kreises von 2 Zoll Durchmesser. (Es bestehen übrigens verschiedene Formen von Polostöcken.) Mit diesem Stock muss der Spieler eine Holzkugel von der Dicke und dem Umfang eines gewöhnlichen Apfels schleudern.

Das Spiel besteht darin, diese Kugel dreimal nacheinander ins feindliche Lager zu schleudern; nur muss sie jedesmal durch zwei Pflöcke durchgehen, die auf jeder Seite des Rechtecks vor der Front der Spieler angebracht sind. Natürlich muss man ein ausgezeichneter Reiter sein und besonders dressirte Pferde reiten, um bei diesem Spiele zu reussiren. Jedenfalls gebe ich gern zu, dass die Engländer dieses Spiel mit ganz besonderer Eleganz spielen, doch es fehlt ihnen die wahre Passion, welche die Baltis auszeichnet. Man kann sich nichts Malerisches denken, als diese kühnen Reiter mit farbigem Turban, langen, fliegenden Locken, enganliegenden Hemden und weiten, faltenreichen Beinkleidern auf ihren kleinen Bergrossen, die auf den feleigen Ufern des Indus mit der Vorsicht und Leichtigkeit der Ziegen klettern und hier im schärfsten Galop über die Polowiese jagen, scharf anhalten und sich auf den Hinterbeinen bäumend wenden, als wären sie in irgendeinem europäischen Circus dressirt worden. Das Polo ist auch heute noch die Lieblingszerstreuung der Baltis. Alt und jung, hoch und niedrig ergibt sich demselben mit Leidenschaft. Ein stramm gewachsener Jüngling mit rothem Turban und rother Schärpe, der sich beim Polo, dem wir beiwohnten, durch seine Reitkunststücke besonders hervorthat, war kein geringerer als Schah Abbas, der letzte Sprössling des altbaltischen Fürstengeschlechts. Die Zuschauer, meist die ganze Bevölkerung auf viele Meilen in der Runde, nimmt auf einer Längsseite der Polowiese einen erhöhten Platz ein und folgt dem Spiele mit allen Zeichen der regsten Theilnahme. Die Schattenseite bei solchen Unterhaltungen ist die Musik, die auf ganz primitiven Instrumenten die unharmonischsten Töne erschallen lässt.

Gegen Ende der Vorstellung produciren sich noch einige Tänzerinnen, an deren rhythmische, fast einschläfernde Bewegungen man sich gewöhnen muss, um einen Reiz daran zu finden. „Mit den Tänzen in Indien ist es wie mit der Mangofrucht", sagte mir einst ein vielgereister Brite; „anfänglich widerstreben sie dem Europäer; doch hat er sich einmal an sie gewöhnt, so findet er an denselben mehr Geschmack, als an den saftigsten Früchten Europas, und an den glänzendsten Ballets unserer Hauptstädte." Ich hatte weder Zeit noch Gelegenheit die Wahrheit dieser Beobachtung zu erproben.

Bei Gelegenheit dieser Polovorstellung war es mir geglückt, die früher erwähnte Wasserpfeife arabischer Arbeit ausfindig zu machen. Dieselbe gehörte nämlich dem letzten Sprossen des alten baltischen Fürstengeschlechts Abbas Schah, dessen Vater Ali Schah in Srinagar weilte, um dem

Maharadscha seine pflichtschuldige Huldigung darzubringen. Wie ich schon erwähnt, war dieser Fürst schon vor langen Jahren vom Maharadscha Gulab-Singh mediatisirt worden und lebte von einem höchst bescheidenen Einkommen sehr abgeschieden in Iskardo. Sowie ich erfuhr, wem die kostbare Pfeife gehörte, liess ich meinen Munschi Gán-Patra rufen und gab ihm den Auftrag, mir dieselbe um jeden Preis zu erstehen. Natürlicherweise blieben alle meine Angebote fruchtlos und der junge Radschah liess mir sagen, dass er die Pfeife auf keinen Fall hergeben würde. Der arme Junge ahnte nicht, dass er es mit einem alten Orientreisenden zu thun hatte, der es genau verstand, den Muselmanen Gleiches mit Gleichem zu vergelten. Um 9 Uhr abends versammelte ich in meinem Zelte den Munschi und meine beiden Tschuprassi, auf deren Ergebenheit und Discretion ich unbedingt rechnen konnte, und traf sogleich folgende Dispositionen. „Munschi", sagte ich zum Obersten Gán-Patra, „hier hast du meinen grossen Revolver mit 70 Patronen und die goldene Uhr meiner Frau, du gehst damit sofort zum Stellvertreter des Statthalters, zu Meta-Mangbul, und sagst ihm, dass der Fremde Sáb die Wasserpfeife des baltischen Radschah um jeden Preis zu erstehen wünscht, er bietet ihm dafür entweder die Uhr oder den Revolver; nöthigenfalls, aber nur nöthigenfalls bietest du ihm beide, ich rechne in dieser Beziehung auf dein bewährtes Verständniss; jedenfalls kommst du mir nicht ohne die Pfeife zurück und wenn du mich bis Mitternacht warten lassen müsstest." Der Munschi, der während meiner Rede wenigstens zehnmal „Sáb" und ebenso oft „atscha" gemurmelt hatte, verneigte sich mit auf der Brust gekreuzten Armen, nach indischer Sitte, und verschwand. Den ältern Tschuprassi, den wir seiner hagern Gestalt halber scherzweise den prähistorischen Tschuprassi benannt hatten, dessen eifersüchtige Gefühle für seinen Chef ich genau kannte, schickte ich sofort dem Munschi nach, auf dass er meinen Freund Gân-Patra, dem ich trotz unserer Freundschaft nicht über den Weg traute, bei seinen diplomatischen Unterhandlungen überwachen möge. Den jüngern Tschuprassi endlich postirte ich als Schildwache vor die Behausung des jungen Balti-Radschah mit dem Auftrag, das Forttragen der Pfeife um jeden Preis zu verhindern. Es verstrich kaum eine Stunde und Gân-Patra brachte mir meinen Revolver zurück und händigte mir gleichzeitig die kostbare Wasserpfeife ein; später erst erfuhr ich, dass Meta-Manghel nach echt asiatischer Despotensitte die goldene Uhr seinem Neffen, dem zehnjährigen Sohn des abwesenden Gouverneurs Manghel-Duchu, geschenkt und dem armen Balti Radschah die Pfeife einfach abgenommen hatte, gegen ein paar feiste Schafe, die er ihm als Entgelt aufgedrungen.

Tags darauf, es war der 15. August, besuchte mich Meta-Manghel zeitiger als sonst und führte mir einen prachtvollen Tasi aus Gilgit zu, den er mir zum Geschenk anbot. Die Tasi aus Gilgit sind eine ganz eigenthümliche Gattung von Windhunden, welche genau so wie die Tasi von Samarkand gebaut, aber dabei langes struppiges Haar besitzen. Sie sind äusserst wild und muthig und werden von den Bergbewohnern von Gilgit zu Wolfs- und Bärenjagden verwendet. Mein neuer vierfüssiger Reisegefährte, den ich nach Paris heimzubringen gedachte, wurde eingedenk seiner Abstammung Gilgit getauft; er gewöhnte sich schnell an uns, blieb aber immer wild und ungeberdig.

Da ich von Meta-Manghel nichts geschenkt haben wollte, so schickte ich ihm gegen Mittag einen goldenen Ring mit einem Saphir, den er freudigst annahm. Sofort gab ich meiner Umgebung den Auftrag, mir zum Hunde Gilgit ein Weibchen von gleicher Abstammung zu finden, was trotz der eifrigsten Nachforschungen nicht zu gelingen schien. Doch als wir zwei Tage später beim Frühstück sassen und Gilgit die Knochen eines Huhnes vorwarfen, hörten wir plötzlich gewaltiges Knurren und gewahrten auf etwa 10 Schritt im Dickicht ein Tasiweibchen von derselben Farbe und Gestalt wie unser Hund. Sofort rief ich den Tschuprassi und den Dienern zu, sie möchten des Hundes rasch habhaft zu werden trachten, ich würde dem Fänger eine Belohnung von 5 Rupien geben. Die Leute liessen es sich nicht zweimal sagen und liefen insgesammt dem Hunde nach. Drei bis vier Stunden später kamen sie triumphirend zurück, der junge Tschuprassi hatte den Hund gefangen. Sie waren alle athemlos und behaupteten bis hoch hinauf in die benachbarten Berge gelaufen zu sein. Ich gab dem jungen Tschuprassi die versprochenen 5 Rupien und liess jedem der Verfolger 8 Annas einhändigen. Einige Stunden später kam auch der Besitzer des Hundes und liess sich gern dazu herbei, mir denselben gegen weitere 5 Rupien zu überlassen.

Wir hatten um dieselbe Zeit eine arge Unannehmlichkeit. Der Kaschmirische Koch, den wir aus Srinagar mitgenommen, hatte sich binnen kürzester Frist als ein brutaler, diebischer Mensch entpuppt. Ich war sehr oft genöthigt, ihn höchst energisch an seine Pflicht zu mahnen. Da es aus Menschlichkeitsrücksichten nicht möglich war, ihn am Deosai-Plateau den Wölfen und Bären zur Speise auszusetzen, so waren wir genöthigt uns alle mögliche Unbill von ihm gefallen zu lassen. Doch während unseres Aufenthalts in Iskardo vergass er sich soweit, meinem Leibdiener François, den die andern respectvoll den Sirdar zu nennen pflegten, mit einem Scheitholz den Kopf blutig zu schlagen; sofort liess ich den Thäter mittels zweier Polizeisoldaten aus Iskardo über das Deosai-Plateau nach Srinagar zurückbefördern. Alles Flehen konnte mich nicht von meinem Entschlusse abbringen, denn es war unumgänglich nöthig ein Exempel zu statuiren. Niemand war glücklicher über das Verschwinden des brutalen Wichts als François, den er, wie ich später erfuhr, täglich und tüchtig durchzuprügeln pflegte.

Die Augenblicke meiner Musse benutzte ich möglichst zum Ankauf von ethnographischen Gegenständen, da es in meiner Absicht lag, eine complete derartige Sammlung in Kaschmir und Baltistan anzulegen. Ich kaufte demnach zahlreiche Kleidungsstücke von männlichen und weiblichen Baltis; betreffs der letztern ward es oft sehr schwierig, doch führte mir der Munschi Gân-Patra eines schönen Morgens ein ganz hübsches Baltimädchen zu, deren schmucke Kleidung mir aufgefallen war und für meine Sammlung erwerbungswerth erschien. Das Mädchen näherte sich ganz unerschrocken und ihre schwarzen feurigen Augen schienen gar keine Ueberraschung zu verrathen. Ich schickte mich eben an, den Munschi nach dem Preis der Kleidungsstücke und Schmuckgegenstände zu fragen, als mir derselbe mittheilte, Meta-Manghel hätte mir das Mädchen als Angebinde überschickt. Ich erklärte meinem Freund Gân-Patra, dass uns verheiratheten Europäern die Annahme von derartigen Geschenken untersagt wäre. Gân-Patra schüttelte ungläubig lächelnd das Haupt, liess sich aber nichtsdestoweniger überzeugen, während das Mädchen bitterlich zu weinen begann über den angeblichen Schimpf, den ich ihr durch meine Weigerung angethan. Sie zog schmollend ab und meine Sammlung kam um einige interessante Kleidungsstücke und Schmuckgegenstände, und in der Folge gelang es mir nur mit der grössten Mühe, einen entsprechenden Ersatz dafür zu finden.

Der Balti ist physisch, d. h. typisch wie schon oft erwähnt, ganz bestimmt ein Arier, fast mit demselben Rechte wie sein Nachbar, der Dardu. Es ist mir ganz unbegreifich, wie die englischen Forschungsreisenden dieselben als zur tibetisch-mongolischen Rasse gehörig zählen konnten. Diese Ansicht beruht wahrscheinlich hauptsächlich auf linguistischer Basis, da die Baltis gegenwärtig eine tibetische Mundart sprechen, ehemals aber wahrscheinlich das Kadschuna gesprochen haben dürften; denn typisch stehen ihnen entschieden die Bergvölker aus Hunza und Nager am nächsten. Auch dürfte das sporadische Vorkommen von Baltis, die mit Ladakis gemischt waren, die englischen Forscher irregeleitet haben. Es war mir vergönnt, anthropologische Messungen an acht verschiedenen Orten Baltistans vorzunehmen, an mehr als 100 Individuen. Man braucht übrigens nur die Resultate meiner Messungen mit den Zeichnungen zu vergleichen, welche mein Reisebegleiter mittels der Camera lucida (von Wollaston) ausgeführt, oder mit Photographien, die ich später acquirirt, und welche Baltisoldaten aus der Armee des Maharadscha vorstellen, um sich zu überzeugen, dass man es hier mit keinen Tibetern zu thun hat. Man sieht sofort, dass es sich hier um zwei ganz verschiedene Rassen handelt.

Der Balti ist ruhig, sanft, arbeitsam, offen und gefällig gegen Reisende; er besitzt weder die Verschlossenheit der Ladakis noch die Verschmitztheit der Darden.

Als Curiosum sei es hier noch erwähnt, dass von allen Trägern, die wir während unserer langen Reise in Indien gebraucht, um unsere Effecten weiter zu befördern, die Baltis die einzigen waren, welche immer vor uns auf dem bestimmten Lagerplatz eintrafen, während z. B. die kräftigen, aber faulen und indolenten Kaschmiris trotz der energischen Mahnungen unseres zuvorkommenden Führers Ghu-Patra stets 3—4 Stunden nach uns eintrafen.

Von den zahlreichen Völkchen, die ich im Himalaja gesehen und erforscht habe, gefiel mir moralisch keins so gut als die freundlichen, friedsamen Baltis.

Da wir infolge eines heftigen Unwohlseins unseres Reisegefährten in Iskardo länger verbleiben mußten, als wir ursprünglich beabsichtigt hatten, so beschloß ich in Begleitung meiner Frau das nördlich im Karakorumgebirge gelegene Schigarthal zu besuchen und womöglich bis zum Mustaghpass vorzudringen.

NEUNTES KAPITEL.

DAS SCHIGARTHAL UND DAS KARAKORUMGEBIRGE.

Ueberschreiten des Indusstromes. — Das Karakorumgebirge und seine Gletscher. — Schigar. — Industrie. — Kaschumal. — Pakhpu und Schakschu. — Entwurf einer ethnographischen Karte von Centralasien. — Englische und russische Quellen. — Die Arier als älteste Bewohner Mittelasiens. — Ihre Sitten und Gebräuche. — Pamir-Iranier und Hindukusch-Inder. — Die Turko-Tataren. — Die eigentlichen Mongolen. — Askole. — Alpenglühen im Karakorumgebirge. — Die höchsten Gletscher der Welt. — Ein unvergesslicher Anblick. — Der Mustaghpass. — Eine bezeichnende Antwort. — Rückkehr nach Iskardo.

Um das Schigarthal zu erreichen muss man den Indus überschreiten. Wir verliessen also des Morgens Iskardo, unsern kranken amerikanischen Reisegefährten im Zeltlager zurücklassend, und ritten dem Indusübergang zu. Die Strasse ist schattig und geht terrassenartig bis zum Strome hinab; längs dieser Terrassen sind Wasserkanäle angebracht, welche von Stufe zu Stufe ganz hübsche Cascaden bilden.

Man überschreitet den Indus — der trotz seiner Breite auch oberhalb Iskardo sehr rasch fliesst — vermittelst eines Flosses von ganz primitiver Construction, wie wir deren in Centralasien am Sir-Darja viele gesehen. Am rechten Ufer angelangt, folgt man anfänglich der Richtung des Stromes stromaufwärts und übersteigt dann einen in den Felsen gehauenen Pass. Dieser Weg besteht erst seit kurzer Zeit und ist auch dem Unternehmungsgeist und der Energie unsers Freundes Manghel-Dschu zu danken. Von dem höchsten Punkte des Passes aus geniesst man eine schöne Fernsicht; man erblickt das breite, grüne, äusserst fruchtbare Schigarthal zu seinen Füssen, und in der Ferne den Bolturogletscher, den grössten der Welt nach den ungeheuern Eismassen Grönlands, und ganz im Hintergrunde den Guschbrum, 26378 Fuss, und den Dapsang, 28265 Fuss hoch, den zweitgrössten Berg der Erde.

Trotz alles Grossartigen und Unvergesslichen, das wir schon gesehen, machte dieses Panorama einen gewaltigen Eindruck auf uns. Auch in der Schweiz sieht man kolossale Bergspitzen und vielleicht mehr Gletscher als im Himalaja; doch in Asien ist alles grossartiger angelegt. Die Berge steigen riesenhoch in die Höhe; die relative Höhenunterschiede erreichen oft 20000 Fuss, und wenn man einmal einen Gletscher zu Gesicht bekommt, so ist er gleich so gross wie ein europäisches Königreich. Unsere Alpen sind eben nur eine zierliche Taschenausgabe des Himalaja und des Karakorum. Dieses letztere dürfte wol der höchste Gebirgszug der Welt sein, wenn er auch nicht die höchsten Gipfel besitzt, was übrigens auch noch dahingestellt bleiben muss, da man bisjetzt erst sehr wenige dieser Bergriesen gemessen hat.

Im allgemeinen scheint die Terrainanschwellung gegen den Nordosten zu sich allmählich zu senken. Im Karakorumgebirge erreicht sie ihre grösste constante Höhe, zieht gegen Südosten als Himalaja, als gewaltiger Gebirgszug bis an die chinesische Grenze und stösst dort an das grosse hinterindische Alpenland. Im Nordwesten wird dieselbe Terrainanschwellung zum gewaltigen Bergstock (von dem sich der rauhe Hindukusch abzweigt), der sich an das Pamirplateau, „das Dach der Welt“, lehnt. Dieses von einer mittlern Höhe von 12000 Fuss, also niedriger als das von Deosai im Süden von Iskardo (12500—13000 Fuss), wird im

Osten von der Kisil-Yurtkette begrenzt, in welcher der Tagarma noch bis zu [illegible] Fuss Seehöhe hinanfragt. Die nördliche Grenze des Daches der Welt, die Transalaikette, scheint geringer; denn der famose Pic Kauffmann, von einem russischen Ingenieur entdeckt und auf [illegible] Fuss bestimmt, dürfte nur in der Einbildungskraft dieses kühnen Geographen existirt haben. Bei meinem letzten Aufenthalte in Petersburg versicherte mir einer der bedeutendsten Mitglieder der dortigen Geographischen Gesellschaft, „das Pikanteste an diesem Pic wäre, dass man ihn nicht mehr aufzufinden im Stande ist". Er erscheint somit als eine ungeheure Mystifikation, eine erneuerte Auflage von der Geschichte des Manuscripts des deutschen Barons über die orographische Gestaltung Innerasiens, welches bekanntlich Klaproth selbst fabricirt hatte; hatte ja doch derselbe Gelehrte seinerzeit einen ganzen Archipel an seinem Schreibpult sitzend entdeckt! Wäre freilich dieses Malheur mit dem Pic Kauffmann einem Forscher anderer Nationalität passirt, so hätte die russische Gelehrtenwelt nicht genug Spott, um den armen Sünder damit zu übergiessen; so aber wird die Geschichte ganz einfach todtgeschwiegen!

In Schigar angelangt, wurden wir von den Notabilitäten des Orts empfangen, welche uns Aprikosen, Aepfel und Trauben boten. Die Früchte des Schigarthales sind als die schmackhaftesten von Klein-Tibet berühmt und werden viel exportirt, frisch und besonders getrocknet. Schigar, eine bedeutende, weitausgedehntere Ortschaft als Iskardo, liegt in einer sehr gut bewässerten und überall reichlich bepflanzten Gegend; es besitzt zwei Polowiesen. Die Bevölkerung des Schigarthales besteht ausschliesslich aus Baltis, die als die reinsten und echtesten ihres Volksstammes betrachtet werden. Der Menschenschlag ist in der That ein schönerer als der des Industhales. Wie ein berühmter englischer Archäologe in den Thalbewohnern von Schigar Mongolen erblicken konnte, begreife ich wahrlich nicht, und es ist nur ein Beweis, dass man ein ganz ausgezeichneter Alterthumsforscher sein kann, ohne einen anthropologischen Blick zu besitzen. Ich verliess mich übrigens auch nicht auf meinen anthropologischen Blick und nahm zahlreiche Messungen vor, welche mir durch das zuvorkommende Benehmen der Bewohner bedeutend erleichtert wurden.

Schigar besitzt übrigens, wie jeder grössere Ort Baltistans, eine Bergfestung mit einer Dograbesatzung. Wir übernachteten in einem Hause, das sich durch besondere Reinlichkeit auszeichnete. Ausser einigen Vasen aus getriebenem und ciselirtem Kupfer wusste ich mir auch einige alte Schmuckgegenstände zu verschaffen, unter denen besonders eine Halsplatte aus Gold und Silber, mit Türkisen reich besetzt, von einer äusserst kunstvollen arabischen Arbeit ist und einige Jahrhunderte alt sein mag.

In Schigar verfertigt man auch verschiedene Gegenstände (Trinkschalen, Pfeifentheile) aus einem grünen Speckstein, der sehr an denjenigen erinnert, welchen man in Russisch-Turkestan, im Siebenstromlande, in der Nähe von Wernoje, vorfindet und ebenfalls mannichfach verarbeitet.

In Schigar kaufte ich auch eine Baltinat, sowie ein Messer, welches durch seine Form an die bekannten Gurkhamesser erinnert. Auch ein Instrument zum Scheeren der Schafe und Ziegen, sowie einen Schlauch zum Begiessen der Gärten wusste ich mir zu verschaffen.

Tags darauf zogen wir den Schigarfluss aufwärts und lagerten in der Nähe des kleinen Dorfs von Kaschumal. Das Thal ist noch immer relativ breit und sehr fruchtbar.

Am folgenden Tage lagerten wir unweit des Punktes, wo der Schigar sich aus seinen zwei Quellflüssen, dem Braldu und dem Bascha, bildet. Ich unternahm an demselben Tage noch einen Ausflug nach dem am rechten Ufer des Bascha liegenden Dorfe Tschutrun, das eine heisse Quelle besitzt;

Ein Gurkhamesser aus Dharmsala (Geschenk von Knight.)

Messer aus Baltistan

Axt aus Baltistan

Instrument zum Schneiden des Grases

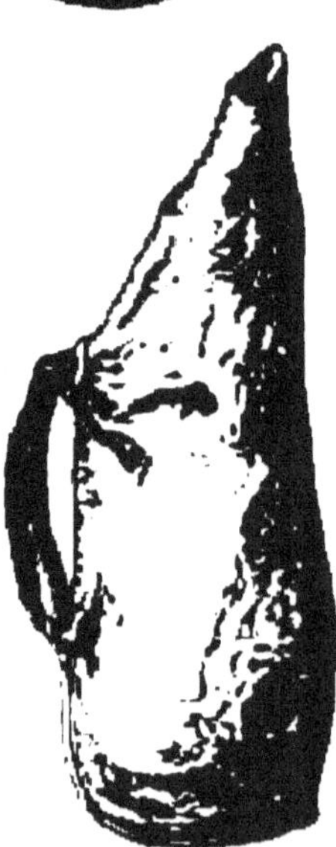

Schlauch zum Buttern.

Antike Achselschnalle aus Silber mit Türkisen. (Iskardo.)

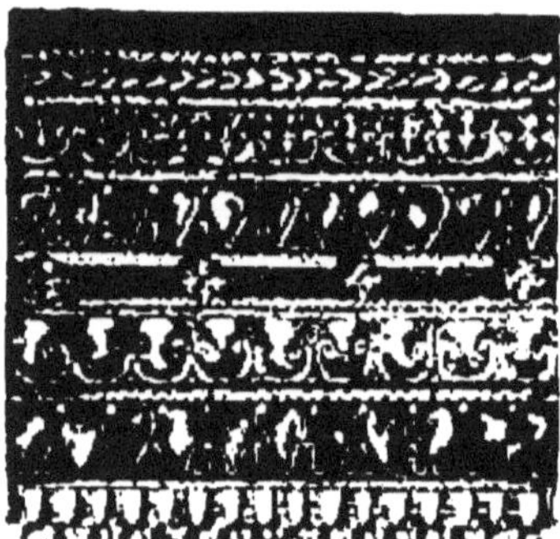

[illegible] Achselschnalle.

Antiker Achselschmuck ([illegible]) mit Türkisen. (Iskardo.)

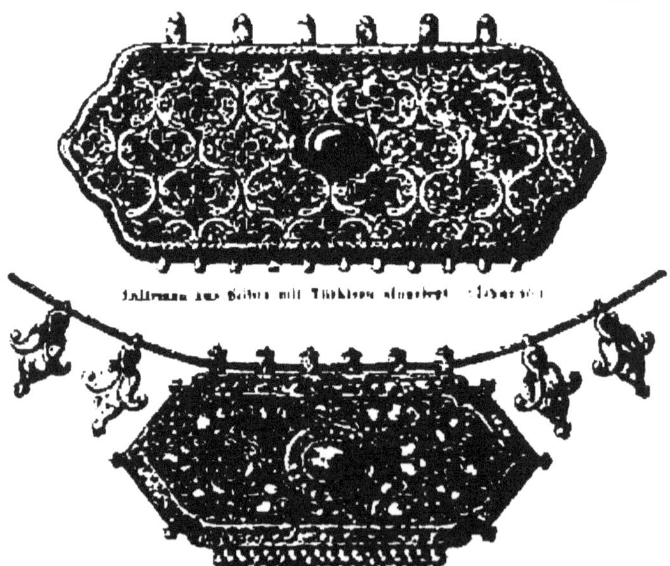

Talisman aus Silber mit Türkisen eingelegt. (Iskardo.)

Antiker Halsschmuck aus Gold, Silber und Türkisen. (Skardo.)

dort fand ich eine Anzahl Pakhpus und Schakschus, die über den Mustaghpass gekommen waren, um in Iskardo Goldstaub und Thierfelle gegen Stoffe einzutauschen. Natürlich interessirten mich diese Leute im höchsten Grade, und meine anthropologischen Beobachtungen bewiesen mir, dass diese Völker, welche im obern Jarkandthale, zwischen dem Karakorum- und dem Kuenluen-Gebirge, nomadisiren, ihrem physischen Typus nach zu den Darden gezählt werden müssen. Sie besitzen denselben hyperdolichocephalen Schädel und dieselben Raubvogelgesichter; auch sollen sie, so sagt man wenigstens, die Strasse über den Mustagh nach Jarkand durch ihre Räubereien unsicher machen.

Nachdem ich mir über den physischen Typus der erwähnten Pakhpus und Schakschus genügend Rechenschaft abgelegt, machte ich mich in meinem Zelte, angesichts des Dorfes Tschutrun, daran, meine in den letzten Tagen gewonnenen Erfahrungen aufzuzeichnen. Beim Durchstöbern meiner Papiere stiess ich auf eine ethnographische Karte, welche ich zur Zeit meiner ersten centralasiatischen Reise (1877) während meines Aufenthalts in Ferghana entworfen hatte. Auf die neuen Erfahrungen gestützt, begann ich sogleich dieselbe zu verbessern und in südlicher Richtung zu ergänzen.

Vor ungefähr fünf Jahren, als ich von meiner ersten Reise nach Turkestan heimkehrte, hatte ich den Versuch gemacht, eine ethnographische Karte von Centralasien zu entwerfen und hierzu ausser meinen persönlichen Beobachtungen fast ausschliesslich russische Quellen benutzt. Ich war bei diesem ersten Versuch besonders darauf bedacht gewesen, ein Werk auf anthropologisch-linguistischer Grundlage zu errichten. Seitdem hatte ich mich in Vorbereitung meiner weitern Reisen nach dem westlichen Himalaja und den südlichen Ausläufern des Karakorumgebirges mit der englischen wissenschaftlichen Reiseliteratur eingehend beschäftigt. Die Arbeiten von Shaw, Vigne, Wood, Torrens, Thomson, Ince, Bellew, Gordon, Forsyth, Drew, Harcourt, Biddulph, Cunningham u. s. w. bestärkten mich in meinen Anschauungen, klärten manchen Zweifel, eröffneten mir neue Horizonte, und ich fasste den Entschluss, abermals eine ethnographische Karte von Centralasien zu entwerfen, die nicht nur das eigentliche Innerasien, das Pamir-Plateau mit den Quellgebieten des Jaxartes, Oxus und Tarim umfassen sollte, sondern auch den Knotenpunkt, wo der Himalaja und das Karakorumgebirge an den Hindukusch stossen, mit den Thälern des obern Indus, und den Oxus mit seinen Zuflüssen aus dem afghanischen Turkestan. Besonders die letzten Reisen des kühnen Engländers Biddulph, Reisen, deren grosses Verdienst noch nicht genug zur Geltung gekommen ist, erlaubten mir, das bis dahin geheimnissvolle Kafiristan und Tschitral in den Bereich meiner Beobachtungen zu ziehen und somit ein fast vollständiges ethnographisches Bild aller jener Gebirgsländer zu entwerfen. Die Karte selbst ist diesem Werke beigegeben. Den anthropologisch-linguistischen Standpunkt, auf den ich mich stelle, brauche ich nicht mehr näher zu illustriren, er ist genau derselbe, den ich bereits früher anzudeuten Gelegenheit hatte.

Die Länderstrecken, zwischen den nördlichen Abhängen des westlichen Thian-Schan und dem obern Industhale, werden von drei Volksstämmen bewohnt, die sowol anthropologisch als linguistisch scharf zu unterscheiden sind; es sind dies: *Arier, Turko-Tataren* und *eigentliche Mongolen*.

Arier nenne ich die Vertreter der mittelländischen Rasse meines gelehrten Freundes Friedrich Müller, welche den Kern jener Länderstrecken einnehmen, arische Mundarten sprechen und sich anthropologisch in zwei scharf getrennte Sippen scheiden.

1. Die Pamir-Iranier mit den Tadschiken vom Thian-Schan bis zum Hindukusch, und 2. die Hindukusch-Indier im obern Industhale mit ihren Verwandten bis gegen Ladak und nach Kaschmir zu. Zu dieser zweiten Gruppe rechne ich auch die tibetischen Baltis und die Kaschmiris, während die andern östlich und südlich wohnenden Bergindier, mit autochthonen Elementen stark versetzt, schon nicht mehr als reine Arier betrachtet werden können.

Unter Turko-Tataren verstehe ich alle jene Stämme, welche seit Jahrhunderten Anwohner der Arier, sich mit diesen oft gemischt und dadurch einen Typus hervorgebracht haben, welcher die Mitte zwischen dem mongolischen und arischen hält. Durch Hautfarbe, Haarfarbe und Beschaffenheit der Haare, Bartwuchs, Gestalt sind es Arier; durch die hervorstehenden Backenknochen, die oft etwas schief geschlitzten Augen, die grossen vom Kopf abstehenden Ohren, die kleinen Hände und Füsse, den fast stets unbehaarten Körper sind es aber Mongolen. Es sind dies die Sarten, Usbeken, Karakalpaken, Turken, Turkmenen, Kirgis-Kaisaken, Kara-Kirgisen.

Zu den eigentlichen Mongolen zähle ich im Norden und Osten die Kalmücken und die verschiedenen chinesischen Ansiedler des Kuldschagebiets, wie Sibo, Solonen u. s. w.; im Süden, d. h. Südosten, die Klein-Tibeter (Ladaki und Tschampa) und die Gross-Tibeter. Ueber deren echtes Mongolenthum kann kein Zweifel obwalten. Auch unter ihnen dürfte es dolichocephale und brachycephale Sippen geben, doch es war mir nicht vergönnt in dieser Beziehung eingehende Forschungen machen zu können. Bei den dicke Zöpfe tragenden Mongolen sind übrigens die anthropologischen Messungen am Schädel Lebender sehr erschwert.[1]

[1] Die grosse Anzahl von Schädeln, die man mir in Kuldscha verschaffte, und welche dort auf den zahlreichen Schlachtfeldern auf-

Die ältesten Bewohner Innerasiens, wenn nicht die Ureinwohner, dürften die Arier sein. In den Hochthälern des Sir-Darja, des Zerafschan, des Surchâb, Murghâb und Pandschah (Quellflüsse des Amu-Darja) sassen die Pamir-Iranier; sie trieben seit den ältesten Zeiten Viehzucht und Ackerbau und sprachen besondere iranische Mundarten, welche sich an das Altbaktrische anschliessen. Ihre heutigen Reste sind noch immer Ackerbauer und Viehzüchter. Die oft mit vielem Geschick angelegten Wasserleitungen, welche sich oft in den schwindelndsten Höhen befinden, sowie die wunderbaren Hängebrücken aus Pflanzenfasern und die in Felsen gehauenen Stege bestehen seit den ältesten Zeiten. Der gewundene Ast des *Juniperus Sabina* wurde zu Balken und Pfeilern verwendet, die in Verbindung mit rohen Steinen ganz dauerhafte Behausungen abgaben. Das harte Holz des Nussbaums diente zur Herstellung von Küchengeschirr und Hausrath und Kienspähne als Beleuchtungsmaterial, bis kunstgewandte Nachkommen Kannen, Schüsseln und Lampen aus getriebenem, ciselirtem und niellirtem Kupfer und Messing verfertigten und Tempel und Paläste erbauten, welche den allen Ariern innewohnenden Kunstsinn auch im rauhen Herzen Asiens glänzend bekundeten. Solche kunstvolle Kupfergeschirre findet man heute in Badakschan, Kaschgarien, Baltistan und Kaschmir, Ruinen von solchen Tempeln und Palästen im alten Baktrien und im Hochthale des Hydaspes.[1] Der Glaube der Väter lebt noch in einzelnen Gebräuchen, trotz des seit Jahrhunderten angenommenen Islamismus. Wood, Khanikoff, Biddulph und ich selbst haben beobachtet, wie sehr heute noch den Pamir-Iraniern der

---

gelesen wurden, sind leider sehr unsichern und schwer zu bestimmenden Ursprungs.

[1] Auch die Ackergeräthschaften der Pamir-Iranier und der Hindukusch-Inder sind vom höchsten Interesse und wir geben hier die Abbildungen der vorzüglichsten unter ihnen.

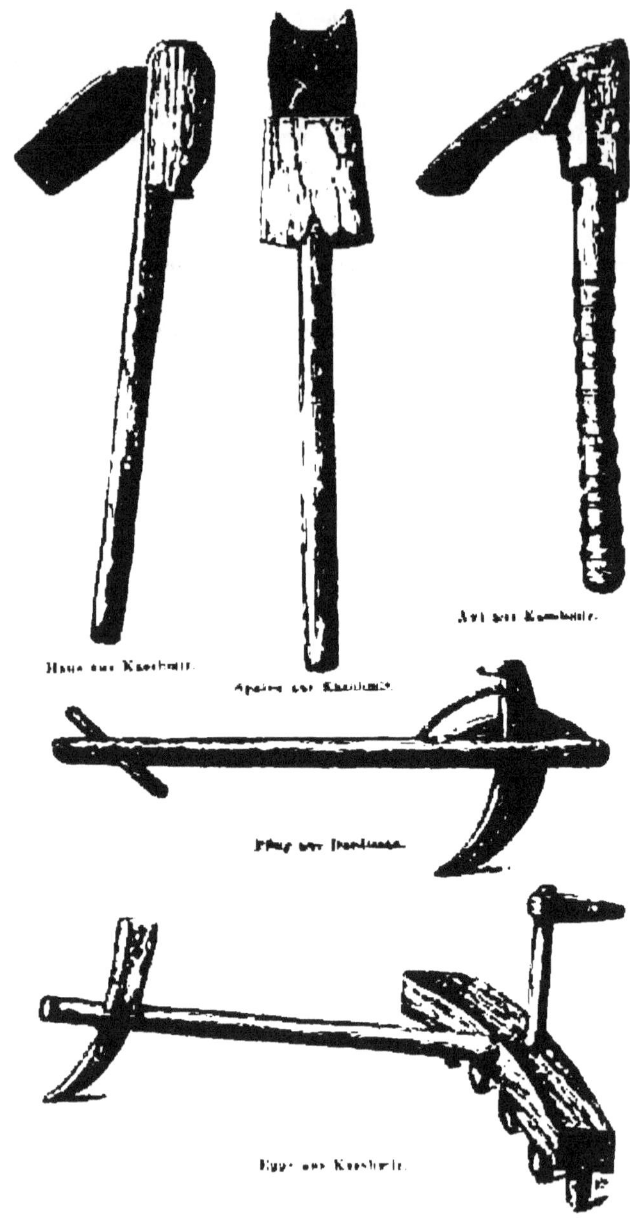

Haue aus Kaschmir.

Spaten aus Kaschmir.

Axt aus [illegible].

Pflug aus Dardistan.

Egge aus Kaschmir.

XVII. ACKERGERÄTHSCHAFTEN.

Flamme heilig ist. Sie glauben sie durch den Hauch des Menschen zu verunreinigen und löschen ihre Kienspähne mit der Hand aus. Bei Kindern sowie bei Kranken werden Feuer um die Wiege, um das Lager getragen u. s. w. Sie nehmen nur ein Weib und heirathen fast ausschliesslich unter sich. Sie sind äusserst kriegerisch und die Kämpfe, welche die kleinen Galtschastämme des obern Zerafschan-Thales stets untereinander zu führen pflegten, bis sie den stärkern Nachbarn zur Beute fielen, erinnern an den unablässigen Krieg in Hellas angesichts der persischen Heere, an die Strassenkämpfe in Byzanz, als die siegreichen Türken vor den Thoren standen. Auch hier manifestirt sich arisches Blut. Körperlich sind sie mittelgross, gedrungene Gestalten mit oft angenehmen Zügen, kastanienbraunem schlichtem Haupthaar, oft hellen Augen und von einer Hautfarbe, welche an die eines Bauern aus der Romagna erinnert. Sie sind hyperbrachycephal. Sie haben meist schlechte Zähne vom vielen Essen getrockneten Obstes und oft leiden sie an Augenkrankheiten und an Uebeln der Kopfhaut. Ersteres kommt von der Spreu des Getreides, welche, bei ihrer primitiven Dreschmethode die Luft erfüllend, sich in die Augen setzt, letzteres von den engaufliegenden Baumwollkäppchen, welche man den Kindern schon von frühester Jugend an beständig auf den Kopf setzt.

Sie sind ausgezeichnete Fussgänger und gute Reiter. Des schlechtesten Luntenschlossgewehres wissen sie sich geschickt zu bedienen. Was die moralische Seite betrifft, so sind sie im ganzen ehrlich, offen, wenn auch scheu, wie dies bei so abgeschlossen lebenden Bergbewohnern nicht anders möglich, jedenfalls sind sie weit besser als ihre tadschikischen Stammesbrüder aus der Ebene. Die ekelhaften Laster, welche bei diesen letztern herrschen, sind ihnen unbekannt. Sie sprachen, so kann man es behaupten, früher ihre besondern iranischen Mundarten, und die meisten unter

Iranisch sprechen sie noch. Während die Karateginer, die eigentlichen Galtschas aus dem obern Zerafschan-Thal (Magian, Falgar, Kschtut, Matscha und Fân), die Bewohner von Darwâs und dem bergigen Hissar eine persische Mundart sprechen, dem in Samarkand und Bochara gebräuchlichen Tadschikischen fast identisch, reden die Bewohner des Jagnaub-Thales, diejenigen von Schugnan, Sirikul, Wachan, Sanglitsch, Ischkaschim und Mundschan (mit dem obern Theile des Thales von Lud-Khô) besondere Dialekte, welche uns durch die vortrefflichen Arbeiten Shaw's, Biddulph's und Tomaschek's bekannt geworden sind. Es sind dies iranische Sprachreste, was den Wortschatz betrifft, mit indischen Anklängen in der Flexion. Die Sage, welche bei dem entferntesten dieser Völkchen, bei den Jagnauben herrscht, derzufolge sie aus Kaschmir eingewandert, liesse, ganz entgegen der Meinung Biddulph's, darauf schliessen, dass die Pamir-Iranier nicht von Norden nach Süden, sondern von Süden nach Norden gezogen, zu einer Zeit vielleicht, als die sprachlich nicht-arischen Jeschkun oder Burisch von Osten einwanderten und dadurch eine Verschiebung der Völker hervorbrachten.

Doch an den Osthängen des Pamir, östlicher als die kleine Völkerinsel Sirikul, im Tarimbecken, waren auch ehemals Arier sesshaft, darüber kann kein Zweifel obwalten. Die chinesischen Traditionen von langen, bleichen Pferdegesichtern legen ein unverbrüchliches Zeugniss dafür ab. Aber schon seit den ältesten Zeiten sind diese Arier in den Mongolen aufgegangen und haben einen turko-tatarischen Volksstamm gebildet, der in den heutigen Kaschgariern und Tarantschen fortlebt und die unverkennbarsten Spuren von Versetzung mit arischem Blute trägt.

Nördlich des Pamir, sowie westlich von dieser gewaltigsten aller Hochebenen des Erdballs breiten sich die Tadschiken in den fruchtbaren Ebenen des Jaxartes-, Zerafschan-

und Oxus-Thales aus. Diese Tadschiken scheinen dreifachen Ursprungs zu sein. Ueberreste von Pamir-Iraniern, welche beim Andrange der Mongolen einst in die unnahbaren Bergthäler geflohen, ferner persische Einwanderer[1], die besonders zur Blütezeit der arabischen Herrschaft gegen Norden gezogen, um sich an den fruchtbaren Ufern des Oxus, Serafschan und Jaxartes ein neues Reich zu gründen, endlich Abkömmlinge von persischen Sklaven, welche früher von den räuberischen Usbekenstämmen nach Chiwa, Bochara und Samarkand entführt oder von Turkomanen dorthin verkauft wurden. Es unterliegt keinem Zweifel, dass diese Tadschiken sich mit den fremden Eroberern vielfach gemischt, nichtsdestoweniger haben sie den arischen Typus bewahrt. Es sind grosse schlanke Gestalten mit feinen, oft edlen Gesichtszügen, feurigen Augen und wallendem Barte. Die Blonden kommen ziemlich häufig unter ihnen vor, doch im Durchschnitt ist Haar und Bart dunkelbraun, meist schwarz. Die Haut ist lichter als die der stammverwandten Bergbewohner. Auch bei ihnen haben sich vielfache Sitten und Gebräuche erhalten, welche an die altbaktrischen Feueranbeter mahnen. Was den Charakter betrifft, so sind sie falsch, verschmitzt, betrügerisch und kriechend, und weit fanatischere Muselmanen als die Pamir-Iranier. Eine seit Jahrhunderten währende harte Knechtschaft erklärt ihre moralische Verkommenheit. Wir treffen Tadschiken im glücklichen Ferghana, am rechten und linken Ufer des Sir-Darja, Chodschend, Taschkend, von Maimene an bis nach dem Herzen von Badakschan.

Südlich des Hindukusch bis in den westlichsten Winkel

---

[1] Bei meinem Aufenthalte in Kasan, im nördlichen Ferghana, habe ich einen alten Friedhof besucht, auf dem viele Tadschiken ruhen, die vor Jahrhunderten aus Persien (besonders Khorassan) eingewandert waren. So bezeugten es die Grabschriften.

des Himalaja- und Karakorum-Gebirges begegnen wir den Hindukusch-Indiern von verwandten arischen Stämmen umlagert. Die Khó oder Tschitralen und die Kafirs lehnen sich unmittelbar an den Hindukusch; wir wissen, dass diese letzteren, auch Sia-Posch, d. h. die Schwarzgekleideten genannt, sich in verschiedene Stämme spalten, von denen die Raschgalis, Wairigalis, Kattigalis und Ramgalis oder Lamgalis uns durch Biddulph bekannt geworden sind. Die Raschgalis theilen sich in Kam-to und Kam-ots; in den höchsten Bergthälern gibt es auch „Rothe Kafirs", von ihrer lichten Hautfarbe so benannt, und auch Safid-Posch, d. h. Weissgekleidete. Zu den Kafirs kann man auch die wenig bekannten afghanischen Bergstämme rechnen, welche die Thäler des Nidschrau-, Pandschir- und Gorband-Flusses bewohnen. Die Tschitralen sind Muselmanen und auch die Raschgalis theilweise; einige Kafirfamilien haben sich übrigens südwestlich von der Stadt Tschitral niedergelassen und den Islam angenommen; man nennt sie gemeiniglich Balasche. Die übrigen Kafirs huldigen einer schamanistischen Religion mit zahlreichen altvedischen Anklängen. Der Kafir ist schlank von Wuchs, mit besonders ausdrucksvollen Gesichtszügen, dunklem gelocktem Haupthaar, klugen Augen. Er ist Hyperdolichocephal. Er ist Viehzüchter, Ackerbauer und ein besonders passionirter Jäger. (Die langhaarigen Windhunde aus Tschitral sind besonders wild und muthig.) Seiner Sinnesart nach ist er kühn und unerschrocken, ein gefürchteter Feind, aber weniger fanatisch und grausam als sein Stammverwandter, der Darde, oder sein heimtückischer Nachbar, der Jeschkun. Von der anthropologischen Kluft, welche trotz der gemeinsamen arischen Abstammung zwischen den Pamir-Iraniern und den Hindukusch-Indiern besteht, haben wir bereits wiederholt gesprochen.

An die Tschitralen lehnen sich zunächst die typisch jedenfalls arischen Jeschkuns oder Burisch. Sie bewohnen die hohen Gebirgsthäler nächst dem Knotenpunkt, der den Hindukusch mit dem Karakorum-Gebirge und Himalaja verbindet und den Pamir südlich begrenzt. Es sind dies die Bewohner von Jassin, Hunsa und Nager, welche durch ihr ungeberdiges, räuberisches Wesen weithin bekannt und gefürchtet sind. Es sind fanatische, heimtückische und blutdürstige Muselmanen, welche alle Bergpässe der Umgebung unsicher machen. Die Nager mahnen oft, was ihren Typus betrifft, an ihre südlichen Nachbarn, die Baltis. Dr. Leitner gebührt die Ehre, zuerst die Sprache dieser Volksstämme entdeckt und auf ihre eigenthümliche nicht-arische Bauart aufmerksam gemacht zu haben. Er nennt diese Sprache das Kadschuna.

Südlich und südöstlich von den Jeschkuns, Tschitralen und Kafirs leben sich die zahlreichen Dardustämme, welche wir nach dem Beispiele Dr. Leitner's — Biddulph zuwider — gemeiniglich Dardus oder Darden nennen wollen. Trotz der verschiedenen verwandten Dialekte, welche sie sprechen, unter denen das Schina das verbreitetste, erscheinen sie uns doch anthropologisch als ein Volksstamm, die zweite Sippe der eigentlichen Hindukusch-Inder bildend (als erste betrachten wir die Tschitralen und Kafirs).

Zu den Darden gehören die Bewohner der Thäler des Pandschkora- und Swatflusses; die Leute des indischen Kohistan, die Anwohner von Torwall, Kandia, Tangir, Darel und Ghôr; alle am rechten Ufer des Industromes. Am linken Ufer die Tschilassi und eigentlichen Dardus, welche sich östlich bis ins Herz von Baltistan erstrecken; in Gilgit, Bundschi, Astor, Gures — bis Drâs gibt es Dardus, ja selbst östlich unweit von Leh begegnet man ihren buddhistischen Stammesbrüdern. Die in Baltistan wohnenden Dardus heissen Brokhpa und zeichnen sich besonders durch ihre Unreinlichkeit aus.

Die Dardus nähern sich physisch den Tschitralen und

Kafirs. Nur besitzen sie besonders ausgeprägte Raubvogelgesichter, dunkles, lockiges Haupthaar, blitzende Augen. Es sind im ganzen schlanke, kräftige Gestalten. Der Dardu ist kriegerisch, wild; fremde Herrschaft ist ihm ein Greuel, gegen die er sich beständig auflehnt; er ist meist fanatischer Sunnite (Sunni).

Alle Hindukusch-Indier schreiben der Flamme eine besondere heilende Kraft zu. Bei allen Uebeln brennen sie sich Arme, Beine und den Leib wund; die Mütter brennen ihren Kindern Scheiben (so gross wie ein Zehn-Pfennigstück) auf der Spitze des Schädels (vertex), hie und da auch oberhalb der beiden Ohren ein, um sie vor Kopfleiden zu sichern. Diese eigenthümliche Sitte haben wir bei den Kafirs, Dardus, Tschilasi und Baltis beobachtet.

Östlich von den Dardus und mit ihnen vermischt begegnen wir den eine tibetanische Mundart sprechenden muselmanischen Baltis (meistens Schiiten oder Nurbakschi), welche ich physisch zu den Ariern rechne, obschon sie durch die Nachbarschaft der Ladakis mit mongolischen Elementen häufig versetzt sind. Nichtsdestoweniger ist die anthropologische Kluft, welche sie von den Ladakis trennt, so tief, dass wir sie unbedingt zu den Ariern zählen. Ihren Typus habe ich bereits früher beschrieben. Es sind fleissige, geschickte Ackerbauer, deren relative Reinlichkeit und Arbeitsamkeit von den schmutzigen und trägen Dardus vortheilhaft absticht. Dr. Leitner und ich glauben, dass sie [illegible] Arier sind. Das ritterliche Spiel des Polo stammt aus ihren [illegible] Bergen.

Auch die noch wenig bekannten und erforschten Paklpu und Schakschu, welche an den Abhängen des Karakoram und Kuenluen im Kokschathale nomadisiren, gehören typisch zu den Dardustämmen. Ihr dolichocephaler Schädel, die hohe zurücktretende Stirn, die gebogene vorspringende Nase und der reichliche Bartwuchs sprechen dafür. Sie gleichen oft sehr den Negern. Auf unserer letzten ethnographischen Karte haben wir sie irrthümlich zu den Kara-Kirgisen gerechnet.

Südöstlich von den Darden begegnen wir den Kaschmiris, unter welchen die dem Glauben der Väter treugebliebenen Panditen den edelsten Typus der arischen Indier bilden. Regelmässigere, angenehmere Gesichtszüge wird man wol selten finden. Der mohammedanische Kaschmiri trägt natürlich die Spuren eines Mischvolks an sich, aber eines auffallend schönen Mischvolks. Es hat sich ein eigenthümlicher Menschenschlag gebildet, der in seiner Art ebenso schön als typisch ist, denn wer in Indien einen Kaschmiri gesehen, der kennt sie alle. Kräftige, gedrungene Gestalten, mit dicken Schädeln, hoher Stirn, dichten, meist gekräuselten Augenbrauen, mandelförmig geschlitzten, leuchtenden Augen, dunklem Haupthaar und lockigem Bart, gerader, starker Nase, feinen Lippen, blendend weissen Zähnen, trägt das Antlitz des Kaschmiri das Gepräge der physischen Kraft und Klugheit, doch auch der Verschmitztheit an sich, denn moralisch gehört er zu den feigsten, kriechendsten und betrügerischsten Völkern der Erde. Selten dürfte man einen so formvollendeten Körper mit so ausserordentlichen geistigen Anlagen und einer so niedrigen Seele verbunden finden. Auch bei ihnen hat tausendjährige Knechtschaft die moralische Verkommenheit verschuldet. Bestimmt hat der Kaschmiri auch einiges Mongolenblut in seinen Adern.

Wir sind bei der zweiten Völkergruppe, den Turko-Tataren, angelangt.

Wir unterscheiden zwei Sippen: Usbeken, Kara-Kalpaken, Turken, Kaschgarier, Tarantschen, Sarten, Kiptschaken, Turkmenen etc.; ferner Kirgisen, aus den Kara-Kirgisen und Kirgis-Kasaken bestehend.

Alle diese Völker sind mehr oder weniger Mischlinge aus Ariern und Mongolen. Bald sind es Arier, die mit mongolischen Elementen reichlich versetzt ihre Sprache und somit auch ihre Nationalität eingebüsst, bald sind es Mongolen, welche durch Kreuzung mit arischem Blute die typischen Merkmale ihrer Rasse, wie die schief liegenden Augen, die stark hervorspringenden Backenknochen, das eckige, kantige Antlitz, den spärlichen Bartwuchs, das straffe Haar, die grossen, weit abstehenden Ohren etc. verloren haben. Dabei sei noch erwähnt, dass diese Körpermerkmale sporadisch doch wieder auftreten, was als Atavismus erklärt werden kann.

Die siegreichen Eroberer Turkestans sind die Usbeken, welche in Ferghana und im Serafschan-Gebiet, sowie auch im Chanat von Buchara und im nördlichen Afghanistan (Maimene, Khulm, Kundus und Faisabad) den tadschikischen Ariern seit Jahrhunderten so nahe gestanden sind, dass sie physisch vieles mit ihnen gemein haben. Es sind oft stattliche Gestalten mit edlen Zügen, dichtem, buschigem Bart. Ja sogar Blonde kommen unter ihnen vor. Nichtsdestoweniger stösst man auch hier und da auf wahre Mongolenphysiognomien, doch bei den ansässigen, ackerbautreibenden Usbeken nur höchst selten.

Den Usbeken am nächsten stehen die kriegerischen Kiptschaken des östlichen Ferghana, besonders im Mesopotamien zwischen dem Naryn und Kara-Darja ansässig; ferner die Turken, ein sehr kleiner Stamm, der am westlichen Ufer des Sir-Darja, ebenfalls in Ferghana, sitzt und den einige für die letzten Ueberreste der alten Uiguren ansehen. Letzteres scheint mir zweifelhaft.

Auch die Kara-Kalpaken (die schwarzbemützten) wohnen theilweise in der Nähe von Khokand und besonders an den Mündungen des Amu-Darja. Sie sind ein friedliebendes, Ackerbau treibendes, fleissiges Völkchen, welches bis jetzt allen Ausrottungsversuchen der chiwinischen Usbeken getrotzt hat.

Der Usbeke ist im ganzen kriegerisch und grausam, aber jedenfalls weit ehrlicher und offener als der arische Tadschik. Er ist theils Nomade, theils Halbnomade, selten vollkommen ansässig und infolgedessen auch mehr Viehzüchter als Ackerbauer. Die friedsamen, stets Ackerbau treibenden Kara-Kalpaken bilden moralisch eine Ausnahme unter den usbekischen Stämmen.

Der Turkomane, von dem mein berühmter Freund Herrmann Vámbéry eine noch nicht übertroffene Schilderung derselben gegeben, ist ein naher Verwandter des Usbeken, mit dem er vieles physisch und moralisch gemein hat. Er bewohnt die Steppen östlich des Kaspischen Meeres, an der Nordgrenze Persiens.

Der Ackerbau und Handel treibende Kaschgarier ist weit mehr mit arischem Blute versetzt als der Usbeke Turkestans oder des nördlichen Afghanistan. Natürlich sind auch andere Elemente zu berücksichtigen, wenn man von der Bevölkerung Ost-Turkestans spricht, denn seit Jahrhunderten war das Tarim-Becken der Tummelplatz der verschiedensten Völkerschaften, die, wie Richthofen so treffend bemerkt, den Wogen eines Meeres gleich sich gegen den Bergwall des östlichen Pamir gebrochen, in das Ili-Becken hinüber geflutet, nachdem sie Ueberreste in den Oasen des östlichen Turkestan zurückgelassen. Alle diese verschiedenen Ueberreste, die auf eine breite arische Grundlage stiessen, müssen daher in Betracht gezogen werden, wollte man ein ethnogenisches Bild Kaschgariens entwerfen.

Der seit ungefähr 150 Jahren im Ili-Becken ansässige Tarantschi hat trotz seines Zusammenlebens mit dem mohammedanischen Chinesen, dem Dunganen, seinen Typus noch nicht eingebüsst. Er ist dem Kaschgarier fast ganz ähnlich.

Der Sarte endlich, die handeltreibende Stadtbevölkerung der meisten turkestanischen Städte, auch als Landbauer im ischen Lande ansässig, nähert sich am meisten den Tadschiken, doch sind diese nicht nur sprachlich Turko-Tataren, sondern auch körperlich ein Mischvolk, unter denen die Kuramas, die Landbevölkerung des Distrikts von Taschkend, physisch sehr herabgekommen sind.

Kasaken und Kara-Kirgisen bildeten früher ein Volk; körperliche Merkmale, Sprache, Sitten und Gebräuche deuten entschieden darauf hin. Heute sind die erstern die Nomaden der Ebene, die letztern jene der Berge, und usbekische Elemente haben sich scheidend zwischen sie gedrängt. Merkwürdig ist es, dass die Kirgisen, welche uns Plano Carpini und Rubruquis so treffend beschrieben, [illegible] Nomaden waren wie ihre Urenkel, die heute ihre Heerden zwischen dem Aral-See und dem Balkasch, dem Irtisch und dem Amu-Darja weiden lassen. Nur in dem Gouvernement von Orenburg hat sich in den letzten Jahren ein ganz merkwürdiger Wechsel vollzogen. Einige Stämme sind infolge der letzten Mißjahre ansässige Ackerbauer geworden, die russische Regierung hat ihnen Moscheen gebaut und Schulen errichtet, und in kürzester Zeit dürfte aus einem Stück Einöde ein wohlbevölkerter und wohlbebauter Landstrich werden.

Physisch nähert sich der Kasake oft dem Mongolen, moralisch ist er allen turko-tatarischen Stämmen weit überlegen. Er ist ehrlich, offen, genügsam und arbeitsam. Auf das Wort eines Kirgisen kann man bauen, und das Zarenreich dürfte in ihnen noch ganz verwendbare Unterthanen und tapfere Vertheidiger finden.

Der Kara-Kirgise ist infolge der Abgeschlossenheit, in welcher er lebt, wild, ungeberdig und plündert ganz gern die Karawanen, welche am Pamir über seine Weideplätze wandern. Auch unter ihnen sind mongolische Physiognomien häufig, obschon ein besonders starker Bartwuchs sie von den östlichen Kalmücken scharf trennt. Die Kara-Kirgisen bewohnen den Thian-Schan vom Thale des Tekes an bis an die westlichen Ausläufer der Alexanderkette, den gebirgigen Theil des Ferghana-Beckens, das hochgelegene Alai-Thal, die Peripherie des Stromgebiets des Tarim und das Pamir-Plateau bis nach Wachan hinab.

Die dritte Völkergruppe endlich umfasst die eigentlichen Mongolen. Davon sind auf unserer ethnographischen Karte nur wenige verzeichnet.

Im Nordosten die Kalmücken mit den Torgoten, welche im Thale des Kunges und des untern Tekes, des Juldus und am Südabhange des Thian-Schan bis zum Bogdo-Ola, bis zum See Bagratsch-Kul und bis in die Nähe der Stadt Toksun nomadisiren. Zu den Kalmücken rechne ich auch die Ichthyophagen, welche die Ufer der beiden Seen Kara-Koschun und Kara-Buran (Lob-Nor) bewohnen.

Der Kalmücke vereinigt alle Merkmale, welche den echten Mongolen kennzeichnen: einen umfangreichen Schädel, ein breites, eckiges Gesicht, sehr stark hervorspringende Backenknochen, einen grossen Mund, schiefliegende, stark voneinander entfernte Augen, steifes, straffes, schwarzes Haupthaar, höchst spärlichen Bartwuchs, grosse weitabstehende Ohren, eine gelbliche Hautfarbe, einen unbehaarten, schwerfälligen Körper u. s. w. Er ist Buddhist und seiner Lebensweise nach einfach und ehrlich; es gebricht ihm durchaus nicht an Muth; er ist Viehzucht treibender Nomade.

Zu derselben Völkergruppe gehören die im Ili-Gebiete ansässigen, Handel treibenden Chinesen: Chambinge, die Ackerbau treibenden Siben, von einem chinesischen Vater und einer kalmückischen Mutter abstammend; ferner die Solonen, die letzten Ueberreste einer ehemals blühenden chinesischen Militärcolonie, welche der Genuss des Opiums zu Grunde gerichtet hat.

Auch die Dunganen rechnen wir vorläufig als zu den eigentlichen Mongolen gehörig, obschon einige bezeichnende

Körpermerkmale so scharf von denselben zu trennen scheinen. Der Sitte und Sprache nach sind es mohammedanische Chinesen, doch ihre langen Gesichter mit den grossen, gebogenen, hervorspringenden Nasen, den durchaus nicht schief liegenden Augen, ihr oft reichlicher Bartwuchs dürfte auf einen ganz verschiedenen Ursprung hinweisen oder wenigstens die gegründete Annahme rechtfertigen, dass fremde unbekannte Elemente zu der Bildung ihres physischen Typus stark in Mitleidenschaft gezogen wurden.

Die Dunganen bewohnen als Ackerbau und Handel treibende Bevölkerung mehrere Strecken des Ili-Beckens, ferner am Nordabhange des Thian-Schan bis weit östlich von [illegible] und am Südabhange derselben Bergkette bis über Kunia-Turfan und Pidschan hinaus. Auch in den grössern Städten des östlichen Turkestan findet man Dunganen, sowie auch in Tokmack, im russischen Siebenstromlande, welch letztere Colonie sie erst in neuester Zeit gegründet. Auch Kalmücken findet man in den Bergen südlich von Wernoje. (Ehemals erstreckten sich die Kalmücken bis an die Ufer des Tschu; in Felsen gehauene Götzenbilder, Inschriften, Ruinen u. s. w. zeugen dafür.)

Im Süden des Kuenluen und Karakorum stossen wir abermals auf Mongolen, die sich typisch hart an die nördlichen Vertreter ihrer Rasse, die Kalmücken, anschliessen. Es sind dies die Bewohner von Klein- und Gross-Tibet, die Ladakis, Tschampa und Bhot oder die eigentlichen Tibeter. Für sie gilt alles was ich von den Kalmücken gesagt habe; auch was Charakter, Religion, Sitten und Gebräuche betrifft, stehen sie sich nahe. Die Ladakis sind Ackerbauer, die Tschampa Nomaden. Ein Zug übrigens unterscheidet sie von ihren nördlichen Stammesbrüdern. In Ladak herrscht theilweise die Polyandrie, eine indische Errungenschaft, welche bei den Kalmücken unbekannt ist. Natürlicherweise nimmt das Weib bei diesen buddhistischen

Völkern eine ganz andere Stellung ein, als bei ihren mohammedanischen Nachbarn. Die Torguten besassen sogar in den letzten Jahren eine Königin, welche seinerzeit mit dem Atalik Gazi von Ost-Turkestan, dem berühmten Jakub Beg, Krieg führte.

Diese südlichen Mongolen erstrecken sich von den Grenzen Baltistans und Kaschmirs bis ins obere Indus- und Schayokthal, östlich bis zum Dsangpo, dem Quellfluss des Brahmaputra, und bis auf die Südabhänge des Himalaja (Spiti), und nördlich bis ins wenig bekannte Becken des Sees Tengri.

Somit hätten wir unseren Lesern ein flüchtiges Bild jener Völkerschaften entrollt, welche auf unserer ethnographischen Karte verzeichnet sind.

Die russischen und britischen Colonien haben wir nicht angezeigt und es ebenfalls unterlassen, der Zigeuner, Juden und Araber Erwähnung zu thun, welche wie besagte Colonien entweder nur ganz sporadisch vorkommen oder verschwindend kleine Bevölkerungscomplexe ausmachen. —

Am dritten Tag, nachdem wir den Braldu auf einer primitiven Holzbrücke überschritten hatten, gelangten wir nach einem angestrengten Marsche nach der kleinen, wildromantisch gelegenen Bergfeste Askole, die fast am Fusse des Biafo-Gannoogletschers liegt und von der aus man das Eismeer des Karakorum wie von keinem andern Punkte überblickt. Im Norden und Osten erhebt sich der gewaltige Biafo-Gannoogletscher, an den sich weiter ostwärts der ungeheure Boltoro anschliesst. Von hier aus erblickt man im Süden den 20,636 Fuss hohen Mango-Gusor, im Osten den 25,676 Fuss hohen Mascherbrum, und noch weiter nordöstlich den Gascherbrum und endlich den Dapsang. Ich muss gestehen, dass ich diesen wirklich überwältigenden Anblick von ungeheuren Eismassen und himmelhohen Felsen der Aussicht von Schigar aus vorziehe. Man erblickt diese Bergriesen und zugleich ringsherum liebliches Grün, welches den Gletschern und Spitzen zur Unterlage dient. Der smaragdgrüne Rahmen beeinträchtigt durchaus nicht das Erhabene des Bildes.

Am Abend sahen wir am Horizont ein Naturschauspiel, welches man bei uns in Mitteleuropa Alpenglühen nennt; nur war es mehr ein schreckenerregendes Feuermeer, das wir vor uns hatten, als ein lieblicher Schimmer! Es ist eben immer alles vom asiatischen Standpunkte aus zu betrachten.

Wir konnten leider nicht daran denken, den 18,400 Fuss hohen Mustaghpass zu überschreiten, welchen der kühne portugiesische Jesuit d'Espinoha als letzter Europäer im Jahre [illegible] passirt hatte. Wir hätten dazu einer grossen Zahl von Lastthieren, Trägern und Lebensmitteln bedurft, und ein derartiges Unternehmen überschritt gewaltig unsere vorhandenen Mittel. Auch auf Entdeckungsreisen muss man sich trotz des Dranges nach Unbekanntem zu beschränken wissen und nur das Erreichbare anstreben, um es auch wirklich durchführen zu können.

Der Mustaghpass, in frühern Jahren ein viel benutzter Uebergang, wird in letzterer Zeit sehr wenig frequentirt wegen der häufigen Schneeverwehungen und der Unsicherheit des obern Jarkandthales. Der Nuschikpass, der über den Karo-tiasgletscher durch das Baschathal nach den Gebieten von Nager und Hunsa führt, wird gar nicht mehr benutzt und dürfte zu den schwierigsten Uebergängen des Karakorum gerechnet werden. Früher stand das Nagerthal in einem gewissen Abhängigkeitsverhältniss zu dem in Iskardo regierenden Balti-Radschah und die räuberischen Bewohner jenes Thals wurden energisch niedergehalten. Doch dieser Zustand hat aufgehört; jeder Verkehr mit diesen Raubstaaten ist abgebrochen und die Verbindung mit Hunsa und Nager geht heute über Gilgit. Bemerkenswerth ist es, dass ein Hunsa, den ich in Simla zu messen Gelegenheit hatte (er

war mit einigen Landsleuten und Negern zum Strassenbau dorthin gekommen), auf meine Frage: „Von was nährt sich dein Volk hauptsächlich?“ lakonisch erwiderte: „Von Raub“. Es scheint dies die Lebensaufgabe dieses eigenthümlichen Völkchens zu sein. Aehnliches kann man auch wol anderwärts erleben, doch nirgends mit einer solchen fast rührenden Gemeinschaftlichkeit.

Wir ritten auf demselben Wege wieder nach Iskardo zurück.

ZEHNTES KAPITEL.

DAS OBERE INDUSTHAL UND DRÂS.

Ein Nautsch oder Tanzvergnügen. — Ein eigenthümliches Ausmarsch. — Das Indus stromaufwärts. — Der Flecken Kepchelun. — Gol. — Kraniologische Studien. — Anthropologisches über die Baltis. — Englische Forscher über die Baltis. — Baltis und Brokhpas. — Der Islam in Baltistan. — Anthropologischer Vergleich zwischen Baltis, Dardus und Ladakis. — Genaue Präcisirung dieser Unterschiede. — Dr. Leitner's Ansicht über den Ursprung der Baltis. — Ursprung des Namens „Iskardo". — Schmuckgegenstände aus Baltistan. — Geschichtliches über Baltistan, nach Biddulph's Werk. — Die schönsten Punkte im obern Industhal. — Kharmang. — Ishakalas oder Hängebrücken. — Ein Abstecher nach Khargil. — Etwas über die Ladakis. — Die Festung Drâs. — Der Sodschilapass und das Sindthal.

Nach einer Abwesenheit von sieben Tagen trafen wir wieder in Iskardo ein, wo wir unsern amerikanischen Reisegefährten von seinem Unwohlsein hergestellt vorfanden.

Am Tage vor unserer Abreise veranstaltete Mehta-Manghel einen Nautsch, d. h. ein Tanzvergnügen; dasselbe fand in einem nahe liegenden Garten des Gouverneurs statt. Von unseren Leuten und dem Gouverneur mit seinem stattlichen Gefolge begleitet, ritten wir bis zu diesem auf Kanonenschussweite entfernten Garten, zu welchem ganz gut gebahnte Wege führten. Vor dem Garten angelangt mussten wir absteigen, da die Eingangspforten zu klein waren, um unseren Pferden Durchlass zu gewähren. Das Innere des Gartens bot einen ganz angenehmen Anblick dar, besonders mit den kahlen Gebirgsriesen der Umgebung verglichen. Der Garten selbst mochte 250 Quadratmeter an Flächeninhalt haben; er bestand aus einer Anzahl gleich grosser Beete, die durch wohlgeschotterte Wege voneinander getrennt und von ganz stattlichen Obstbäumen und Weinreben eingefasst waren. Die meisten dieser Beete waren von einer Anzahl weisser Jonquillen mit gelbem Kelche und der in Centralasien und Indien so beliebten sogenannten Rais- oder Strohblume bedeckt. Hier und da gewahrten wir auch ein Kartoffelfeld, was uns nicht überraschte, da in Kaschmir und Baltistan die Kartoffel als ein Leckerbissen betrachtet wird. Auch einige Mohnblumen und malvenartige Gewächse muss ich noch erwähnen.

Nachdem wir den Garten seiner Länge nach durchschritten hatten, gelangten wir zu einem freien rechteckigen Platz, wo einige Stühle für uns placirt waren. Meine zwei Reisegefährten, Mota-Manghal und sein zehnjähriger Neffe, sowie meine Frau und ich nahmen auf den Stühlen Platz, alle übrigen Anwesenden setzten sich nach orientalischer Sitte auf den mit Teppichen bedeckten Boden und bildeten eine ganz malerische Gruppe. Auf einen Wink des Gouverneurs begann der Nautsch. Eine Anzahl Männer und Frauen begannen nacheinander fast einschläfernde Tänze aufzuführen, bei den schrillen Tönen einer höchst einförmigen Musik. Die Tänzerinnen producirten ein in Europa wohlbekanntes Kunststück mit einem Teller, den sie auf der Spitze des Zeigefingers drehten und balancirten. Glücklicherweise waren die Teller, die mehrmals herabfielen, aus Metall. Während der Vorstellung bot man uns Melonen, Aprikosen und Aepfel, und schliesslich zum Zeichen der grossartigsten Gastfreundschaft einen kleinen Teller Kartoffeln. Man beschenkte uns auch mit einigen aus grünem Speckstein gearbeiteten Schalen und Pfeifenstücken, welche im nahen Schigar fabricirt werden, in dessen Nähe auch dieser Stein gefunden wird. Zu den Füssen des Gouverneurs sass der letzte Sprösling des altbaltischen Fürstengeschlechts Schah Abbas, der fast während der ganzen Vorstellung bitterlich weinte, und zwar, wie ich später erfuhr, über den Verlust seiner Wasserpfeife. Es scheint, dass Meta-Manghel ihm nicht einmal die beiden versprochenen Schafe gegeben hatte.

Sobald das wenig interessante Vergnügen zu Ende war, erhoben wir uns von unsern Sitzen und dankten dem Bruder des Gouverneurs auf das lebhafteste für seine Liebenswürdigkeit, und priesen die Schönheit des Gartens, das Rauschen der kleinen künstlichen Wasserfälle, die Anmuth der Tänzerinnen, die Geschicklichkeit der Tänzer, die Harmonie der Musik, den Wohlgeschmack der Früchte etc. etc. in den überschwänglichsten Ausdrücken, um unserm Gastfreund nichts schuldig zu bleiben, und wollten hierauf heimwärts wandern, als der Munschi Gán-Patra mich leise beim Rockschoosse zog und mich bat, ihn einige Augenblicke anzuhören. „Der Bruder des Gouverneurs bittet Sie, Sáb, Sie möchten ihm eine schriftliche Erklärung ausstellen über die glänzende Art und Weise, wie er Sie hier in Baltistan empfangen.“ Ich war über das geheimnissvolle Wesen des Munschi nicht wenig erstaunt, da ich seit meiner Abreise von Simla daran gewöhnt war, allen einheimischen Notabilitäten, von den Gouverneuren angefangen bis zu den Köchen der Bungalows derartige Zeugnisse auszustellen. Ich dachte mir demnach, dass wol noch etwas anderes Unerwartetes kommen müsse. Nichtsdestoweniger beeilte ich mich dem Munschi zu antworten: „Gewiss werde ich Meta-Manghel ein solches Zeugniss ausstellen, und wenn er es wünscht, so will ich darin der sich selten waschenden Tänzerinnen und der gebratenen Kartoffeln Erwähnung thun.“ „Das genügt nicht“, erwiderte schüchtern der Munschi. „Oho! was will er denn noch?“ fragte ich weiter. „Einen Backschisch“, hauchte der Munschi, die Augen beschämt zu Boden schlagend. „Ah! Hat denn der Mann mit der goldenen Uhr und den Ringen nicht genug gehabt?" fragte ich erstaunt. „Es scheint nicht, denn er verlangt noch 30 Rupien" (für baltistanische Verhältnisse eine ungeheuere Geldsumme). „So gib sie ihm", entgegnete ich, „sage ihm aber gleichzeitig, dass ich seine Kartoffeln etwas theuer finde", und für mich selbstsprechend setzte ich jedoch laut hinzu: „Mein hoher Freund, der Maharadscha, wird nicht wenig erstaunt sein, wenn ich ihm erzähle, wie seine Diener in Baltistan die Sitte der Gastfreundschaft zu üben pflegen!" Hierauf suchte ich meine Begleiter auf und wir ritten, über das vorgefallene Intermezzo plaudernd, langsam nach Iskardo zurück. Tags darauf brachte mir der Munschi die Nachricht, dass Meta-Manghel nach reiflicher Ueberlegung nur das Zeugniss und nicht die Geldanweisung annehme.

Am nächsten Tag beschlossen wir nach Srinagar zurückzukehren.

Nach den Erfahrungen, welche wir auf dem Teufelsplateau (Deosaï) gemacht, gingen wir bereitwillig auf den Vorschlag des Obersten Gân-Patra ein, der uns rieth, den Weg längs des Indus zu benutzen, um auf diese Art die altberühmte Karavanenstrasse zwischen Leh und Kaschmir zu erreichen. Der Weg war um ein gutes Drittel länger als der, den wir gekommen waren, aber andererseits wird er von Europäern nur selten benutzt; infolge dessen ist er auch nur wenig bekannt und erschien uns schon deshalb um so interessanter. Wenn wir auch viel von den Strapazen der Reise zu leiden hatten, so wurden wir doch überaus entschädigt durch das herrliche Naturschauspiel, das wir auf der ganzen Strecke im obern Industhal genossen. Man braucht im ganzen neun Tage, um von Iskardo bis zum Knotenpunkt zu gelangen, von dem sich die Karavanenstrasse nach Ladak und Ostturkestan abzweigt. Am ersten Tag, da wir erst in vorgerückter Nachmittagsstunde von Iskardo weggeritten, hielten wir in

Keptschun, einem kleinen Dorfe, welches man noch von Iskardo aus erblickt und das als fast zur Hauptstadt von Baltistan gehörig betrachtet werden kann. Der sehr gut unterhaltene Weg schlängelt sich am Indus entlang und es fehlt längs desselben weder an Vegetation noch an Dorfschaften, d. h. Häusergruppen.

Tags darauf überstiegen wir einen Bergrücken; der Weg war in Felsen gehauen, förmliche Wendeltreppen wurden erklommen, natürlich zu Fuss; unsere Pferde wurden ihren Wärtern überlassen, und heute noch begreife ich kaum, wie die armen Thiere über diese Hindernisse hinwegkommen konnten. Von Gol[1] bis Karkitschu im Thale des Suru, einem linksseitigen Nebenflusse des Indus, blieb der Weg mit geringer Unterbrechung immer derselbe: in den Felsen gehauene Treppen und Balcons, welch letztere nur selten eine felsige, d. h. solide Unterlage besassen und meist aus morschem Bretterwerk oder zusammengeflochtenen Zweigen bestanden, welche den zu unsern Füssen dahinbrausenden Indus von schwindelnder Höhe aus beherrschten. Zu beiden Seiten ist der Indus von Felswänden eng umschlossen; nur selten erweitert sich das Thal, um einem halbmondförmigen Vorsprung Platz zu machen, auf dem, einem Adlerneste gleich, auf einer Parcelle von Humusboden eine grüne, lachende Oase mit Häusern und Feldern das Auge des Wanderers erfreut. Fast die ganze Strecke von neun Tagereisen mussten wir beständig zu Fuss zurücklegen, da der Weg kaum für Fussgänger praktikabel ist. So passirten wir Gol, Parkuta, Tolti, Kharmang, Tolting, und verliessen hierauf das Industhal und stiegen das Suruthal hinauf über Oltinthang bis Karkitschu. Ueberall wird man mit Befriedigung die Be-

[1] In der Nähe von Gol erhebt sich eine sehr alte Moschee aus Cedernholz, welche einige recht kunstvoll geschnitzte Fensterbogen besitzt.

triebsamkeit des Baltivölkchens gewahr. Der Weg ist stets wunderbar gut unterhalten und jeder Zoll bebaubaren Bodens ist ausgenutzt; längs der Felswände sind Wasserleitungen

Fig. 79 u. 80. Fensterbögen aus Cedernholz, an einer Moschee zu [illegible] (Baltistan).

angebracht, welche in einem so regenarmen Lande von unschätzbarem Werth sind. Fast in allen Dörfern habe ich anthropologische Messungen vorgenommen und bin mehr denn je zur Ueberzeugung gelangt, dass trotz der gegentheiligen Ansicht der englischen Reisenden und Forscher die Baltis echte Arier sind, die ein Abgrund von ihren Nachbarn, den Ladakis (Bhôt), wahren Tibeto-Mongolen, trennt.

Die Bewohner von Baltistan heissen Baltis, sie sprechen eine tibetische Mundart, welche von der in Ladak und bei den Tschampas gesprochenen nur wenig abweicht. Die englischen Reisenden Cunningham, Drew[1] und Biddulph rechnen sie zu den Mongolen. Ganz abgesehen von der völlig unpassenden Bezeichnung Mongolen, welche fast ebensowenig wie Turanier auf eine wissenschaftliche Begründung Anspruch machen darf, habe ich schon zu wiederholten Malen auf das Irrthümliche dieser Anschauung aufmerksam gemacht.

Bei meinem Aufenthalte in Simla, Mai 1881, hatte ich, dank der gütigen Verwendung meines berühmten Landsmannes Dr. Leitner, Gelegenheit mehr als 20 Baltis zu messen, welche zum Strassenbau nach dem englischen Sanitarium

---

[1] „Wie erwähnt, sind die Baltis zum Islamismus übergetretene Tibeter. Sie sind ganz desselben Ursprungs wie die Ladakis und unterscheiden sich von den meisten dieser letztern in physischer Beziehung weniger, als einige Ladakis sich voneinander unterscheiden. Dadurch aber, dass sie Mohammedaner geworden sind, haben sie sich jedoch manche Verschiedenheit im Aeussern angeeignet.

„Der Balti weist Spuren von turanischer (?) Gesichtsbildung auf. Hervorspringende Backenknochen sind häufig; die äussern Augenwinkel sind hinaufgezogen ...., aber die Nase hat nicht so oft die plattgedrückte Form, wie die der Bhôte; auch ihr Bartwuchs ist kein so spärlicher, als bei diesen letztern.

„Dem Wuchse nach sind die Baltis weniger untersetzt, sie sind schlanker als die Ladakis. Dieser Unterschied kann localen Umständen zugeschrieben werden, denn in den meisten Theilen Baltistans ist das Klima weit weniger rauh als in Ladak und infolge dessen ist auch das Leben dort ein leichteres ....“

Vgl.: Drew, The Jummoo and Kashmir Territories. — An einer andern Stelle beschreibt er die Ladakis als echte Turanier (?) mit chinesischen Gesichtszügen.

gekommen waren. Kaum hatte ich die zu messenden Individuen einer nähern Beachtung unterzogen, so wurde in mir die Ueberzeugung reif, dass ich es hier mit Söhnen einer arischen Rasse und nicht mit Tibetern zu thun hatte. Dr. Leitner pflichtete rasch meiner Ansicht bei und sofort sandte ich einen Auszug meiner diesbezüglichen Beobachtungen an die Anthropologische Gesellschaft von Paris, welche zugleich eine Commission zur nähern Untersuchung meiner Angaben ernannte.[1] Am 19. Januar 1882 machte der Berichterstatter dieser Commission, Herr Deniker, auf die unerwarteten Resultate meiner anthropologischen Messungen aufmerksam.[2] Herr Elisée Reclus, der geniale Verfasser der „Géographie universelle", constatirt in dem jüngst erschienenen Bande seines epochemachenden Werks, auf meine Beobachtungen hin, „dass bei den Baltis eine bedeutende Beimischung von arischem Blut vorkommt."[3] Schon bei meinem Aufenthalte in Simla wurde in mir der Entschluss rege, meine auf zu wenig zahlreiche Messungen gestützte Behauptung durch spätere Beobachtungen an Ort und Stelle, d. h. in Baltistan selbst, entweder zu modificiren oder zu erhärten. Ich glaube in dieser Beziehung gewissenhaft das meinige gethan zu haben. Ich durchzog das Industhal von Rondu bis Oltinthang, bis zur Stelle, wo sich der Suru in den Indus ergiesst; ich folgte den Ufern des Schigar von Iskardo bis nach Askole; ich stieg endlich das Thal des Suru bis Kargil hinan und jenes des Drâs bis zum Sodschila-Pass. In Iskardo, Schigar, Parkuta, Kharmang, Oltinthang, Karkitscha und Drâs nahm ich anthropologische Messungen an Baltis vor, die aus Rondu, Baschi, Iskardo, Kepltschun, Gol, Parkuta, Tolti und Kharmang

---

[1] Diese Commission bestand aus den Herren Dr. Hamy, Bordier und Deniker.

[2] Siehe Sitzungsbericht der französischen Anthropologischen Gesellschaft vom 19. Januar 1882.

[3] Elisée Reclus, Géographie universelle: l'Inde et l'Indo-Chine.

(im Industhal); aus Schigar, Tschutron und Askole (im Schigarthal); aus Kiris und Khapaln (im Schajokthal); Oltinthang und Kharghil (im Suruthal), und Karkitschu und Drâs (im Drâsthal) stammten.[1] Um die Baltis mit ihren Nachbarn, den Darden und Ladakis, zu vergleichen, habe ich ausser den in Simla gemessenen noch andere im Thale des Kischenganga, in Gurés, bevor ich das Deosai-Plateau bestieg, gemessen, sowie sogenannte Brokhpas in Oltinthang, Karkitschu und Drâs, die von Osten gekommen waren, von dem Punkte, der der Vereinigung des Indus mit dem Suru vorangeht. In den letztgenannten Ortschaften, sowie in Kharghil nahm ich ebenfalls anthropologische Messungen an Ladakis vor, die nach Schargar, Mulbek, Lamajuru, Kalsi, Basgo, Padum, Leh, Schuteschot, Tighar und Tanktse hin zuständig waren.

Die diesem Werke beigefügte Karte III dürfte meine Untersuchungen erschöpfend illustriren. Ich habe im ganzen über 100 Baltis, 51 Ladakis und über 60 Darden gemessen. Ich muss vorausschicken, dass die vorerwähnten englischen Reisenden hinsichtlich der Beschreibung des Balti-Typus weit entfernt sind, untereinander übereinzustimmen.

Cunningham, der berühmte Archäologe, findet, dass die Baltis des Schigarthals den am meisten ausgesprochenen mongolischen (?) Typus haben; eine um so sonderbarere Behauptung, als eben diese Baltis diesen Typus am wenigsten besitzen, was übrigens auch Biddulph eingesteht. Drew erblickt in ihnen Tibeter, welche, als sie den Islam annahmen, sich modificirt haben, ohne deshalb ihre Rassenmerkmale abzustreifen. Biddulph endlich räumt ein, dass die höhere Kaste der Baltis fast arisch geworden, während das Volk tibetisch geblieben ist.

Ich behaupte nun, dass die Baltis ausschliesslich fast

---

[1] Siehe auf der Karte die Zeichen I.

reine Arier sind, mit demselben Recht wie ihre Nachbarn, die Darden, jedenfalls weit mehr als ihre östlichen Anwohner die Brokhpas.

Zwei ganz unparteiische Männer, Dr. Leitner in Simla und Herr v. F . . ., der amerikanische Maler, der mich auf meiner Reise in Baltistan begleitete, welche beide meine Beobachtungen de visu geprüft, können von der Richtigkeit meiner Beobachtungen Zeugniss ablegen. Der erstere ist ein berühmter Ethnograph von ausgedehnter Erfahrung und der letztere ein talentvoller Maler, an das Beobachten menschlicher Typen gewöhnt.

Baltistan wird von den Baltis und den Brokhpas bewohnt. Die Baltis bilden die Mehrzahl der Bevölkerung; auf den höhern Bergabhängen, in fast unzugänglichen Thälern, oberhalb der fruchtbaren und reichlich bewässerten Strecken des Industhals und seiner bedeutendsten Zuflüsse, hausen die schmutzigen und hässlichen Brokhpas, die eine Schin-Mundart sprechen. Beide Völkerschaften bekennen sich zum Islam. Die Baltis sind immer entweder Schiiten oder Nurbakschi. Einige Brokhpas, welche ihr elendes Dasein an der Grenze von Baltistan und Ladak im Industhale, stromaufwärts von Kharmang fristen, bekennen sich zum Buddhismus.[1] R. Shaw, der hochverdiente englische Forscher, hat in den Berichten der Asiatischen Gesellschaft von Bengalen ausführlich über ihre Sprache und Sitten berichtet.

Der Buddhismus erstreckte sich in früherer Zeit weit mehr gegen NW als heute. Die Beschreibungen der chinesischen Pilger, welche zwischen dem 6. und 7. Jahrhundert unserer Zeitrechnung über diese Länder hin nach Indien wanderten, sowie die zahlreichen Monumente und Inschriften, welche man in allen diesen Gegenden antrifft, bürgen für diese Anschauung. Cunningham glaubt, dass

[1] Es sind dies die Bewohner von Dah-Hanu.

der Islam das erste mal in der ersten Hälfte des 13. Jahrhunderts in diesen Ländern eingeführt wurde und zwar sowol in Baltistan als auch in Gilgit und Astor. Wir sahen wiederholt längs des Industhals sowie an zahlreichen Punkten im Suru- und Drásthal eigenthümliche Inschriften (das famose *Mâni padmeum*) und Zeichnungen, die in den Felsen gehauen sind. Bevor man zur Festung Drás gelangt, gewahrt man ein sehr altes buddhistisches Standbild; übrigens werden auch die zahlreichen, vom ethnographischen Standpunkte höchst bemerkenswerthen Felsenzeichnungen, welche Menschen, Thiere, Jagdscenen u. s. w. darstellen, von den heutigen Bewohnern einer längst entschwundenen Generation zugeschrieben. Die zahlreichsten dieser Zeichnungen befinden sich unweit der Hängebrücke von Kharmang.

In Iskardo selbst existiren auch einige Kaschmiris, die sich fast vollständig des Handels der Stadt bemächtigt haben, ferner dürfen wir auch nicht die Dogra-Besatzungen und die aus Srinagar gekommenen indischen Beamten des Maharadscha vergessen. Bevor wir in die Betrachtung der Einzelheiten eingehen, wollen wir es versuchen, die körperlichen Merkmale der Dardus, Baltis und Ladakis in grossen Zügen anschaulich zu machen. Die eigenthümlichen Unterschiede werden unsern Lesern sofort auffallen.[1]

Der Balti ragt gewöhnlich über die Mittelgrösse hinaus; er besitzt eine mässig hohe, etwas gewölbte Stirn, hervortretende Augenbrauenwulste, eine tiefe Einsattelung zwischen der Nasenwurzel und der Glabella; er hat dichte, ge-

---

[1] Da wir hier eine ganz neue Anschauung verfechten, so mag man es uns verzeihen, wenn wir uns hier und da wiederholen. Wir stützen uns hier ausschliesslich auf anthropologische Momente und sind daher gezwungen, oft dieselben Argumente unsern Lesern vorzuführen, um unsere Thesis klar und anschaulich zu machen. Oft müssen auch dieselben Beweisgründe zur Erhärtung von verschiedenen Specialanschauungen dienen.

Stein mit aufgemeisseltem „Mani padmeom"

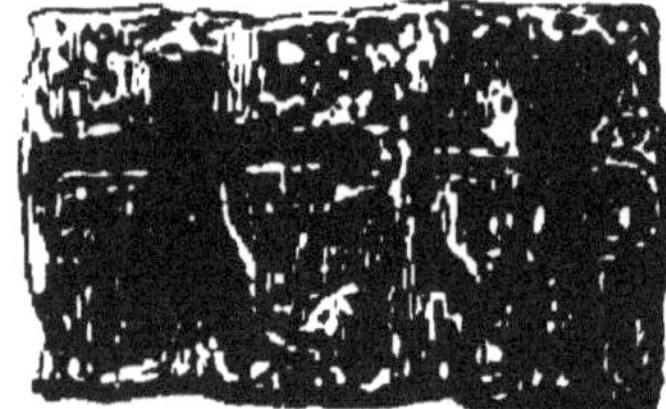

XVIII. FELSENZEICHNUNGEN AUS BALTISTAN. S. [illegible]

XIX. FELSENZEICHNUNGEN AUS BALTISTAN. S. 298

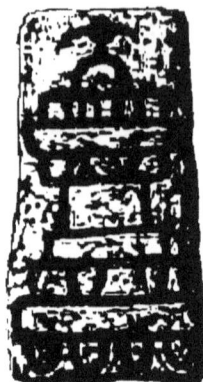

schweifte, selten gekreuzte Augenbrauen; eine lange, gerade oder gebogene, im ganzen schöne Nase; einen mittelgrossen Mund mit meist fleischigen Lippen, ein ovales Kinn, kaum merkbare Backenknochen und kleine, an den Kopf anliegende Ohren; gerad geschlitzte, einander naheliegende Augen; stets gelocktes, rabenschwarzes, reichliches Haupthaar; einen dichten, gewöhnlich schwarzen und seidenartigen Bart; einen behaarten Körper; proportionirten Hals, kräftigen Rumpf und meist kleine Extremitäten.

Der Dardu reicht ebenfalls über die Mittelgrösse hinaus. Sein Schädel ist verhältnissmässig von geringem Umfang; seine Stirn ist gerade, hoch, aber oft auch sehr niedrig; seine Augenbrauenwülste sind sehr stark hervortretend; seine Augenbrauen geschweift, sehr dicht und meist gekreuzt; seine Backenknochen treten nicht hervor, um so mehr aber die Jochbögen (weniger aber als bei den übrigen Bergindiern des westlichen Himalaja). Sein Mund ist mittelgross, die Lippen schmal, die Ohren klein und am Kopfe anliegend; seine Zähne sind meist schlecht; seine Haare wellig, der Bart dicht und von dunkler Farbe; die Haut sehr gebräunt, der Körper behaart; der Hals kräftig, sowie auch der übrige Körper, Hände und Füsse meist gross.

Der Ladaki ist von Mittelgrösse. Sein Schädel ist sehr umfangreich; er hat eine mittelhohe gerade Stirn; verschwindende Augenbrauenwülste; wenig dichte und wenig geschweifte Augenbrauen; schiefliegende Augen; hervorspringende Backenknochen; einen grossen Mund mit grossen und gesunden Zähnen; gerades, straffes Haupthaar; einen spärlichen dunklen Bart; einen wenig behaarten, fast unbehaarten Körper von gelblicher Farbe; einen starken Hals, einen untersetzten, kräftigen Rumpf und grosse Extremitäten.

Man ersieht aus diesen drei Beschreibungen, dass der Balti sich physisch weit mehr dem Dardu als dem Ladaki nähert. Der Balti, sowie sein nächster Nachbar der Brokhpa, besitzt gelocktes, langes, seidenartiges Haupthaar, einen meist reichhaltigen Bart, einen behaarten Körper und gerade geschlitzte Augen. Der Ladaki dagegen hat steifes, gerades Kopfhaar, einen fast verschwindenden Bart, mit Ausnahme einiger langen, steifen Haare am Kinn, einen meist unbehaarten Körper und schiefliegende Augen. Dabei ist er weit weniger dolichocephal als der Balti. Die Baltis weisen einen mittleren Breitenindex von 72,85 auf, die Dardus von 73,02 und die Ladakis von 77.

Die Schädelkapsel der Dardus und Baltis ist weit weniger umfangreich als diejenige der Ladakis. Der grösste Horizontalumfang beträgt bei den Baltis 530 mm, bei den Dardus 530 mm, während ein bei den Ladakis 561 mm übersteigt. Die grösste verticale Höhe des Schädels erreicht bei den Baltis und Dardus 130 mm, bei den Ladakis 135 mm. Diese letztere Differenz ist ganz gering, doch gewinnt sie an Bedeutung, wenn wir sie mit der des grössten Schädelumfangs vergleichen. Der horizontale Durchmesser des Ladaki-Schädels erscheint um so bedeutender, wenn wir seine geringe verticale Höhe in Berücksichtigung ziehen. Bei den Baltis ändern sich die Proportionen; fast so hoch als der Ladaki-Schädel (5 mm Unterschied) ist der horizontale Durchmesser ein weit kleinerer; bei den Dardus endlich bleibt die verticale Höhe dieselbe, aber der horizontale Durchmesser ist noch geringer; er beträgt um 15 mm weniger als bei den Ladakis! Gewiss haben sich die Baltis oft mit den Ladakis gemischt und noch öfter, in letzterer Zeit besonders, mit den Dardus; bei benachbarten Völkerschaften ist dies nicht anders möglich.

Auch vom Standpunkt der Gemüthsbeschaffenheit besteht ein nicht unbedeutender Unterschied zwischen diesen drei Völkern.

Der Dardu ist scheu, zum Diebstahl und Raub geneigt,

aber es gebricht ihm weder an Muth noch an Schlauheit. Der Balti ist sanft und friedsam, was aber durchaus nicht eine besondere Vorliebe für ein ritterliches Spiel ausschliesst, zu welchem Muth und besonders körperliche Gewandtheit erforderlich sind (Baltistan ist die Wiege des edlen Polospiels). Der Ladaki ist im höchsten Grad indolent, aber seine anscheinende Apathie verbirgt einen oft heimtückischen, verschmitzten Sinn. Der Dardu ist faul und gleichgültig, der Balti fleissig und sparsam. Die Wohnungen der Dardus sind elend und schmutzig wie ihre Insassen (wir sprechen hier von den Brokhpas und Dardus des Kischanganga-Thals); die Baltihäuser sind verhältnissmässig weit reinlicher gehalten.

Wir müssen jedoch immer wieder auf den Unterschied zurückkommen, welcher in den Gesichtszügen liegt und der sofort auch dem Laien erlaubt, einen Balti von einem Ladaki zu unterscheiden.

Die Augenbrauenwülste, bei den Baltis meist hervorspringend, verschwinden bei den Ladakis gänzlich. Dasselbe findet mit der Einsattelung statt, welche die Nasenwurzel von der Glabella trennt. Die Augenbrauen der Baltis sind geschweift, dicht und oft gekreuzt; bei den Ladakis weniger dicht und nur gegen die äussern Enden hin etwas geschweift. Die Distanz zwischen den innern Augenwinkeln ist bei den Baltis bedeutend geringer als bei den Ladakis. Die Augen der Baltis sind geradgeschlitzt, die der Ladaki schiefliegend. Die Nase der Balti ist lang, auf einer schmalen Basis ruhend, von einer angenehmen Form, die der Ladakis dick, kurz, auf breiter Grundlage, fast aufgestülpt, wenn man sie von vorn betrachtet. Die Backenknochen der Baltis sind verschwindend, diejenigen der Ladakis hervorspringend. Die Jochbogen, bei den Baltis oft hervortretend wie bei den Dardus, bilden bei den Ladakis eine Fortsetzung der Backenknochen. Der Mund des Balti ist klein, der des Ladaki gross und breit. Die Ohren des Balti sind klein und am Kopfe anliegend, bei seinem tibetischen Nachbar gross und vom Kopf abstehend. Das Gesicht des Balti erscheint oval, gegen unten zu sich erweiternd, dasjenige des Ladaki ist rautenförmig. Der Balti ist schlank, seine Extremitäten sind klein; der Ladaki ist untersetzt, mit massivem Knochengerüste, seine Hände und Füsse sind gross und seine Beine weit kürzer als die des Balti.

Nach dieser gewissenhaften Beschreibung, die auf meine anthropologischen Messungen gestützt ist, dürfte der ins Auge fallende Unterschied dieser beiden Nachbarvölker wol keinem Zweifel mehr unterliegen. Die Baltis, glaubt Dr. Leitner, sind Darden, die in grauer Vorzeit von den Bhots unterjocht, ihre Unabhängigkeit und ihre Sprache eingebüsst haben. Diese Umgestaltung ist entschieden vor Einführung des Islam vor sich gegangen und zu jener Zeit sind zahlreiche Kreuzungen zwischen Eroberern und Unterjochten vorgekommen und die Baltis haben sogar ihre Sprache eingebüsst. Jedenfalls können wir nicht Biddulph's Meinung beipflichten, welcher glaubt, dass die Einführung des Islamismus, die dadurch veränderte Lebensweise, das weniger rauhe Klima und die grössere Fruchtbarkeit der Thäler genügt hätten, um aus einem Tibeter einen Arier oder etwas Annäherndes zu machen. Was übrigens Dr. Leitner's und unsere eigene Anschauung betrifft, so ist sie gewiss nicht weniger unwahrscheinlich, als die im früheren Kapitel erwähnte Hypothese Biddulph's, derzufolge die Galtscha-Stämme von Norden nach Süden, vom Pamirplateau und vom Oxusbecken nach dem Stromgebiete des Indus gewandert seien.

Die Aehnlichkeit zwischen den Burisch von Nager und den Baltis ist uns schon in Simla aufgefallen; auch Biddulph erwähnt dieselbe, und wir glauben an eine enge anthropologische Verwandtschaft zwischen diesen beiden Völkern.

Ganz gewiss war Skardo oder Iskardo[1] die Hauptstadt des von chinesischen Pilgern und Geographen so oft erwähnten Reiches Bolor oder Bolor (Marco Polo dürfte Sarikol darunter gemeint haben). Ob sein Name von Alexander dem Grossen stammt ist zweifelhaft; gewiss sind die macedonischen Scharen niemals bis in jenen entlegenen Winkel des Industhals gedrungen. Alle dortigen Regentenfamilien leiten, so heisst es, ihre Abstammung vom grossen macedonischen Eroberer her. Es unterliegt keinem Zweifel, dass unter allen Völkern des obern Industhals die Baltis früherer Zeit der grössten Cultur theilhaftig geworden. Spuren davon finden wir in den Erzeugnissen der damaligen Zeit, die man noch in den reichern Familien vorfindet, und ein Beweis davon scheint uns die sanfte, gesittete Sinnesart der Bewohner von Baltistan zu sein. Unter diesen Ueberbleibseln einer verschwundenen Industrie verdienen, ausser der schon oben beschriebenen herrlichen Wasserpfeife, noch eine Anzahl von geschmackvollen Schmuckgegenständen einer näheren Erörterung.

Wir gaben die interessantesten dieser Gegenstände in Abbildung wieder und wollen nur die Aufmerksamkeit unserer Leser auf die charakteristischsten derselben lenken, die ohne Zweifel entweder von arabischen Künstlern selbst oder von diesen dazu gebildeten Arbeitern erzeugt wurden. Der rechteckige, mit Türkisen reichlich besetzte Talisman kommt in dieser Form noch in Centralasien vor und wir haben seiner Zeit einen ähnlichen bei den Baschkiren von Orenburg erstanden. Der in Baltistan erzeugte silberne Peschawes ist dem bei den Dardus gebräuchlichen sehr ähnlich, und ich bin geneigt anzunehmen, dass ihn diese letztern aus Baltistan bezogen. (Ein Peschawes ist ein dreieckiges silbernes Schulterornament mit an Kettchen befestigten Schellen, welches man bei den Weibern von Skardo bis Tschi-

[1] Iskardo von Iskander.

tral vorfindet.) Sehr merkwürdig sind die grossen scheibenartigen, kupfernen und silbernen, mit Türkisen besetzten Schnallen, eine Hauptzierde der Männer und Frauen Baltistans; sie sind ganz entschieden nach arabischen Mustern angefertigt und die von mir erstandenen und nach Europa heimgebrachten sind ohne Zweifel sehr alt. Ausserdem findet man in Baltistan noch sehr zierlich gearbeitete Armbänder, elegante Halsgeschmeide, mit Talismanen reichlich besetzte Frauenmützen, Zierathen für kleine Mädchen, und endlich eine Unzahl von messingenen Achselschnallen, welche oft von besonders geschmackvoller, eleganter Arbeit sind. Vergleicht man diese Schmuckgegenstände mit den alten [illegible] Bronze- und gehämmerten Kupfer-, mit einigen alten [illegible] Gefässen und mit den oft ganz stilvollen Felsenzeichnungen und Inschriften, so wird man wol keinen Augenblick daran zweifeln, dass Baltistan eine verhältnissmässig bedeutende culturelle Vergangenheit gehabt hat, die bei Berücksichtigung der Entlegenheit und fast gänzlichen Abgeschlossenheit des Ländchens noch mehr auffällt, und es im höchsten Maasse verdient, die Aufmerksamkeit des Forschers auf sich zu ziehen.

Ich will hier noch einige historische Belege anführen, welche ich dem Werke Biddulph's entlehne und von deren Richtigkeit ich mich an Ort und Stelle überzeugt habe. Biddulph ist übrigens unter den zahlreichen, stets gewissenhaften englischen Forschern jedenfalls einer der genialsten und, was nicht wenig sagen will, einer der gewissenhaftesten.

Die Genealogie der baltistanischen Herrscherfamilie bietet, nach Biddulph, ein grosses Interesse dar für die geschichtlichen Ereignisse der Hindukuschländer und der Thäler des äussersten westlichen Himalaja. Allem Anscheine nach ist der Glaube Mohammed's in Gilgit und Baltistan gleichzeitig eingeführt worden. Aus dem Stammbaum der Makpons (einheimischen Fürsten) ist ersichtlich, dass zu derselben Zeit als Azar sich Gilgits bemächtigte, was nach General Cunningham's Angabe in der ersten Hälfte des 15. Jahrhunderts geschehen, ein anderer mohammedanischer Abenteurer in Baltistan die Herrschaft der Makpon'schen Familie gründete. Die geschriebene Chronik der Makpons wurde unglücklicherweise vernichtet, als Iskardo in die Hände der rauhen Sikhs fiel. Die Tradition aber berichtet, dass Ibrahim-Schach über Hindustan aus Egypten kam, zu einer Zeit als der Buddhismus die herrschende Religion des Landes war. Der Titel Makpon bedeutet im Tibetischen Obercommandant und erscheint somit fast identisch mit dem chinesischen Tung, von welchem wahrscheinlich Thum nur eine lautliche Modification ist. Diese Benennung erhielt übrigens die Herrscherfamilie erst neun Generationen später. Aus der Genealogie, welche Biddulph der Mittheilung von Ali-Schach[1] verdankt, ersehen wir, dass die sieben Fürsten, welche unmittelbar auf Ibrahim-Schach folgten, keine Mohammedaner waren; sie können demnach als präislamitische Herrscher betrachtet werden. Die ersten vier führen den Titel Singeh, der ganz bestimmt mit dem in Gilgit üblichen Sing gleichbedeutend erscheint. Wenn man dabei das Vorhandensein einer Dardecolonie in Dah-Hanu berücksichtigt, so könnte man daraus folgern, sagt Biddulph, dass die ehemals in Iskardo regierenden Herrscher ihrer Abstammung nach Shins oder Dardes waren.

Die nächsten zwei Herrscher tragen den der Burischsprache entlehnten Titel „Gauritham", was darauf schliessen lässt, dass die Fürsten, welche ihn tragen, aus Hunza, Nager oder Jassin stammen. Jedenfalls scheinen die Fürsten, von Ibrahim-Schach angefangen bis Makpon-Bocha, (nach Cunningham gegen 1500 n. Chr.), verschiedenen

[1] Der in Iskardo lebende, entthronte Radschah von Baltistan.

Herrscherfamilien angehört zu haben und keinesfalls eine in gerader Linie absteigende Regentenfamilie zu sein. Man gibt den baltistanischen Fürsten den Titel „Schach“. Diesen Titel führt übrigens der siebente Fürst auf Biddulph's Stammtafel an seinem Namen angeheftet.

Achmet Chan, welcher die Regierung in Iskardo um das 16. Jahrhundert herum geführt hat, besass vier Söhne, deren kriegerischen Anstrengungen es gelang, die Iskardo umgebenden Länder den Makpon-Fürsten unterthänig zu machen, und von ihnen stammen die gegenwärtigen Herrscher von Rondu, Kharmang und Astor ab. Während der von ihnen geführten Eroberungskriege wurden die Ahnen der gegenwärtigen Brokhpas nach Baltistan versetzt. Der mächtigste unter diesen Brüdern war unbedingt Ali-Schaeb, der Gründer der Herrscherfamilie von Rondu, welcher alles Land gegen Westen bis Tschitral unterjochte, wo er 12 Jahr regiert haben soll. Die Brücke über den Fluss bei Tschitral soll von ihm erbaut worden sein, und in derselben Gegend wird eine von ihm gepflanzte Platane gezeigt. Es unterliegt keinem Zweifel, dass die Makpons sogar schon vor der Zeit Achmet Chans eine hervorragende Stellung unter den sie umgebenden Herrscherfamilien eingenommen haben. Es kam wol vor, dass ein Makpon eine Prinzessin aus einem andern Fürstenhause zur Frau nahm, aber niemals liess sich eine Tochter der Makpons dazu herbei, einen fremden Fürstensohn zu ehelichen. Seit den frühesten Zeiten waren die Herrscher von Iskardo weit mächtiger als jene von Gilgit, was besonders auf geographische Gründe zurückzuführen ist, wie günstige Lage des Landes, u. s. w.

Die in Schigar herrschenden Fürsten tragen den Familiennamen Amascha, der von ihrem Gründer herrühren soll. Amascha, von unbekannter Herkunft, soll, so sagt die Tradition, ein von einem Adler geraubtes Kind aus dem Neste des Vogels geholt haben. Die von General Cunningham gelieferte Genealogie der Schigar-Fürsten ist wegen des oft gebrauchten Titels „Thum" interessant. Dem Aeussern nach mahnen die heutigen Abkömmlinge Ammacha's an den edelsten Brahmanentypus Hindustans; mich erinnerten sie lebhaft an die Pandites von Srinagar.

Der physische Typus der Prinzen aus dem Hause Ammacha's, sowie die Zahl der von Cunningham angeführten Regenten veranlassen Biddulph zu glauben, dass sie die Abkömmlinge der einst in Iskardo herrschend gewesenen Ilanlu-Familie sind, die seinerzeit von Ibrahim-Schach verbannt wurden.

Cunningham und Biddulph betrachten Iskardo als den Mittelpunkt des ehemaligen Königreichs Bolor. In Gilgit, Hunza, Nager und allen westlich gelegenen Thälern ist der Name Iskardo fast unbekannt und man spricht gewöhnlich von Palur oder Balor u. s. w. Wir erfahren durch Shaw, dass die Kirgisen des Pamirplateaus den Namen Bolor auf Tschitral anwenden. Da dieses letztere Thal auf der geographischen Strasse liegt, welche von dem obern Oxus nach dem Pendschab führt und infolge dessen den nördlichen Anwohnern am besten bekannt war, so ist es kein Wunder, wenn der Name des ganzen Landes von Fremden und Reisenden speciell einem Theile desselben beigelegt wurde. Jedenfalls weisen uns alle diese Nachrichten darauf hin, in welch innigem Zusammenhange diese verschiedenen kleinen Fürstenthümer in früherer Zeit gelebt, und welch hervorragende Rolle Baltistan unter ihnen immer gespielt hat. Ich schreibe dies nicht nur wie Biddulph seiner günstigen geographischen Lage zu, sondern auch der höhern Gesittung seiner Bewohner, deren unverkennbare Spuren bis auf uns gekommen sind. Diese meine letztere Ansicht findet ihre Begründung in allem, was ich früher über baltische Kunst und Industrie mitgetheilt habe. Für mich ist es übrigens noch ein weiterer

Beleg für die geistige und materielle Ueberlegenheit der Baltis über die Dardus.[1]

Als die schönsten Punkte im obern Industhal, welches wir durchzogen, verdienen folgende zwei angeführt zu werden: die Vereinigung des Indus mit seinem grössten rechtsseitigen Nebenflusse, dem Schajock (die Tibeter nennen den Indus den männlichen Fluss und den Schajock den weiblichen), welche in einer höchst wildromantischen Gegend etwas oberhalb Gol vor sich geht; ferner die auf einem Felsabhang errichtete Festung Kharmang, welche weithin das Thal beherrscht. Man kann sich nicht leicht etwas Schöneres vorstellen als den Flecken Kharmang, der, am rechten Indusufer gelegen, wie aus einer fast senkrechten Felswand herausgewachsen erscheint. Dort bekamen wir auch eine der grössten Seilbrücken über den Indus zu sehen. Derartige Brücken hatten wir in weit kleinerem Massstabe schon im Tschinalthale und auch in der Nähe von Askole im Schigarthale zu Gesicht bekommen, aber nirgends waren diese luftigen Uebergänge so bedeutend als der von Kharmang. Zwei thurmartige Bauwerke, welche sich gegenüber am Ufer des Stromes erheben, sind miteinander durch drei aus Baum- und Pflanzenfasern geflochtene Seile von etwa 15 Centimeter Durchmesser verbunden, von denen zwei parallel und das dritte etwas tiefer gespannt sind. Auf dem tieferliegenden geht man und die zwei andern dienen zur Handhabe. Man kann sich nichts Primitiveres, aber auch nichts Dauerhafteres vorstellen. Natürlich sind die Seile von einem Ufer zum andern in einem abwärts gehenden Bogen angebracht und bei Wind und Sturm ist die Brücke den unangenehmsten Schwingungen ausgesetzt. Während die Eingeborenen mit der Geschicklichkeit von Affen von einem Ufer zum andern klettern,

[1] Vgl. Biddulph, a. a. O.

kommt der an solche Uebergänge nicht gewöhnte Europäer nur höchst mühselig über diese sogenannten Dschulas, englisch *Rope bridge*. Die Pferde und Lastthiere müssen bei solchen Uebergängen durch den Fluss schwimmen und werden bei diesem gefahrvollen Unternehmen durch Stricke unterstützt, welche man ihnen am Körper befestigt, doch kommen sie häufig dabei um. Die Seile der Brücke sind übrigens so rauh anzufühlen, dass sich der Europäer oft die Hände wund reibt. Versuchshalber überschritten wir diese Hängebrücke von Kharmang, und wir brauchten fast eine halbe Stunde zu einem Kunststück, das die Eingeborenen in wenigen Minuten vollführen. Und doch sind diese Brücken bequeme Uebergänge, verglichen mit den Dschulas, welche besonders im eigentlichen Tibet gebräuchlich sind und nur aus einem einzigen Seil bestehen, an welchem ein Ring angebracht ist, vermittelst dessen der Reisende sich von einem Ufer zum andern gleiten lässt. Diese bequeme Art, Flüsse und Abgründe zu überschreiten, haben wir glücklicherweise nie Gelegenheit gehabt zu versuchen.

Auf dem Wege von Oltinthang nach Karkitscha hatten wir ein kleines Abenteuer, das glücklicherweise ohne Folgen für uns war; wir kamen mit dem blossen Schrecken davon. Eines Morgens nämlich, als wir, mein amerikanischer Reisegefährte und ich, in einer Erweiterung des Suruthals wilde Enten zu schiessen versuchten, hörten wir plötzlich ein donnerähnliches Getöse, welches sich zweimal kurz nacheinander wiederholte. Man theilte uns mit, dass die Balkons, über die wir soeben geschritten, eingestürzt wären. Glücklicherweise waren die Damen vorausgeritten und hatte unser Gefolge diese verhängnissvolle Stelle bereits passirt.

Am Ufer des Suru entlang, sowie im Drasthal findet man häufig Spuren von Goldgräbern, die aber in diesen Gegenden nichts oder fast nichts finden.

Wir beschlossen die Nähe von Ladak zu benutzen, um einen Abstecher nach der Grenzstadt Karghil zu machen, welche des Interessanten genug bietet. Erstens trifft man dort eng beieinander lebend Ladakis, Brokpas und Baltis na, was natürlich auf den physischen Typus dieser verschiedenen Völkerschaften einen nicht unbedeutenden Einfluss ausgeübt hat. Ferner wollte ich unseren zweitägigen Aufenthalt dazu benutzen, um ein eingehendes Studium über Sitten und Gebräuche der höchst merkwürdigen Ladakis anzustellen, und ganz besonders über die auch hier vorkommende Sitte oder vielmehr Unsitte der Vielmännerei, Polyandrie. Was ich bisjetzt darüber gelesen, schien mir so oberflächlich, dass ich es mir zur Aufgabe machte, die im Kulluthal in Erfahrung gebrachten Eigenthümlichkeiten mit jenen in Ladak herrschenden zu vergleichen und nöthigenfalls zu ergänzen. (Siehe S. 36.)

Die Tracht der Ladakis aus der Umgebung von Kharghil ist eine höchst eigenthümliche. Sie tragen weite, farbige, oft mit Pelz verbrämte, schlafrockartige Gewänder, weite Hosen und wollene Stiefel mit Sohlen aus Pappendeckel; auf dem Kopf eine eigenthümliche, colossale Sammetmütze, die lebhaft an die der neapolitanischen Fischer mahnt. Jeder Ladaki trägt eine Trinkschale aus Olivenholz (?) am Gürtel, die oft mit Silber beschlagen ist, sowie eine Schnalle, an der ein bronzener Stift und ein oft sehr zierlich gearbeiteter kleiner Löffel befestigt sind. Merkwürdigerweise ist die in Ladak und Tibet gebräuchliche Trinkschale ganz von derselben Form, wie diejenige, deren sich die Kalkha-Mongolen, längs der chinesischen Mauer, und die Kalmücken, an der Wolgamündung, bedienen. Diese Eigenthümlichkeit verdient erwähnt zu werden und spricht für das starre Festhalten der Buddhisten an ihren altherkömmlichen Gebräuchen. Auch ein paar plump gearbeitete Götzen aus Nephrit erstand ich bei diesen Leuten.

Nachdem wir zwei Tage in Kurghil zugebracht, reichlich für unsern Aufenthalt entschädigt, brachen wir auf und erreichten das über 10000 Fuss hoch gelegene Drâs, wo trotz der grossen Höhe noch Gerste und Hirse gedeiht.

Fig. 97. Bronze-Schnalle, Nadel und Löffel, aus Ladak.

Fig. 98 u. 99. Götzen aus [illegible] (Ladak).

Die gemischte Bevölkerung dieses Landstrichs beschäftigt sich viel mit Pferdezucht und führt ihre Heerden fast bis zum Sodschilapass hinauf, der eine Höhe von 11500 Fuss erreicht. Die Pferde von Drâs werden wegen ihrer Schönheit und Ausdauer in Kaschmir sehr geschätzt. Drâs selbst besteht aus einer Reihe von kleinen Häusergruppen, die auf Kanonenschussweite voneinander entfernt sind und in deren Mitte sich eine stark umwallte Festung erhebt, die, allen europäischen Festungen zum Spott, im tiefsten Punkt des Gebirgskessels liegt, d. h. gar nichts beherrscht, dagegen von allen leicht erreichbaren anliegenden Höhen absolut beherrscht wird. Die Dograbesatzung hatte sich vor der Festung aufgestellt, und als wir vorbeiritten, präsentirten die Soldaten das Gewehr und die Musik fiel kläglich ein. Diese Ehrenbezeigung wäre uns fast theuer zu stehen gekommen, denn unsere, an ein solches Getöse ganz und gar nicht gewöhnten Pferde nahmen sofort reissaus und galopirten einige Zeit in den verschiedensten Richtungen auf der Hochebene dahin, was den Dogras nicht wenig Spass gemacht haben muss. Endlich gelang es uns, ohne Unfall unsere wilden Renner zu bemeistern, und wir zogen fröhlich dem Sodschilapass zu, einem der bequemsten Uebergänge der Transhimalajakette. Merkwürdigerweise empfand ich weder in Drâs noch am Sodschila die Athembeschwerden, die mich am Deosai so sehr belästigt hatten.

Blumige Wiesenflächen führen sanft zum Sodschila hinauf. Der Charakter der Gegend fängt, bevor man am Gipfel des Passes angelangt ist, allmählich an zu wechseln. Die kahlen Felsen des Indus- und Suruthals verschwinden unter Gras und Strauchwerk, und man gewahrt den Uebergang zu einer andern Natur. Sowie man das Schneefeld am höchsten Punkte des Passes überschritten, klettert man noch einen steilen Bergrücken hinauf und erblickt dann plötzlich wie durch einen Zauberschlag das herrliche grüne Sindthal zu seinen Füssen, die lieblichste Gegend von ganz Kaschmir. Der Metschahuigletscher bleibt zur Linken liegen und wir steigen durch einen prachtvollen Laubwald ins gesegnete Land der englischen Jäger und Touristen nach den wegen ihrer Naturschönheit weltberühmten Fluren von Sonmarg hinab. Vor einigen Jahren flüchteten sich die in Srinagar weilenden Europäer während der grossen Sommerhitze nach diesem irdischen Paradiese, da aber die Entfernung von Srinagar eine zu bedeutende und infolge dessen die Verpflegung eine sehr schwierige wurde, verliess man das reizende Sindthal und gründete eine andere Sommerfrische in einem linkseitigen Nebenthale des Hydaspes in Gulmarg (Blumenthal), das von Srinagar bequemer erreichbar ist. Freilich soll es dort viel feuchter und die Gegend viel weniger schön als im 8000 Fuss hohen Sonmarg sein.

Wir benutzten im Sindthal die Anwesenheit eines französischen Jägers, Dauvergne, der schon seit 18 Jahren Kaschmir bewohnt und seine fabelhaften Jagdzüge bis ins Herz von Tibet ausdehnt, um einige Tage in Hajen zu weilen und bei guter Kost und heiterem Gespräch von den Mühseligkeiten und Drangsalen unseres langen Rittes auszuruhen.

Das Sindthal wimmelt von Bären, Hirschen und allerhand Wild und ein passionirter Jäger findet dort eine reiche Ausbeute. Wer freilich die grossen Böcke (Markor, Ibex) und die Riesenschafe (Ovis ammon, Ovis carelini etc.) des tibetischen Hochplateaus schiessen will, der muss weiter nordwärts dringen und seine Beute oft bis auf einer Höhe von 18—19000 Fuss aufsuchen. Doch nicht jeder fühlt den Beruf des grossen babylonischen Jägers Nimrod in sich, und man begnügt sich mit kleinerem Wild oder mit dem blossen Anblick der unvergleichlichen Naturschönheiten des Sindthals, welche noch durch alte, höchst merkwürdige Ruinen von Palästen und Tempeln für den Forschungsreisenden an Interesse gewinnen.

ELFTES KAPITEL.

RÜCKKEHR NACH SRINAGAR. ABSCHIED VON KASCHMIR.

Ankunft in Srinagar. — Ramzan. — Religion der Bewohner von Kaschmir. — Galtschas. — Die religiösen Gebräuche der Tadschiks von Samarkand. — Wood. — Die Bewohner von Badachschan. — Sir Douglas Forsyth. — Biddulph in Wachan. — Der Islam in Dardistan. — Das Todtenfest. — Richardson. — Gebräuche der alten Magier. Der Buddhismus in Baltistan, Gilgit und Tschitral. — Der chinesische Pilger Fa-Hian. — Dangarik oder Kuhvolk. — Leichenverbrennung. — Citate aus Biddulph. — Die fanatischen Maulais. — Sunni und Schiiten. — Aga-Chan, Oberhaupt der Maulaisecte. — Oberst Henry Yule und seine Ausgabe von Marco Polo. — Die Nurbakschi von Baltistan. — Herrenlose Hunde und Tasi aus Gilgit. — Wir ziehen nach Gupkar. — Die Lederindustrie in Kaschmir. — Die Lustschlösser in der Umgebung von Srinagar. — Eine Abschiedsaudienz beim Maharadscha. — Abreise von Srinagar. — Der Heilige von Baramulla. — Ein wunderthätiger Stein. — Bernier. — Der Tempel von Banihar und die Mönche bei Uri. — Ankunft in Muzaffarabad.

Nachdem wir einige fröhliche Tage in Hajen verbracht, zogen wir das Sindthal hinab bis Gandarbal und dann querfeldein bis Srinagar, der Hauptstadt von Kaschmir, die wir kaum vor acht Wochen verlassen hatten.

Bevor wir zu unserer Behausung im Munschi-Bag gelangten, mussten wir den ganzen äussern Stadttheil, welcher nicht am Ufer des Dschelum liegt, durchwandern und hatten Gelegenheit, Moscheen, Ruinen, Privathäuser u. s. w. nach Herzenslust zu besehen. Wir zählten im ganzen 19 Ruinen von alten buddhistischen Tempeln und constatirten, dass die früher aus prachtvollen emaillirten Ziegeln bestehende Bekleidung der grössten und ältesten Moschee von Srinagar im schlechtesten Zustande sich befand.

Gegenwärtig bekennt sich die Mehrzahl der Bewohner von Kaschmir zum Mohammedanismus; die dem Hinduismus ergebenen Panditen sind wenig zahlreich und beschränken sich fast ausschliesslich auf die Hauptstadt und auf andere grössere Städte. In früherer Zeit bekannten sich alle Bewohner Kaschmirs zum Brahmanismus; so hat sie Marco Polo seinerzeit angetroffen. Dasselbe lässt sich auch von allen übrigen Völkerschaften Dardistans, Jagestans, Baltistans u. s. w., welche jetzt alle Muselmanen sind, behaupten. Gegenwärtig herrschen besonders drei muselmanische Sekten in jenen entlegenen Gegenden; fast alle Bewohner von Russisch-Turkestan, von Bochara, vom afghanischen Turkestan, von Dardistan und vom eigentlichen Afghanistan und Kaschmir sind Sunni, während die Bewohner von Mundschan, Sebak, Schugnan, Roschan, Darwás und Kulab Anhänger der Sekte des „Alten vom Berge“ oder Maulai sind. In Jassin, Wachan, Badakschan, Karategin, Ferghana, sowie im Serafschanthale begegnet man beiden Sekten gemischt. Fast überall scheinen übrigens die Maulai in der Mehrzahl zu sein. Auch in Sarikol gibt es mehr Maulai als Sunnis, während die Kaschgarier ausschliesslich Sunnis sind. Die Bewohner von Baltistan und Nager sind der Mehrzahl nach Schiit. Man findet übrigens in dem erstern dieser beiden Länder eine nicht unbedeutende Anzahl von Nurbachschi, eine Sekte, welche zwischen den Sunni und den Schia steht. Die Einwohner von Hunsa sind ein Gemisch von Schia und von Maulai.[1]

Es dürfte hier der Platz sein, über die gegenwärtige Religion der Bevölkerungen dieser verschiedenen Länder-

[1] Vgl. Biddulph, a. a. O.

strecken, d. h. über ihren alten Glauben etwas Näheres zu berichten.

Chanikoff hatte Gelegenheit, bei den Tadschiken von Samarkand und Bochara Gebräuche zu beobachten, welche auf den alten Glauben von Zoroaster hinweisen. Das Fest von Tschar Schambeisuni mahnt lebhaft an den längst entschwundenen Mazdeismus. Dieses Fest, welches zu Anfang jedes Frühjahrs gefeiert wird, beginnt nach Sonnenuntergang und besteht darin, dass man grosse Holzstösse anzündet und über dieselben hinwegspringt. Trotz seines muselmanischen Namens ist dieses Fest dem orthodoxen Islam zuwider, und wird von dem muslimischen Clerus auf das strengste verpönt. Gleichfalls merkwürdig ist die Art und Weise, wie man die Kranken behandelt; man nöthigt sie, dreimal um einen angezündeten Holzstoss zu gehen und ebenso oft über denselben hinwegzuspringen; ist der Kranke zu schwach, um diesem Ansinnen nachzukommen, so zündet man in seinem Zimmer eine Fackel an und er muss die Blicke auf die Flamme richten, während man ihm leise auf den Rücken klopft und die Formel murmelt: „Entfliehe in die Wüsten, entfliehe in die Seen!"

Nach der Geburt eines Kindes zündet man während 40 Nächten ein Licht über seiner Wiege an, welches bis zum Tagesanbruch brennen muss, um die bösen Geister zu verbannen. Auch die während des Ramasan gebräuchlichen Feuerwerke, die auch in Persien so beliebt sind, scheinen auf einen ähnlichen Ursprung hinzudeuten.

Man hat demnach das Recht zu schliessen, sagt Chanikoff, dass der Name Tadschik ursprünglich eine Collectivbenennung für die ersten Feueranbeter Baktriens war, während er heute die Urbewohner von persischer Abstammung bezeichnet, die ihre Sprache und Spuren einer antiken Civilisation bewahrt haben, welche eine Jahrhunderte währende, barbarische Fremdherrschaft nicht völlig zu verwischen vermochte.[1]

Wood erzählt von dem Widerwillen, welchen die Bewohner von Badakschan an den Tag legen, wenn es sich darum handelt ein Licht auszublasen. Auch in Wachan bemerkte er ähnliche Spuren von der Religion Zoroaster's. Ein Bewohner dieses kleinen Pamir-Staates betrachtet es als ein übles Vorzeichen, wenn man ein Licht ausbläst; er zieht es vor, lieber die Hand einige Minuten lang in der Nähe des Fichtenzweiges, der ihm als Kerze dient, hin- und herzubewegen, als zu einer viel wirksameren Methode Zuflucht zu nehmen, da ihm diese letztere, d. h. das Ausblasen, im höchsten Grade unangenehm ist.[2] Ein Gleiches habe ich bei den Galtschastämmen von Kohistan im oberen Serafschanthale beobachtet, dessen Bewohner niemals ein Licht ausblasen, weil sie behaupten, dass der unreine Athem des Menschen nicht mit der Flamme, dem Allerreinsten, in Berührung kommen darf. Auch um das Lager eines Kranken werden brennende Fichtenzweige getragen.[3]

Durch die Ergebnisse der wissenschaftlichen Expedition von Sir Douglas Forsyth erfahren wir, dass man in Wachan zahlreiche Ruinen von Thürmen findet, welche Thürme des Schweigens von Feueranbetern gewesen zu sein scheinen. Andererseits berichtet Biddulph, dass bei den Völkern südlich des Hindukusch bei den verschiedensten Gelegenheiten Cedernzweige angezündet werden, was auf einen ähnlichen Ursprung hinweist. Uebrigens wollen wir nachstehend Biddulph's vortreffliche hierauf bezügliche Schilderung wiederzugeben versuchen, natürlich mit eigenen persönlichen Beobachtungen versetzt.

---

[1] Chanykoff, Mémoire sur l'ethnographie de la Perse.

[2] Wood, Journey to the source of the River Oxus.

[3] de Ujfalvy, Expédition scientifique française en Russie, en Sibérie et au Turkestan. Vol. I. Le Kohistan, le Ferghanah et Kouldja.

Bestimmt hat der Islam in Gilgit, sowie in einigen Thälern von Dardistan sehr frühzeitig Wurzel gefasst, und gegenwärtig ist es sehr schwierig, die Spuren jenes Glaubens aufzufinden, der in grauer Vorzeit in jenen Thälern geherrscht haben mag. Das Andenken an den Glauben Zoroaster's existirt jedoch heute noch in Jassin, was bei der äusserst entlegenen und geschützten Lage dieses Ländchens durchaus nicht staunenswerth erscheint. In Jassin, Punial, Gilgit, Hunsa, Nager, Astor und Gör wird am Tage nach dem Nachfroste vor Tagesanbruch eine Talenifeier vorgenommen. (Taleni heisst das als Fackel gebrauchte Holzbündel.) Es werden Freudenfeuer angezündet und die Bewohner versammeln sich mit Fackeln auf dem Schawaran (Dorfwiese). Der Schall der Trommel ruft die Leute zusammen und beim ersten Morgengrauen werden die Fackeln ausgelöscht. Der Tag wird hierauf mit Gesang, Tanz und Polospiel verbracht und dieses Fest wird mit kurzen Unterbrechungen während eines ganzen Monats gefeiert. In Tschitral, Tschilass und Darel zündet man keine Freudenfeuer an, während in den südlichern Schinagegenden ähnliche Feuer mittels Zederzweigen angefacht werden.

Richardson sagt in seiner Schilderung der alten Feueranbeter Folgendes:

„Im Monate December, während der längsten Nacht des Jahres, war der Jahrestag des grossen Festes zu Ehren des Feuers, Schab Sadah genannt. Alle ihre Tempel wurden illuminirt und grosse Feuerhaufen loderten über das ganze Königreich. Diese Feuerhaufen waren rund herum vom Volke umgeben, welches sich die ganze Nacht bei Gesang und Tanz und andern der Jahreszeit angemessenen Belustigungen unterhielt.“

Derselbe Autor sagt auch weiter, dass dieses Fest zur Erhaltung folgender populären Tradition angeordnet wurde.

„Zur Zeit des Königs Huschang (angefähr [illegible] v. Chr.) soll ein ungeheurer Drache das Land verwüstet haben. Der König warf mit Steinen nach demselben; als einer dieser Steine mit gewaltiger Kraft auf den andern fiel, sprühten Funken hervor, welche alles umgebende Gras sowie die Bäume in Brand setzten und der Drachen wurde von den Flammen verzehrt."

Die Aehnlichkeit dieser Sage mit jener, welche in Gilgit anlässlich der Talenifeier herrscht, ist bemerkenswerth. Der seine Unterthanen verzehrende Tyrann Schri-Badlud, der den Flammen erliegt, dürfte einen Sonnenmythus verbergen. Der Sage nach in einem von Gletschern umgebenen Palaste wohnend, versucht er alljährlich zur Zeit der Wintersonnenwende denselben zu verlassen, doch umsonst, denn das Talenifest treibt ihn in seine kalte Behausung zurück.

Aus alledem scheint hervorzugehen, dass die Religion der alten Magier sich nicht nur auf die Flachthäler Baktriens, d. h. der südlichen und südwestlichen Abhänge des Pamirplateaus, beschränkt, sondern auch südlich bis in die rauhen Thäler des Hindukusch gedrungen ist und sich dort durch viele Jahrhunderte erhalten hat.

Die vielen Ruinen von Steinaltären, wie man deren heute noch im östlichen Ladak findet, ferner einzelne Fragmente von Figuren aus Stein gehauen, sowie die buddhistischen Zeichnungen auf Felsen, beweisen hinreichend, dass der Glaube Buddhas früherer Zeit in Gilgit, Baltistan und sogar in Tschitral geherrscht haben muss. Besonders in Baltistan findet man zahlreiche Kagänis auf Felsen gezeichnet; auf einigen ist die bekannte Inschrift: *Mani padmeum*, ganz deutlich zu lesen. (Siehe S. 248.)

Biddulph beschreibt uns eine Buddhafigur, welche unweit Gilgit an einem Knotenpunkte der Strasse in den Felsen gehauen ist. Jedenfalls ist diese Figur sehr alt, kann aber hinsichtlich der Feinheit der Ausführung weder mit der kolossalen Tschambafigur in der Nähe von Saukho oberhalb Karghil, in Ladak, noch mit jenen Felsenzeichnungen verglichen werden, welche ich seinerzeit in Russisch-Turkestan in der Provinz Semirjetschensk gesehen habe. Besonders eine dieser letztern in der Nähe des Sees Issik[1] war von auffallendem Ebenmasse und grosser Feinheit in der Ausführung.

Nach Biddulph wäre die Buddhafigur bei Gilgit dieselbe, von welcher der chinesische Pilger Fa-Hian im Jahre 400 v. Chr. spricht. Aus dem Berichte Fa-Hian's entnehmen wir, dass der Buddhismus zu jener Zeit in Ostturkestan, in den Pamirländern und südlich des Hindukusch schon feste Wurzeln gefasst hatte.

Zweifellos war der Buddhismus die Religion dieser Länderstriche, als die Dardus oder Schins dort einfielen. Biddulph glaubt, und wir können ihm in dieser Beziehung nur beipflichten, dass die Dardus sich früher zu einer Art von Brahmanismus bekannten. Merkwürdigerweise betrachten sie die in Indien für heilig gehaltene Kuh als unrein. Shaw hat uns schon seinerzeit darauf aufmerksam gemacht, dass die buddhistischen Dardus von Dah-Hanu im Industhale die Kuh mit Abscheu betrachteten, statt sie zu verehren, und Drew bemerkt hierauf, dass es nichts gebe, was dem modernen Hinduismus entgegengesetzter erschiene. Der strenggläubigste Brahmane würde sich übrigens als verunreinigt betrachten, wenn er das Fell oder irgendeinen Theil einer todten Kuh berühren müsste, sodass diese moderne Anschauung, nach Girard de Rialle, dem gegenwärtigen Hinduismus durchaus nicht als entgegengesetzt erscheint, sondern vielmehr als ein entartetes Gefühl, das aus demselben entsprungen.

Infolge dieser Eigenthümlichkeit nannten die von den Schins unterdrückten Völker ihre Herren Dangarike, d. h. Kuhvolk. Dies hat zu einer höchst komischen Verwechselung

[1] Issik-Kul, d. h. der Issiksee.

Anlass gegeben. Cunningham, der diesen Ausdruck während seines Aufenthalts in Baltistan gehört, spricht von einem Dangarik-Volk und einer Dangri-Sprache. Biddulph meint, dass der neue wohlbekannte Ausdruck „Darde“ wahrscheinlich einen ähnlichen Ursprung zuzuschreiben ist. Dies hat nur einen kleinen Uebelstand, nämlich den, dass vom Volke Darada schon bei den ältesten Schriftstellern Tibets die Rede ist; wir finden ihn unter andern im Buche „Rgya Tsch'er Rol Pa“, welches die tibetische Uebersetzung des im Sanskrit verfassten „Lalita vistâra“ ist, d. h. die Lebensgeschichte von Buddha Çakya-Muni.[1] Die Benennung Dangarike ward den Schins von allen ihren Nachbarn beigelegt, und wenn man damit den Abscheu, den sie gleich allen übrigen Hindus gegen das Hausgeflügel empfinden, vergleicht, so dürfte dies nicht wenig zu der berechtigten Annahme beigetragen haben, dass sie selbst Hindus sind. Ganz dasselbe habe auch ich anthropologisch nachzuweisen versucht, und somit ist mir Biddulph's diesbezügliche Anschauung höchst willkommen.

Biddulph hat während seines Aufenthalts in Tschitral von einem kleinen Volksstamme sprechen gehört, der von seinen Nachbarn ebenfalls Dangarike genannt wird. Biddulph's Meinung zuwider glaube ich, dass dieser Volksstamm ebenfalls Dardus sind.

Das Verbrennen der Leichen existirte in diesen Gegenden bis in die neueste Zeit. Biddulph hatte wiederholt Gelegenheit, bei seinen Ausgrabungen Aschenkrüge, sowie aus rauhem Holz verfertigte Schreine, in denen die Gebeine des Todten aufbewahrt waren, zu finden. Auch Stücke von Kleidern, Messingketten u. s. w., fanden sich in denselben. In Gilgit, Gôr, Hunsa und Nager erinnert man sich noch lebhaft des Gebrauchs der Witwenverbrennung. Vor wenig über

[1] Ph. Ed. Foucaux, Rgya Tsch'er Rol Pa

60 Jahren bestand gewiss noch der Gebrauch der Leichenverbrennung, und im J. 1877 starb dort ein Greis mit dem ausdrücklichen Wunsche, nach seinem Tode verbrannt zu werden; und von diesem Greis, sowie von einem andern, der kaum vor zwanzig Jahren gestorben, erzählte man, dass sie sich stets hartnäckig geweigert hatten, sich beschneiden zu lassen und nicht für Mohammedaner gelten wollten. Die Witwenverbrennung kam schon viel früher, vor mehreren Jahrhunderten, ausser Gebrauch. Bemerkenswerth ist, dass diese Gebräuche, welche auf den modernen Hinduismus hindeuten, sowie die Benennung Dangariko sich ausschliesslich auf die Schins oder Dardus beschränken und weder in Kaschmir noch in den Thälern des Swat und Pandschkora vorkommen. So existirt das Kastensystem, der Titel Ra, sowie der gewöhnliche Zusatz Singh zum Familiennamen und verschiedene sanskritische Ausdrücke ausschliesslich nur bei den Dardus.

„Trotz des strengern Einhaltens des Mohammedanismus", sagt Biddulph, „welcher vorherrscht, und welcher jährlich an Kraft zunimmt, leben heidnische Gebräuche noch fort. In jedem Dorfe, in welchem Schins in der Majorität sind, gibt es einen grossen Stein, welcher noch immer mehr oder weniger der Gegenstand der Verehrung ist. Jedes Dorf hat seinen eigenen Namen nach seinem Steine, aber ein geleisteter Eid, oder eine eingegangene Verpflichtung, wenn sie in Gegenwart desselben gemacht wurden, werden oft heiliger gehalten als wo der Koran gebraucht wird. In mehreren Dörfern werden jährlich neben dem Steine Ziegen geopfert und der Stein wird mit Blut besprengt. In andern Orten hat dieser Brauch erst neuerdings aufgehört. Obgleich die Religion, welche durch die Schins eingeführt wurde, brahmanischen Ursprungs zu sein scheint, muss sie auch einen beträchtlichen Theil von Teufelanbetung enthalten haben, wie durch Shaw in seinem Bericht über die Hanu-Dardus gezeigt wird."

Weiter sagt Biddulph: „Die Schins scheinen mit ihrer Form von Hinduismus auch eine Art Baumverehrung, welche schon beschrieben wurde, mitgebracht zu haben. Obgleich die Bäume nicht mehr Gegenstand öffentlicher Anbetung sind, werden doch noch Gebete von Frauen, welche gern Kinder haben möchten, an den Tschili-Baum gerichtet. Diese Gebete werden vom Verbrennen der Zweige desselben Baumes begleitet und es wird überhaupt heute noch dem Tschili eine besondere reinigende Kraft zugeschrieben. Bäume spielen eine grosse Rolle in den Bezauberungsformen der Dandjals, und wenn ein hochgestellter Mann in ein Schindorf kommt, wird eine Pfanne, auf welcher Tschilizweige brennen vor ihm geschwenkt. Bei gewissen Gelegenheiten sättigen sich sowol Männer als auch Frauen an ihrem Rauche, welcher von einer sehr scharfen Natur ist.

„Der Brauch der Tschilianbetung scheint nicht bis Hunsa oder Nager gedrungen zu sein. Auch ist keine Spur derselben im Oxusthale, in Tschitral, oder unter den Volksstämmen des Swatthales zu finden. Aber unter den Siahposch scheint sie in ungefähr derselben Form wie bei den Schins zu existiren. Tschiliholz oder Padam, wie es auch genannt wird, wird auch nach dem Pendschab verführt, um bei Hindufeierlichkeiten gebraucht zu werden. Nach Oberst Prschewalski soll dieser Baum auch von den Mongolen und Tanguten heilig gehalten werden, welche seine Zweige während ihrer Gebete als Räucherwerk verbrennen. In Remis-Schakpa, ungefähr 20 Meilen von Leh, existiren wenige solche Bäume von hohem Alter; dieselben werden von den Bewohnern des Dorfes sehr in Ehren gehalten, obgleich der Baum im allgemeinen kein Gegenstand der Verehrung bei den Ladakis ist. Es mag sein, dass der Gebrauch dieser Verehrung von den Schins eingeführt wurde, deren Einfluss sich ungefähr bis Leh ausgedehnt haben mag. Es ist auch in Gilgit üblich, Ziegebunden auf einen Baum zu sprengen, ehe man ihn abschlachtet."[1]

Die drei Sekten des Islamismus brachen von drei verschiedenen Seiten in die Gegenden südlich vom Hindukusch ein. Vom Süden drangen die Verkünder der Sunnilehre längs des Indus und seiner Nebenthäler aufwärts, vom Osten kam die Schialehre aus Iskardo, und vom Westen strömten über die Hindukuschpässe die fanatischen Maules in das Land. Im allgemeinen scheint der Islamismus sich nur allmählich und äusserst langsam fortgesetzt zu haben. Nach Gilgit dürfte der Glaube Mahammed's, Biddulph's Meinung gemäss, Ende des 13. oder Anfang des 14. Jahrhunderts gekommen sein; letztere Annahme scheint um so begründeter, als der Islamismus in Kaschmir ungefähr zwischen 1315 und 1325 eingeführt wurde. Ein Jahrhundert später drang er nach Cunningham's Ansicht bis nach Iskardo, und erst Ende des 16. Jahrhunderts ward der Islamismus in Tschitral zum allgemeinen Volksglauben, und es ist daher gar nicht überraschend, wenn der Hinduismus bis in die letztere Zeit fortgedauert und erst kürzlich erloschen ist.

Die Volksstämme des Industhals sind fanatische Muselmanen. In Gilgit ist drei Viertel der Bevölkerung Sunni und der Rest Schia. Zu Anfang der Sikh-Occupation war die Mehrzahl der Bevölkerung Maules oder Schia. In Jassin, sowie in allen andern oben genannten Landschaften, besitzt übrigens fast jedes Dorf seine localen Gottheiten.

Von Iskardo, wo der Schiaglaube eingeführt wurde, drang er in die nordöstlichen Theile von Dardistan. In Nagar ist die ganze Bevölkerung Schia, in Baltistan sind zwei Drittel Schia, die übrigen Nurbakschi. In Hunza ward vor einigen

[1] Biddulph, a. a. O. Erinnert dieser Gebrauch nicht lebhaft an die erwähnte Baumverehrung und die blutigen Opfer in Kafir?

Jahren der Schiaglaube durch den der Maules ersetzt, dem auch der Mir, der Regent des Landes, huldigt.

Das Oberhaupt der Maulesekte ist ein gewisser Aga-Chan, gleichzeitig das anerkannte geistliche Oberhaupt der Chodschas von Indien und Persien. Er ist ein Edelmann aus Khorasan, der im Jahre 1840 aus politischen Rücksichten nach Indien kam und seit dieser Zeit in Bombay residirt. Die von den Maules bewohnten Länder sind unter eine gewisse Anzahl von Pirs gestellt, welche von ihren Schülern im höchsten Grade verehrt werden. Biddulph gibt uns die interessantesten Aufschlüsse über die Macht und den Einfluss dieser Pirs, und mir selbst war es vergönnt, während meines Aufenthalts im Naiesukthale fast einen ganzen Tag in Gesellschaft eines solchen Pirs zuzubringen. Ich war im höchsten Grade überrascht über die herzliche Hochachtung, welche ihm seine zahlreichen Begleiter zollten. Als er mich besuchte, beschworen mich die Einwohner, ihm einen Sitz anzubieten, unter dem Vorwande, sein Vater sei ein so heiliger und einflussreicher Mann gewesen, dass auf seinen Rath sogar der Generalgouverneur des Pendschab geachtet haben soll. Die Pirswürde ist eine erbliche, und jeder Pir steht mit dem Oberhaupt der Sekte in Bombay in directem brieflichen Verkehr. Mahnt nicht die merkwürdige Geschichte und die starke Organisation dieser Sekte an den Orden der Jesuiten, dessen General bekanntlich in Rom residirt? Oberst Henry Yule hat in seinen Adnotationen zu der prachtvollen Ausgabe von Marco Polo eine interessante Schilderung vom „alten Manne vom Berge" gegeben, dessen heutigen Repräsentanten er in Aga-Chan erkennt. Die grösste Blütezeit dieser Sekte, die man gemeiniglich Ismaeliten nennt oder die Secte der Assassinen, fällt zwischen das Jahr 1090 und 1256. Was uns Biddulph über die Ismaeliten in Centralasien erzählt, ist um so interessanter, als er die Arbeiten von d'Herbelot, Jourdain, Hammer, d'Ohsson, Defrémery und de Sacy über denselben Gegenstand nicht gekannt zu haben scheint. Gewiss ist der „Alte vom Berge“, — der zuerst im Gründer der Sekte Hassan Sabbâh und später in Aloadin Marco Polo's, d. h. Ala ed-din Mohammed, der vom Jahre 1221—1255 regiert hat, identifizirt ist, — nur die fabelhafte Personifizirung eines über 250 Jahre währenden thatenreichen Zeitabschnitts. Biddulph's Maule ist weiter nichts als das arabische: mulhed oder molhid, »Apostat«, Mehrzahl: mulhidun, eine Benennung, welche die orthodoxen Muselmanen den Ismaeliten von Persien und Syrien gegeben haben, da der Gründer ihrer Sekte viele Glaubenssätze des Koran verwarf. Somit gehören die Maule des Hindukusch und des obern Oxusthals zur berühmten Sekte der Assassinen, zu welcher auch die Drusen des Libanon gerechnet werden. Obschon einer ihrer Glaubenssätze lautet: „Man soll seinen Glauben und seine Frauen geheim halten, respective verbergen“, so ist ihre Religion doch hinlänglich bekannt und oft besprochen worden. Nichtsdestoweniger ist die Beschreibung ihrer Sitten, welche uns Biddulph liefert, äusserst interessant. Sie fasten und beten nicht und der Genuss des Weins und von nicht ganz orthodoxen Thieren ist ihnen gestattet.

Die Sekte der Nurbukschi in Baltistan, deren Anhänger auf 20,000 berechnet werden, führt ihren Namen nach Sinh Mohammed-Nur-Baksch, der gegen Ende des 16. Jahrhunderts (1590) ein Mixtum compositum aus der Shia- und Sunnireligion geschaffen hatte. Ueber ihr Entstehen circuliren in Baltistan die merkwürdigsten Traditionen.

Unsere Karte II dürfte einen genauen Ueberblick über die geographische Verbreitung des Islamismus und des Buddhismus in Centralasien gewähren.[1]

---

[1] Auf die Religion der Siahposch werden wir in der Folge zu sprechen kommen.

Kehren wir nach Srinagar und zu seinen Sehenswürdigkeiten zurück.

Bevor wir unsere Behausung im Munschi Bag erreichten, hatten wir noch förmliche Schlachten mit den herrenlosen Hunden zu schlagen, die unsere beiden von Gilgit stammenden Windhunde um jeden Preis zerreissen wollten, was wir durch die Steinwürfe unserer Diener zu verhindern wussten. Die Hunde — ich spreche von jenen von Gilgit, die von Srinagar nämlich sind ganz ordinäre Kläffer — gehören einer ganz besondern Art von Windhunden an, die nur in Gilgit, Jassin und Tschitral vorkommen soll. Sie sind mit den Tasi, Windhunden aus Turkestan, nahe verwandt und besitzen ganz dieselbe elegante gedrungene Gestalt, nur sind sie langhaarig und ihr ganzes Aeussere sowie ihr wilder ungeberdiger Sinn mahnt lebhaft an das unwirthliche und unnahbare Land, aus dem sie stammen. (Siehe S. 210.)

Kaum waren wir einige Tage wieder unter Dach und Fach, so fasste ich den Entschluss, der Einladung eines in Gupkar wohnenden Belgiers Folge leistend, nach diesem eine halbe Stunde von der Hauptstadt, am See Dal liegenden Dorfe auszuwandern. Man gewöhnt sich an das Zeltleben so schnell, dass man es dem Aufenthalt in den schmutzigen, hölzernen Behausungen, welche der Maharadscha seinen Gästen anbietet, bei weitem vorzieht. Wir waren um so leichter zu dieser Auswanderung zu bewegen, als uns die Kaufleute von Srinagar mit dem beständigen Angebot ihrer Waare förmlich überstürmten. Sowie sie sahen, dass ich besonders nach antiken, aus getriebenem Kupfer verfertigten Gegenständen fahndete, so brachten sie mir alle ihre alten Kessel, Teller, Kannen u. s. w. und riefen dabei ganz überzeugt aus: „Purana bid purana“ (alt, sehr alt), auch wenn der Gegenstand vor kaum einigen Jahren von ihnen selbst ungeschickt zusammengeflickt und mit Russ geschwärzt worden war. Glücklicherweise täuschten sie niemand als sich selbst. Bei dieser

Gelegenheit erstand ich auch einige zierliche Kangris, das ist der Name der Wärmeapparate, deren sich die Kaschmiris im Winter bedienen. Es sind Körbchen mit Henkel und einer Thonschale in welcher sich die Kohlen befinden[1].

Auch einige Gegenstände aus Leder brachte ich käuflich an mich. Die Kaschmiris verstehen es, das Leder ganz vorzüglich zu verarbeiten und bedienen sich dazu äusserst primitiver Werkzeuge. Sie verfertigen Riemen, Taschen, Koffer und besonders Einbände von Büchern, auf die sie eine ganz besondere Sorgfalt verwenden.

Auch das in Kaschmir fabricirte Papier ist sehr schön und dauerhaft; es wird aus Birkenrinde verfertigt.

Unser Aufenthalt in Gupkar erlaubte uns auch die alten Lustschlösser von Kaschmir abermals und eingehend zu besichtigen. Diese Bauten, welche die Mongolenkaiser meist aus den kolossalen Trümmern der alten Hindutempel hatten errichten lassen, sind ganz unbedeutend, wollte man sie mit Martan oder Avantipur vergleichen. Es sind meist à la Le Nôtre angelegte terrassenartige Gärten, in denen hundertjährige Platanen ihre prachtvollen Laubkronen schattenspendend ausbreiten. Wasserwerke und Springbrunnen, geschmacklos bemalte Holzpavillons und Galerien u. s. w. wiederholen sich fast überall: im Schloss von Schischmauschah, das seines guten Quellwassers wegen auch vom heutigen Maharadscha noch besucht wird, im Kiosk von Nischad Bagh, von welchem man eine herrliche Fernsicht auf die Hauptstadt und auf die schneebedeckten Bergriesen geniesst, im Palast von Schalimar, dem bedeutendsten von allen, wo eine Säulenflucht aus schwarzem Marmor, stilvoll errichtet, vom Rest vortheilhaft absticht. Auf einer Insel im See Dal befindet sich der Tschinar Bagh, wo nur noch eine Anzahl von uralten Platanen Zeug-

---

[1] Ich kaufte in Gupikar auch einen recht hübschen Hobel aus geschnitztem Cedernholz.

Lederarbeit.

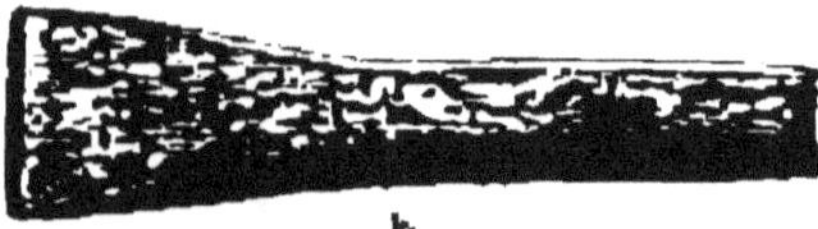

b.

c.

a.

a, b, c Werkzeuge zur Bearbeitung des Leders.

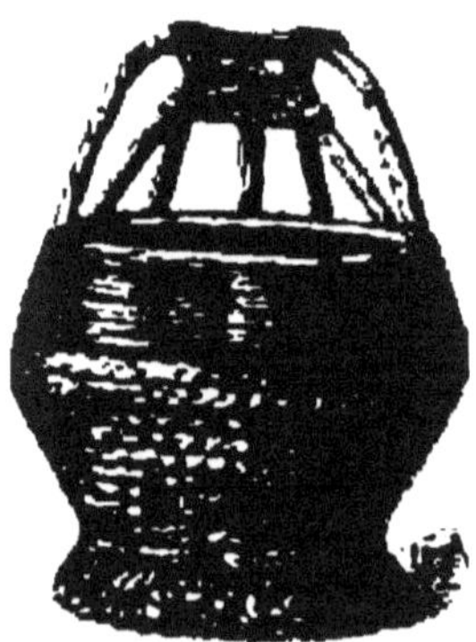

Wärmflasche (Kangri)

Hobel

XX. VERSCHIEDENE GEGENSTÄNDE AUS KASCHMIR. S. [illegible]

niss ablegt von entschwundener Grösse und Pracht. Auf einer andern Insel erhebt sich eine Moschee, wo ein Barthaar des Propheten unzählbare fromme Pilger anzieht und durch seinen Anblick erfreut. Doch alles beherrscht der Tachti-Soliman, oder Thron des Salomon, von seiner gewaltigen Felshöhe, die wie ein Leuchtthurm inmitten des Thals sich erhebt; das Sehenswürdigste jedoch ist jedenfalls der kleine Tempel von Pandritten, auch nach griechisch-baktrischer Bauart, wie sein grosses Vorbild von Martan. Er erhebt sich in einem verborgenen Hain, inmitten einer sumpfigen Stelle, und dürfte demnächst auch zusammenstürzen. Sein Plafond ist das Geschmackvollste und Zierlichste, was man, vom architektonischen Standpunkt aus betrachtet, sehen kann! Ich begriff den geistigen Genuss, welchen Cunningham beim Anblick dieses kleinen Meisterwerks empfunden hatte. (Siehe S. 142.)

Nachdem wir noch fast zwei Wochen in Gupkar verweilt, erbat ich mir abermals eine Audienz beim Maharadscha, um von diesem gastfreien Fürsten Abschied zu nehmen. Gulab-Singh, obschon leidend und selbst zur Abreise nach Dschamu bereit, empfing mich sofort auf das freundlichste. Ich fand ihn sehr verändert, abgemagert und übel aussehend. Er leidet, so sagte man mir, an der Zuckerruhr; nichtsdestoweniger war er von der grössten Liebenswürdigkeit und erkundigte sich eingehend nach den Erlebnissen unserer Reise. Dann und wann verfiel er in eine melancholische Gemüthsstimmung; er sagte mir z. B: „Die ältern gebrauchten Gewänder müssen den jüngern, modernen Platz machen!“ und blickte dabei seinen Sohn, den Thronfolger, bedeutsam an. Und als ich ihm erwiderte, dass ich auf eine Besserung in seinem Zustand hoffe, antwortete er mir: „Es geschieht stets nur, was in den Sternen geschrieben steht, und der schwache Mensch muss ruhig und ergeben das unwandelbare Geschick über sich walten lassen“. Mit warmem Händedruck und die grösste Erkenntlichkeit im Herzen schied ich von diesem liebenswürdigen Fürsten. Sein Tod wird ein grosses Unglück für das Land sein, denn man behauptet, sein Sohn wäre ein fanatischer Prinz, der die Europäer nicht leiden mag. Wenn er nun die Unklugheit begeht, diesen Hass allzu lebhaft an den Tag zu legen, so wird sich die englische Regierung gezwungen sehen, ihn einfach zu mediatisiren, und er kann dann seine Pension in Kalkutta oder in Bombay verzehren und über das Vergängliche alles Irdischen mit Musse nachdenken. Dies ist übrigens das Los, welches allen indischen Fürsten, denen man einen Schatten von Unabhängigkeit gelassen, ganz bestimmt in nächster Zeit bevorsteht. Ob es ein Glück für das Land, ein Vortheil für die Eroberer, wird erst die Zukunft entscheiden. *Qui vivra, verra.*

Nachdem ich im ganzen über 80 Kisten nach Bombay expedirt, nur 10 Kaschmirschädel gegen schweres Geld zu verschaffen gewusst, meine ethnographische Sammlung completirt und alles für die Abreise Nöthige besorgt hatte, fasste ich den Entschluss, über Marri nach den indischen Ebenen zurückzukehren. Und so nahmen wir denn Anfang October Abschied von diesem wunderbaren Fabellande, dessen Schönheit nie genügend geschildert, dessen Herrlichkeiten nie genügend besungen worden. Was auch störrische, leberkranke Reisende an diesem irdischen Paradiese auszustellen gesucht, ein kleines Eden bleibt es doch, und hat man einmal von diesem angenehmen Dasein in seinen Bergen und an seinen Seen gekostet, so bleibt es einem mit seinen Vorzügen und Fehlern gleich lieb. Denn alles in Kaschmir mahnt an die liebe Heimat, an das alte Europa, und man begreift vollkommen, warum die Vettern unserer arischen Ahnen gerade dieses Ländchen gewählt, als sie vom rauhen Hindukusch herabsteigend das Bedürfniss fühlten, sich irgendwo auszuruhen. Es ist ihnen auch nicht zu verdenken, dass sie sich in einem Thale, wo Milch und Honig fliesst, so wohl befunden.

diesen rauhen, wenig verzärtelten Herren, dass sie so liebgewonnen und dort ausgeharrt haben, bis auf den heutigen Tag mit Liebe an der fruchtbaren Scholle haftend. Alle Wirrnisse und Heimsuchungen der Fremdherrschaft liessen sie über sich ergehen, doch in der Folge der Jahrhunderte bewahrten sie leider nichts von den Ahnen als das edle, stolze Aeussere, und den jedem Arier angeborenen Kunstsinn! —

Am 16. October verliessen wir Gupkar, und da unser Gastfreund bis Baramulla das Geleit gab, so bildeten wir eine ganz respectable aus sechs Booten bestehende Flotille. Der Maharadscha hatte dem Munschi Gân-Patra Befehl gegeben, uns bis Marri, d. h. bis über die Grenzen seiner Staaten hinaus, zu geleiten. Wir fuhren längs der Ufer des Dalsees dahin, hierauf durch einen Kanal, und endlich den Dschelum entlang, am grossen Basar vorbei, aus der Stadt. Den Weg bis zum Wularsee hatten wir bereits einmal zurückgelegt, und somit habe ich über denselben weiter nichts zu berichten, als dass wir am Eingang des Sees von einem Sturm überrascht wurden, der uns zwang, am Ufer anzulegen und die Nacht dort zu verbringen. Wie ich schon früher erwähnt, sind die kaschmirischen Boote sehr solid construirt, aber doch so flach, und haben dabei so wenig Tiefgang, dass sie der geringste Windstoss umbläst. Am nächsten Tage fuhren wir durch einen Winkel des Wularsees, und dann den Dschelum hinab, an Sopur vorbei bis Baramulla, wo man die Boote verlassen muss, denn etwas unterhalb dieses Ortes wird der ruhig fliessende, bequem schiffbare Fluss plötzlich zum reissenden und brausenden Bergstrom, der mit sehr starkem Gefäll der indischen Ebene zuströmt. Die Legende erzählt, das Hochthal von Kaschmir sei früher ein umfangreicher See gewesen (was auch geologisch bestätigt), an dessen Ufer bei Baramulla ein grosser Heiliger gelebt. Eines Tages befahl dieser den Bergen bei Baramulla sich zu spalten, was sie sich beeilten sofort zu thun, und so gewann der See einen Abfluss, und das fruchtbare Dschelumthal blieb zurück. Dieser grosse Heilige, dessen Gebete so wirksam waren, hiess Kaschab, sagt die Legende, welche Bernier einstmals für seinen Herrn Aureng-Seb aus der Geschichte der Könige von Kaschmir übersetzt hatte.

Der skeptische französische Arzt glaubte übrigens nicht selbst an Wunder; ein Beweis hiervon ist folgende kleine Geschichte, die er uns erzählt. Noch zu seiner Zeit (Ende des 17. Jahrhunderts) war Baramulla ein sehr besuchter Wallfahrtsort, wo eine Anzahl mohammedanischer Priester weilten, welche zu bestimmten Zeiten einen grossen, schweren Stein durch einfaches Berühren mit den Fingerspitzen in Bewegung setzten. Bernier, dem von diesem sichtbaren Wunder erzählt wurde, gewahrte in der That 11 Mollahs, die, mit langen faltigen Gewändern bekleidet, sich um den Stein stellten und denselben in Bewegung setzten; er glaubte aber bemerkt zu haben, dass sie beim Rücken desselben ausser mit den Fingerspitzen auch noch mit der Hand nachhalfen. Er stimmte in den Ruf der Anwesenden „Karamet!“ (d. h. Wunder) ein und gab den frommen Priestern eine Rupie mit der Bitte, den Stein in ihrer Gesellschaft berühren zu dürfen. Nicht ohne Widerstand willigten sie in dieses unehrerbietige Verlangen, doch dieses metaphysische Experiment wäre dem wissbegierigen Arzt fast theuer zu stehen gekommen, denn der Stein, an welchen Bernier in Wirklichkeit nur die Fingerspitzen legte, blieb auf seiner Seite ganz ruhig, während er sich nur auf der anderen Seite hob und dadurch bloss zum Schwanken gebracht wurde. Die Andächtigen schrieben das Ausbleiben des Wunders natürlich nur der Anwesenheit des Ungläubigen zu, und waren ganz geneigt demselben übel mitzuspielen, um ihre Strenggläubigkeit zu documentiren. Doch Bernier schrie abermals „Karamet! Karamet!“ bezahlte noch eine Rupie, und machte sich schleunigst aus dem Staube. Heute gibt es in Baramulla weder bemalte Steine noch wunderwirkende Mollahs, dafür aber eine elende gewinnsüchtige Bevölkerung, die durch den beständigen Contact mit reisenden Europäern zu den habgierigsten und betrügerischsten des Königreichs Kaschmir gerechnet werden kann, und das will viel sagen. Als Beweis des Gesagten mag dienen, dass der dortige eingeborene Fouragehändler unsere Pferde mit Maisstroh abfüttern wollte, und wir hatten doch für Gerste und Heu baar bezahlt! Doch dank der energischen Intervention unseres Freundes Gân-Patra kamen wir zu unserm guten Rechte und unsere armen Thiere zu einer substantielleren Nahrung.

Der Weg, der sich von Baramulla aus bis Kohala erstreckt, folgt beständig, oft auf sehr respectabler Höhe, den tausend und aber tausend Windungen des *Dschelum* und führt durch schattige Waldungen, über blumige Wiesen, an wohlbebauten Feldern, lachenden Dorfschaften und nicht sehr drohend aussehenden Festungen vorbei; er ist trotz seiner relativen Bequemlichkeit im ganzen sehr schlecht unterhalten. Die Engländer behaupten, der Maharadscha thue es wissentlich, um den reisenden Europäern den Besuch seiner Staaten zu verleiden. Dies mag wahr sein oder nicht, den Anschein hat es jedenfalls. Kurz nach Baramulla gewahrt man unter einem dichten Laubdach einen sehr alten, umfangreichen Hindutempel, Baniar genannt, der noch ganz passabel erhalten ist. Die Architektur mahnt an Avantipur durch ihre massiven Umrisse und festungsartigen dicken Mauern.

Der Tempel von Baniar ist der best erhaltenste von ganz Kaschmir (er ist 145 Fuss breit und 120 tief); jedenfalls gibt diese Ruine eine sehr genügende Idee von der ehemaligen Architektur des Landes. Die Kleebögen mit ihren schlanken Fenstergabeln, die angehefteten Säulen, und die schönen Architraven fallen deutlich in die Augen. Der Centraltempel ist klein, er misst nur 26 Quadratfuss, und sein Dach ist mit hölzernen Schindeln bedeckt. Ob das letztere immer der Fall war, ist unbestimmt.

Weiter, zwischen Uri und Scharkot, erhebt sich dicht am Wege eine alte hölzerne Moschee, die ein wahres Meisterwerk der Holzschnitzkunst ist und abermals Zeugnis von der wunderbaren Handfertigkeit des Kaschmirvölkchens ablegt. Ich schenkte dem Wächter des Kunstwerks fünf Rupien und er gab mir dafür zwei Stücke von einer herrlich geschnitzten Fenstereinfassung. (Siehe S. 100.)

Kurz darauf langten wir in der Stadt Muzzaferabad an, welche, am rechten Dschelamufer an der Mündung des Kischengunga amphitheatralisch gelegen, mit ihren Moscheen und blanken Hindutempeln einen ganz angenehmen Anblick gewährt. Der dortige Bungalow ist in sehr schlechtem Zustande, weil hier (er liegt etwas abseits vom Wege) die Reisenden nie einzukehren pflegen, wie man uns recht naiv bemerkte. Also die Abnutzung ist gewiss nicht schuld daran, wenn keine Thür schliesst, kein Feuerplatz zu finden ist, und es durch das Dach in die Stuben regnet. Da wir die Absicht hatten, von Muzzaferabad aus das höchst interessante Thal von Nainsukh zu besuchen, so liessen wir uns die wenig gastfreie Einrichtung gern gefallen, und legten uns, von den angenehmsten Träumen gewiegt, zeitig zu Bett.

Fig. [illegible] [illegible] (zu S. [illegible])

ZWÖLFTES KAPITEL.

VON MUZZAFERABAD IN DAS NAINSUKHTHAL. SITTEN UND GEBRÄUCHE DER VÖLKER DARDISTANS.

Volksmusik in Muzaferabad. — Der Nanga Parbat oder Diarmir. — Wir erreichen das Nainsukhthal. — Die Tschilasis. — Unexplored country. — Ursprung der Siahposch. — Gebräuche im obern Industhal. — Die Fakir-Muschkin-Kaste. — Die Kleidung dieser verschiedenen Volksstämme. — Die Begrüssungsweise der Schins und Khas. — Gebräuche bei Verheirathungen. — Eheliche Untreue und ihre Folgen. — Hunsa. — Nager. — Sarikol. — Wachan. — Tschitral. — Torwali. — Eheliche Gebräuche in Baltistan. — Gôr. — Die Entbindung der Frauen. — Gesetze bei Vererbung von Grund und Boden. — Brauch der Pflegeverwandtschaft. — Die Habsucht der Schins. — Ihre Schätze. — Lang aufbewahrte Butter. — Genuss des Weins. — Hassan-Chan und schottischer Schnaps. — Biddulph und die Bedeutung seiner Forschungen.

In Muzaferabad hielten wir uns nicht weiter auf, sondern setzten sogleich am nächsten Tage nach einer Besichtigung der Stadt, wo nur einige recht nett ausgestattete Hindutempel und der Bazar durch sein vielartiges Menschengewühl auffallen (die Mohammedaner sind Tschibbalis, mohammedanisch gewordene Radschputen und Sikhs), unsern Weg fort, indem wir den Kischenganga auf einer baufälligen Brücke überschritten und, über einen Bergrücken setzend, ins Thal des Nainsukh oder Kunhar drangen, in welchem Thale wir fünf Tage zubrachten. Einerseits war es mir darum zu thun, Einwohner aus dem benachbarten Jagestan zu Gesicht zu bekommen, und andererseits wollte ich mir den berühmten Nanga Parbat oder Diarmer, den 26629 Fuss hohen gewaltigen Schlusspfeiler des nordwestlichen Himalaja, etwas in der Nähe besehen. Dieser Berg hat das vor dem um mehr als 2000 Fuss höhern Dapsang voraus, dass er vergleichsweise viel isolirter steht, die Umgegend viel mehr beherrscht (er ist von Marri aus bei heiterm Wetter zu sehen), und dadurch dem Beschauer viel mehr imponirt. Die nächsten ihn umgebenden Spitzen von Khagan- und Kho-Dberri sind nur 17015 und 16487 Fuss hoch, also fast um 10000 Fuss niedriger. Der Ausflug, den wir unternommen, war, was Naturschönheit anbetrifft, höchst lohnenswerth, und auch vom ethnographischen und anthropologischen Standpunkte aus sollte ich ihn nicht bereuen, denn ich bekam eine grosse Anzahl Tschilassis und sogar einige Tschitralen zu sehen, die ich, obschon sie sich nicht messen lassen wollten, doch eingehend beobachten und über ihre Sitten und Gebräuche nach Herzenslust befragen konnte. Die Nachbarvölkerschaften aus dem Indus- und dem Khankarthale erschienen mir zweifellos als echte Dardus, die sich von denen von Gures und von den Brokpa von Karkitschu nur dadurch unterscheiden, dass sie weniger schmuzig, aber ganz gewiss ebenso träge sind, was sie natürlich nöthigt, da sie unabhängig sind, hier und da auf Raub auszugehen. Ich hatte ein Feuerzeug mit, welches durch einen einfachen Druck an einer Feder Feuer gibt, wie es viele Raucher in Europa besitzen. Man macht sich keinen Begriff, was diese einfache Vorrichtung auf mein wildes Publikum für einen überwältigenden Eindruck machte. Sie hielten mich, wenn nicht für den Teufel in Person, so doch für den Ritter Bertram, „seinen allerbesten Freund“, wie es da in der Oper heisst!

Die Tschilassis wohnen am linken Indusufer, im gleichnamigen Thale, und bilden unter sich kleine Republiken, welche eine jede von dem versammelten Rathe aller streitbaren Männer regiert wird. Damit eine Entscheidung zum Beschluss kommt, muss sie einstimmig gefasst worden sein, im gegentheiligen Falle, und wenn auch nur ein Mitglied opponirt, wird der Beschluss suspendirt und die Majorität trachtet die Minorität durch Ueberredung zu gewinnen. Es ist das bei so wilden Räuberstämmen ein ganz eigenthümliches Verfahren, was auch anderswo Nachahmung verdiente.

Auch über Tschitral und das eigentliche Kafiristan wusste ich mir mannichfache Auskunft zu verschaffen. Dieses letztere, solange mit dem Schleier des Geheimnisses bedeckte Land, über welches die unglaublichsten Geschichten verbreitet wurden, wird wol auch bald, dank dem englischen zähen Forschungsgeiste, erschlossen werden, und Bezeichnungen auf der Karte wie *unexplored country* dürften demnächst von dieser Stelle wenigstens ganz verschwinden.

Es hat Gelehrte gegeben, welche glaubten, die Kafirs wären directe Abkömmlinge der in den Bergen versprengten Krieger Alexander's von Macedonien, und ein russischer Schriftsteller, Terentieff, ist so weit gegangen, zu behaupten, es wären Slaven, die sich natürlich nach einem raschen Anschluss an das heilige panslavistische Russland gewaltig sehnten. Welch eine Verirrung, wenn man die Wissenschaft zu nationalen Umtrieben verwendet und dadurch herabwürdigt! Alle diese Fabeln sind durch die neuesten Arbeiten des tüchtigen englischen Gelehrten Biddulph zu Schanden geworden. Die Kafirs sind Heiden, d. h. keine Muselmanen, aber ihre religiösen Gebräuche mahnen lebhaft an den alten Glauben aus dem Rig-Veda, was auch auf einen innigen Zusammenhang aller dieser Völkerschaften in präislamitischer Zeit hinzuweisen scheint. Ich selbst war so glücklich, einige Siahpusch, d. h. die Schwarzgekleideten (die weissgekleideten Kafirs heissen Safidpusch), zu sehen und zu messen und habe die Ueberzeugung gewonnen, dass sie anthropologisch zu den Dardus gehören, mit denen sie übrigens auch durch die verwandte Mundart, die sie sprechen, verschwistert sind.

Es unterliegt gar keinem Zweifel, dass die meisten Gebräuche der verschiedenen Volksstämme des obern Industhales durch das Eintreffen der Schins entweder ganz abgekommen sind oder wenigstens ihren ursprünglichen Charakter eingebüsst haben. Von allen kleinen Staaten jener Gegend ist Hunsa jedenfalls der unzugänglichste, auch finden wir in demselben die zahlreichsten Ueberreste alter Gebräuche. Tschitral, dem durch das Kunarthal eingedrungenen Muhammedanismus weit leichter erreichbar, wurde infolge dessen viel gründlicher zum neuen Glauben bekehrt. Trotz des ausgesprochenen Hanges zu Raub und Plünderung, der sowol die Bewohner von Hunsa als auch die der kleinen Republiken von Jagestan kennzeichnet, gibt es doch kein Beispiel von besonderer Grausamkeit oder gar von der Anwendung der Marter. Im allgemeinen sind die Schins heitere und bewegliche Geschöpfe, die nichtsdestoweniger eine Anzahl von Sitten aus präislamitischer Zeit bewahrt haben, welche auf eine enge Verwandtschaft mit den nordwestlich wohnenden Völkerschaften hindeuten, ja hier und da sogar an die Gebräuche der Pamir-Iranier mahnen. Sie haben mit ihnen auch ein äusserst indolentes und streitsüchtiges Wesen, sowie eine besondere Vorliebe für den Ackerbau gemein. Ihre Thäler sind bis zu den höchsten bebaubaren Höhen hinauf mit Wasserleitungen besäet, doch meistentheils lässt der Dardu, wenn es ihm seine Mittel erlauben, die Feldarbeit durch fleissige und strebsame Baltis besorgen, die in grosser Anzahl aus ihrem rauhen und übervölkertem Vaterlande herüberkommen in das wärmere Gilgit und Industhal, um dort ihr tägliches Brot zu erwerben.

Den leiblichen Typus der Schins oder Dardus haben wir bereits zu wiederholten malen beschrieben. Biddulph erzählt von einer bei dem Khu von Tschitral bestehenden Fakir-

Muschkin-Kaste, welche einen echt arischen Typus aufzuweisen scheint; ihr ovales Antlitz, die edel geschnittenen Gesichtszüge, besonders feingelocktes Haupthaar und ihre auffallend grossen und schönen Augen scheinen sie von den Schins zu unterscheiden. Die Frauen von Tschitral waren ihrer besondern Schönheit halber auf den Sklavenmärkten von Kabul, Peschawer und Badakschan in früherer Zeit eine sehr gesuchte Waare. Ich persönlich habe das Glück gehabt, Kho aus Tschitral zu sehen, und nach allem was ich beobachtet und gehört, bin ich der Ueberzeugung, dass es im nordwestlichen Himalaja und Hindukusch vom physischen Standpunkte aus nichts Vollkommeneres geben kann, als die Panditen-Männer und -Frauen aus Kaschmir; auch bei diesen letztern sind die Augen auffallend schön und gross und mahnen, wie Biddulph ganz richtig bemerkt, an die der Zigeuner in Europa. Uebrigens fielen mir bei den Dardweibern von Gures ebenfalls die grossen, glänzenden Augen auf; bei ihrer sonst ganz besondern Unreinlichkeit sind diese Augen ihre einzige Zierde.

Hinsichtlich der Kleidung gibt es keinen besondern Unterschied zwischen diesen verschiedenen Völkerschaften; das weite wollene Gewand, welches bei den reichen Muselmanen von Centralasien überall üblich, existirt auch bei den Pamir-Iraniern, sowie bei den Hindukusch-Indiern. Die Aermeren bedecken ihr Haupt mit einer eng anliegenden Mütze, in Turkestan Tibeteika genannt, welche, seit der frühesten Kindheit getragen, zu ekelhaften Hautkrankheiten häufig Anlass gibt. Im allgemeinen sind diese anliegenden Mützen bei den Bewohnern Turkestans und Kaschgariens weit sorgfältiger gearbeitet als bei den Hindukusch-Indiern. Die reichern oder dem Priesterstande angehörigen Individuen tragen Turbane, die in Wachan und Sarikol besonders klein sein sollen, während in andern Thälern sehr grosse gebräuchlich sind. Die Frauen tragen Beinkleider und über dieselben ein bis zu den Knien herabhängendes Hemd aus gefärbtem Wollstoff oder bei den Reichern aus Seide. Dieses Hemd wird durch eine am Hals angebrachte Schnalle zusammengehalten. Diese Schnallen in dreieckiger Form aus Silber, oft mit Türkisen eingelegt und mit Anhängsel versehen, heissen Peschawes; ich habe schon früher Gelegenheit gehabt, sie eingehender zu beschreiben. Auch kleine Kämme aus Cedernholz werden in den Haaren getragen; sie sind oft Doppelkämme, meist sehr schön geschnitzt. Ich habe solche bei den Paharis von der Umgegend von Badrawar und bei den Dardus von Gurés gefunden. Biddulph traf sie bei den Weibern in Tschitral. (Siehe S. 119.)

Die Männer aus Tschitral tragen Stiefel aus weichem Leder, wie man sie häufig in Jarkand und Kaschgar sieht. Die Schinaweiber tragen dunkle Kappen, wenn sie verheirathet, und weisse, wenn sie unverheirathet sind. In allen diesen Gegenden tragen Männer und Frauen zahlreiche Amulete, welche entweder auf der Kappe oder dem Gewande mittels kleiner Schnallen aus Messing befestigt oder einfach eingenäht sind. Ich habe schon wiederholt von der zierlichen Arbeit dieser Schnallen gesprochen und auch eine derselben unter den Schmuckgegenständen abgebildet. (Siehe S. 194.)

Was das Haupthaar betrifft, so pflegen die Jüngeren dasselbe von der Stirn bis zum Nacken kurz abzuschneiden, während es auf beiden Seiten des Kopfes lang bleibt. Einige scheeren sich den Kopf nur oberhalb der Stirn, die übriggebliebenen Haare fallen in reichen Locken auf die Achseln herab. Von dem malerischen Aussehen, welches diese Mode den Baltis gewährt, habe ich schon gesprochen, Biddulph macht eine ähnliche Bemerkung bei den Kho von Tschitral. Die Männer reiferen Alters scheeren sich das Haar ganz wie es einem orthodoxen Muselman geziemt. Ein ähnlicher Gebrauch besteht auch bei den Pamir-Iraniern von Wachan und Schugnan. Die Galtscha des obern Serafschan-Thals, die ich zu sehen Gelegenheit gehabt, scheeren sich das Haupt ganz, die jüngern viel weniger gewissenhaft und regelmässig als die ältern. Diese letztern besitzen übrigens nicht das feine, seidige, lockige Haupthaar der Hindukusch-Indier. Merkwürdig ist, was Biddulph über die Begrüssungsweise der Schins, Kho u. s. w. erzählt. Die sich Begegnenden umfangen sich mit den Armen, berühren sich die Füsse und küssen sich die Hände; diesen letztern Gebrauch habe ich weder bei den Baltis noch bei den Dardus von Gurez angetroffen. Besucht ein angesehener Mann einen andern, so wird er mit seinem Gefolge sofort nach dem Schawaran, d. i. der Dorfwiese, geführt, wo dann eine „Koba" benannte Ceremonie stattfindet. Der Besuchte sowie der Besuchende legen hierauf Proben ihrer Geschicklichkeit ab, indem sie während des Galops ihrer Pferde nach einer hohen Zielscheibe schiessen. Dann wird ein junger Farren herbeigeführt, dem der Gast mit einem einzigen Hiebe seines Säbels den Kopf abzuhauen trachten muss. Diese anti-mohammedanische Sitte ist noch an vielen Orten gebräuchlich.

Ueber die Polygamie, wie sie in jenen Gegenden gebräuchlich, gibt uns Biddulph höchst interessante Aufschlüsse: „Das Verheirathen sehr junger Kinder ist nicht gewöhnlich, findet jedoch hier und da statt. Knaben werden im Alter zwischen 10 und 14 Jahren verheirathet. Die Frauen werden als ein von Rechtswegen dem Gemahl und seinen Erben gebührendes Eigenthum betrachtet. Beim Tode eines Mannes kann der Bruder alle Witwen des Verstorbenen zu heirathen Anspruch machen, und keine Witwe darf ohne Einwilligung des Bruders des verstorbenen Gemahls sich wieder verehelichen. Wenn ein Mann mehrere Witwen und Brüder hinterlässt, theilen letztere die ersteren nach Umständen unter sich. Diese Vorschrift wird so gewissenhaft beobachtet, dass wenn jemand einen Bruder hinterlässt, der selbst noch Kind ist, die Witwe nicht heirathen darf, bis derselbe genügend erwachsen, um sagen zu können, ob er sie

19*

heirathen will oder nicht. Andererseits wird es als schmachvoll betrachtet, die Frau eines verstorbenen Bruders nicht heirathen zu wollen, sodass es nicht ungewöhnlich ist, dass ein Knabe von 10 Jahren eine Frau, welche mehr als zweimal so alt wie er, heirathet. Dieser Brauch wird so streng beobachtet, dass eine Frau es nie verweigern darf, den hinterlassenen Bruder ihres verstorbenen Mannes zu heirathen; selbst ihre Aeltern können sich dem nicht widersetzen. Dies führt oft dazu, dass zwei Schwestern gleichzeitig die Frauen eines Mannes werden, obgleich dieser Brauch nach dem mohammedanischen Ritus verboten ist. Obschon das Heirathen des Bruders des verstorbenen Mannes in Tschitral üblich ist, kann die Frau doch nicht dazu gezwungen werden. Sollte unter den Afghanen von Dir eine Witwe den Bruder ihres verstorbenen Mannes zu heirathen sich weigern, so steht ihm das Recht zu, sie zu verkaufen, da sie als ein Familieneigenthum, welches gekauft und bezahlt wurde, betrachtet wird. Unter der Schinkaste ist das Heirathen zwischen Vettern und Basen ersten Verwandtschaftsgrades oder anderer Verwandten desselben Grades (z. B. zwischen Onkel und Nichte) streng verboten, obgleich der mohammedanische Ritus eine solche Ehe zulässt. In Torwal und Buschkar ist die Ehe zwischen Vettern und Basen ersten Verwandtschaftsgrades erlaubt, dagegen ist das Heirathen zwischen einem Onkel, einer Nichte, oder der Tochter einer Nichte verboten.

„In keiner der Dardusprachen gibt es richtige Ausdrücke für polygamische Verwandtschaften. Alle Frauen geniessen gleiche Rechte; das Vorgangsrecht in der Ehe gibt gar keinen höhern Anspruch. In der Schin- und Burischsprache werden Onkel väterlicher Seite «Grossvater» oder «Kleinvater», je nach ihrem Alter im Vergleiche mit dem Vater des Sprechenden genannt. Es gibt jedoch einen bestimmten Ausdruck für einen Onkel mütterlicher Seite. In derselben

Weise wird der Ausdruck «Tante» nur für diejenigen väterlicher Seite angewendet, indem alle Schwestern der Mutter «Mutter» genannt werden. Es gibt keinen besondern Ausdruck weder für «Neffe» noch für «Nichte», welche «Sohn» und «Tochter» genannt werden. Dies scheint auf das ehemalige Vorhandensein von polyandrischen Ehegenossenschaften, wie sie noch in einigen Theilen von Indien existiren, hinzuweisen. In der Khowarsprache wird der Ausdruck «Onkel» sowol für die Brüder des Vaters als auch für die der Mutter ohne Unterschied gebraucht; Tanten mütterlicher Seite werden «Mutter» genannt, was an polygame, nicht an polyandrische Ehen mahnt. Diese letztern waren ein alter Brauch im Tschitralthale. In der Buschkarikspracho weisen dieselben Ausdrücke auf Polyandrie hin.

„Fälle von ehelicher Untreue sind äusserst gewöhnlich und die Männer zeigen keine Spur von Eifersucht gegen ihre Frauen, wie sie in ältern mohammedanischen Communen existirt. Im Falle eines Ehebruchs hat der beleidigte Gemahl das Recht, das schuldige Paar zu tödten, wenn er sie beisammen findet. Sollte er aber nur einen tödten, so wird er des Mordes angeklagt. Dieser Brauch wird in Sirikol (oder Sarikol), Wachan und auch im Süden des Hindukusch befolgt. Man erzählt, dass die Afghanen von Suat, Dir und Asmar von dem Ehebruch einer Frau, wenn sie ihn entdecken, keine Notiz nehmen; sie verheimlichen ihn sogar vor andern; sollten sie ihn aber durch eine dritte Person erfahren, dann rächen sie ihn blutig. Sollte es an Beweisen mangeln und kommt ein solcher Fall zur Schlichtung vor den Richter oder Vizir, so wird eine Garantie vom Angeklagten für das Niewiedervorkommen einer solchen Beschuldigung verlangt: sie besteht darin, dass er mit seinen Lippen die Brust der Frau berührt. Sie wird dann als seine Pflegemutter betrachtet und keine andere Beziehung, als die zwischen Mutter und Sohn kann unter ihnen mehr existiren. Das auf diese Weise geknüpfte Band wird als so heilig betrachtet, dass es noch nie gebrochen wurde, und der eifersüchtigste Mann hört auf zu verdächtigen, selbst wenn der Verdächtigte dann ein Geständniss vorgängiger Schuld ablegen sollte. In einem solchen Falle wird ein Schaf und ein Tola Gold vom Sünder zu den Füssen des Gemahls gelegt, welchen er demüthig um Vergebung bittet.

„Allem Anscheine nach waren die Sitten ehemals minder streng als sie es jetzt sind. In Hunza, wo das gesellschaftliche Leben sich heute noch meistentheils seinem präislamitischen Zustande nähert, wird eheliche Untreue als kein Schimpf betrachtet, und der Brauch verlangt es, dass ein Mann seine Frau zur Verfügung des Gastes stellen soll. (Vgl. Seite 51—52). Das *jus primae noctis* wurde auch vom Vater des gegenwärtigen Regenten ausgeübt, und obgleich dieser Brauch abgekommen, ist doch aus den Berichten von den zahlreichen Orgien, die von Ghazan Chan abgehalten wurden, klar zu ersehen, dass das Recht nur nicht allgemein anerkannt, dass aber durchaus nicht förmlich darauf verzichtet wird. In Nager steht es noch schlimmer, sodass ein Mann sich höchlich geehrt fühlt, wenn seine Frau die Aufmerksamkeit des Thums auf sich lenkt.

„Der Islam hat noch nicht den Ausschluss der Frauen aus der Gesellschaft zu Wege gebracht. Sie mengen sich noch immer frei mit den Männern in alle Angelegenheiten. Junge Leute und Mädchen von verschiedenen Familien essen und verkehren ohne Rückhalt miteinander. Den jungen Frauen wird eine grosse Freiheit eingeräumt, welche oft von übler Folge ist. Der Mord an Kindern, welche durch unerlaubte Verbindung erzeugt wurden, kommt häufig vor und wird nicht als Verbrechen betrachtet.

„Die Hochzeit ist die Gelegenheit für viele Ceremonien, welche sich je nach dem Ort nur wenig unterscheiden. Obgleich das junge Paar oft ganz allein über die zu erfolgende

Ehe beschliesst, ist es gewöhnlicher, dass sie mit Einwilligung der Aeltern geschieht. Nachdem man durch Privatunterhandlungen über die Bedingungen der Ehe übereingekommen, beginnt der Vater des Bräutigams einen formellen Vorschlag zu machen. Mit seinen schönsten Kleidern angethan und von einem seiner Freunde begleitet, besucht er die Familie des Mädchens, welche zu seinem Empfange versammelt ist. Er nimmt gewisse Geschenke mit sich, z. B. eine Kuh, ein Schaf, Glasperlen, einen Säbel oder etwas Schiesspulver. Nachdem er formell um das Mädchen angehalten hat und sie ihm bewilligt wurde, findet ein gegenseitiger Austausch von Präsenten statt. In Tschitral, Wachan und Sirikol befestigt der Vater des Bräutigams der Braut ein Armband auf dem Arme. In Gilgit werden Cedernzweige angezündet und die Aeltern der Braut werden mit einem Messer, einem Seil, einigen Ellen Tuch, und einem zur Aufnahme von Getreide bestimmten ledernen Sacke beschenkt. Der Vater des Bräutigams erhält dafür etwas Wolle und einen Kürbis. Dieser Austausch von Gaben dürfte ein sinnbildlicher sein. In Torwal wird der Preis der Braut sofort bezahlt und der Vater des Bräutigams wird von Männern in Frauenkleidung begleitet, welche vor der versammelten Gesellschaft tanzen. In einigen Orten gilt es für den Bräutigam nicht anständig, diesem Tanze beizuwohnen. Nachdem die Verlobung zu Ende, kann es noch einige Zeit dauern, bis zur Hochzeit geschritten wird, dieselbe findet jedoch gewöhnlich in dem darauffolgenden Jahre statt. Der Regel gemäss werden die Ehen zwischen Januar und Februar gefeiert. Es gibt zu dieser Zeit keine landwirthschaftliche Arbeit, welche die Männer in Anspruch nehmen könnte, und die Männer sind zugleich gut mit Fleisch versehen. Dieser Brauch wird in Nager so streng beobachtet, dass eine schwere Geldstrafe demjenigen auferlegt wird, welcher Hochzeit zu einer andern Jahreszeit hält.

„Die Bestimmung des Tages, an welchem die Hochzeit

stattfinden soll, wird den Aeltern des Bräutigams überlassen. Nachdem er im geheimen davon in Kenntniss gesetzt wurde, wird ein reich aufgeputzter Freund desselben geschickt, um formell anzukündigen, dass der Bräutigam an einem gewissen Tage kommen werde, seine Braut zu verlangen. Auch bei dieser Gelegenheit werden gewisse vorgeschriebene Geschenke ausgetauscht. Am festgesetzten Tage begibt sich der Bräutigam, umgeben von seinen Freunden und ausgestattet mit Bogen, Pfeil und Schlachtaxt, in das Haus seiner Braut, welche mit ihren schönsten Kleidern und einem Kopfputz aus Muschelgeld geschmückt in den innern Räumen des Hauses verbleibt. Dieser Schmuck soll durch die Schins eingeführt worden sein, ist bei ihnen allgemein verbreitet und muss angelegt werden.

„Beim Eintritt in das Haus werden Cedernzweige in einer eisernen Schüssel angezündet und dieselbe kreisförmig um und über das Haupt des Bräutigams geschwenkt, und die Gesellschaft wird hierauf mit feinem Mehl bestreut. In Wachan und Sirikol geht man dem Bräutigam entgegen und er wird in einiger Entfernung vom Hause seiner Braut mit Mehl bestreut. Nachdem alle Gäste Platz genommen haben, wird ein grosser, hölzerner, mit Brot gefüllter Teller dem Bräutigam gereicht, welcher den Inhalt desselben unter der ganzen Gesellschaft vertheilt, worauf er seinen Säbel oder sein Schiessgewehr auf denselben Teller legt, und dieser Gegenstand wird dann demjenigen, der die Schüssel trägt, zugesprochen. In Gilgit werden zwei der Freunde des Bräutigams und zwei der Freundinnen der Braut einander gegenüber gesetzt und ein Laib Brot wird zwischen sie gelegt. Jede der Freundinnen der Braut bricht ein Stück davon ab, welches in der Schüssel gelassen wird, und die Freunde des Bräutigams legen ihre Turbans oder Kappen in dieselbe als Zeichen, dass ihre Köpfe der Braut zur Verfügung stehen. Die Schüssel wird zur Braut getragen, welche die Turbans zurückschickt. In frühern Zeiten wurde die Scene des Brodessens vom Bräutigam und der Braut zusammen als Schluss der Hochzeit betrachtet. Man glaubte, dass, wem es gelänge, den ersten Bissen zu essen, der Herr in der Haushaltung sein würde; dies verursachte immer ein Gedränge. Nach jeder solchen Ceremonie findet ein Austausch von Präsenten statt, welche im voraus bestimmt worden sind. Mittlerweile haben die Freunde beider Familien den Tag ausserhalb des Hauses mit Singen und Tanzen verbracht und dies dauert auch noch die ganze Nacht hindurch. Nachdem der Preis der Braut und die vereinbarten Geschenke der Familie der Braut übergeben worden sind, erscheint der Mullah und liest die Eheformeln, dem Scharyat gemäss. In Tschitral gehen dann Braut und Bräutigam heim. In Wachan und Sirikol wird der Bräutigam zur Braut geleitet, und er führt sie erst den nächsten Tag heim. Die Frauen ihrer Familie widersetzen sich seinem Eintritte in das Zimmer, in welchem sich die Braut befindet, bis er sie durch Präsente befriedigt. In Gilgit bleiben die beiden jungen Eheleute noch getrennt und am folgenden Tag findet das «Kalak Malak», das nur in Gilgit üblich ist, statt. Dies ist die Bestätigung aller von Anfang bis zu Ende gegebenen Geschenke. Zwei Freunde von jeder Seite kommen zusammen und taxiren alle Präsente, welche der Bräutigam gegeben hat. Drei Tola von Goldstaub, gleich 24 Rupien, repräsentiren den Preis der Braut selbst. Der Vater der Braut nimmt dann einen grossen Kochtopf, ein Bett, Juwelen, Kleider, Schüsseln und andere zur Einrichtung nöthigen Gegenstände und fordert seine Tochter auf, etwa zwei von den Gegenständen zu wählen, welche ihr unentgeltlich gegeben werden. Die Beisitzenden schätzen dann das übrige, vergessen dabei nicht die während der ganzen Verlobungszeit gegebenen und empfangenen Geschenke, und die Differenz wird sofort dem Bräutigam und seinem Vater ausbezahlt.

„Nachdem endlich alles zur Zufriedenheit abgeschlossen, werden Vorbereitungen getroffen, um die Braut heimzuführen. Der Bräutigam und seine Freunde stellen sich um die Thür und jeder wird mit feinem Mehl bestreut. In Tschitral wird die Braut von ihrer Mutter geführt, welche sie dem Bräutigam übergibt und dafür ein Geschenk erhält. In Gilgit folgen die Frauen aus der Familie der Braut dem Paare und überhäufen den Bräutigam mit Schimpf, bewerfen ihn mit Koth und Schmutz und heucheln Verdruss. Nachdem sie auf diese Weise eine Meile zurückgelegt haben, reicht der Bräutigam ein Geschenk an die Mutter der Braut, und darauf lässt man ihn in Frieden weiterziehen. Zweifellos mahnt dies lebhaft an das Heirathen durch Raub. Oft wenn das Paar das Haus verlässt, wird in ihrer Gegenwart eine Ziege geschlachtet. Das Bestreuen mit Mehl wird überall und bei verschiedenen religiösen Ceremonien angewendet, ich kann aber nicht bestimmen“, sagt Biddulph, „was dieser Brauch bezeichnet. In Gilgit wird er Duben genannt.[1]

„Nach einigen Tagen erheischt es die Sitte, dass die Aeltern der Braut das neuvermählte Paar besuchen. Sie werden beim Empfange mit Mehl bestreut, was auch beim ersten Besuch, den die Braut ihren Aeltern abstattet, wiederholt wird. An einigen Orten ist es für das Paar üblich, bald nach der Hochzeit während mehrerer Monate mit den Aeltern der Braut zusammen zu wohnen.

„In Wachan und Tschitral kehrt der Bräutigam, nachdem die Braut weggeführt wurde, allein zurück und legt ein Geschenk, bestehend aus einem Schiessgewehr und einem Säbel, auf den Herd. In Mundschan und Lud-Khô wird das

[1] Diese Sitte erinnert sehr an eine ähnliche, die wir bei den Parsi in Bombay beobachtet haben. Bei den Vermählungsceremonien pflegt nämlich der Priester die Neuvermählten mit Getreidekörnern zu bestreuen. (Siehe S. 12.)

Paar bis zu seinem neuen Heim von allen Frauen des Dorfes singend und tanzend begleitet. Sie werden sieben Tage lang allein im Hause gelassen, während welcher Zeit ihnen Nahrung verabreicht wird, niemand darf aber eintreten. Auch dürfen sie selbst das Haus während dieser Zeit nicht verlassen.

„In Torwal werden die Freunde des Bräutigams von Männern, welche als Frauen verkleidet sind, begleitet. Sie tanzen und belustigen sich und das ganze Dorf nimmt an ihrer Unterhaltung theil. Am Tage nach der Hochzeit wird die junge Gattin von den Frauen der Familie ihres Gemahls besucht, denen sie unwiderleglich beweisen muss, dass sie als Mitgift nicht ‚eine zerbrochene Theeschale‘ in die Familie gebracht hat. Sie wird dann beglückwünscht und belobt. Sollte sie aber ermangeln, die erforderlichen Beweise zu liefern, so wird sie in der Folge immer mit Verachtung behandelt.

„Nach Vigne geht in Baltistan der Gemahl selbst aus, um die Braut zu sehen, anstatt einen Freund oder Verwandten zu schicken, und wenn es ihm beliebt, kann er sie ausschlagen. Am Hochzeitstage kommt die Braut zu ihm, anstatt dass er sie holen muss.

„Obgleich die jungen Leute oft die Ehe unter sich selbst, ehe sie ihre Aeltern um Einwilligung gefragt haben, verabreden, so dürfen sie doch nicht zusammenkommen, auch wenn das Uebereinkommen schon getroffen ist. Sollten sie einander zufällig begegnen, so verlangt es der Anstand, dass sie mit abgewendeten Blicken und ohne zu sprechen aneinander vorbeigehen.

„In Gör werden bei der Hochzeit Ringe ausgetauscht. In der regierenden Familie von Hunsa und Nager ist es Brauch, wenn eine Tochter verheirathet wird, dass der Bräutigam bei der Verlobung sie mit einer goldenen oder silbernen Nadel beschenkt. Wenn in Jassin der Bräutigam.

wie oft der Fall, zu arm ist, um den Preis für die Braut zu bezahlen, so entflieht das junge Paar mit Einwilligung der Aeltern der Braut. Nach Verlauf von zehn Tagen kommt der Bräutigam zu ihnen zurück, bittet um Entschuldigung und verspricht ihnen, die Summe allmählich abzuzahlen. Es wird hierauf ein kleiner Aerger geheuchelt, Vergebung bewilligt, die Nachbarn werden zu dem Mahle, welches schon vorbereitet wurde, eingeladen und die Hochzeit wird gefeiert. Dies geschieht, um die Ehre der Familie der Braut zu wahren, da dieselbe für sie keinen genügenden Preis erhalten hat.

„Unter dem Streben des Islam nach Gleichheit beginnen die früher zwischen den verschiedenen Kasten beobachteten Ehegrenzen jetzt allmählich zu schwinden, und nach einigen Generationen werden sie wahrscheinlich gar nicht mehr existiren. Die Geburt eines Sohnes ist immer ein Gegenstand allgemeiner Freude. Selbst die Freunde des glücklichen Vaters benutzen diesen Vorwand, um die Arbeit für diesen Tag einzustellen und ergreifen ihre Luntengewehre und unterhalten ein Freudenfeuer bis ihre Pulverhörner leer sind. Hierauf wird die Dorfmusik herbeigerufen und der übrige Theil des Tages wird vor der Hausthür verbracht. Die Geburt einer Tochter bleibt ganz unbeachtet. Wenn in dem Oxusthale und in Sirikol ein Sohn geboren wird, so hängen alle Freunde des Vaters ihre Waffen in seinem Hause auf, um das Kind an den Anblick kriegerischer Gegenstände zu gewöhnen. Nach sieben Tagen werden die Waffen den Eigenthümern zurückgestellt, ausgenommen diejenigen, welche nahen Verwandten gehören, die dafür Geschenke bekommen.

„Nach der Entbindung wird die Frau als unrein betrachtet und niemand würde während sieben Tagen Nahrung aus ihrer Hand annehmen. Im Norden des Hindukusch wird diese Periode auf 40 Tage ausgedehnt und während der ersten sieben Tage darf die Mutter ihrem Kinde nicht die Brust reichen.

„Alles was die Vererbung und die Theilung von Grund und Boden betrifft, ist natürlich bei einem Volke, welches fast ausschliesslich vom Ackerbau lebt, von grosser Wichtigkeit. In Gilgit und den angrenzenden Thälern wird nach dem Tode eines Mannes sein Grund und Boden nicht wie es im Scharyat vorgeschrieben, sondern zu gleichen Theilen unter den Söhnen seiner Frauen vertheilt; sollte z. B. ein Mann einen Sohn von einer Frau und drei von einer andern hinterlassen, so erbt der eine die Hälfte des Grundes und die andern drei die andere Hälfte, welche dieselben wieder unter sich vertheilen. Sollte eine Frau Söhne haben und die andere nur Töchter, so wird der Grund und Boden unter den Ersteren getheilt, indem die Töchter nur eine Mitgift zu verlangen berechtigt sind. Sollte jemand nur Töchter hinterlassen, so geht der Grund und Boden des Verblichenen an seine nächsten männlichen Verwandten über. Eine seltsame Ausnahme wird jedoch gemacht, im Falle ein Mann nur eine Tochter hinterlässt, welche dann den ganzen Besitz als ihre Mitgift beanspruchen kann. Dies wird mehr als Begünstigung und nicht ganz als Recht angesehen und scheint eine altherkömmliche Sitte zu sein, nach welcher die Frauen erbfähig gewesen sein sollen. Die Geschichte dieser Länder weist mehrere Beweise auf, wo in Ermangelung männlicher Erben Frauen auf dem Throne folgten. In Wachan und Sirikol theilen die Töchter mit ihren Brüdern alles Hinterlassene, mit Ausnahme des Bodens, welcher ausschliesslich den Söhnen zugesprochen wird. In Tschitral und im Swatthale wird das Gesetz des Scharyat, nach welchem alle Söhne gleiche Theile an der Hinterlassenschaft haben, beobachtet. Töchter sind berechtigt, eine Ausstattung vom väterlichen Gute zu verlangen. In Torwal erben männliche und weibliche Erben zu gleichen Theilen.

„Der Brauch der sogenannten Pflegeverwandtschaft wird

unter allen regierenden Familien streng aufrecht gehalten, und die Bande derselben sind fast stärker als die der Blutsverwandtschaft. Wenn ein Sohn oder eine Tochter geboren wird, so wird das Kind an einer Pflegemutter gegeben, in deren Haus es erzogen wird, sodass der Vater sein Kind erst zu sehen bekommt, wenn es 6 oder 7 Jahre alt ist, und die ganze Familie der Amme stellt sich hierauf ihrem Pflegekind zur Verfügung und sein Schicksal bleibt mit dem ihrigen unabänderlich für das ganze Leben zusammengekettet. Was auch immer sein Los in spätern Jahren sein mag, sie theilen sein Glück und Unglück. Sollte es verbannt werden, so folgen ihm seine Pflegeältern nach. Sollte es sich andererseits zu einer einflussreichen Stellung erheben, so ist sein Pflegevater gewöhnlich sein vertrautester Rathgeber und seine Milchbrüder gelangen zu den höchsten Posten.

„Der Traum von einer angeknüpften Freundschaft durch Milchverwandtschaft wird günstig gedeutet. Sollte eine Frau träumen, dass sie irgendjemand an Kindesstelle angenommen hat, oder sollte ein Knabe träumen, dass er von irgendeiner Frau adoptirt wurde, so wird die Verbindung auf dieselbe Weise ausgeführt, wie die oben erwähnte willkürliche Adoptirung und es würde niemand einfallen, die Annahme derselben zu verweigern. Dieser Brauch kommt jetzt etwas ab, war aber vor nicht vielen Jahren sehr allgemein. Milch aus der Brust einer Frau wird als ein unfehlbares Mittel gegen den Staar und andere Augenkrankheiten betrachtet. Die Zuflucht zu diesem Mittel setzt auch ein Verwandtschaftsband für die Folge ein.[1]

[1] Die Augenkrankheiten sind in Centralasien überall sehr häufig, und da ich mich auf meinen Reisen für einen Arzt ausgab, so hatte ich häufig Gelegenheit, Individuen mit solchen Krankheiten behaftet zu sehen und zu untersuchen. Das häufige Vorkommen dieses Uebels, welches nur bei den Ariern Centralasiens existirt, muss der eigenthümlichen Dreschmethode dieser Leute zugeschrieben werden. Be-

„Es ist manchmal für ein junges Paar üblich, zur Zeit der Hochzeit einen bereitwilligen Freund zu veranlassen, ihr Pflegevater zu werden. Dieses Band wird dann bestärkt, indem sie zusammen Brot essen. Braut und Bräutigam setzen sich einander gegenüber, der auserwählte Pflegevater zwischen sie, und indem er ein Stück Brot in jede Hand nimmt, kreuzt er seine Arme, hält dabei den rechten Arm höher und führt das Brot in ihren Mund. Von diesem Augenblicke ab wird er als ihr Pflegevater betrachtet.

„Die Milchverwandtschaft wird als so nahe betrachtet, dass eine Ehe zwischen Milchverwandten als Blutschändung angesehen wird, und trotz der Vorschriften des Korans wäre es unmöglich, die Witwe seines Pflegesohns zu heirathen.

„Das Knüpfen solcher Bande wird auf eine gar seltsame Weise unter den Aschimadekstämmen von Tschitral ausgeübt. Es ist dort Brauch, dass jedes Kind abwechselnd bei jeder Säugerin des Stammes an die Brust gelegt werden soll. Es findet somit beständiger Wechsel von Kindern und Müttern statt. Der Zweck dieses Brauches ist, die Einigkeit des Stammes zu bestärken.

„Die Schins sind ihrer Habsucht wegen bekannt. Jeder hat einen geheimen Platz in den Bergen, wo er sein Geld, ja sogar Kupferkrüge, Frauenschmuck und sein kostbarstes Eigenthum verbirgt. Gelegentlich wird der Schatzkammer ein

---

bekanntlich lassen sie das Getreide auf freien Plätzen von Pferden oder Ochsen austreten und infolge davon setzt sich die vom Winde aufgewirbelte Spreu in die Augen der Anwesenden oder Vorübergehenden. Durch das anhaltende Reiben mit den Händen entsteht hierauf ein lästiges Uebel, dem der davon Heimgesuchte dadurch abzuhelfen trachtet, dass er ein Stück Baumwolle in die inneren Augenwinkel steckt. Natürlicherweise wird dadurch die Entzündung nur noch mehr erhöht. Ich werde übrigens nie das Erstaunen vergessen, welches ein vornehmer, von einem Augenübel heimgesuchter Balti zu den Tag legte, als ich ihm ein kleines Porzellangefäss schenkte, um darin Augenbäder nehmen zu können.

verstohlener Gebrauch gemacht, der Schatz wird jedoch nie, ausser bei festlichen Gelegenheiten herausgenommen. Kein Gefühl der Rechtschaffenheit hält den Schin davon ab, einen zufällig entdeckten Schatz eines andern sich anzueignen, und oft entstehen daraus blutige Fehden. Solche Schätze gehen oft durch den plötzlich erfolgten Tod des Eigenthümers ganz verloren, da er manchmal nicht Zeit genug hat, seinem Sohne das Geheimniss ihres Verstecks mitzutheilen. Dieser Brauch beschränkt sich nur auf die Schins, bei denen auch Sagen von verlorenen Schätzen, die dem Besitz des Teufels anheimgefallen sein sollen, zu Hause sind.

„Sowol in Tschilas als auch in Darel besteht die Sitte, in einem Keller geklärte Butter während vieler Jahre aufzubewahren. Sie nimmt dann eine röthliche Farbe an, erhält sich mehr als hundert Jahre und wird dann als ein äusserst schmackhafter Leckerbissen betrachtet. Man pflanzt einen Baum über den Keller, um das Einstürzen desselben zu verhindern, und eine solche aufbewahrte Butter bringt einen reichlichen Gewinn ein. Gelegentlich kam", so erzählt Biddulph, „eine Deputation aus Darel zu mir mit dem Ansuchen, man möge weggelaufene Sklaven zwingen zu sagen, wo sie die Butter ihres Herrn vergraben hätten, da nur sie allein um das Geheimniss wüssten.

„Der Wein, welcher in früherer Zeit allgemein getrunken wurde, wird auch in mit Fliesen belegten Kellern aufbewahrt, um dort in irdenen Krügen zu gären; er wird jedoch nie länger als ein Jahr gehalten. Während man das Fundament meines Hauses in Gilgit grub, stiess ich auf einen dieser alten Keller, in welchem sich zwei grosse Krüge befanden. Der Genuss des Weines nahm während der islamitischen Herrschaft sehr ab, und wo derselbe noch existirt, wird er soviel wie möglich geheimgehalten, ausgenommen in Hunsa und Punjal, wo öffentliche Gelage mit Wein nicht ungewöhnlich sind. Die Ismaeliten verheimlichen diesen Brauch durchaus nicht, und während meines Besuches in Hunsa im Jahre 1876 trank Ghazan Chan aus einer Flasche so viel schottischen Schnaps, dass alle seine Unterthanen davon mit Bewunderung sprachen."[1]

[1] Diese zahlreichen Citate sind, wie schon erwähnt, aus Major Biddulph's vortrefflichem Werke „The Tribes of the Hindoo-Koosh" entnommen. Dieses Werk, das im Jahre 1880 in Calcutta erschienen, ist heute bereits vergriffen und ich selbst hatte die grösste Mühe mir dasselbe zu verschaffen. Da Biddulph fast ausschliesslich von denselben Völkerschaften spricht, die ich selbst auf meinen Reisen besucht, oder die ich in den Bereich meiner Untersuchungen gezogen, so glaubte ich meinen Lesern einen Dienst geleistet zu haben, indem ich die darauf bezüglichen Stellen aus Biddulph's Buch in extenso anführte. Sehr oft hatte ich persönlich Gelegenheit mich von der Genauigkeit Biddulph's zu überzeugen und für das nicht persönlich Controlirte bürgt mir die allgemein anerkannte Gewissenhaftigkeit des englischen Reisenden.

Fig. 101. Theekanne aus dunkelschwarzer Bronze aus Jarkend (Chinesisch Turkestan). [illegible]

DREIZEHNTES KAPITEL.

DIE VÖLKERKUNDE UND IHRE HÜLFSWISSENSCHAFTEN. DIE SIAHPOSCH. RÜCKKEHR NACH EUROPA.

Wissenschaftliche Abschweifungen. — Die Anthropologie mit ihren Schwesterwissenschaften verglichen. — Wichtigkeit der physischen Momente. — Die Resultate eines einseitigen Vorgehens. — Etwas über die physikalische Beschaffenheit von Kafiristan. — Unterabtheilungen der Siahposch. — Die Stellung der Frauen bei den Kafirs. — Sitten und Religion der Siahposch. — Die Gebräuche beim Opfern von lebenden Thieren. — Ihre Vorliebe für den Tanz. — Verbreitung der Polygamie in Kafiristan. — Von Muzaferabad nach Marri. — Ein eigenthümliches Ausfuhrverbot. — Die sogenannten Murghi in Kaschmir und Indien. — Rawal-Pindi. — Lahore und seine Sehenswürdigkeiten. — Die grosse Moschee von Delhi. — Ein zierlicher Hindutempel. — Abermals die Cholera. — Der Tadsch-Mahal in Agra. — Mumtas-Mahal und Schah-Dschehan. — Der französische Consul Drouin und seine reizende Residenz in Malabar Hill. — Dolce far niente. — Von Bombay nach Triest. — Der Oesterreichische Lloyd. — Ein Sturm im Adriatischen Meere. — Die Gestade von Triest und „le plaisir des voyages." — Philosophische Schlussbetrachtungen.

Nach unsern vielfachen Erörterungen über die ethnographischen Verhältnisse der centralasiatischen Völkerschaften dürfte ein Versuch nicht unangemessen erscheinen, dem Leser die Begriffe der heutigen Völkerkunde und ihrer Hülfswissenschaften anschaulich zu machen, indem wir das Verhältniss der Anthropologie, Linguistik, Ethnographie und prähistorischen Archäologie zur eigentlichen Völkerkunde oder Ethnologie einer nähern Betrachtung unterziehen, und die Abhängigkeitsverhältnisse und Wechselbeziehungen dieser einzelnen Wissenschaften voneinander und untereinander näher besprechen.

Wenn es sich darum handelt, den Ursprung eines Volks festzustellen, so muss man vor allem andern seinen physischen Typus und seine Sprache studiren, muss man seine Vergangenheit ergründen, muss man sich mit seinen Sitten, Gebräuchen und seinem Glauben vollkommen vertraut machen, das Land, welches es bewohnt, und die Länder, die es durchzogen hat, durchforschen, und dabei besonders die klimatischen Verhältnisse und den Einfluss, welchen die Bodenbeschaffenheit auf den Bewohner ausübt, berücksichtigen. Die Anthropologie, die vergleichende Sprachwissenschaft, die prähistorische Alterthumskunde (deren natürliche Fortsetzung die Geschichte ist), die Ethnographie oder Völkerbeschreibung im eigentlichen Sinne des Wortes, und endlich die physikalische Erdkunde sind alles Wissenschaften, deren Gesammtforschungskreis die Ethnologie oder Völkerkunde ausmacht. Nur wenn man jedem dieser Faktoren Rechnung trägt, ist es möglich, über die Abstammung eines Volks streng wissenschaftliche Untersuchungen anzustellen und seinen Wanderungen aus der präsumtiven Heimat bis in seine heutigen Sitze zu folgen.

Jede der angeführten Wissenschaften repräsentirt eine besondere Disciplin, jede derselben besitzt den engbegrenzten Schauplatz ihrer Thätigkeit, und wie sie auf das benachbarte Gebiet hinüberschweift, so verlässt sie die ihr vorgezeichneten Bahnen, sie überschreitet ihre Competenz, und als nothwendige Folge davon gelangt sie zu hypothetischen Schlüssen, denen, an absoluter Einseitigkeit kränkelnd, die allein massgebende streng wissenschaftliche Grundlage fehlt. Einige Beispiele werden genügen, um auf die Uebelstände, die aus derlei Forschungen erwachsen, aufmerksam zu machen. Betrachten wir z. B. die Forschungsgebiete der Anthropologie und Linguistik: jede dieser beiden Wissenschaften, mit ihren eigenen Mitteln, gehen ganz verschiedene Wege und gelangen doch zu denselben Resultaten.

Die genaue Betrachtung des physischen Typus ist, wenn es sich darum handelt den Ursprung eines Volks festzustellen, weit wesentlicher, ich möchte sagen richtiger, als diejenige seiner Sprache. Der physische Typus ist entschieden ein beständigeres, andauernderes Merkmal als die Sprache, denn es bedarf eines bedeutenden Zeitraums, um denselben umzugestalten, während die Veränderungen in einer Sprache selbst, der Wechsel, ja sogar das Verschwinden derselben in verhältnissmässig kurzen Zeitabschnitten häufig vorkommende Erscheinungen sind. Das Nebeneinanderwohnen zweier Völker genügt oft, um eine Menge neuer Elemente in eine Sprache zu bringen; oft gelingt es dem Eroberer, seine Sprache dem Unterjochten aufzuzwingen; oft geschieht es auch, besonders wenn der Unterjochte auf einer höhern Culturstufe steht als der Eroberer, dass des Letztern Sprache verschwindet, d. h. in der des Besiegten aufgeht. Was ist uns zum Beispiel von der Sprache der Chasaren, Petschenegen, Avaren und Hunnen geblieben? Einzelne bis zur Unkenntlichkeit verstümmelte Wörter, die man in römischen, byzantinischen und arabischen Schriftstellern aufgefunden, und auf welche gestützt einige an Einbildungskraft überreiche Forscher ganze Systeme zu errichten versuchten.

Andererseits ist es gewiss, dass, wenn es sich um die Verzweigungen und Verkettungen der verschiedenen Völker ein und derselben Rasse handelt, die linguistischen Forschungen gewichtig in die Wagschale fallen; betrachten wir z. B. die Sprache der in Centralasien lebenden Iranier, so erscheint es von ins Auge springender Wichtigkeit, zu erforschen, ob sich dieselbe dem Zend, dem Altpersischen oder dem Neupersischen am meisten nähert. Das Resultat solcher Forschungen wird uns über das Alter des Aufenthalts der Iranier in Centralasien und über ihre Verwandtschaftsbeziehungen zu den arischen Stämmen des nördlichen Persien nähern Aufschluss geben.

Die Anthropologie wird oft durch Detailfragen in ihren Untersuchungen gehemmt, aber sie entscheidet massgebend, wenn es sich um eine allgemeine Klassifikation der Menschenrassen handelt; die Linguistik ist hingegen nicht im Stande, uns bei einer solchen Rassenbestimmung zu leiten, ihr Wirkungskreis ist auf die Untersuchung der Völkerverzweigungen beschränkt. Wenn die Linguistik durch auf Scheingründen beruhende und oft rein speculative Forschungen auf bedauernswerthe Irrwege geräth, so reicht ihr die Anthropologie schwerlich die Hand, um sie wieder in richtige Bahnen zu lenken.

Ebenso thöricht wäre es, auf die in alten Gräbern gefundenen Ueberbleibsel gestützt, einem Volke eine Stellung in seinem Abstammungsverhältnisse von einer bestimmten Rasse zu geben. Erst wenn die Schädel und Skelete geprüft, können die mitentdeckten Alterthümer herbeigezogen werden, die dann oft die kostbarsten Aufschlüsse über die Handelsbeziehungen und Industriegemeinschaft zweier Völker geben; selbstverständlich ist es, dass bei einzelnen Gräberfunden die archäologischen Gegenstände von entscheidender Wichtigkeit sind, da ein oder zwei Schädel oder Skelete vom anthropologischen Standpunkte aus wenig bedeuten, denn die Anthropologie ist eine Wissenschaft, deren Ergebnisse auf dem Studium möglichst zahlreicher Abtheilungen beruhen.[1] Die Bodengestaltung, die klimatischen Verhältnisse eines Landes sind ebenfalls für den Ethnologen von grosser Bedeutung; das Klima, der Boden des Industhals haben es mit sich gebracht, dass der Arier jener Gegend nomadisirender Hirte geblieben; der strotzende Reichthum der Gangesebene hat ihn zum ansässigen Ackerbauer

[1] Eine Arbeit, welche in dieser Beziehung als Muster dienen kann, ist Dr. Tappeiner's kürzlich erschienenes Werk: Studien zur Anthropologie Tirols und der Sette Communi (Innsbruck 1883).

gemacht und den Grundstein zu seiner spätern geistigen Cultur gelegt. Nichtsdestoweniger finden wir auch hier und da ein geistig überlegenes Volk auf magerm Boden durch Verhältnisse und Gewohnheit an seiner Scholle gefesselt, und wenn nach tausend Jahren irgend eine anthropologische Commission (vielleicht aus Mongolen bestehend?) in den Sandflächen des Spreegebietes Nachgrabungen anstellen würde, so dürfte sie Schädel von Bewohnern finden, die vielleicht weit besser in fruchtbare Erdschichten gepasst hätten. Also auch hier sehen wir, dass das exclusive Forschen im Dienste einer Wissenschaft nichts Positives gewährt, und dass allein das Zusammenwirken aller vorerwähnten Wissenschaften zum erwünschten Ziele, d. h. zur wahren Erkenntnis führt.

Gleichzeitig will ich die Gelegenheit benutzen und über das höchstinteressante und wenig erforschte Volk der Siahposch (Kafirs) nähere Aufschlüsse zu geben. Wie ich schon früher erwähnt, war es mir vergönnt, in Simla einen äusserst intelligenten Siahposch zu finden, der schon seit Jahren bei Sir Charles Lyall, dem ostindischen Minister für äussere Angelegenheiten, im Dienste stand. Später traf ich im Naimukthale einige Kafirs und fragte sie umständlich nach ihren Sitten und Gebräuchen aus. Ausserdem verglich ich meine Aufzeichnungen mit den Mittheilungen, die uns Biddulph über diesen interessanten Volksstamm liefert, und ich will es danach im Nachstehenden in Kürze versuchen, das Land und die Bewohner Kafiristans zu schildern.

Wenn wir schon früher darauf aufmerksam gemacht haben, wie sehr das Hunzathal isolirt liegt, so lässt sich ein Gleiches noch weit mehr von der Heimat der Siahposch behaupten. An den Südabhängen des hier in fast gerader Richtung gegen Nordosten ziehenden Hindukusch gelegen, umfasst Kafiristan die Hochthäler der rechtseitigen

Nebenflüsse des Kunarthals ungefähr vom 13300 englischen Fuss hohen Chawak-Pass bis zu dem Bergrücken, welcher das Lud-Kkóthal von seinen westlichen Nebenflüssen trennt. Kafiristan ist sehr gebirgig und mit einer grossen Menge von Bergspitzen besäet, deren höchste bis über 18000 englische Fuss emporragen. Die Abhänge dieser Berge sind mit grossen Waldungen und dichtem Unterholz bedeckt, welche die ohnehin engen Thäler noch unzugänglicher machen. Das Land ist sehr wildreich, was die grosse Vorliebe der Einwohner für die Jagd erklärt. Krieg und Jagd sind übrigens die Hauptbeschäftigung dieses Volkes. Das Wort „Volk" passt übrigens gar nicht auf die Siahposch, denn sie bestehen eigentlich aus einer Unzahl von kleinen Stämmen, die sich untereinander bekriegen und, obschon sie verwandte Dialekte sprechen, sich hier und da nicht von Stamm zu Stamm zu verständigen wissen. Auch hinsichtlich des physischen Typus gibt es eine gewisse Verschiedenheit unter ihnen. In den höchsten Thälern des Hindukusch soll es äusserst lichte Stämme geben, welche bei ihren Nachbarn unter dem Namen rothe Kafirs bekannt sind.

Die drei bedeutendsten Völkerexemplare Kafiristans sind: 1) die Ramgáli oder Lumgáli, Bewohner der obern Thäler des Hindukusch, die sich in südwestlicher Richtung gegen Afghanistan hin ausdehnen; 2) die Waigáli, welche in jenen Thälern des Hindukusch vorkommen, die in südöstlicher Richtung bei Tschagan-Serai das Kunarthal erreichen; 3) die Baschgáli, nördlich der letztern in den Thälern, welche bei Birkot vorbei sich bis zur Stadt Kunar hinziehen. Diese drei Hauptstämme theilen sich in eine grosse Zahl von Unterabtheilungen; die Waigáli allein sollen 80 kleinere Stämme umfassen. Ausserdem gibt es noch einige abgetrennte Stämme, wie z. B. die Kalascha, die sich Tschitral unterworfen haben und zum Islam übergetreten sind, und die sogenannten Saffidposch (die Weissgekleideten), die einen sehr kleinen Volksstamm ausmachen, ganz im Norden zu beiden Seiten des Hindukusch wohnen und dem kleinen von Pamir-Iraniern bewohnten Oasenstaate Mundschan unterthänig sind. Sie heissen auch Katigâli oder Wirigâli. Auch die Stämme im nördlichen Afghanistan in den Gorband-, Pandschir- und Nidschrauthälern dürften, was Sprache und Leibesbeschaffenheit betrifft, zu den Siahposchstämmen gerechnet werden. Heute gehören sie zu Afghanistan und sind eifrige Muselmanen, sowie auch einige Rumgâlistämme und die vorhin erwähnten Kalascha.

Die Stellung der Frauen ist bei den Siahposch eine weit untergeordnetere als bei den Schinvölkerschaften; sie werden zu den Feldarbeiten angehalten, während die Männer nur dem Kriege und der Jagd fröhnen. Bei allen diesen Völkerschaften sind die schwarzen Gewänder charakteristisch, weshalb sie auch von ihren Nachbarn Siahposch, d. h. die Schwarzgekleideten, genannt werden. Die Rumgâli pflegen ganze Ziegenfelle mit den Haaren zu tragen. Die Buschgâli sind mit schwarzen, aus Ziegenhaaren gearbeiteten Leibröcken bekleidet, die bis zu den Knien herabfallen, während die Aermel nur bis zu den Ellenbogen reichen. Um den Leib tragen sie lederne Gürtel, von denen ein Dolch und ein Feuerzeug herabhängen. Ihre Fussbekleidung besteht aus rauhen, aus Ziegenfellen verfertigten Sandalen. Die Frauen tragen lange, bis zu den Fussknöcheln reichende sackartige, ebenfalls aus schwarzem Ziegenhaar gewebte Gewänder mit weiten Aermeln. Um den Leib werden diese Kleider durch eine farbige Binde zusammengehalten. Die Männer, welche immer barhaupt gehen, pflegen sich das Haar zu scheren mit Ausnahme eines runden Fleckes am Scheitel von ungefähr drei Zoll Durchmesser, von dem das Haar oft weit über die Schultern herabhängt. Der Kopfputz der Frauen ist äusserst merkwürdig, bei den Buschgâli wenigstens. Das zu dünnen

Zöpfen zusammengeflochtene Haar wird unter einer schwarzen Kappe getragen, auf der sich zwei hölzerne, mit schwarzem Tuch bedeckte fusslange Hörner befinden, die diesem Kopfputz ein höchst seltsames Aussehen verleihen. Merkwürdigerweise wird dieser eigenthümlichen Sitte schon im sechsten und siebenten Jahrhundert Erwähnung gethan von den buddhistischen Pilgern Song-Yun und Hiuen-Thsang. Die Dörfer der Kafirs sind wie die der Bewohner Sibiriens mit einer 10 Fuss hohen Einfriedigung umgeben. Die Häuser bestehen aus mehreren Stockwerken, und merkwürdigerweise pflegen sich die Siahposch nicht wie alle ihre Nachbarn auf dem Boden, sondern auf Stühle zu setzen. Ein kleiner hölzerner Bogen von ungefähr $4\frac{1}{2}$ Fuss Länge, Pfeile, Schlachtaxt und Dolch sind ihre einzigen Waffen, deren sie sich übrigens ausserordentlich geschickt zu bedienen wissen. Die 2 Fuss langen Pfeile sind aus Rohr und mit schweren eisernen Spitzen versehen. Neuerdings beginnen indess auch Säbel, Schlachtäxte und Luntenschlossflinten Pfeil und Bogen zu ersetzen.

Jeder Stamm wird von dem Aeltesten des Dorfes regiert, ohne sich um die Nachbarstämme zu bekümmern, was an die kleinen Republiken Jagestans mahnt.

Die Religion der Siahposch ist nach Biddulph nichts weiter als eine primitive Form des altvedischen Glaubens. Ein höchstes Wesen wird unter dem Namen Imbra verehrt; demzunächst an Bedeutung steht der Prophet Mani. Letzterer wird der Sohn des Imbra genannt; er soll einst auf Erden gelebt haben und vertritt bei Imbra die Angelegenheiten der Menschen. Steine werden zwar als Sinnbilder des Imbra verehrt, aber geschnitzte oder ausgehauene Götzenbilder gibt es in Kafiristan nicht. Imbra und Mani weisen jedenfalls lebhaft auf Indra und Manu der Brahmanen hin. Ihnen zunächst steht ein ganzes Heer von Göttern, welches auf 18000 beziffert wird. Einige unter diesen haben eine besondere Bestimmung wie in der griechischen Mythologie: sie sind erst Sterbliche gewesen und wurden nach ihrem Tode vergöttert. Der erste und wichtigste dieser Heroen ist ein gewisser Gej, von dem erzählt wird, dass er einst ein grosser Anführer war, der gegen den Propheten Ali zu Felde gezogen. Er soll die Fehde, die zwischen den Muhammedanern und den Siahposch noch fortbesteht, begonnen haben. Ihm zunächst steht Bagdisch, der Flussgott, der auch über die Heerden eine schützende Macht besitzt. Diesem Gotte wird am Ufer des Wassers geopfert, und die Köpfe der Opferthiere werden, nachdem sie dem Feuer ausgesetzt worden, in die Fluten geworfen. Ausserdem gibt es noch eine Menge untergeordneter Gottheiten.

Allen diesen Gottheiten werden Kühe geopfert und dabei Cedernzweige verbrannt. Bei jeder Gelegenheit, selbst wenn ein Thier zur Nahrung geschlachtet wird, wird der Name irgendeiner Gottheit angerufen, und werden gewisse Schlachtungsceremonien beobachtet. Die Art und Weise des Opferns wurde Biddulph von den Baschgali, welche eigens zu diesem Zwecke eine Ziege tödteten, gezeigt. Zuvörderst wird ein kleines Feuer angezündet und eine Zahl Cedernzweige bereit gelegt; der opfernde Priester legt seine Fussbekleidung ab, während einer seiner Begleiter eine Schüssel mit Wasser, worin ein Stück Butter liegt, hält. Nachdem der Priester seine Hände gewaschen hat, besprengt er das Thier, sowie das Feuer mit Wasser und murmelt einige Worte der Anrufung. Er nimmt darauf einen Cedernzweig, legt ihn auf das Feuer und besprengt dann das Thier zu wiederholten malen mit Wasser, lässt jedesmal das Wort „sutsch" hören, worauf die Anwesenden „hamatsch" antworten. Dies wird wiederholt bis das Thier zittert, was als Zeichen gilt, dass das Opfer der Gottheit genehm erscheint. Um desto schneller zu diesem Resultate zu gelangen, wird Wasser in die Ohren des Thieres gespritzt, was rascher die gewünschte Wirkung hervorbringt, und darauf schreien alle Anwesenden: „Sutsch-Humatsch". Mehrere mal werden Cedernzweige auf das Feuer gethan, in welches man die Butter gelegt, dann wird das Thier niedergeworfen und sein Hals durchschnitten. Der Priester fängt etwas Blut mit den Händen auf und sprengt es in das Feuer. Der Kopf des Thieres wird geöffnet, einige Augenblicke aufs Feuer gelegt, und somit ist die Ceremonie zu Ende.

Diese Sitte beschränkt sich durchaus nicht auf Kafiristan, wie Biddulph es zu glauben geneigt ist, sie dürfte jedenfalls indischen Ursprungs sein, denn ich bin einer ganz ähnlichen im Fürstenthum Tschamba begegnet, und es wurde mir während meines Aufenthalts dort in dieser Beziehung eine ergötzliche Geschichte erzählt. Einstmals waren die Brahmanen im Begriff eine Ziege zu opfern, doch obschon man ihr wiederholt etwas Wasser in die Ohren goss, so zitterte sie nicht; ja noch mehr, die ganze Ceremonie schien ihr nicht zu behagen, denn auf einmal entwand sie sich den Händen ihrer Peiniger und entfloh in die Berge. Natürlich setzten ihr die Brahmanen und das beiwohnende Volk nach und wurden ihrer nach stundenlanger Verfolgung wieder habhaft. Als man jedoch dem Thiere abermals Wasser in die Ohren goss und dasselbe noch immer nicht zitterte, da griffen die Brahmanen zu einem drastischen Mittel: sie tauchten das Thier in die Wellen der bei Tschamba vorbeifliessenden Ravi. Das eiskalte Wasser dieses Bergstroms brachte sofort die gewünschte Wirkung hervor und nun konnte das Opfer vorgenommen werden.

Die Siahposch tanzen sehr gern, die Art und Weise ihres Tanzens unterscheidet sich aber sehr von der ihrer östlichen Nachbarn. Statt eines oder zweier Tänzer schliesst sich alles was gegenwärtig ist, sowol Männer als auch

Frauen, dem Tanze an. „Ein Dorftanz wurde vor mir aufgeführt", erzählt Biddulph, „ein wilder, sonderbarer Anblick: die Männer schwangen ihre Aexte, Keulen und Schiessgewehre, welche sie von Zeit zu Zeit unter Geschrei und gellendem Pfeifen abfeuerten. Von Zeit zu Zeit umfing sich die ganze Gesellschaft paarweise mit den Armen und die Paare drehten sich nach rückwärts und vorwärts in einem seltsamen Walzer oder in der Form der Zahl acht. Manchmal liessen alle einander los und tanzten einzeln, fassten bald den einen bald den andern an wie in einem wilden Gigue. Die Musik bestand aus zwei Trommeln und einer unbedeutenden Flöte aus Bambusrohr."

Wenn jemand stirbt, wird sein Körper während mehrerer Tage bevor man ihn beerdigt, in Procession um das Dorf getragen, und die Begleiter tanzen um denselben.

Nach den Berichten Einiger soll die Polygamie in Kafiristan nicht existiren, aber die Majorität stimmt darin überein, dass Jeder so viele Frauen besitzen darf, als er ernähren kann, und dass der Besitz von vier bis fünf Frauen nichts Ungewöhnliches ist. Die Frauen sind sehr unsittlich und die Eifersucht der Männer wird mit einer ganz unbedeutenden Geldstrafe beschwichtigt. Wenn ein Siahposch die Untreue seiner Frau entdeckt, begnügt er sich damit, ihr einige Schläge zu versetzen und als Entschädigung einen Gegenstand von geringem Werthe von seinem Nebenbuhler zu fordern, wie z. B. einen Turban oder einen Rock, vorausgesetzt dass es ein Fremder ist; wenn er zu seinem Stamme gehört, muss er gewöhnlich eine Kuh als Ersatz geben. Mädchen werden ohne Scheu von ihren Vätern an ihre muselmanischen Nachbarn verkauft, und der Regent von Tschitral erhält einen jährlichen Tribut aus Kindern beider Geschlechter bestehend.

Aus allem über die Siahposch Berichteten geht jedenfalls hervor, dass sie, wenn auch nicht von den Macedoniern Alexander's des Grossen abstammen, wie es phantasievolle Schriftsteller behaupteten, so doch ein uralter arischer Volksstamm sind, der vieles von den Sitten und Gebräuchen der Väter bewahrt hat. Für uns sind sie typisch weiter nichts als Dardus.

Nach Muzaferabad zurückgekehrt, setzten wir unseren Weg nach Marri fort, wo wir auch nach einigen Tagen glücklich eintrafen. Nur der Merkwürdigkeit halber sei erwähnt, dass an der Grenze der Staaten des Maharadscha, bei Kohala, ein Zollamt besteht, welches besonders auf strenge Befolgung des Ausfuhrverbots von zwei Artikeln zu wachen hat. Der erste dieser Artikel sind Pferde, den zweiten aber würde mein Leser nie errathen, wenn ich ihn nicht nennen wollte, er lautet: Weiber. Jedenfalls sind derartige schutzzöllnerische Massregeln im 19. Jahrhundert höchst bemerkenswerth und dürften vereinzelt dastehen.

Marri ist ein reizendes, 7457 Fuss hochgelegenes englisches Sanitarium. Wir waren im dortigen Hôtel Lumley sehr gut untergebracht und freuten uns nicht wenig darüber, endlich wieder einmal Rindfleisch und Kalbsbraten essen zu können. In Kaschmir ist es nämlich streng verboten, Rinder zu schlachten, und wenn man nicht das Glück hat, Wildpret zu bekommen, muss man mit zähem Hammelfleisch und wo möglich noch zähern Hühnern fürliebnehmen. Diese letztern, in Indien Murghi genannt, gehören entschieden einer andern Species an als unsere Haushühner. Bei diesen ist der Flügel einer der zartesten Fleischtheile, beim Murghi ist dies aber durchaus nicht der Fall; die Flügeltheile dieses hektischen Huhns sind im Gegentheil besonders zähe und faserig. Dies kommt, wie es scheint, daher, dass die Murghi sich nicht aufs Gehen beschränken, sondern auch förmlich fliegen, sodass infolge dessen ihre Flugwerkzeuge weit mehr in Anspruch genommen werden als bei unseren europäischen Hühnern; sie sind jedenfalls ein sehr unschmackhaftes Nahrungsmittel. Die Kost lässt übrigens in ganz Indien sehr zu wünschen übrig.

Kaum hatten wir in Marri ausgeruht und von dem treuen Gán-Patra und seinen Begleitern Abschied genommen, so machten wir uns wieder auf den Weg und fuhren dem staubigen, aber gesund gelegenen Ráwal-Pindi zu (1700 Fuss über dem Meeresspiegel). Diese letztere Stadt, obschon bereits in der indischen Ebene liegend, wird fast immer von der Cholera verschont; im Augenblicke unserer Ankunft, Ende October 1881, wüthete diese grausige Seuche fürchterlich in Lahore und besonders in Amritsir, wo täglich 3—400 Personen starben. Auch nach Marri hatte sie sich schon verstiegen und forderte im Laufe des Sommers ihre Opfer. Vor kaum zehn Jahren reichte diese Krankheit nie über 3—4000 Fuss Seehöhe hinauf; heute hat sie schon über 7000 Fuss erklommen und kein indisches Sanitarium ist mehr vor ihren verderbenbringenden Besuchen sicher.

In Ráwal-Pindi, einer grossen englischen Cavaleriestation, hielten wir uns nur zwei Tage auf und fuhren mittels der Eisenbahn nach Lahore, wo unser im Palast des Lieutenant Governor vom Pendschab, desselben, der uns in Simla so liebenswürdig bewirthet, die herzlichste Aufnahme wartete. Dank dieser Gastfreundschaft war es uns auch vergönnt, die ehemalige Hauptstadt der Könige von Lahore eingehend besichtigen zu können. Der Palast des Statthalters selbst ist eine Merkwürdigkeit; denn er war früher zum Grabmal eines Mongolenkaisers bestimmt, und der geräumige prachtvolle Speisesaal mit erhabener Kuppel sollte ursprünglich den Sarkophag eines Herrschers von Delhi bergen. Statt dessen gewahrten wir hier täglich eine reichgedeckte, mit Blumen geschmückte Tafel, auf der neben dem schwersten Silberzeug und strahlenden Krystallen die leckersten Gerichte uns entgegenlachten. In den Ecken standen rothgekleidete, goldbetresste Diener mit riesigen Palmenblättern oder Yackschweifen, um uns Kühlung zuzufächeln, und hinter jedem Stuhle der Gäste hielt sich ein ähnlicher stummer dienstbarer Geist auf, unseres Winkes harrend und den leisesten Wunsch von unseren Mienen ablesend. Des Morgens durchzogen wir, auf Elefanten reitend, die engen aber malerischen Strassen der getreuen Stadt Lahore, besichtigten die alten, mit herrlichen vielfarbigen, emaillirten Ziegeln bekleideten Moscheen. Wir besuchten die Festung mit den Gemächern der Sikhkönige, die ganz aus weissem Agramarmor, entweder kunstvoll einem feinen Spitzengewebe gleich durchbrochen oder mit kostbaren Steinen eingelegt, welche die zierlichsten Blumenarabesken bilden und die glatten Wände schmücken; und bewunderten ferner das zierliche Grabmal Rundschet-Singh's, des vorletzten Königs von Lahore, eine einäugige, schlaue und cynische Majestät, — ein Grabmal, welches in seiner Architektur an die Bauten aus Tragant mahnt, die in unseren Conditoreiläden an den Schaufenstern prangen und dort ihr zuckersüsses Dasein fristen. Abends fuhren wir in Begleitung unserer liebenswürdigen Gastgeber in einem prachtvollen vierspännigen Wagen mit Vor- und Nachreitern und Läufern um die Stadt herum, unser Auge an der herrlichen Palmenvegetation, den kunstvoll angelegten Gärten und stattlichen europäischen Bauten erfreuend. Und noch später bei Anbruch der Nacht lauschten wir im schattigen Park des Regierungsgebäudes den angenehmen Klängen einer Militärmusik oder plauderten in den luftigen Räumen des Palastes von dem fernen unvergesslichen Europa, denn trotz aller orientalischen Pracht sehnt sich der Wanderer doch stets nach der einfachen, lieben Heimat zurück.

Wieder benutzten wir das Dampfross und fuhren nach

Delhi, der einstigen Residenz der Mongolenkaiser, welches die Engländer zu Anfang unseres Jahrhunderts durch Eroberung an sich gebracht. Alles zeugt von der ehemaligen Herrlichkeit, und uns erschien Delhi als eine der schönsten und grossartigsten Städte Indiens. Die grosse Hauptmoschee aus rothen Backsteinen bietet durch ihre colossalen Dimensionen einen ganz prachtvollen Anblick; in der Grossartigkeit der Anlage und dem Adel der Umrisse sucht sie ihresgleichen auf der Welt. Man geniesst von ihren Zinnen eine herrliche Rundschau auf die bewegte Stadt mit ihren hunderten von Moscheen und Tempeln. Auch der in der Festung gelegene Palast, Divan Kasch, ist erwähnenswerth; er ist ganz aus weissem Marmor, durchbrochen oder mit kostbaren Steinen eingelegt, und lässt an die Wunder aus Tausendundeine Nacht glauben. Im Innern der Stadt, wo man in engen Strassen oft ganz interessante architektonische Eigenthümlichkeiten zu sehen bekommt, befindet sich ein kleiner Hindutempel, der durch seine zierlichen Malereien auf feinstem Stuck bemerkenswerth ist. Einige behaupten, er sei sehr alt; es scheint aber wahrscheinlicher, dass er erst aus verhältnissmässig neuerer Zeit stammt, da die einbrechenden muselmanischen Horden seine Kunstschätze gewiss nicht geschont hätten. Die Boulevards in Delhi sind breit und schattig, und der Verkehr in der Stadt ist ein äusserst reger.

Auch nach dem nahegelegenen Agra machten wir einen kurzen Ausflug, um wie dem goldbedeckten Sikhtempel von Amritsir, welchen wir der in dieser Stadt wüthenden Cholera halber nur ganz oberflächlich besichtigen konnten, auch dem weltberühmten Tadsch-Mahal einen Besuch abzustatten. Beim Anblick dieses einzigen Kunstwerks wird man erst gewahr, was die Kaiser aus der Mongolendynastie Baber's vom Standpunkte der Architektur aus geleistet haben. Man denke sich ein ungeheueres und doch bis in seine kleinsten Details ebenmässigen und eleganten Bauwerk, ganz aus weissem Marmor, bei dem die durchbrochenen und mit Halbedelsteinen eingelegten Partien noch viel kunstvoller als in Lahore und Delhi gearbeitet sind. Ein solches Kunstwerk zu beschreiben ist schwer; man muss es sehen, um sich einen Begriff von dem überwältigenden Eindruck zu machen, den es auf den unbefangenen Beschauer hervorbringt. Ausser der Alhambra in Spanien hat nie ein Denkmal mir besser gefallen als der unvergleichliche Tadsch-Mahal von Agra. Und wenn man in Erwägung zieht, dass ein Mongolenkaiser diesen Bau unternommen, um die irdischen Ueberreste seiner Lieblingsgattin, der geistvollen und reizenden Kaiserin Mumtaz-Mahal zu bergen, so kann man wol dreist behaupten, dass der Tadsch das grossartigste Denkmal von Gattenliebe ist. Schah Dschehan schläft dort an der Seite seiner geliebten Frau den Schlaf der Ewigkeit. Schön muss sie gewesen sein, die unvergleichliche Mumtaz-Mahal, das bezeugt ihr Bildniss, das ich im Museum von Delhi gesehen, und auch dasjenige, welches man ausserordentlich zart auf Elfenbein gemalt in Agra um einige Rupien erstehen kann.

Doch wir waren gezwungen, uns von allen diesen Herrlichkeiten zu trennen, und nachdem wir schnell am Amberg und der ganz rosafarbenen, modernen indischen Stadt Dschaipur vorbeigefahren und das höchst merkwürdige Ahmedabad mit seinen zahlreichen Tempeln schnell besichtigt hatten, langten wir Ende November in Bombay an, wo uns in dem niedlichen Hause des französischen Consuls Drouin auf Malabar Hill die liebenswürdigste Gastfreundschaft zutheil ward.

Fast einen Monat verbrachten wir in Bombay, und dieser zweite Aufenthalt gestaltete sich für uns weit angenehmer als der erste. Erst jetzt, in einem zweckmässig construirten luftigen Hause wohnend, bei guter Kost und aufmerksamer Bedienung, lernte ich den Aufenthalt unter den Tropen schätzen und liebgewinnen. Wenn man die nöthigen Mittel besitzt und sich einzurichten weiss, vermag sich der Europäer überall ein bequemes Heim zu gründen. Man spürt nichts von den Uebelständen eines heissen Klimas und geniesst nur dessen Vorzüge: die herrliche Vegetation, die angenehme Seebrise und den ewig lachenden Himmel. Mir erschien der Aufenthalt in Bombay als ein Vorgeschmack des Paradieses, und nie habe ich besser den Sinn und Werth des italienischen *dolce far niente* verstanden, denn ich that einen ganzen Monat hindurch nichts, als für mich hinleben und langweilte mich dabei keinen Augenblick. Abends auf der Terrasse sitzend, während der Blick über den blauen Indischen Ocean schweift, der die Fahrzeuge dem fernen Europa zuträgt, schwelgte ich in meinen Erinnerungen, und wenn ich an den Schnee und Frost im Himalaja und an die gewaltigen Gletscher des Karakorum zurückdachte, so überkam mich ein eigenthümliches Wohlbehagen bei dem Bewusstsein, alle diese Mühseligkeiten und Gefahren glücklich überwunden zu haben. Das Jetzt schien mir so angenehm mit dem Einst verglichen, und unwillkürlich dachte ich mir das Land der [illegible] Menschen, Königstiger und Brillenschlangen hat doch auch sein Gutes, und ich freute mich des Daseins. —

Alles hienieden nimmt sein Ende, auch unser Schlaraffenleben in Bombay, und bald segelten wir auf einem stattlichen Lloyddampfer der lieben Heimat zu. Die Reise war im ganzen eine angenehme, so angenehm sie für jemand sein kann, der fast ohne Unterlass seekrank ist. Die österreichischen Schiffe sind bequem eingerichtet, man reist auf denselben bedeutend billiger, als auf den englischen, und geniesst auch viel mehr Freiheiten. Ebenso wie auf der Herreise fiel es mir aber auch diesmal wieder unliebsam auf, dass keiner der Offiziere, mit Ausnahme des Kapitäns deutsch sprach, was auf einem österreichischen Schiffe doch wahrlich die Grenzen des Erlaubten übersteigt. Auch sollte die Lloydadministration ihren Offizieren und Aerzten strengstens verbieten, über Politik und Religion bei Tische öffentlich zu discutiren. Es sind dies höchst heikelige Gegenstände, die auf einem Schiffe aus der Gesellschaft, die nothwendigerweise aus den verschiedensten religiösen und nationalen Elementen zusammengesetzt ist, sorgfältig zu verbannen sind. Doch dies sind nur vereinzelte Uebelstände, denen abgeholfen werden kann und welche der Annehmlichkeit einer Reise auf einem Lloyddampfer nichts rauben.

Da wir weder in Suez noch in Port-Saïd ans Land gehen durften — wir waren als von Aden und Bombay kommend in strengster Quarantäne, — so erschien uns die Reise etwas länger, und nachdem wir unweit der Quarnerischen Inseln einen recht anständigen Sturm durchgemacht, wie er auf dem launenhaften Adriatischen Meere so oft herrscht, erblickten wir endlich die heissersehnten, rebenbepflanzten Küsten von Istrien mit ihren weissen Dörfern und Städten und am Abend endlich die Feuer des Triester Hafens. Glücklicherweise liess man uns nur eine vierundzwanzigstündige Quarantäne halten, und an einem heitern, sonnigen Januartage stiegen wir ans Land, mit seltenem Wohlbehagen den Boden des alten Europa unter unseren Füssen spürend, endlich wieder den festen Boden, — *le plancher des vaches*, wie ihn die Franzosen so treffend bezeichnen.

Wir hatten somit in neun Monaten eine weite, beschwerliche, aber auch äusserst interessante Reise zurückgelegt, ohne den kleinsten Unfall. Zum dritten mal war uns der Gott der Reisen gnädig. Zum dritten mal waren wir getaucht in den finstern Schlund des Unbekannten, und die Erlebnisse und Forschungen, die wir zu Tage gefördert, werden uns hoffentlich dazu ermuntern, das Wagstück noch ein viertes mal zu wagen, um in Persien und Afghanistan unsern ethnographischen und anthropologischen Forschungen weiter zu verfolgen und zu ergänzen. Sollte dies nur ein frommer Wunsch bleiben, so mag uns der Gedanke zum Troste dienen, dass der Mensch stets nur an Hoffnungen zehrt und der Reiz des Unbekannten eben die Poesie des Lebens ausmacht.

Fig. [illegible] [illegible]
[illegible] einem Miniaturbild [illegible] Kangra. (Vgl. [illegible])

NAMEN- UND SACHREGISTER.

Achmetjeff X, XI.
Afghanen 137, 153, 172, 179, 184, 195, 203.
Ahlquist VIII.
Anthropologie, die, verglichen mit ihren Schwesterwissenschaften 306—310.
Araber 186, 206, 236.
Arier VIII, 16, 17, 125, 164, 173, 175—179, 180, 184, 200, 205, 215, 220—222, 225—230, 216, 217, 262, 263.
Arier, Verbreitung der, nördlich und südlich des Hindukusch 179—186.
Armenier 188.
Aranlipur, Ruinen von, 150, 166.
Assam 308.

Baber IX.
Badakschan, Bewohner von, 178, 263, 267.
[illegible], Beschreibung des Tempels von, 50, 51.
[illegible] 66.
[illegible] 258.
Baltis oder Bewohner von Baltistan XIII, 25, 26, 153, 172, 178, 184, 185, 190, 194, 196, 206, 212, 213, 217, 221, 227, 229, 235, 246—250, 258, 260, 265, 266, 280, 291, 303.
Baltistan, Anthropologie von 245—252.
Baltistan, Arabische Kunst in 164, 196, 252, 264.
Baltistan, Geschichtliches über 254—257.
Baschgall 226, 311, 312, 314.
Baschkiren IX, 253.
Basel 166.
Bellew, Dr., 184, 230.
Bengalesen 188.
Bergkrankheit 161.
Bergtadschiken X.
Bernier, François, 165, 176, 244, 262.
Bhot 231, 232.
Biddulph XI, 164, 171, 175, 176, 177, 178, 182, 183, 190, 204, 212, 224, 226, 227, 228, 246, 252, 254, 256, 257, 258, 261, 265, 267, 269—276, 287—291, 294, 304, 308, 310, 313—316.
Bilder, Erzeugung der, 69, 70, 71.

Birdwood 283.
Bogdanow, Professor. X.
Bomlag, Bewohner von 11.
Bombay, Metallwaren von 17.
Brown, Dr., 47, 161, 178.
[illegible], 237, 240, 247, 256, [illegible], 258.
Bronzeindustrie in Kangra 63—[illegible]
[illegible], Professor, VIII.
[illegible] s. Lamahaus

Capus, Dr., 175
[illegible] 95
[illegible]
[illegible]
[illegible] 233.
Chanikoff IX, 232, 244, 256.
Charikar, Afghanen. 137.
Chinesen 60, 206, 231, 232, 234.
Chotan, Bewohner von, 75.
Col 141, 162
Csoma de Körös VIII, IX.
Cunningham (General) 141, 143, 163, 220, 244, 246, 247, 253—257, 271, 274.

Dardistan, Bewohner von, 25, 178.
Darden oder Dardus XIII, 26, 167, 168, 170, 172, 176, 177, 179, 180, 185, 194, 216, 219, 220, 227, [illegible], 230, 239, 246—247, 251—[illegible], 257, 258, 270—272, 296, [illegible], [illegible], 317.
Darel 237.
Darwaz, Bewohner von, 175, 176, 178, 234, 262.
Dauvergne 290
Defrémery 270.
Dember 265
Dogra 131, 266.

Dumbe, D. VIII.
Drew, 87, 165, 239, 311, 316.
Drusin 208, 321.
Dressa 270
Dura 153

Emailindustrie in Indien 95—102
Emaillirte Ziegel in Central-Asien 143, 144
Espinha, d' VII.

Fa-hian 72, 261, 270
Falger 231.
[illegible] 236.
Fedtschenko X, 160, 176
Fergusson 63, 105, 109, 141, 152.
Ferrier, General, 27, 16, 17
Forster, Georg, 145.
Forsyth, Sir Douglas, 172, 173, 182, 230, 264, 267.
Foucaux 271.

Gardner 69, 108, 112, 121, 160
Galtscha IX, X, XIV, 12, 151, 175—181, 223, 221, 252, 267, 280.
Gassenmüller, Dr. K., 120, 134
Germanen 191.
Gheyn, van den, 174.
Ghor 237.
Girard de Rialle X, 177, 191, 220.
Goës, Benedikt, 154, 173.
[illegible], Bewohner von, 313.
Gile 170.
Gordon 280.
Griechen 195.
Grigorieff, Professor, 154.

Hammer, von, 275.
Hamy, Dr., 265.

Harcourt [illegible], 47, [illegible]
Haywood 179.
Hebräer [illegible]
[illegible] 137, 150.
[illegible]
[illegible] VIII.
[illegible]
[illegible] 57.
Hindu 19, 20, 47, 53, [illegible] 112, 121, [illegible], 171.
[illegible] XI, 160, 213, 224.
Hissar (Bewohner von) 17, 176, 224.
Hsüan-Thsang 74, 313.
Hovelacque 161.
Hügel, Baron, 145.
Hunfalvy, Paul, VIII.
Hunnen 304.
[illegible] 23, 170, [illegible], 213, [illegible]

Ichthyophagen [illegible].
[illegible]
Inder siehe Hindu.
Industhal, Sitten und Gebräuche der Völker im oberen, [illegible]
Iranier 161.
[illegible], Volk von, [illegible]

Jacquemont, Victor, 143, 146, [illegible].
[illegible], Bewohner von, [illegible]
[illegible] IX, X, XI, 161, 175, 176, 178, 181, 182, 224.
[illegible], Bewohner von, 225.
Joachim, Oberst, 77.
[illegible] VIII.
[illegible] oder [illegible] XIII, 177, 178, [illegible]
[illegible]
Juden 153, [illegible].
[illegible]

Kafir oder Siahposch oder Bewohner von Kafiristan [illegible], 170, 172, 177, 179, 180, [illegible]
Kafiristan, Sitten und Gebräuche der Bewohner von, [illegible]–317.
[illegible] 311, 312.
Kalmücken 160, 221, 232–234, [illegible].
[illegible]
[illegible]
[illegible]
Karakalpaken 221, [illegible].
[illegible] VIII, 181, [illegible]
Karategin, Bewohner von 175, 176, 178.
[illegible] 12, 224.
Kasaken, siehe Kirgis-Kasaken.
Kaschgar, Bewohner von, [illegible]
Kaschmir, Bewohner von, [illegible] –157, 190, [illegible]
[illegible] 75, 121, [illegible]
[illegible] oder [illegible]
Kaufmann, General, XII, 6.
[illegible]
[illegible]
[illegible]
Kiepert 57.
Kiptschaken [illegible]
[illegible] VIII, [illegible]
Kirgis-Kasaken oder Kirgis-Kasaken 221, [illegible].

Klaproth 217.
Klein-Tibet, Bewohner von, 27.
Koh 176, 226, 235, 238, 240, 251, 291.
Kohistan, Bewohner des indischen, 25.
Kokkiloon VIII.
Komenko, Oberst, 173
Kashtai 224.
Kuhn, Ludwig v., X, 195.
Kulab 246.
Kulu 34, 39, 41, 63, 65, 68, 108
Kulu-Lahuli 35, 63, 67, 81.
Karakoram 263.
Kuenlun 176.

Ladakh od. Bewohner von Ladak 35, 67, 172, 179, 180, 184, 231, 238, 231, 239, 217, 246, 248 —253, 266, 273.
Lahuli 67, 163.
Leitner, Dr., XIII, 24, 25, 227, 228, 236, 244, 245, 247, 252.
Lejean, Guillaume, 145, 170.
Lecoq, von, 5.
Lob-Khe, Volk von, 176, 224.
Lamghill 229.
Lyall 35, 314.

Magien 291.
Magyaren VIII, IX.
Mahomdan 16.
Maieff, Oberst, X, 175.
Marco Polo, 25, 50—52, 74, 76, 225, 204, 265, 270, 276.
Marshal, Major, 82, 83.
Martan, Beschreibung der Ruinen des Tempels von, 125—127.
Martini, Peter, 82.
Massageten 25.
Matscha 239.
Mayendorf IX.
Metallfabrikation in Srinagar, 159—165
Metallindustrie, in Mittelasien, Indien und Persien, 195—205.
Miniaturmalerei, indische, 69, 71. 72, 87—95.
Mongolen 204, 215, 213, 230, 231, 237, 230, 232, 233—235, 241, 264, 310.
Müller, Professor Friedrich, X, 191, 230.
Munderhan, Volk von, 176, [illegible] 234, 235.
Murdoch-Smith 203.

Nager 80, 170, 191, 215, 227, 228, 230, 237, 252.
Nazaroff X
Nikolaeff, Bewohner von, 235, 312.

Ohsson, d', 276.
Oschanin 175.
Ostjaken IX.
Ostturkestan Kunstsinn der Bewohner von, 74—76.

Paharí 111, 118, 119, 165, 290.
Pakhpu 176, 182, 215, 219, 224
Panditen 101, 107, 112, 154—157, 172, 183, 220, 257, 265, 289.
Pandrithan (Tempel von) 162, 163.
Pamir-Iranier IX, XII, 198, 215, 221, 222, 224—226, 229—230.
Pandschir, Bewohner von, 225, 232.
Pandschkora, Bewohner von, 227.
Parsi oder Feueranbeter, ihre Sitten und Gebräuche, 11—17.

Parser, 180. 208.
Petschenegen 302.
Pianus-Carpinus VIII, 252.
Plinius 57.
Polospiel 206—208.
Polyandrie 24—30.
Polygamie 291, 292.
Portugiesen 15, 17, 194.
Potagos, Panagiotes, 145.
Przewalski, Oberst, 273.

Quintus Curtius 42.

Radschputen 36, 57, 72, 73, 80, 263.
Reclus, E., 124, 215.
Regel 179.
Reguly VIII.
Religion, die alte und gegenwärtige, im nordwestlichen Himalaja, im Hindukusch und in Centralasien 265—277.
Renaud 39.
Richardson, 254, 259.
Roschan 205.
Rousselet 36.
Rubruquis VIII, 252.
Rungalli oder Lungalli 236, 311, 312.

Sacy, de, 276.
Saffdposch, 236, 287, 311
Sanglitsch 176, 224.
Sarten 221, 230, 231.
Schah-Hamadan, Moschee von, 140, 141.
Schahdarha, 176, 182, 215, 219, 228.
Shaw X, XI, 171, 175, 187, 196, 220, 224, 247, 257, 270, 272.
Schiefner X.
Schina 176, 177, 227, 235, 236, 275, 286, 288, 291, 309, 312.
Schlagintweit 36.
Schugnan, Bewohner von, 176, 182, 215, 219, 228.
Schugnani 173, 176.
Seboh, Volk von, 263.
Sewertsoff 170.
Siahposch 287, 310.
Sibo 281, 283.
Sikhs 127, 263, 274, 285.
Sirikul oder Sarikul, Volk von, 175, 176, 224.
Skylax 46.
Slaven 287.
Solonen 221, 282.
Somalis 6.
Suat oder Swat 227, 273.

Tacht-i-Soliman, Tempel des, 142, 192.
Tadschiken 12, 176, 181, 221, 224, 225, 231, 232, 264, 282.
Talismane in Ober-Turkestan 108, 109.
Tamul 17, 190.
Tangir, 227.
Tanguten 273.
Tarantschen 229, 281.
Terentieff 257.
Theeverbrauch im Kangrathale 82, 84.
Thomson 230.
Tibeter oder Tibetaner 39, 47, 60, 240, 244, 262, 288.
Tibeter, Gross, 231.
Tibeter, Klein, 231, 234.
Tibeto-Mongolen 288.
Tomaschek, Professor, X, 164, 173, 176, 177, 181, 182, 186, 224.
Topinard, Dr., 47.
Torguten 283, 286.

Tierrne 231.
Terwal 227.
Tschamba, Bewohner von, 221, 234, 244.
Tschibbalis 235.
Tschitral 178, 227, 228, 230, 232.
Tschitral, Bewohner von, 171, 180, 227, 228.
Tschitral, Hunde von, 210, 213.
Tumuler 244.
Turken 221, 230, 231.
Turkmenen oder Turkomanen 221, 225, 228, 231.
Turko-Tataren 215, 220, 221, 224, 228, 232.
[illegible]

Uiguren 230.
Ujfalvy, Professor, VII.
Usbeken 161, 221, 225, 230, 231.
Usun 194, 230.

Vámbéry VIII, IX, 174, 231.
Vigne 220, 269.

Wachan, Volk von, 170, 178, 229, 267.
Weigali 228, 311.
Wirigali s. Kattigali.
Wegulen IX.
Wood 223, 229, 264, 267.

Xavier, Pater Hieronymus, 144.

Yule, George Henry, 264, 272.
Yassin, Bewohner von, 52.

Zeichenschulen, indische, 16, 17.
Zigeuner 255, 269.

Namen	Art der Beschäftigung	Geboren in	Geschlecht und Alter	[illegible]	[illegible]
1. Rigtaelimm	Hindu	Lamajuru (Ladak)	Mann 21 Jahre	[illegible]	[illegible]
2. Jamtatn	—	Chiuchan (Ladak)	„ [illegible]	do.	[illegible]
3. Pundtsokpalji	—	[illegible]	„ [illegible] „	do.	[illegible]
4. Tsiring (1)	—	[illegible]	„ [illegible] „	do.	[illegible]
5. [illegible]	—	do.	„ [illegible] „	do.	[illegible]
6. [illegible]	—	[illegible]	„ [illegible] „	do.	[illegible]
7. [illegible]	—	[illegible]	„ [illegible] „	do.	[illegible]
8. Kurban	—	do.	„ [illegible] „	do.	[illegible]
9. Abdurrachim	—	do.	„ [illegible] „	do.	[illegible]
10. Ali Muhamed	—	do.	„ [illegible] „	do.	[illegible]
11. Abdurrachman	—	[illegible]	„ [illegible] „	do.	[illegible]
12. [illegible]	—	[illegible]	„ [illegible] „	do.	[illegible]
13. [illegible]	—	[illegible]	„ [illegible] „	do.	[illegible]
14. [illegible]	—	do.	„ [illegible] „	do.	[illegible]
15. Tschirin (1)	[illegible]	—	„ — „	[illegible]	
16. Tschirin (2)	—	—	„ — „	do.	
17. Tschirin (3)	—	—	„ — „	do.	
18. Sonamo (1)	[illegible]	[illegible]	„ [illegible] „	[illegible]	[illegible]
19. Lobz[illegible]	do.	[illegible]	„ [illegible] „	do.	[illegible]
20. [illegible]	do.	do.	„ [illegible] „	do.	[illegible]
21. [illegible]	do.	do.	„ [illegible] „	do.	[illegible]
22. [illegible]	do.	do.	„ [illegible] „	do.	
23. [illegible]	do.	[illegible]	„ [illegible] „	do.	
24. [illegible]	do.	[illegible]	„ [illegible] „	do.	
25. [illegible]	do.	do.	„ [illegible] „	do.	
26. Mallah	do.	[illegible]	„ [illegible] „	do.	
27. [illegible]	do.	[illegible]	„ [illegible] „	do.	
28. Tschipontse (1)	do.	[illegible]	„ [illegible] „	do.	
29. Tschipontse (2)	do.	[illegible]	„ [illegible] „	do.	
30. [illegible]	do.	do.	„ [illegible] „	do.	
31. Tsiring (2)	do.	[illegible]	„ [illegible] „	do.	
32. [illegible]	do.	[illegible]	„ [illegible] „	do.	
33. Pallah	do.	[illegible]	„ [illegible] „	do.	
34. Tsiring (3)	do.	do.	„ [illegible] „	do.	
35. Catum	[illegible]	do.	Frau — „	[illegible]	
36. Urgien	do.	do.	— — „	do.	[illegible]

* Die Nummern beziehen sich auf die [illegible] Tafel [illegible]

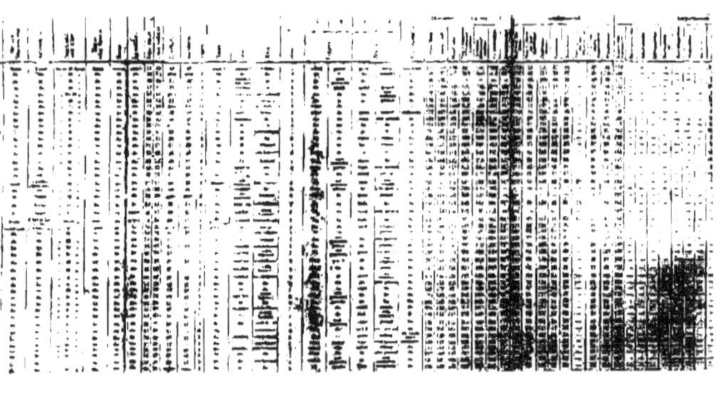

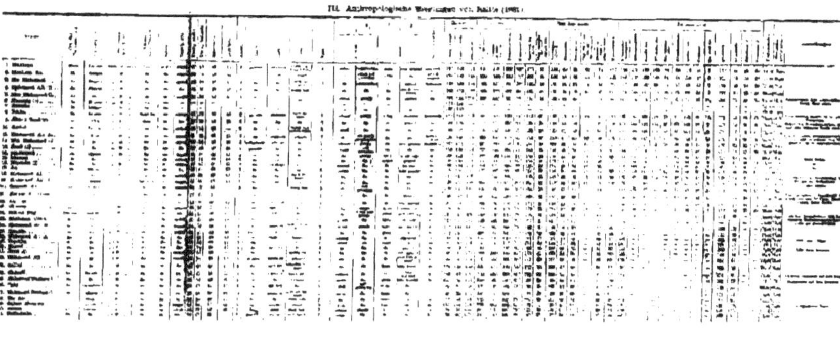

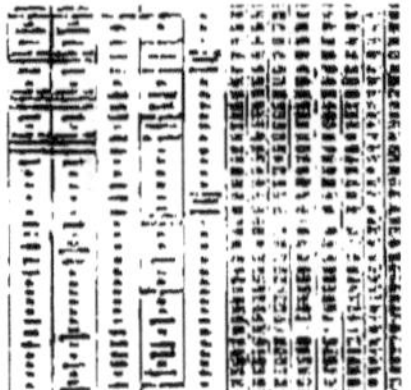

ETHNOGRAPHISCHE KARTE
HOCH-ASIEN.

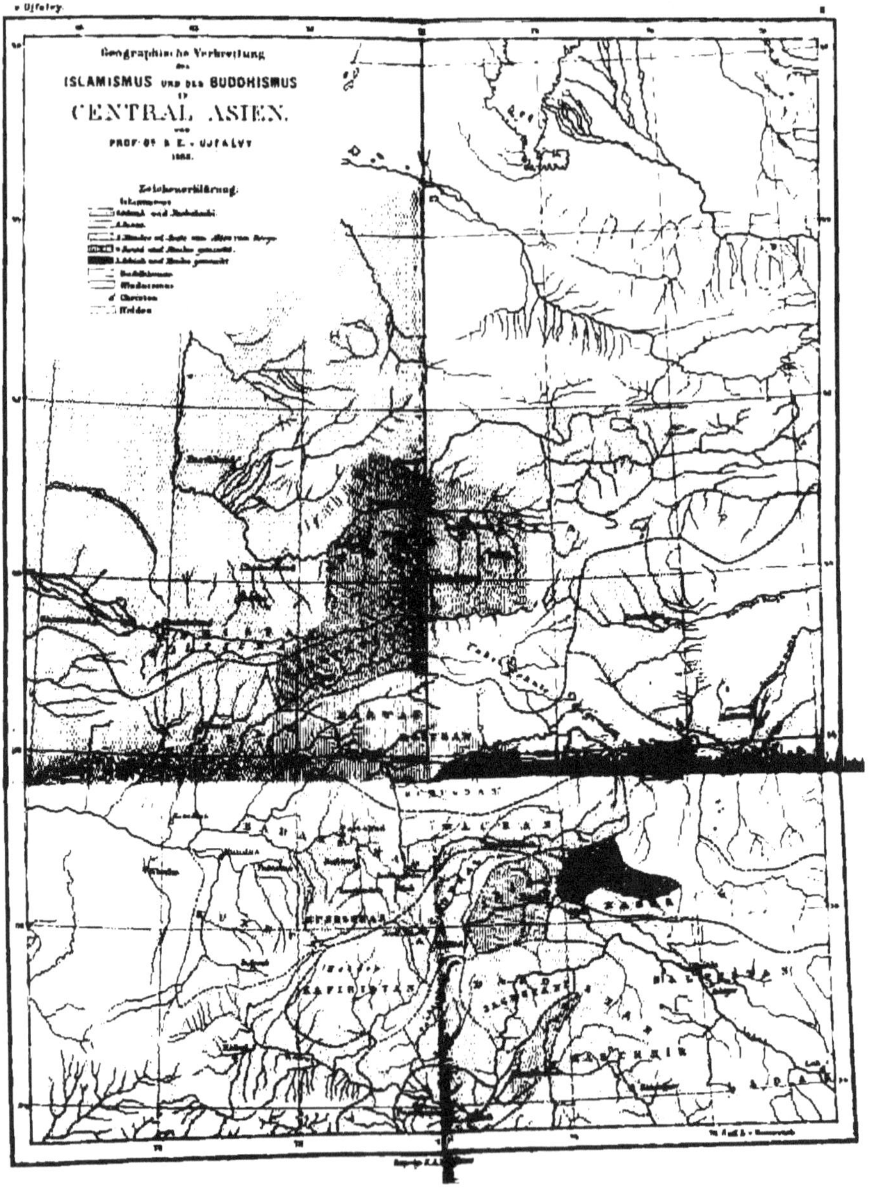

Geographische Verbreitung des

ISLAMISMUS und der BUDDHISMUS in

CENTRAL ASIEN.

von

PROF. DR. K. E. v. UJFALVY

Zeichenerklärung.

Heiden

KAFIRISTAN

KASCHMIR

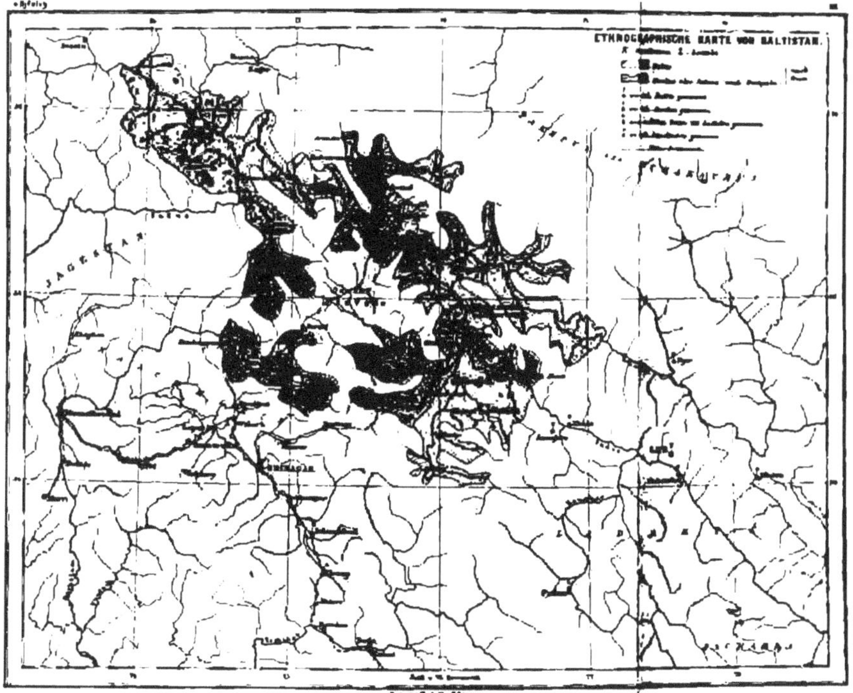
ETHNOGRAPHISCHE KARTE VON BALTISTAN.

VERBREITUNG DER POLYANDRIE IN INDIEN UND TIBET.

K. E. v. UJFALVY.

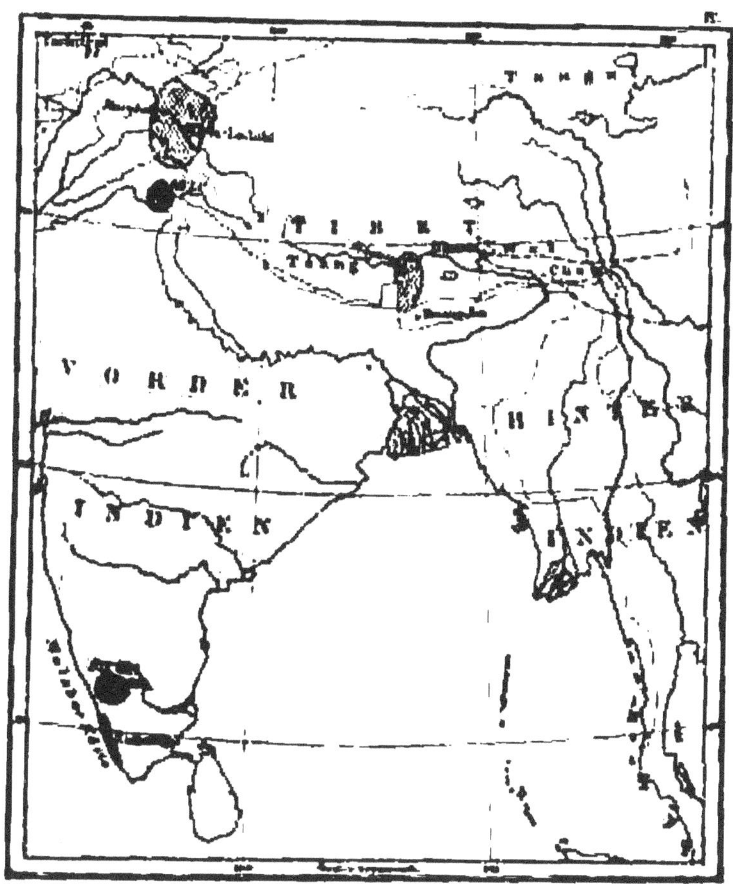

Zeichenerklärung:

- Land der Kulu (der Gebrauch der Polyandrie wurde von Lyall, Harcourt und Ujfalvy beobachtet).
- Ladak (derselbe Gebrauch von Bellew, Drew und Ujfalvy beobachtet).
- Eigentliches Tibet (derselbe Gebrauch von Turner am Ende des 18. Jahrh. beobachtet).
- Tschitral (Ehegenossenschaften dürften früher bestanden haben. Siehe Biddulph).
- Im Nilgiri-Gebirge (der Gebrauch der Polyandrie beobachtet von Baierlein).
- Nair (derselbe Gebrauch beobachtet von Louis Rousselet).
- --- Reise-Route des Marco Polo.

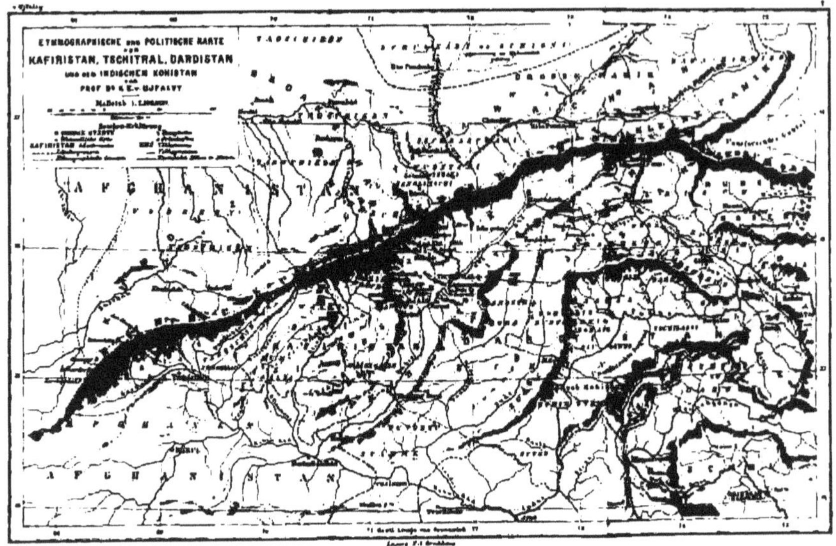

ETHNOGRAPHISCHE und POLITISCHE KARTE
von
KAFIRISTAN, TSCHITRAL, DARDISTAN
und dem INDISCHEN KOHISTAN
nach
PROF. Dr. K. E. v. UJFALVY
A F G H A N I S T A N
A F G H A N I S T A N

www.ingramcontent.com/pod-product-compliance
Lightning Source LLC
Chambersburg PA
CBHW031351290326
41932CB00044B/874

* 9 7 8 3 3 3 7 3 8 5 3 6 1 *